한중
한자어 뜻풀이 釋义
사전

한중 한자어 뜻풀이 사전

釋义

고초(高超)·한정한(韓政翰) 著

中韩汉字词释义比较词典

Korean China

한국문화사

서문

　이 책은 중국인 한국어 학습자를 위한 한중 한자어 뜻풀이 비교사전이다. 이 책의 집필 목적은 한국어를 배우는 중국인 학습자가 한국 한자어 뜻풀이와 중국어 뜻풀이 사이의 차이를 정확히 이해하고, 한국어 사용에서 나타나는 오류를 최소화할 수 있도록 돕는 데 있다. 이 책의 집필 대상은 핵심 의미 영역 한자어와 고빈도 한자어를 중심으로 한 총 550개 한중 공용 한자어이다. 2015년 6월부터 2016년 6월까지 1차 집필을 마쳤으나, 제1 저자가 중국으로 귀국하는 바람에 손을 놓고 있다가, 2017년 6월부터 다시 편집과 수정을 반복하여 이제야 사전의 형식을 갖추게 되었다.

　우리가 이 작업을 시작하게 된 계기는 학습자 사전의 성격에 대한 중국인의 요구가 매우 현실적이라는 것을 깨달았기 때문이다. 중국인 학습자들의 거의 대부분이 학습사전과 일반사전(한중, 중한사전)은 달라야 한다고 생각하고 있고, 학습자 사전이 실질적인 도움을 주려면 한국어뿐만 아니라 중국어 등가어와의 차이를 비교할 수 있어야 한다고 말한다. 즉, 단순히 대역어 사전을 넘어 비교사전의 집필을 목적으로 삼아야 한다는 것이다.

　보고에 의하면, 한국어를 학습하는 중국어권 학습자는 초급 단계부터 고급 단계까지, 수준에 관계없이, 한국 한자어로 인한 오류를 지속적으로 일으키고 있다고 한다. 일례로 민영란(2007, 86-96)에서는 한자어의 학습에서 나타나는 오류를 4가지 나누어 제시한 바 있다.

한자어 어휘 학습의 4가지 오류 유형

-모국어와의 의미 유사성에서 오는 혼동으로 인한 오류

　(예 서울 *공중(대중)교통이 북경보다 편해요.)

-학습자의 모국어인 중국어 어휘를 그대로 직역한 오류

　(예 *연출(공연)을 볼 때 한국어와 한국문화를 모두 공부하려고 생각했어요.)

-모국어의 어휘를 조합하여 만들어 낸 오류

　(예 *동급생(동창)들이 모두 열심히 공부합니다.)

-학습자가 알고 있는 모국어 발음과 비슷한 어휘로 대체하여 쓴 오류

　(예 우리가 살고 있는 도시보다 훨씬 먼 *교구(교외)에서 가서 공장을 세운다.)

위와 같은 문제들을 해결하기 위해서는 단순히 한국어 사전의 정보를 중국어로 번역해 주는 것을 넘어서, 대응 되는 중국어 사전의 뜻풀이와 용례, 참고 정보를 상호 비교해서 제공해 줄 필요가 있다. 우리는 이 책에서 기존 한국어 사전의 뜻풀이를 훼손하지 않으면서 한중 등가어 사이의 불일치 정보를 비교하여 보여주기 위해서 다음과 같은 노력을 했다.

-모든 표제어에 대해 한국어 창(왼쪽)과 중국어 창(오른쪽)을 별도로 분리한다.

-기존 한국어, 중국어 사전에서 표제어, 한자어정보, 발음, 품사, 뜻풀이, 용례를 취해서 상대방의 쉬운 언어로 번역하되, 단일어 사전의 정확성을 훼손하지 않기 위해 가능한 가필하지 않는다.

-두 언어의 차이점을 중심으로 한 상세한 비교 정보를 제시한다. 즉, 한중 한자어 대응관계 표를 별도로 두어서, 뜻풀이에 대한 공통점(한중 동일 의미)과 차이점(한중 차별 의미)의 추가 정보를 제공한다.

-동형이의한자어(同形異義漢字語)나　동원이계이의한자어(同源異系異義字語)의 경우에는 한국 한자어의 의미 연원 정보를 제시한다.

-한국 한자어가 문장에서 사용될 때 나타나는 결합 제약 정보를 제공한다.

-한국 한자어의 번역 과정 중에 나타나는 비대칭 대응이나 관련 어휘 정보, 어원 정보도 양 언어의 차이점을 밝히는 데 도움이 되면 적시(摘示)한다.

끝으로, 이 작업을 끝내는 데는, 제1 저자뿐만 아니라 그와 거의 같은 시간에 한국 유학생활을 하면서 박사학위를 받은 제1 저자의 아내이자, 동료 학자인 동연(董娟) 박사의 힘이 큰 도움이 되었다. 본인은 유학 기간 동안 그의 가족이 보여 준 학문에 대한 열정과 가족에 대한 사랑에서 많은 가르침을 받았다. 그리고 어려운 여건 속에서도 이 책의 출판을 흔쾌히 맡아주신 한국문화사에도 깊은 감사를 드린다.

2018년 7월

한정한(韓政翰)

序论

　　此书是针对中国韩语学习者的中韩汉字词释义比较词典。该书旨在帮助学习韩国语的中国人更加明确的掌握韩国汉字词与汉语的含义差别，最大程度的减少韩语使用中的错误。以核心意义领域的汉字词为基础，以高使用频率为原则共遴选中韩共用汉字词550个。2015年6月开始到2016年6月，本已完成初稿编写，由于第1作者回国(中国)，本书的出版出现了一定时期的耽搁。2017年6月重新开始反复编辑和修改，现在基本具备词典形式。

　　我们开始着手这项工作的契机是因为认识到中国韩国语学习者对本类词典的现实需求。中国的大部分学习人员认为，学习词典应当和一般词典(韩中、中韩词典)有所不同。如果学习词典想要给予学习者实质性的帮助，不仅要提供韩语用法信息，还必须与中文的差异进行比较。换而言之，超越单纯的语言词典，本词典是以比较词典为编写目的。

　　调查结果显示，学习韩国语的中国学习者从初级阶段到高级阶段，不论水平高低，都在不可避免的出现韩国汉字词的使用错误。例如，MinYounglan (2007，86-96) 将汉字词学习过程中的错误现象总结为4类。

汉字词学习的4类错误现象

-与母语含义的相近性造成的混淆错误

(例，서울 *공중(대중)교통이 북경보다 편해요.)

-直译母语即中文词汇造成的错误

(例，*연출(공연)을 볼 때 한국어와 한국문화를 모두 공부하려고 생각했어요.)

-将母语单词自行组合造成的错误

(例，*동급생(동창)들이 모두 열심히 공부합니다.)

-用发音相似的母语词汇进行代替使用造成的错误

(例，우리가 살고 있는 도시보다 훨씬 먼 *교구(교외)에서 가서 공장을 세운다.)

为了解决上述问题，不仅需要将韩语词典的信息翻译成中文，还需要提供相应中文词典中词汇的用法示例和参考信息比较解释。为了维持现有韩国语词典的词条释义信息，并在此基础上对中韩等价语间的差异进行比较说明，我们在以下方面做出了尝试和努力。

-所有词条分为韩国语窗口（左边）和中文窗口（右边）两栏。
-现有韩国语、中文词典中的词条、汉字词信息、发音、词性、释义、句例等均以对方国家语言进行翻译，为了保证词典的准确性，并未进行人为的添加及修改。
-以两种语言间的差异为中心，提供详细的比较信息。即制定中韩汉字词的对应关系表，详细提供释义方面的共同点（中韩共同含义）和差异（中韩不同含义）。
-同形異義漢字語和同源異系異義漢字語的情况下，提供韩国汉字词的意义起源信息。
-提供韩国语汉字词在使用过程中的连接约束信息。
-韩国语汉字词翻译过程中的非对应现象、关联词语信息、词源信息等根据词条释义的难度进行选择性摘示。

最后，这本书的出版，除了第1作者本人，既是其妻子又是其同学的董娟也在相同时期在韩攻读博士学位，对此书的出版也帮助很大。其本人在留学期间，展现了其追求学问的热情和对其家庭的真情付出，感受颇多。同时，在此对此书的出版社韩国文化社表示崇高的谢意。

2018年 7月
韓政翰

이 책은 총 34만 4천 자이다. 이 사전은 표제어와 그에 딸린 16개의 어휘 정보로 구성되어 있다. 아래 박스를 차례대로 설명하면 다음과 같다.

> 1. 표제어 2. 한자원어정보 3. 어휘 등급정보 4. 발음 5. 단의번호 6. 품사 7. 뜻풀이
> 8. 문법 정보 9. 용례 10. 한·중 한자어 의미 차이 비교 11. 문법 단위 사이의 불일치
> 12. 결합정보 13. 번역 과정 중의 비대칭 대응 14. 관련어휘 정보 15. 어원정보 16.
> 덩어리 표현

1. 표제어

표제어는 주로 두 가지로 구성되어 있으며 총 550개의 한자어이다.
1) 핵심영역 한자어 어휘 -허철(2010)[1]
2) 고빈도로 사용되는 한자어가 포함된 어휘묶음 -장석배(2015)[2]

2. 한자원어정보

표제어 뒤의 괄호( ) 안에 본체 한자를 사용하여 원어를 밝혔다. 한자 표기가 두 가지 이상일 경우 모두 병기하고 다른 말과 결합하여 복합어를 이룰 경우 기본이 되는 한자만을 제시하였다.
(1) 교육(敎育)
(2) 기념(紀念/記念), 기념-관 (紀念館)

3. 어휘 등급정보

한국어 표제어의 등급정보는 '한국어 교육용 어휘'[3]에 따라 초급, 중급, 고급으로 표시한다. 한편 중국어 표제어의 등급정보는 HSK어휘 등급에 따르기로 한다. HSK의 어휘등급은 사용 빈도수에 따라 '甲 乙 丙 丁' 4개의 등급 구분이 있지만 급수별 구분은 따로 없다.

(1) 한국어 표제어의 등급정보는 '★' 로 표기하였다.
  ★: 초급　　★★: 중급
  ★★★: 고급　☆: 기타
(2) 대응되는 중국어 단어의 등급정보는 '甲 乙 丙 丁'의 형식으로 표기하고 이 4 등급에 속하지 않는 단어를 '☆'로 표기하였다.

---

1) 허철(2010), "「현대국어사용빈도조사 1,2」를 통해 본 한자어의 비중 및 한자의 활용도 조사", 「한문교육 연구」 34집, 232-233p.
2) 장석배(2015), 「한국어 정형표현 연구 - 대규모 말뭉치를 중심으로」, 연세대학교 박사학위논문.
3) 강현화 (2014a), 한국어 교육 어휘 내용 개발 (3단계), 국립국어원.

学校^甲　哲学^乙　嫌疑^丙　当局^丁　可能性[☆]

4. 발음

『한국어기초사전』[4])에 따라 모든 표제어에 한글 자모로 발음을 표시하고 표제어와 대응되는 중국어 단어의 발음정보는 「漢語拼音方案」과 「普通話異讀詞審音表」에 따라서 제시하였다.

(1) 단어의 표기 형태와 발음이 동일한 경우에도 발음을 제시하였다.
　　가정(家庭) [가정], 결론(結論) [결론], 경우(境遇) [경우]
(2) 장단음을 제시하였다.
　　개선(改善) [개 : 선], 거래(去來) [거 : 래], 공동체(共同體) [공 : 동체]
(3) 경음화, 비음화, 연음 등 음운 현상이 일어나는 경우에는 단어 전체의 발음을 표기하였다.
　　가능성(可能性) [가 : 능썽], 대통령(大統領) [대 : 통녕] 단위(單位) [다뉘], 견해(見解) [겨
　　: 내]
(4) 표준발음이 둘 이상인 경우에는 나란히 제시하였다.
　　계급(階級) [계급/것이급], 계기(契機) [계 : 기/것이 : 기], 대회(大會) [대 : 회/대 : 훼]
(5) 결합하는 말에 따라 달라지는 표제어에는 그 결합형의 발음을 제시하고 달라진 발음을 굵게 하고 밑줄로 표기하였다.
　　가족(家族) [가족] [가족만 [가**종**만], 감각(感覺) [감각] [감각만 [감 : 강만]]

5. 단의(單義) 번호

표제어와 대응되는 중국어 단어의 단의(單義)정보는 모두 ❶, ❷, ❸으로 제시하였다.

6. 품사

(1) 표제어에 다음과 같이 품사 정보를 제시하였다.
　　명 사 명　의존명사 의　대명사 대　수 사 수　조 사 조　접 사 접
　　동 사 동　형 용 사 형　관형사 관　부 사 부　감탄사 감
(2) 대응되는 중국어 단어의 품사 정보를 다음과 같이 제시하였다.
　　名 词 名　动 词 动　形容词 形　数 词 数　量 词 量
　　代 词 代　拟声词 拟　副 词 副　介 词 介　连 词 连
　　助 词 助　叹 词 叹
(3) 품사 정보를 단어의 단의(單義)별로 표기하는 것을 원칙으로 하는데 단어의 모든 단의가 같은 품사일 경우에는 단어의 발음 정보 뒤에서 바로 품사 정보를 제시하였다.
　　대상(對象)^{★★} [대 : 상]　명　　**对象**^乙 [duì xiàng] 名

---

4) https://krdict.korean.go.kr/

7. 뜻풀이

(1) 한국 한자어의 경우에는 주로 『표준국어대사전』이나 『한국어기초사전』에서 뜻풀이 정보를 가져오고 중국어의 경우 『現代漢語詞典』에서 가져와 인용하였다. 각 표제어의 단의(單義)정보는 ❶, ❷, ❸으로 제시하였다.

예: **가정**(家庭) [가정]
  ❶한 가족이 생활하는 집. 一个家族所生活的家。
  ❷가까운 혈연관계에 있는 사람들의 생활 공동체. 具有亲密血缘关系的人的生活共同体。

(2) 하나의 단의정보 하에 명사, 동사 등 품사가 두 개나 두 개 이상이 있을 때는 뜻풀이의 유사성 때문에 명사 뜻풀이 정보만 대표로 제공하였다.

예: **감각**(感覺) [감각]
  ❶명 / 동 감각하다
    눈, 코, 귀, 혀, 살갗을 통하여 바깥의 어떤 자극을 알아차림.
    眼、鼻、耳、舌、皮肤等对外界刺激的觉察。

(3) 뜻풀이 정보는 모두 상대방 언어로 번역하였다.

(4) '분위기(雰圍氣)' 같이 중국어에서 존재하지 않는 한자어일 경우에는 '한국어 뜻풀이 + 중국어 대응어'의 형식을 취한다.

분위기 (雰圍氣)	Ø
❶지구를 둘러싸고 있는 기체. 包围在地球周围的气体。	❶空气 [kōng qì], 大气 [dà qì]
❷그 자리나 장면에서 느껴지는 기분. 在某个地方或场合所感受到的情绪。	❷气氛 [qì fēn], 氛围 [fēn wéi]
❸주위를 둘러싸고 있는 상황이나 환경. 绕围在周围的情况或环境。	❸气息 [qì xī]
❹어떤 사람이나 사물이 지니는 독특한 느낌. 某个人或事物所具有的独特的感觉。	❹气质 [qì zhì]
❺어떤 시대에 자연스럽것이 만들어진 사회적인 여론의 흐름. 在任何时代下自然地形成的社会性的舆论走向。	❺走向 [zǒu xiàng], 趋势 [qū shì]
❻『문학』 문학 작품의 바탕에 깔려 있는 색조나 느낌. 在文学作品的背后所隐藏的色彩或感觉。	❻意境 [yì jìng]

8. 문법 정보

표제어의 해당되는 단의에 '( )' 기호 안에 표제어의 쓰임을 이해하는 데 도움이 되는 문법 정보를 먼저 제시하고, 그 다음에 중국어로 번역하기도 하였다.

예: **모양**(模樣)

❖ (주로 '모양으로' 꼴로 쓰여)어떤 방식이나 방법.
(主要用 '모양으로' 的形式)表示某种方式或方法。

9. 용례

(1) 단어의 용법을 보이기 위하여 모든 표제어에 예문을 제시하였다.

(2) 보다 간단하고 편이한 예문을 인용하였다.

(3) 예문을 모두 상대방 언어로 번역하였다.

예: **시선** (視線) [시 : 선]

❶명 눈이 가는 길. 또는 눈의 방향. 眼睛看的路线, 或者眼睛看方向。

▷**시선**을 돌리다. 转移视线。

아이는 장난감 가게 앞에서 **시선**을 떼지 못하고 서 있었다.
孩子目不转睛地站在玩具店门口。

10. 한·중 한자어 의미 차이 비교

한·중 한자어 의미 차이 비교는 주로 '한·중 공통의미', '한국어에서만의 의미(韓)', '중국어에
서만의 의미(中)'의 세 가지 형식으로 한다. 한·중 공통의미는 한·중 양쪽에서 모두 가지고
있는 의미이고, 한국어에서만의 의미는 중국어에는 안 쓰이고 한국어에서만 쓰이는 의미며,
중국어에서만의 의미는 한국어에는 안 쓰이고 중국어에서만 쓰이는 의미이다.

대상 (對象) [대 : 상] 명	对象 [duì xiàng] 名
❶어떤 일의 상대 또는 목표나 목적이 되는 것 某事的相对物或成为目标或目的的东西。 ▷연구 **대상** 研究对象 경계해야 할 **대상**은 내가 아니라 너의 친구이다. 需要警惕的不是我而是你的朋友。	❶行动或思考时作为目标的人或事物。 행동하거나 생각할 때 목표로 한 사람이나 사물. ▷革命的**对象** 혁명의 대상 ❷特指恋爱的对方。 특별히 서로 사랑하는 쌍방을 말한다. ▷他有**对象**了。 그는 애인이 있다.

한·중 공통의미	
①어떤 일의 상대 또는 목표나 목적이 되는 것. 某事的相对物或成为目标或目的的东西 **대상**❶ = **对象**❶	

한국어에서만의 의미(韓)	중국어에서만의 의미(中)
없음	❷特指恋爱的对方。 애인

11. 문법 단위로서의 불일치

한·중 한자어 간에 의미뿐만 아니라 한·중 간 문법 단위로서의 불일치 관계가 다수 발견된다. 이런 차이를 찾아내는 것도 한·중 한자어의 용법을 이해하는 데 도움이 된다. 이러한 차이를 '문법 단위로서의 불일치'로 칭하고 아래 6가지로 나누어 제시하였다.

(1) 단일어(韓): 단일어+형태소(中)
(2) 단일어(韓): 복합어(中)
(3) 복합어(韓): 두 개의 단일어(공기 관계가 없음)
(4) 단일어(韓): 문장/구(中)
(5) 형태소(韓): 단일어(中)
(6) 단일어(韓): Ø(中)

12. 결합정보

'결합정보'는 한국 한자어의 좌우 결합 제약과 예문 등의 정보를 제공하여 학습자의 문법적 오류를 최소화시키고자 한다.

예: 세계(世界) [세계/세계] ‖ 世界 [shì jiè]
결합정보: 중국어의 '世界'는 명사를 직접 수식하는 용법이 있지만 한국어의 '세계'는 명사를 직접 수식하는 용법이 있으나 '수준, 유명하다' 등 일부 명사나 형용사를 수식할 때 제한을 받으며 '적'과 결합해야만 관형사로 쓰일 수 있다. 中文的'世界'可以可以直接用来修饰名词，但韩语的'세계'不能直接和水准、有名等词连用，只有和'적'结合，才能作为形容词来使用。

① 세계 수준 (×) / 세계적인 수준 (O) 世界水准
② 세계 유명하다(×) / 세계적으로 유명하다(O) 世界有名

13. 번역 과정 중의 비대칭 대응

'번역 과정 중의 비대칭 대응' 정보는 용례를 번역하는 과정에 표제어 간의 비대칭 대응 현상을 예문으로 다시 강조해 주는 것이다. 한·중 표제어의 뜻풀이를 볼 때 분명히 같거나 비슷한데 번역할 때 그렇게 하면 어색한 경우가 있다.

예: **지원**(支援) [지원] ❶ 지지하여 도움. 支持并帮助。
　　支援 [zhī yuán] ❶ 用人力、物力、财力或其他实际行动去支持和援助。
　　　　　　　　인력, 물력, 재력 혹은 기타 실제행동으로 지지와 원조를 하다.
　　번역 과정 중의 비대칭 대응

▷**지원** 대책 **援助**对策 (지원 → **援助**)

　자금 **지원** 资金**支持** (지원 → **支持**)

　많은 기업체가 그 공연 단체를 **지원하기**로 약속하였다.

　很多企业都承诺要赞助那个演出团。(**지원하다 → 赞助**)

14. 관련어휘 정보

'관련어휘 정보'는 같은 한자로 표기된 중국어 단어가 있지만 한국 한자어와 서로 대역할 수 없는 경우에는 다른 한국 한자어와 대역할 수 있는 단어를 찾아서 제시하였다.

병원(病院) [병: 원] 명	**病院** [bìng yuàn] 名
…(생략됨)	
관련어휘 정보 **医院** [yī yuàn]은 한국어 '**병원**'의 대역어로 볼 수 있다. 한국어도 '의원(医院)'이라는 단어가 있지만 중국어로는 '诊所'라고 한다.	

15. 어원정보

어원정보는 의미 출처를 제시하기, 본의(本義)와 전의(轉義)를 제시하기, 일본계 한자어의 유입과정을 제시하기 등 3가지 방식으로 제시하였다.

(1) 한자어의 의미 출처를 제시한다.

공부(工夫) [공부]	**工夫 [gōng fū]**
…(생략됨)	
어원정보: [어원(漢) 工夫(大學:細論條目工夫)] 　　　　　　此处的'工夫'为'学习'的意思。整句话的意思是'逐条仔细学习'。	

(2) 한자어의 본의(本義, 원래의미)와 전의(轉義, 현재 의미)를 제시한다.

역할(役割) [여칼]	Ø
…(생략됨)	
어원정보: [역할(役割) 일 역, 나눌 할] 　　　　　　本義: 일을 나누다　轉義: 자신에게 할당(割當)된 일	

(3) 일본계 한자어의 유입과정을 제시한다.

방송 (放送) [방: 송]	Ø
…(생략됨)	

어원정보:

한←일 放送(ほうそう) 영어 'broadcasting'의 번역어. 일본에 '放送'이라는 용어가 생긴 것은 1922년. 우리나라에 방송국이 생긴 것은 1927년 2월 16일이다. 방송은 원래 '놓아주다'라는 뜻으로 사용되던 말이었으나 1920년대 후반 라디오방송국이 생기면서 종래의 '놓아주다'라는 의미는 사라지고 오늘날과 같은 의미로 주로 쓰이게 되었다.

16. 덩어리 표현

학습 효과 증진, 학습자의 유창성 증진과 평가 등에 활용하기 위하여 한자가 포함된 덩어리 표현의 사용방법을 제시하였다.

경우(境遇) [경우]	境遇 [jìng yù]
…(생략됨)	

어휘묶음 정보: 는 경우-(4888), -의 경우(4938)

▷태아가 아들인지 딸인지 궁금하여, 성을 알아보기 위해 점을 치**는 경우**가 많다.
　好奇胎儿的性别而去算卦的情况很多。

▷여자**의 경우**에도 학교를 나오고 직장에서 일을 하다가 결혼하게 되니 보통 25세가
　넘는다.　女孩的情况也是一样，学校毕业后再工作结婚年龄一般就超过25岁了。

本词典共计34万4千字。本词典的每个词语后依次提供词条、汉字原语信息、词语等级信息、发音、词义序号、词性、释义、语法信息、句例、中韩词义比较(中韩共同词义、韩国语特有词义、中文特有词义)、语法功能的不一致、词语连接信息、翻译过程中的非对应关系、关联词汇信息、词源信息、固定搭配等信息,详见下表。

1. 词条 2 汉字原语信息 3 词语等级信息 4 发音 5 词义序号 6 词性 7 释义 8 语法信息 9 句例 10 中韩词义比较 11 语法功能的不一致 12 词语连接信息 13 翻译过程中的非对应关系 14 关联词汇信息 15 词源信息 16固定搭配信息

1. 词条

词条主要有两部分构成,总计550个。
(1) 核心领域汉字词 -许哲(2010)[1]
(2) 包含汉字词的高频率固定搭配 -张硕白(2015)[2]

2. 汉字原语信息

在词条后面的括号( )中,以标注繁体汉字的形式提供原语信息。有两种及以上的原语信息时,将其并列展示。遇有和其他词汇结合的情况下,只提供对应的原语信息。

(1) 교육(教育)
(2) 기념(紀念/記念), 기념-관 (紀念館)

3. 词语等级信息

本词典的韩国语词汇等级采用"教育用词汇"[3])的标准,分为初级、中级和高级。中文词汇的等级根据HSK的词汇等级划分,即根据使用频度划分为"甲 乙 丙 丁"四个等级。

(1) 韩国语词语的等级信息用 '★' 标记。
　　★: 初级　　★★: 中级
　　★★★: 高级　　☆: 其他

---

1) 许哲(名字为音译, 2010), "「现代国语使用频度调查1,2」中的汉字词比重及汉字的活用度调查", 「汉文教育研究」 34期, 232-233p.
2) 张硕白(名字为音译, 2015), 「韩国语固定搭配研究 - 基于大型语料库的研究」, 延世大学博士论文.
3) 姜炫和 (2014a), 「韩国语教育词汇内容开发(3阶段)」,国立国语院.

(2) 相对应的中文词汇用 '甲 乙 丙 丁'的形式进行标记，不在此4个等级的词语用 '☆'进行标记。

学校^甲　哲学^乙　嫌疑^丙　当局^丁　可能性[☆]

4. 发音
每个词条的发音按照『韩国语基础词典』[4]的标记方式进行，与之对应的中文词条按照「漢語拼音方案」和「普通話異讀詞審音表」进行标记。

(1) 词条的标记本身形态与发音一致的情况下，依然对发音进行标注。
　　가정(家庭) [가정], 결론(結論) [결론], 경우(境遇) [경우]
(2) 标识长短音。
　　개선(改善) [개 : 선], 거래(去來) [거 : 래], 공동체(共同體) [공 : 동체]
(3) 浊音化、鼻音化、连读等音变现象对整个语语的发音进行整体标注。
　　가능성(可能性) [가 : 능썽], 대통령(大統領) [대 : 통녕] 단위(單位) [다뉘], 견해(見解) [겨 : 내],
(4) 标准发音具有两个及以上的情况，全部提供所有的发音。
　　계급(階級) [계급/게급], 계기(契機) [계 : 기/것이 : 기], 대회(大會) [대 : 회/대 : 훼]
(5) 在与其他音节接续时发生音变的情况，将发生变化的发音进行加粗及下划线的形式进行标识。
　　가족(家族) [가족] [가족만 [가**종**만], 감각(感覺) [감각] [감각만 [감 : **강**만]]

5. 单義序号
词条的单義及相应中文词条的单義信息全部采用❶, ❷, ❸的序号进行标识。

6. 词性
(1) 韩国语词条的词性用以下方式进行标识。
　　명 사 ⑲ 의존명사 ⑨ 대명사 ⑭ 수 사 ㊌ 조 　사 ㊊ 접 사 ㊒
　　동 사 ⑱ 형 용 사 ㊅ 관형사 ㊓ 부 사 ⑭ 감탄사 ㊍
(2) 中文词条的词性标识如下。
　　名 词 ⑧ 动 词 ⑬ 形容词 ⑲ 数 词 ⑳ 量 词 ⑱
　　代 词 ⑭ 拟声词 ⑭ 副 词 ⑳ 介 词 ㊌ 连 词 ㊋
　　助 词 ⑳ 叹 词 ⑳

---

4) https://krdict.korean.go.kr/

(3) 原则上根据词条的單義进行词性标注，但是当一个词条的所有單義均为一种词性时，本词典将词性直接标识在发音后面。

대상(對象) ★★ [대 : 상] 명　　　**对象**^乙 [duì xiàng] 名

7. 释义

(1) 韩国语的词条释义主要参考『标准国语大辞典』或『韩国语基础词典』，中文词条的释义参考『現代漢語詞典』. 每个词条的單義信息采用 ❶, ❷, ❸的序号进行标识。

　　例: **가정** (家庭) [가정]
　　　❶한 가족이 생활하는 집. 一个家族所生活的家。
　　　❷가까운 혈연관계에 있는 사람들의 생활 공동체. 具有亲密血缘关系的人的生活共同体。

(2) 某一个單義信息下具有两种词性的情况下，鉴于其释义的相似之处，只提供名词释义。

　　例: 감각 (感覺) [감각]
　　　❶명 / 동 감각하다
　　　눈, 코, 귀, 혀, 살갗을 통하여 바깥의 어떤 자극을 알아차림.
　　　眼、鼻、耳、舌、皮肤等对外界刺激的觉察。

(3) 同时提供中韩两种语言的释义信息。

(4) 如'분위기(雰圍氣)'这样在中文中没有的汉字词，采用 '韩国语释义+中文对应语'的形式。

분위기 (雰圍氣)	Ø
❶지구를 둘러싸고 있는 기체. 包围在地球周围的气体。	❶空气 [kōng qì], 大气 [dà qì]
❷그 자리나 장면에서 느껴지는 기분. 在某个地方或场合所感受到的情绪。	❷气氛 [qì fēn], 氛围 [fēn wéi]
❸주위를 둘러싸고 있는 상황이나 환경. 绕围在周围的情况或环境。	❸气息 [qì xī]
❹어떤 사람이나 사물이 지니는 독특한 느낌. 某个人或事物所具有的独特的感觉。	❹气质 [qì zhì]
❺어떤 시대에 자연스럽것이 만들어진 사회적인 여론의 흐름. 在任何时代下自然地形成的社会性的 舆论走向。	❺走向 [zǒu xiàng], 趋势 [qū shì]
❻『문학』문학 작품의 바탕에 깔려 있는 색조나 느낌. 在文学作品的背后所隐藏的色彩或感觉。	❻意境 [yì jìng]

8. 语法信息

在词条相应的单义后面的括号( )中提供具体的语法信息，并翻译成中文。

例: **모양**(模樣)

❻(주로 '모양으로' 꼴로 쓰여)어떤 방식이나 방법.
(主要用 '모양으로' 的形式)表示某种方式或方法。

9. 句例

(1) 所有的词条都必须提供句例。
(2) 句例的提供以简单实用为原则。
(3) 句例均采用中韩双语的形式。

예: **시선** (視線) [시 : 선]

❶몡 눈이 가는 길. 또는 눈의 방향. 眼睛看的路线，或者眼睛看方向。

▷**시선**을 돌리다. 转移视线。

아이는 장난감 가게 앞에서 **시선**을 떼지 못하고 서 있었다.
孩子目不转睛地站在玩具店门口。

10. 中韩词义比较

中韩词义的比较主要分为 '中韩共同词义', '韩语特有词义', '中文特有词义'三种。

대상 (對象) [대 : 상] 몡	对象 [duì xiàng] 名
❶어떤 일의 상대 또는 목표나 목적이 되는 것. 某事的相对物或成为目标或目的的东西。 ▷연구 **대상** 研究对象 경계해야 할 **대상**은 내가 아니라 너의 친구이다. 需要警惕的不是我而是你的朋友。	❶行动或思考时作为目标的人或事物。 행동하거나 생각할 때 목표로 한 사람이나 사물. ▷革命的**对象** 혁명의 대상 ❷特指恋爱的对方。 특별히 서로 사랑하는 쌍방을 말한다. ▷他有**对象**了。그는 애인이 있다。
한중 공통의미	
①어떤 일의 상대 또는 목표나 목적이 되는 것. 某事的相对物或成为目标或目的的东西 **대상❶= 对象❶**	
한국어에서만의 의미(韓)	중국어에서만의 의미(中)
없음	❷特指恋爱的对方。애인

11. 语法功能的不一致

中韩汉字词间的差别不仅仅只存在于含义上，同样作为一个语法单位也存在着较多不同。而这些差异的了解有助于学习者对韩国语语法知识的掌握。本词典将这种差别归纳为"语法功能不一致"，具体可以分为一下6种形式。

(1) 단일어(韓): 단일어+형태소(中)
(2) 단일어(韓): 복합어(中)
(3) 복합어(韓): 두 개의 단일어(공기 관계가 없음)
(4) 단일어(韓): 문장/구(中)
(5) 형태소(韓): 단일어(中)
(6) 단일어(韓): Ø(中)

12. 词语连接信息

连接信息是指提供韩国语汉字词的前后接续条约及其例句信息，旨在减少学习者的语法错误。

예: 세계(世界) [세게/세계] ‖ 世界 [shì jiè]

결합정보: 중국어의 '世界'는 명사를 직접 수식하는 용법이 있지만 한국어의 '세계'는 명사를 직접 수식하는 용법이 있으나 '수준, 유명하다' 등 일부 명사나 형용사를 수식할 때 제한을 받으며 '적'과 결합해야만 관형사로 쓰일 수 있다. 中文的'世界'可以可以直接用来修饰名词，但韩语的'세계'不能直接和水准、有名等词连用，只有和'적'结合，才能作为形容词来使用。

①세계 수준 (×) / 세계적인 수준 (O) 世界水准
②세계 유명하다(×) / 세계적으로 유명하다(O) 世界有名

13. 翻译过程中的非对应关系

'翻译过程中的非对应关系' 是指在翻译句例时出现的与词条名称不一致的情况。中韩词条释义相同的情况下，在具体的翻译过程中会发生不自然甚至别扭的情况出现。

예: **지원**(支援) [지원] ❶지지하여 도움. 支持并帮助。
　　支援 [zhī yuán] ❶用人力、物力、财力或其他实际行动去支持和援助。
　　　　　　　　　인력, 물력, 재력 혹은 기타 실제행동으로 지지와 원조를 하다.
　　번역 과정 중의 비대칭 대응
　　▷지원 대책 **援助**对策 (지원 → 援助)

자금 **지원** 资金**支持** (**지원 → 支持**)
많은 기업체가 그 공연 단체를 **지원하**기로 약속하였다.
很多企业都承诺要赞助那个演出团。(**지원하다 → 赞助**)

14. 关联词汇信息

'关联词汇信息'是指当中韩相同汉字标记的词语含义无法对应时，另外查找能够与韩国语汉字词相对应的中文词汇，并将其如何使用的信息进行展示。

병원(病院) [병ː 원] 명	**病院** [bìng yuàn] 名
…(생략됨)	
관련어휘 정보 **医院** [yī yuàn]은 한국어 '**병원**'의 대역어로 볼 수 있다. 한국어도 '의원(医院)'이라는 단어가 있지만 중국어로는 '诊所'라고 한다.	

15. 词源信息

词源信息包括含义出处、本義和轉義、日系汉字词的流入过程等3种信息。

(1) 提供汉字词的含义出处.

공부(工夫) [공부]	**工夫 [gōng fū]**
…(생략됨)	
어원정보: [어원(漢) 工夫(大學:細論條目工夫)] 此处的'工夫'为'学习'的意思。整句话的意思是'逐条仔细学习'。	

(2) 提供汉字词的本義和轉義。

역할(役割) [여칼]	**Ø**
…(생략됨)	
어원정보: [역할(役割) 일 역, 나눌 할] 本義: 일을 나누다 轉義: 자신에게 할당(割當)된 일	

(3) 提供日系汉字词的流入过程。

방송 (放送) [방: 송]	Ø
…(생략됨)	

어원정보:

한—일 放送(ほうそう) 영어 'broadcasting'의 번역어. 일본에 '放送'이라는 용어가 생긴 것은 1922년. 우리나라에 방송국이 생긴 것은 1927년 2월 16일이다. 방송은 원래 '놓아주다'라는 뜻으로 사용되던 말이었으나 1920년대 후반 라디오방송국이 생기면서 종래의 '놓아주다'라는 의미는 사라지고 오늘날과 같은 의미로 주로 쓰이게 되었다.

16. 固定搭配信息

为了提高学习效果, 增进学习者的流畅性及其在评价中的活用, 提供包含汉字词的固定搭配信息。

경우(境遇) [경우]	境遇 [jìng yù]
…(생략됨)	

어휘묶음 정보: 는 경우-(4888), -의 경우(4938)

▷태아가 아들인지 딸인지 궁금하여, 성을 알아보기 위해 점을 치**는 경우**가 많다.
　好奇胎儿的性别而去算卦的情况很多。

▷여자**의 경우**에도 학교를 나오고 직장에서 일을 하다가 결혼하게 되니 보통 25세가 넘는다.　女孩的情况也是一样, 学校毕业后再工作结婚年龄一般就超过25岁了。

차례 时间

- 서문 / v
- 序论 / viii
- 일러두기 / x
- 例言 / xvii

ㄱ	3
ㄴ	67
ㄷ	76
ㅁ	89
ㅂ	109
ㅅ	138
ㅇ	190
ㅈ	234
ㅊ	291
ㅌ	307
ㅍ	314
ㅎ	322

- 찾아보기 / 342

한중 한자어 뜻풀이釋義 사전

가격 (價格)★ 명 [가격만 [가ː경만]]

❶물건이 지니고 있는 가치를 돈으로 나타낸 것.
物品所具价值的货币表现形式.
▷**가격** 인상. 价格上涨. **가격** 인하. 价格下跌.
새 옷을 저렴한 **가격**으로 샀다.
以低廉的价格买了件衣服.

价格² [jià gé] 名

❶商品价值的货币表现.
상품의 가치를 돈으로 나타낸 것.
▷如一件衣服卖五十元人民币, 五十元就是衣服
的价格.
옷은 50원이라면, 50원은 그 옷의 가격이다.

한·중 공통의미
①물건이 지니고 있는 가치를 돈으로 나타낸 것(物品所具价值的货币表现形式) . **가격**❶= **价格**❶

가능-성 (可能性)★★ [가ː능썽] 명

❶앞으로 실현될 수 있는 성질이나 정도
以后实现的概率或者程度.
▷**가능성**을 점치다. 预测可能性.
오늘 밤에는 비가 올 **가능성**이 높은 편이다.
今天夜间下雨的可能性较大.
❷앞으로 성장할 수 있는 성질이나 정도
以后成长的性质或程度.
▷젊은이들에게는 무한한 **가능성**이 있다.
年轻人有着无限的可能性.

可能性☆ [kě néng xìng] 名

❶可能性是客观事物内部蕴藏着的这样或那样的
发展趋势.
사물 내부에서 이런 저런 발전 추세를 뜻함.
▷有**可能性**.
가능성이 있다.
这次成功的**可能性**不大.
이번에 성공하는 **가능성**이 크지 않다.

한·중 공통의미
①실현될 수 있거나 성장할 수 있는 성질이나 정도(以后实现的概率或者程度).
가능성❶+❷= **可能性**❶
관련어휘 정보: 가능성의 반대말로 '불가능성'이 있는데 중국어에는 '不可能性'이란 단어가 존재하지 않음.
불가능성 (O) 不可能性 (×)

가정 (家庭)★★ [가정] 명

❶한 가족이 생활하는 집.
一个家族所生活的家.
▷유럽 여행 중 우연히 독일인 **가정**에 초대받았다.
欧洲旅行中偶然接受了一家德国人的家庭招
待.
❷가까운 혈연관계에 있는 사람들의 생활 공동체.
具有亲密血缘关系的人的生活共同体.

家庭甲 [jiā tíng] 名

❶以婚姻和血统关系为基础的社会单位, 包括父
母, 子女和其他共同生活的亲属在内.
혼인이나 혈연관계에 기초한 사회단위, 부모, 자
녀 및 기타 같이 생활하는 친족들을 포함한다.
▷要营造良好的**家庭**情感氛围. (BCC)
좋은 가정 분위기를 만들어야 한다.
老师来**家庭**访问了. (CCL)

▷결혼하여 한 **가정**을 이루다.　　　　　선생님이 가정 방문을 왔었어요.
　结婚组成了家庭。

가정❶+❷= 家庭❶

결합정보: 중국어의 '家庭'은 그대로 관형사로 쓰일 수 있지만 한국어에서의 '가정'은 항상 '적'과 결합해야 관형사로 쓰일 수 있다. 中文的'家庭'可以作为形容词使用，但韩语的'가정'多数情况下需要和'적'结合，才能作为形容词来使用。

①가정 분위기가 좋다. (×)
　가정적 분위기가 좋다. (O) 家庭氛围

가족 (家族)★ [가족] 명 [가족만 [가종만]]　　家族☆ [jiā zú] 名

❶주로 부부를 중심으로 한, 친족 관계에 있는 사람들의 집단. 또는 그 구성원. 혼인, 혈연, 입양 등으로 이루어진다.

　主要以夫妇为中心的具有亲属关系的人们的集团。主要由婚姻、血缘、领养等关系组成。

▷**가족**을 부양하다. 养家。

　전시회에 **가족** 단위의 관람객들이 줄을 잇고 있다.
　展示会上以家庭为单位的观光客正在排队。

　가정의례의 절차는 곧 가족의 신분을 나타내게 되었다.
　家庭礼仪的顺序常反映出家族的身份。

❶以婚姻和血统关系为基础而形成的社会组织，包括同一血统的几辈人。

　혼인이나 혈연관계에 기초한 사회조직, 같은 혈연을 (갖)가진 몇 세대의 사람을 포함한다.

▷这家公司是**家族**企业。(BCC)
　이 회사는 가족기업이다.

　有高血压**家族**史的人也容易得高血压。
　고혈압 가족사가 있는 사람은 고혈압에 걸리기 쉽다.

한·중 공통의미

①친족 관계에 있는 사람들의 집단(具有亲属关系的人们的集团). **가족❶= 家族❶**

한국어에서만의 의미(韓)	중국어에서만의 의미
❶가정(家庭). (뜻풀이를 보면 '가족'과 '家族'은 같지만 용례를 번역해 보면 한국어의 '가족'은 '가정'의 뜻도 있는데 중국어에는 그런 의미가 없음.)	없음

결합정보: 중국어의 '家族'은 그대로 관형사로 쓰일 수 있지만 한국어에서의 '가족'은 '적'과 결합해야만 관형사로 쓰일 수 있다. 中文的'家族'可以作为形容词使用，但韩语的'가족'只有和'적'结合，才能作为形容词来使用。

①그것은 가족 문제이다. (×)
　그것은 가족적 문제이다. (O) 家族问题

가치 (價値)★★ [가치] 명　　价值乙 [jià zhí] 名

❶값이나 귀중한 정도　　　　❶体现在商品里的社会必要劳动。

▷상품 **가치**. 商品价值.

이렇게 오래된 미술 작품들의 가치는 어떻게 매기나요?

❷의미나 중요성.

▷이 책은 하나밖에 없는 원본이라서 역사적 가치가 매우 높다.

봉사 활동은 나보다 남을 위한 일이라는 점에서 참으로 가치 있는 일이다.

상품 가치. 쓸모나 긍정적인 작용.

▷空气对人们有使用**价值**，不具有商品**价值**。

공기는 인간에게 사용 가치가 있지만 상품 가치가 없다.

❷用途或积极作用。쓸모나 긍정적인 작용.

▷这些资料很有参考**价值**。

이 자료들은 매우 참고 가치가 있다.

探讨人生的**价值**。인생의 가치를 탐구하다.

가치 = 价值

각(各)★★ [각] 관

❶낱낱의.

个个。

▷**각** 가정. 各个家庭。

각 학교. 各学校。

각 지방. 各地方。

가: 이번 중간고사 시험 범위가 어떻게 돼?

这次期中考试的范围是怎样的？

나: 각 반마다 진도가 다 달라서 아직 시험 범위가 안 정해졌대.

每个班的进度不同，所以听说范围还没定。

各甲 [gè]

❶代指示代词，表示不止一个。

여러. 하나가 아니고 수효가 여럿임을 나타냄.

▷**各**方。각 관련 측. **各**界。각계.

各国。각국. **各**位来宾。내빈 여러분.

❷副表示不止一人同做某事或不止一物同有某种属性。

하나가 아닌 사람이나 사물이 같은 일을 하거나 같은 성질이 지니고 있음.

▷双方**各**执一词。

쌍방이 다 각자 자기주장을 고집하다.

左右两侧**各**有一门。

좌우 양측에 각각 문이 하나 있다.

❸名 姓。성(씨).

❹形 [gě]特别(含贬义)。

특별하거나 유별나다(부정적).

▷这人真**各**。

이 사람은 매우 유별나다.

한·중 공통의미

①하나가 아님(不止一个). 각❶= 各❶+❷

한국어에서만의 의미(韓)	중국어에서만의 의미(中)
없음	❸名 姓。성(씨).
	❹形 特别(含贬义)。특별하거나 유별나다(부정적 의미).

각종 (各種)** [각쫑] 명

❶온갖 종류. 또는 여러 종류.
全部种类或若干种类.
▷**각종** 참고서 各种参考书
각종 운동 경기 各种体育比赛
각종 규모의 공장 시설 各种规模的工厂设施

各种甲 [gè zhǒng] 名

❶各 个种类, 若干种类.
각종(의). 여러 가지 종류.
▷有**各种**奖学金. (BCC)
여러 가지 장학금이 있다.

각종❶= 各种❶

간 (間)** [간] 의

❶길이의 단위. 한 간은 여섯 자로, 1.81818미터에 해당한다.
长度的单位. 一间等于6尺, 是1.81818米.
❷넓이의 단위. 건물의 칸살의 넓이를 잴 때 쓴다. 한 간은 보통 여섯 자 제곱의 넓이이다.
宽度的单位. 测量建筑物宽度时, 一间指6尺的平方数的宽度.
❸한 대상에서 다른 대상까지의 사이.
某物到某物的之间.
▷서울과 부산 간 야간열차.
首尔与釜山间的夜间列车.
❹(일부 명사 뒤에 쓰여)'관계'의 뜻을 나타내는 말.
用于部分名词后表示某种关系.
▷부모와 자식 간에도 예의를 지켜야 한다.
父母与子女之间的礼仪必须遵守.
❺('-고 -고 간에', '-거나 -거나 간에', '-든지 - 든지 간에' 구성으로 쓰여) 앞에 나열된 말 가운데 어느 쪽인지를 가리지 않는다는 뜻을 나타내는 말.
表示对前面列举的几个对象不偏向. 学习或运动, 无论干啥都要努力.
▷공부를 하든지 운동을 하든지 간에 열심히만 해라.
学习或运动, 无论干啥都要努力.

间甲 [jiān]

❶名 方位词, 中间. 사이. 중간. 가운데.
▷彼此间. 피차간. 两国之间. 양국 간.
❷名 方位词, 一定的空间或时间里.
일정한 공간 또는 시간의 사이.
▷田间. 논밭. 人间. 인간 세상. 晚间. 저녁 때.
❸一间屋子; 房间. 방. 간. 실.
▷里间. 안방. 车间. 작업장.
❹量房屋的最小单位. 방을 세는 단위.
▷一间卧室. 침실 한 칸.
三间门面. 세 칸짜리 가게.
❺名 姓. 성(씨).
❻[jiàn] 空隙. 틈. 사이.
▷乘间. 틈을 타다.
❼[jiàn] 嫌隙, 隔阂. (감정상의) 틈. 사이.
▷亲密无间. 아주 친밀하다.
❽[jiàn] 隔开, 不连接.
사이를 두다. 격(隔)하다.
▷间隔. 서로 사이를 두다.
❾[jiàn] 挑拨使人不和, 离间. 이간시키다.
▷反间. 이간.
❿动 [jiàn] 拔去或者锄去(多余的苗). 솎다.
▷间萝卜苗. 무 솎음을 하다.

한·중 공통의미

①한 대상에서 다른 대상까지의 사이(某物到某物的之间). 간❸= 间❶
②'관계'의 뜻을 나타내는 말(表示某种关系).
③이간시키다(挑拨使人不和, 离间). (②번의 의미는 <현한>에서 설명하지 않으나 용례를 보면 중국어에도 이런 뜻은 있다는 걸 충분히 알 수 있음.③번의 의미는 <표준>에서 설명하지 않으나 용례를 보면 한국어에도 이런 뜻은 있다는 걸 충분히 알 수 있음.)

한국어에서만의 의미(韓)	중국어에서만의 의미(中)
❶길이의 단위. 　长度的单位.	❷一定空间或时间里. 　일정한 공간 또는 시간의 사이.
❷넓이의 단위. 　宽度的单位.	❸一间屋子; 房间. 방. 간. 실.
❺앞에 나열된 말 가운데 어느 쪽인지를 가리지 않는다는 뜻을 나타내는 말. 　表示前面列举的对象不偏向.	❹房屋的最小单位. 방을 세는 단위.
	❺姓. 성(씨).
	❻空隙. 틈. 사이.
	❼嫌隙, 隔阂. (감정상의) 틈. 사이.
	❽隔开, 不连接. 사이를 두다. 격(隔)하다.
	❿拔去或者锄去(多余的苗). 솎다.

갈등 (葛藤)★★ [갈뜽] 명 　　　　葛藤☆ [gé téng] 名 (Baidu 사전)

갈등 (葛藤)★★ [갈뜽] 명

❶서로 생각이 달라 부딪치는 것.
　由于想法不同而相互冲突.
▷노사 **갈등**. 劳资纠纷.
　큰아들과 막내아들 사이에 갈등이 생겼다.
　大儿子和小儿子之间发生了矛盾.
❷마음속에서 어떻게 할지 결정을 못 한 채 괴로워하는 것.
　内心无法决定某事而经受痛苦.
▷동생은 어느 학과를 가야 할지 **갈등**하고 있다.
　弟弟正在纠结上什么专业.
　그녀는 남자 친구와 결혼을 해야 할지 말아야 할지 갈등을 하고 있다.
　她正在纠结是否该不该和男朋友结婚.

葛藤☆ [gé téng] 名 (Baidu 사전)

❶葛的藤蔓.
　칡덩굴.
▷墙壁上爬满了**葛藤**.
　벽이 온통 칡덩굴로 덮여있다.
❷比喻事物纠缠不清或话语噜苏繁冗.
　[비유] 사물 간의 서로 얽히는 것이나 말이 길고 구시렁거리다.
▷绝了旧**葛藤**, 添了新机会. (CCL)
　묵은 갈등을 풀고 새로운 기회를 맞이하다.

한·중 공통의미가 없음

한국어에서만의 의미(韓)	중국어에서만의 의미(中)
❶서로 생각이 달라 부딪치는 것. 　由于想法不同而相互冲突.	❶葛的藤蔓. 칡덩굴.
❷마음속에서 어떻게 할지 결정을 못 한 채 괴로워하는 것. 　内心无法决定某事而经受痛苦.	❷比喻事物纠缠不清或话语噜苏繁冗. 　사물 간의 서로 얽히는 것이나 말이 길고 구시렁거리다.

감각 (感覺)★★ [감각] [감각만 [감·강만] 　　感觉↙ [gǎn jué]

감각 (感覺)★★ [감각] [감각만 [감·강만]

❶명 눈, 코, 귀, 혀, 살갗을 통하여 바깥의 어떤

感觉↙ [gǎn jué]

❶名 客观事物的个别特性在人脑中引起的直接

자극을 알아차림.

眼、鼻、耳、舌、皮肤等对外界刺激的觉察。

▷**감각**이 둔하다. 感觉迟钝。 **감각**이 없다. 没有感觉。

그는 사고로 하반신의 **감각**을 잃어버렸다.

동 감각되다[감가뙤다] 감각하다[감가카다]

他的下半身失去了感觉。

그는 이날의 추위는 넉넉히 **감각**되었다.

他充分感受到了那一天的寒冷。

너무 추워서 네 손이 닿는 것을 **감각**하지 못했다.

太冷了，没能感觉到碰到了你的手。

❷ 명 사물에서 받는 인상이나 느낌.

印象或者感受。

동 감각되다 [감가뙤다] 감각하다 [감가카다]

▷패션 **감각**. 时尚感觉. 서구적인 **감각**. 欧式感觉。

그는 언어 **감각**이 뛰어난 작가이다.

他是位语言感觉很好的作家。

그녀는 남편의 사랑이 식어 가는 것을 **감각**했다.

她逐渐感受到丈夫的爱在渐渐冷却。

反映。

객관적인 사물의 특성에 대한 사람 뇌의 직접적인 반응.

▷人类有敏锐的**感觉**器官。

인간은 예민한 감각 기관을 갖고 있다. (CCL)

❷ 动 产生某种感觉 느낌이 들다.

▷一场秋雨过后就**感觉**有点儿冷了。

가을비가 한바탕 지나간 후에는, 약간 추워짐을 느낀다.

❸ 动 认为。 여기다.

▷他**感觉**工作还顺利。

그는 일이 잘 되어 가고 있다고 여긴다.

한·중 공통의미

①바깥의 어떤 자극을 알아차림(对外界刺激的觉察).

②사물에서 받는 인상이나 느낌(印象或者感受). 감각❶+❷=感觉❶+❷

한국어에서만의 의미(韓)	중국어에서만의 의미(中)
없음	❸认为。 여기다.

감독 (監督)★★ [감독] 명 [감독만 [-동-]]

❶ 명 + 동 일이나 사람 따위가 잘못되지 아니하도록 살피어 단속함. 또는 일의 전체를 지휘함.

防止人或事情出错而进行督查和管制，或者对整件事情进行指挥。

▷시험 **감독**. 监考. 공사장 **감독**. 施工现场指挥.

공사를 **감독**하다. 指挥施工. 학생을 **감독**하다. 监督学生。

❷영화나 연극, 운동 경기 따위에서 일의 전체를 지휘하며 실질적으로 책임을 맡은 사람.

电影、戏剧及体育比赛等事情的全权指挥并负责的人。

监督丙 [jiāndū]

❶ 动 察看并督促。

살피고 재촉하다.

▷**监督**执行。 진행을 **감독**하다.

接受监督。 **감독**을 받다.

❷ 名 做监督工作的人。

감독하는 일을 맡은 사람.

▷舞台**监督**。 무대 감독。

▷**감독**을 맡다. 担任教练。**감독**을 교체하다. 更换教练。

김 **감독**이 이번 영화를 흥행시킨 데 결정적인 공헌을 했다.

金导演对于这部电影的大热做出了决定性贡献。

한·중 공통의미	
①일이나 사람 따위가 잘못되지 아니하도록 살피어 단속함(防止人或事情出错而进行督查和管制).	
한국어에서만의 의미(韓)	중국어에서만의 의미(中)
❶일의 전체를 지휘함(对整件事情进行指挥). ❷전체를 지휘하며 실질적으로 책임을 맡은 사람 (全权指挥并负责的人).	없음

감정 (感情)* [감정] 명 / 感情^乙 [gǎn qíng] 名

감정 (感情)* [감정] 명

❶어떤 현상이나 일에 대하여 일어나는 마음이나 느끼는 기분.

对某种现象或者事情所产生的想法或心情。

▷**감정**이 풍부하다. 感情丰富。

그는 자신의 **감정**을 좀처럼 드러내지 않았다.

他不轻易展露自己的感情。

感情^乙 [gǎn qíng] 名

❶对外界刺激的比较强烈的心理反应。

바깥의 어떤 자극에 대한 강한 심리적인 반응.

▷ 动 **感情**。 정이 들다. **感情**流露。 감정이 나타나다.

❷对人或事物关切、喜爱的心情。

사람이나 사물에 대한 좋아하는 마음.

▷联络**感情**。 우정을 깊게 하다.

他对农村产生了深厚的**感情**。

그는 농촌에 정이 깊이 들었다.

한·중 공통의미	
①현상이나 일에 대해 일어나는 마음이나 기분(对某现象或事情所产生的想法或心情). 감정❶=感情❶	
한국어에서만의 의미(韓)	중국어에서만의 의미(中)
없음	❷关切、喜爱的心情。 좋아하는 마음.

결합정보: 중국어의 '感情'은 그대로 관형사로 쓰일 수 있지만 한국어에서의 '감정'은 '적'과 결합해야만 관형사로 쓰일 수 있다. 中文的'感情'可以作为形容词使用，但韩语的'감정'只有和'적'结合，才能作为形容词来使用。

①그것은 **감정** 문제이다. / **감정** 판단 (×)

그것은 **감정적** 문제이다. / **감정적** 판단(O) 感情问题 / 感性判断

번역 과정 중의 비대칭 대응

▷그는 이성적이라기보다 **감정적**인 사람이다. 他是一个**感性**的人。(감정적→**感性**)

강 (江)★ [강] 명	江甲 [jiāng]
❶넓고 길게 흐르는 큰 물줄기. 宽而长的河流. ▷**강** 상류. 江的上游. **강**을 건너다. 过江.	❶ 名 大河。강. ▷珠**江**。주강. 黑龙**江**。흑룡강. ❷特指长江. 양자강. ▷**江**汉. 양자강과 한수. **江**南. 양자강 하류 이남의 지역. ❸ 名 姓。성(씨).

한·중 공통의미
①넓고 길게 흐르는 큰 물줄기(宽而长的河流). **강❶=江❶**

한국어에서만의 의미(韓)	중국어에서만의 의미(中)
없음	❷特指长江. 양자강 ❸姓。성(씨).

개념 (概念)★★ [개:-] 명	概念乙 [gài niàn] 名
❶어떤 사물 현상에 대한 일반적인 지식. 对某事物现象的一般性知识. ▷정보화라는 **개념**을 이해하다. 理解信息化的概念. 아이가 아직 어려서 돈에 대한 **개념**이 없다. 孩子小, 对钱还没有概念.	❶思维的基本形式之一, 反映客观事物的、一般的、本质的特征. 사유방식의 하나임. 사물의 일반적, 본질적인 특징을 반영한다. ▷这就是教育的**概念**. 이것이 바로 교육의 개념이다.

한·중 공통의미
①어떤 사물 현상에 대한 일반적인 지식(对某事物现象的一般性知识). **개념❶=概念❶**

번역 과정 중의 비대칭 대응

▷**개념적** 이해. 从概念上理解.

　개념적으로 파악하다. 从概念上掌握. (개념적 → **从概念上**)

개발 (開發)★★ [개발] 명＋동	开发丙 [kāi fā] 动
❶토지나 천연자원 따위를 유용하게 만듦. 使土地、天然资源等产生作用. ▷유전 **개발**. 油田开发. 수자원 **개발**. 水资源开发. 경치가 좋은 곳을 관광지로 **개발**하려고 한다. 打算将景色好的地方开发成观光区. ❷지식이나 재능 따위를 발달하게 함. 使知识或者技能发达.	❶以荒地、矿山、森林、水力等自然资源为对象进行劳动, 以达到利用的目的. 토지, 광산, 숲, 수자원 등 천연자원 따위를 유용하게 만듦. ▷**开发**荒山. 황무지를 개발하다. **开发**黄河水利. 황하 수자원을 개발하다. ❷发现或发掘人才、技术等供利用. 사람이나 기술 등을 발달하게 하다.

▷자신의 능력 **개발**. 自身能力开发。

각 사원의 능력을 **개발하다**. 开发各个职员的能力。

❸산업이나 경제 따위를 발전하게 함.

使产业等得以发展。

▷산업 **개발**. 产业开发。

첨단 산업을 **개발하고** 육성하다.

开发和培育尖端产业。

❹새로운 물건을 만들거나 새로운 생각을 내어놓음.

开发新产品或置入新的想法。

▷신제품 **개발**. 新产品开发。 프로그램 **개발**. 开发新节目。

세계 최초로 **개발한** 제품. 世界上最新开发的产品。

▷人才开发中心。 인재**개발**센터.

开发高新技术。 첨단 기술을 **개발하다**.

❸支付；分发。 (돈)을 나누어 주다.

▷**开发**车钱。 돈을 나누어 주다.

❹教导，启蒙。 교도(敎導)하다. 일깨우다.

▷**开发**愚蒙。 우매한 자를 일깨우다.

한·중 공통의미	
①토지나 천연자원 따위를 유용하게 만듦(使土地、天然资源等产生作用). **개발❶=开发❶**	
②지식이나 재능 따위를 발달하게 함(使知识或者技能发达). **개발❷=开发❷**	
③산업이나 경제 따위를 발전하게 함(使产业等得以发展).	
④새로운 물건을 만들거나 새로운 생각을 내어놓음(开发新产品或置入新的想法). (③,④번의 의미는 <현한>에서 설명하지 않으나 용례를 보면 중국어에도 이런 뜻은 있다는 걸 충분히 알 수 있음.)	
한국어에서만의 의미(韓)	중국어에서만의 의미(中)
없음	❸支付；分发。 (돈)을 나누어 주다.
	❹教导，启蒙。 교도(敎導)하다. 일깨우다.

개방 (開放)★★ 명 + 동

❶문이나 어떠한 공간 따위를 열어 자유롭게 드나들고 이용하게 함.

门或某种空间等能自由开关并使用。

▷고궁의 개방 시간. 故宫的开放时间。

도서관은 모든 사람에게 개방되어 있다.

图书馆面向所有人开放。

학생들에게 도서관을 개방하다.

向学生开放图书馆。

❷금하거나 경계하던 것을 풀고 자유롭게 드나들거나 교류하게 함.

被禁止或警戒的事物回复自由或使之能够交流。

▷시장 **개방**. 市场开放 **개방** 외교. 开放外交。

开放² [kāi fàng]

❶ 动 花)展开。

(꽃)피다.

▷百花**开放**。 온갖 꽃이 만발하다.

❷ 动 解除封锁、禁令、限制等，允许进入或利用。

봉쇄, 금령, 제한 따위를 해제하고 진입하거나 이용하는 것을 허락하다.

▷改革**开放**。 개혁 개방.

机场关闭了三天，至今日才**开放**。

공항은 3일 동안 폐쇄되었다가 오늘에야 개방되었다.

❸ 形 性格开朗；思想开通，不受拘束。

유통 시장이 내년부터 외국 기업에 **개방**된다.
流通市场从明年开始对国外企业开放。
외국에 문호를 **개방**하다. 对外国开放门户。

성격이 명랑하다; 의식이 개방적이고 구속 받지 않는다.
▷性格**开放**。 성격이 개방적이다.
思想**开放**。 의식이 개방적이다.

한·중 공통의미	
①진입하거나 이용하는 것을 허락하다(允许进入或利用). 개방❶+❷= 开放❷	
한국어에서만의 의미(韓)	중국어에서만의 의미(中)
없음	❶ 动 花)展开。(꽃)피다. ❸ 形 性格开朗; 思想开通, 不受拘束。

결합정보: 중국어의 '开放'은 그대로 형용사로써 용언으로 쓰일 수 있지만 한국어에서의 '개방'은 '적'과 결합해야만 용언으로 쓰일 수 있다. 中文的'开放'本身是形容词可以作为句子的谓语，但韩语的'개방'只有和'적'结合，才能和'이다'结合在一起充当谓语。
①그의 성격이 **개방**이다. (×)
　그의 성격이 **개방적**이다. (O) 性格开放

개선 (改善)★★ [개·선] 명+동　　改善ᶻ [gǎi shàn] 动

❶잘못된 것이나 부족한 것, 나쁜 것 따위를 고쳐 더 좋게 만듦.
　修改或使错误的、不足的或坏地方变好。
▷입시 제도 **개선**. 高考制度改善。
　기능이 **개선**되다. 性能得到改善。
　생활 환경을 개선하다. 改善生活环境。

❶改变原有情况使好一些。
　기존 상황을 좋게 변화시킨다.
▷**改善**生活。 생활을 개선하다.
　改善投资环境。 투자 환경을 개선하다.

한·중 공통의미	
①잘못된 것이나 부족한 것, 나쁜 것 따위를 고쳐 더 좋게 만듦. 修改或使错误的、不足的或坏的地方变好。	

결합정보: '개선하다'와 '개선되다'는 중국어로 모두 '改善'로 번역할 수 있지만 '개선하다'는 항상 '…을 개선하다'의 형식으로 중국어로 '改善…'의 뜻이다. 그리고 '개선되다'는 항상 '…이/가 개선되다'의 형식으로 중국어로 '得到改善'의 뜻이다. '개선하다' 和 '개선되다' 都可以翻译成中文'改善'，但是'개선하다'是'把…给改善'的意思，而'개선되다'是'…被改善/…得到改善'的意思。
①투자 환경이 개선하다. (×) /투자 환경을 개선하다. (O)
　改善投资环境。
②기능을 개선되다. (×) / 기능이 개선되다. (O)
　性能得到改善。

개인 (個人)★★ [개·인] 명　　个人ᶻ [gè rén] 名

❶국가나 사회, 단체 등을 구성하는 낱낱의 사람.
❶一个人。(跟"集体"相对) 한 사람.("집단"과 반대)

构成国家或社会及团体的单个人。

▷**개인** 자격으로 참가하다. 以个人名义参加。

이것은 나 **개인**의 문제가 아니라 우리 부서 전체의 문제이다.

这个不是我个人的问题，是我们部门全体的问题。

▷**个人**利益服从集体利益。

개인이익은 집단이익에 따라야 한다.

集体领导同**个人**负责相结合。

집단 지도와 개인 담당을 서로 결합하다.

❷自称, 我(在正式场合发表意见时用)

자칭, 나(공식 장소에서 의견을 발표할 때 쓰는 말)

▷**个人**认为这个办法是非常合理的。

개인적으로 이 방법이 매우 합리적이라고 생각한다.

한·중 공통의미
①낱낱의 사람(跟"集体"相对, 一个人). 개인❶= 个人❶

한국어에서만의 의미(韓)	중국어에서만의 의미(中)
없음	❷自称, 我 자칭, 나

결합정보: 중국어의 '个人'은 그대로 관형사로 쓰일 수 있지만 한국어에서의 '개인'은 '적'과 결합해야만 관형사로 쓰일 수 있다. 中文的'个人'可以作为形容词使用，但韩语的'개인'只有和'적'结合，才能作为形容词来使用。

①그것은 내 **개인 의견**이다. (×)

그것은 내 **개인적 의견**이다.(O) 个人意见

개혁 (改革)★★ [개ː혁] [개혁만[개ː형-]]　　　　**改革**ᶻ [gǎi gé] 动

❶ 명 ＋ 동 제도나 기구 따위를 새롭게 뜯어고침. 制度或者机构等重新改正。

▷교육 **개혁**. 教育改革。 사법 제도 **개혁**. 司法制度改革。

사회의 모순이 **개혁되다**. 社会矛盾发生变革。

잘못된 제도와 관행을 **개혁하다**.

改革有问题的制度和惯例。

❶把事物中旧的不合理的部分改成新的、能适应客观情况的。

사물의 낡고 불합리한 부분을 객관적으로 새롭게 고치다.

▷技术**改革**。 기술 혁신.

改革经济管理体制。 경제 관리 체제를 개혁하다.

한·중 공통의미
①제도나 기구 따위를 새롭게 뜯어고침(制度或者机构等重新改正). 개혁❶=改革❶

결합정보: '개혁하다'와 '개혁되다'는 중국어로 모두 '改革'로 번역할 수 있지만 '개혁하다'는 항상 '…을 개혁하다'의 형식으로 중국어로 '改革…'의 뜻이다. 그리고 '개혁되다'는 항상 '…이/가 개혁되다'의 형식으로 중국어로 '发生变革'의 뜻이다. '개혁하다'是'把…改革'的意思, 而'개혁되다'是'…发生变革'的意思。

①잘못된 제도와 관행이 개혁되다.(×) /잘못된 제도와 관행을 개혁하다. (O) 改革有问题的制度和惯例。

②사회의 모순을 개혁되다 (×) / 사회의 모순이 개혁되다 (O) 社会矛盾发生变革。

번역 과정 중의 비대칭 대응

▷**개혁적** 사고가 중요하다. 革新性的思考很重要。(개혁 → 革新)

技术**改革**。 기술 **혁신**이 급하다. (改革 → 혁신)

거래 (去來)★★ [거:래]   Ø

❶ 명 + 동 주고받음. 또는 사고팖.
给与或接受，买卖。
▷거래가 이루어지다. 交易达成。
  우리는 그들과 공산품을 거래한다.
  我们和他们做工业品交易。
  우리 회사는 외국 회사와 첨단 제품을 거래한다.
  我们公司与外国公司做尖端产品的生意。
❷ 명 + 동 친분 관계를 이루기 위하여 오고 감.
为了维持亲近关系而进行往来。
▷이웃과 거래가 잦다. 和邻居往来频繁。
  그는 발이 넓어 사회 각 방면의 사람들과 거래가
  있다.
  他路子宽，与社会各方面的人都有交往。
❸ 명 + 동 예전에, 사건이 일어나는 대로 아랫사
람이 윗사람이나 관아에 가서 알리던 일.
旧时指下人向上级或官衙如实禀报事件的发生
经过。
▷거래를 드리다. 禀报事件的经过。
  두 시위를 사랑마루에 세워서 손이 오거든 거래
  하고 들게 하였다.
  让两侍卫在门前等候，客人来的话让其禀告后
  进来。
❹ 동 물건 따위가 매매되다. 物品等被买卖。
▷우표가 수집가들 사이에 거래되다.
  邮票在集邮者间被买卖。
  물건이 비싼 값에 거래되다.
  物品卖了个好价钱。

❶交易丙 [jiāo yì], 做买卖 [zuò mǎi· mai]
▷现款交易。 현금 거래.
  我跟他做了多年的买卖。
  나는 그와 여러 해 동안 거래하였다.
❷往来丙 [wǎng lái], 交往 [jiāo wǎng]
▷您和他有来往吗?
  그쪽은 그와 거래하고 있습니까?
  他不大和人交往。
  그는 사람들과 그다지 거래하지 않는다.
❸禀报☆ [bǐng bào]
▷据实禀报官方。
  사실대로 관청에 보고하다(거래를 드리다).
❹被买卖 [bèi mǎi· mai]
▷企业作为商品被买卖。
  기업은 (상품으로써 매매되고 있다.)

한·중 공통의미

없음
한국어 한자어의 '거래'는 중국어에서는 이런 단어가 존재하지 않음. 같은 의미로써 쓰고 있는 단어는
交易 (교역), 做买卖(매매하다), 往来(왕래), 来往, 禀报, 被买卖(매매되다) 등이 있음. (中文中不存在韩国
语中的'去來'一词，所以与之相对应含义的中文词汇有交易, 做买卖, 往来, 来往, 禀报, 被买卖等)
문법 단위 사이의 불일치
거래(去來) 단일어   去(거), 來(래) 복합어도 아닌 두 개의 단어

거리 (距離)* [거ː리] 명   距离乙 [jù lí]

❶ 두 개의 물건이나 장소 따위가 공간적으로 떨어
진 길이.

  两个物体或场所之间的空间长度。

▷ **거리**가 가깝다. 距离近. **거리**가 멀다. 距离远.

  우리 집에서 학교까지의 **거리**는 500미터이다.

  我们家到学校的距离是500米。

❷ (주로 시간의 길이를 나타내는 명사 뒤에 쓰여)일
정한 시간 동안에 이동할 만한 공간적 간격.

  (用于表示时间长度名词后)一定时间内可移动的
空间距离。

▷ 집에서 학교까지는 20분 **거리**이다.

  从家到学校有20分钟的距离。

  10분 **거리**를 한 시간 동안 걸었다.

  10分钟的距离走了1个小时。

❸ 사람과 사람 사이에 느껴지는 간격. 보통 서로 마
음을 트고 지낼 수 없다고 느끼는 감정을 이른다.

  人与人之间的心里间隔，一般指相互不能敞开
心扉。

▷ 그 친구와는 왠지 **거리**가 느껴진다.

  不知道为什么和他总有种距离感。

  우리, 앞으로는 **거리**를 두지 말고 지내도록 하자.

  以后我们都敞开心扉以诚相待。

❹ 비교하는 두 대상 사이의 차이.

  所比较的两个对象间的不同。

▷ 이상과 현실 사이에는 **거리**가 있기 마련이다.

  理想和现实之间有距离是必然的。

❺ 『수학』 두 점 사이를 잇는 선분의 길이.

  数学上两点之间线的长度。

---

❶ 动 在空间或时间上相隔。

  공간이나 시간의 간격

▷ 天津**距离**北京约有一百二十公里。

  천진과 베이징은 약 120킬로미터 떨어져 있다.

  现在**距离**唐代已经有一千多年。

  지금은 당대로부터 이미 천 여 년이 지났다.

❷ 名 相隔的长度。

  서로 떨어져 있는 길이.

▷ 等**距离**。 등거리.

  拉开一定的**距离**。

  일정한 거리(견격)을 벌리다.

  他的看法和你有**距离**。

  그의 견해는 너와 거리가 있다.

한·중 공통의미
①공간이나 시간의 간격(在空间或时间上相隔).**거리❶+❷**＝ **距离❶**
②서로 떨어져 있는 길이나 두 대상 사이의 차이(相隔的长度,两个对象间的不同).**거리❹+❺**＝ **距离❷**

한국어에서만의 의미(韓)	중국어에서만의 의미(中)
❸ 사람과 사람 사이에 느껴지는 간격. 人与人之间 的心里间隔。	없음

건강 (健康)★ [건:강]

❶ 명 + 형 정신적으로나 육체적으로 아무 탈이 없고 튼튼함. 또는 그런 상태.
精神或身体没有病, 很结实.
▷ 건강 상태. 健康状况.
규칙적인 생활은 **건강**에 좋다.
有规律的生活有助于健康.
가정의 평안과 **건강**을 빕니다.
祝您全家平安健康.
밝고 **건강한** 꿈. 光明健康的梦想.
이십 대 중반인 그는 아주 젊고 **건강했다**.
他二十五六岁, 十分的年轻与健康.

健康 [jiàn kāng] 形

❶ (人体)发育良好, 机理正常, 有健全的心理和社会适应能力.
(인체)발육이 양호하고 메커니즘이 정상적이며 심리가 건전하고 사회 적응력이 있다.
▷ 恢复**健康**. 건강을 회복하다.
儿童**健康**地成长. 어린이들이 건강하게 자란다.
❷ (事物)情况正常, 没有缺陷.
(사물)의 상황이 정상적이고 결함이 없다.
▷ 各种课外活动**健康**地开展起来.
각종 과외 활동들이 건전하게 전개되고 있다.
促进汉语规范化, 为祖国语言的纯洁**健康**而奋斗.
중국어의 규범화를 촉진하고 조국 언어의 순결과 건강을 위해 분투하다.

한·중 공통의미

① 정신적으로나 육체적으로 아무 탈이 없고 튼튼함(精神或身体没有病). 건강❶ = 健康❶

한국어에서만의 의미(韓)	중국어에서만의 의미(中)
없음	❷ (事物)情况正常, 没有缺陷. (사물)의 상황이 정상적이고 결함이 없다.

건물 (建物)★ [건:물] 명

❶ 사람이 들어 살거나, 일을 하거나, 물건을 넣어 두기 위하여 지은 집을 통틀어 이르는 말.
通指人们为了居住、工作或存放东西而建的房屋.
▷ 콘크리트 **건물**. 混凝土建筑.
건물을 신축하다. 新建建筑.
건물을 짓다. 建设建筑物.
사무실은 이 **건물** 2층에 있다.
办公室在这所建筑物的二楼.

Ø

❶ 建筑 [jiàn zhù] 建筑物☆ [jiàn zhù wù]
▷ 他很欣赏这个**建筑**的独特风格.
그는 이 건축물의 독특한 풍경을 매우 좋아한다.
因强烈地震,许多**建筑物**崩塌了.
강렬한 지진으로 많은 건축물이 **붕괴됐다**.

한·중 공통의미

없음
한국어 한자어의 '건물'은 중국어에서는 이런 단어가 존재하지 않음. 같은 의미로써 쓰고 있는 단어는 건축, 건축물이 있음. (中文中不存在韩国语中的'建物'一词, 所以与之相对应含义的中文词汇有建筑, 建筑物等)

건설 (建設)★★ [건·설] 명＋동

❶건물, 설비, 시설 따위를 새로 만들어 세움.
制造竖立新的建筑、设备及设施等.
▷건설 현장. 建设现场. 신도시 건설. 新城市建设.
섬과 육지 사이에 다리가 건설되었다.
岛和陆地间架起桥梁.
❷조직체 따위를 새로 이룩함. 达成新的组织等.
▷이제 새 사회의 건설을 위한 노력을 할 때이다.
现在是为了新社会的建设而努力的时候了.
복지 사회가 건설되다. 建设成福利国家.
점령지에 식민지를 건설하다.
在占领地建设殖民地.

建设甲 [jiàn shè] 动

❶创立新事业. 增加新设施.
새 사업을 창립하다. 새로운 시설을 증가하다.
▷经济建设. 경제 건설.
建设现代化强国. 현대화된 강국을 건설하다.

한·중 공통의미
①새 사업을 창립하거나 새로운 시설을 증가하다(创立新事业; 增加新设施). 건설❶+❷= 建设❶

번역 과정 중의 비대칭 대응
▷건설적 비판. 建设性的批判. (건설적 → 建设性的)
　우리 이젠 건설적인 이야기를 해 보자. 我们说点建设性的意见吧. (건설적 → 建设性的)
　노사 양측은 지금까지 쟁점이 되었던 문제들을 건설적으로 해결해 나가기로 했다.
　劳资双方决定从根本上解决一下一直以来的争论焦点问题. (건설적으로 → 从根本上)

검찰 (檢察)★ [검·찰]

❶ 명＋동 검사하여 살핌.
检查, 查看.
▷그는 임진왜란이 끝난 후 삼남 지방의 해상 군비를 검찰했다.
他在壬辰外乱结束后查看了三南地方的军费.
❷ 명＋동 『법률』 범죄를 수사하고 그 증거를 모으는 일. 指法律上搜查犯罪并搜集证据的事情.
▷검찰 수사. 检察搜查. 검찰 조사. 检察调查.
그의 관직은 수도권의 범죄를 검찰하는 장관에까지 올랐다.
他的官职曾是负责首都犯罪检察的部长.
❸ 명 『법률』 =검찰청. 指法律上的检察厅.
▷사건은 이미 검찰로 넘어갔다.
事件已经移交至检察厅.

检察丁 [jiǎnchá]

❶ 动 检举核查; 考察.
신고하고 조사 검토하다; 고찰하다.
❷ 名 特指国家法律监督机关(检察院)依法定程序进行的法律监督活动.
국가 법률 감독 기관(검찰청)이 법정 절차에 따라 시행한 법률 감독 활동을 단독으로 가리킨다.
▷检察机关. 검찰 기관.
履行检察职能. 검찰의 직능을 수행하다

한·중 공통의미
①검사하여 살핌 (检查, 查看). 검찰❶= 检察❶

②범죄를 수사하고 그 증거를 모으는 일(搜查犯罪并搜集证据的事情). 검찰❷= 检察❷

한국어에서만의 의미(韓)	중국어에서만의 의미(中)
❸검찰청. 检察厅。	없음

검사 (檢查)★★ [검:사] 명 + 동

❶사실이나 일의 상태 또는 물질의 구성 성분 따위를 조사하여 옳고 그름과 낫고 못함을 판단하는 일. 调查事实、事情的状态或物质的构成并对其进行判断的事情。

▷숙제 검사. 检查作业。

철저한 검사를 통해 제품의 불량률을 줄였다. 通过彻底的检查降低了产品的不良率。

이 프로그램은 실행하는 과정에서 바로 오류가 검사된다.

这个节目在试行的过程中出现了错误。

시력을 검사하다. 检查视力。

제품의 품질을 검사하다. 检查产品的质量。

检查甲 [jiǎn chá]

❶ 动 为了发现问题而用心查看。

문제를 발견하기 위해 자세히 살펴보다.

▷检查身体。신체검사. 检查工作. 작업검사.

❷ 动 翻检查考(书籍、文件等)。

뒤져서 조사하다(책이나 서류 따위).

❸ 动 找出缺点和错误，并做自我批评。

결점과 잘못을 찾아내고 자기비판을 하다.

▷检查自己的错误. 자신의 잘못을 반성하다.

❹ 名 指用口头或书面形式所做的自我批评。

구두나 서면으로 한 자아 비판을 가리킨다.

▷写了一份检查. 반성문 한 통을 작성했다.

한·중 공통의미

①문제를 발견하기 위해 책이나 서류를 자세히 살펴보다(为发现问题查看书籍文件等). 검사❶= 检查❶+❷

한국어에서만의 의미(韓)	중국어에서만의 의미(中)
없음	❸ 动 找出缺点和错误，并做自我批评。 결점과 잘못을 찾아내고 자기 비판을 하다. ❹ 名 指用口头或书面形式所做的自我批评。 구두나 서면으로 한 자아 비판을 가리킨다.

견해 (見解)★★ [겨:내] 명

❶어떤 사물이나 현상에 대한 자기의 의견이나 생각. 对某种事物或现象的意见或想法。

▷견해 차이. 见解差异。

견해를 밝히다. 发表见解。

그와 나는 견해를 달리한다. 他和我的见解不同。

见解丙 [jiàn jiě] 名

❶对事物的认识和看法。

사물에 대한 인식과 생각.

▷见解正确. 견해가 정확하다.

他对中医理论有独到的见解。

그는 중국 의학 이론에 대해 독창적인 견해가 있다.

한·중 공통의미

① 어떤 사물이나 현상에 대한 자기의 의견이나 생각(对某种事物或现象的意见或想法). 견해❶= 见解❶

결과 (結果)★ [결과]

❶ 명+동 열매를 맺음. 또는 그 열매.
结果实，果实。

❷ 명+동 어떤 원인으로 결말이 생김. 또는 그런 결말의 상태.
由于某原因带来的结局，或这种结局的状态。

▷연구 **결과**. 研究结果。

　　결과가 나오다. 结果出来了。

　　그는 **결과**보다는 과정을 중요시한다.
　　相比结果，他更重视过程。

▷희귀 동물의 멸종은 생태계 파괴에 대한 **결과적** 현상이다.
　　珍稀动物的灭绝是生态被破坏的结果。

　　결과적으로 계모에겐 유리하게 된 거죠.
　　结果成了对继母有利。

结果ᵃ [jié guǒ]

❶动 长出果实。열매를 맺다.

▷开花**结果**。꽃이 피고 열매를 맺다.

❷名 在一定阶段，事物发展所达到的最后状态。

　　일정한 단계에서 사물의 발전이 도달한 최종 상태.

▷优良的成绩，是长期刻苦学习的**结果**。

　　우수한 성적은 오랜 동안 열심히 공부한 결과다.

❸连 某种条件或情况下产生某种结局。

　　(다음 구절에 쓰고)어떤 조건이나 상황에서 일어난 어떤 결과를 나타낸다.

▷经过一番争论，**结果**他还是让步了。

　　한차례의 논쟁 후에 그는 결국 양보하였다.

❹动 将人杀死(多见于早期白话)。

　　사람을 죽이다.

　　초기 백화에 많이 나타난다.

한·중 공통의미	
①열매를 맺음(结果实，果实). 결과❶= 结果❶	
②어떤 원인으로 결말이 생김(事物发展所达到的最后状态).결과❷= 结果❷	
한국어에서만의 의미(韓)	중국어에서만의 의미(中)
없음	❸连 某种条件或情况下产生某种结局。결국. ❹动 将人杀死。(多见于早期白话) 사람을 죽이다.

결국 (結局)★★ [결국] [결국만 [결궁만]]

❶ 명 일이 마무리되는 마당이나 일의 결과가 그렇게 돌아감을 이르는 말.
指事情收尾或结果是那样的。

▷이렇게 하나 저렇게 하나 **결국**에 가서는 마찬가지이다. 这样做或那样做，结局都是一样的。

❷ 명+동 어떤 일이 벌어질 형편이나 국면을 완전히 갖춤. 某事所展现的情况或局面。

❸ 부 일의 마무리에 이르러서. 또는 일의 결과가 그렇게 돌아가게. 到了事情的结尾，或事情的结果是那样。

▷그는 **결국** 성공했다. 他终于成功了。

결국 내가 먼저 눈을 감을 수밖에 없었다.

结局ᵀ [jié jú] 名

❶最后的结果；最终的局面。

　　최후 결과; 최종 국면.

▷**结局**出人意料。결과가 예상 밖이다.

　　悲惨的**结局**。비참한 결말,

最后还是我先闭上了眼睛。

번역 과정 중의 비대칭 대응

▷**结局**出人意料。**결과**가 예상 밖이다.(**结局** → **결과**)

　悲惨的**结局**。비참한 **결말**.(**结局** → **결말**)

　그는 **결국** 성공했다. 他**终于**成功了。(**결국** → **终于**)

　결국 내가 먼저 눈을 감을 수밖에 없었다. **最后**还是我先闭上了眼睛。(**결국** → **最后**)

결론 (結論)★★ [결론]　　　　结论ᵕ [jié lùn] 名

❶ 명 말이나 글의 끝을 맺는 부분.
话或文章用来结尾的部分。

▷**결론**을 맺다. 下结论。

　그 말은 **결론** 부분에서 해야 할 말이다.
这应该是在结论部分说的话。

❷ 명 + 동 최종적으로 판단을 내림. 또는 그 판단.
做出最终的判断，或指该判断。

▷**결론**을 내다. 下结论。 **결론**을 얻다. 得到结论。

　해외 시찰을 마친 그는 우리나라도 무한한 가능성이 있다고 **결론했다**.
结束海外视察后，他认为在我国也有无限的可能性。

❶从推理的前提中推论出来的判断。如在"凡金属都能导电，铜是金属，所以铜能导电"这一推理中，最后的判断就是结论。

　추론을 전제로 한 판단. 예를 들어, '모든 금속은 다 전도할 수 있는데, 구리도 금속이므로 전도할 수 있다'는 추론에서 최종의 판단 결과가 바로 결론이다.

▷从这点导出这样的**结论**。

　이 점으로부터 이와 같은 결론을 이끌어 낸다.

❷对人或事物所下的最后的论断。

　사람이나 사물에 대해 내린 최종 판단.

▷错误的**结论**。

　잘못된 결론.

번역 과정 중의 비대칭 대응

▷**결론적** 입장. **最终**立场。(**결론적** → **最终**)

　결론적인 이야기. **总结性的**话。(**결론적인** → **总结性的**)

　결론적으로 말하다. 总之。(**결론적** → **总之**)

결정 (決定)★ [결쩡]　　　　决定ᵘ [juéding]

❶ 명 + 동 행동이나 태도를 분명하게 정함. 또는 그렇게 정해진 내용.
鲜明的表达行动、态度或已经定好的内容。

▷**결정**을 내리다. 下决定。

❶ 动 对行动做出主张。

　행동에 대해 주장을 하다.

▷这件事情究竟该怎么办，最好由大家来**决定**。

　도대체 이 일을 어떻게 해야 할지 다들 같이 결정

결정에 따르다.

服从决定。

한국인이 결승전 경기의 주심으로 **결정**됐다.

决定由韩国人担任决赛的主裁判。

그들은 내년 봄에 결혼하기로 **결정**했다.

他们决定明年春天结婚。

하는 것이 좋겠다.

❷ 名 决定的事项。결정된 사항.

▷请组长们回去传达这项**决定**。

팀장들은 돌아가서 이 결정을 전달하십시오.

❸ 动 某事物成为另一事物的先决条件,起主导作用。

어떤 사물이 또 다른 사물의 선결조건이 되다; 주도적 역할을 하다.

▷**决定**性。결정적(인).

存在**决定**意识。존재가 의식을 결정한다.

这件事**决定**了他未来的生活道路。

이 일은 그의 미래생활을 결정하였다.

| 한·중 공통의미 |

①결정❶= 决定❶,❷,❸

번역 과정 중의 비대칭 대응

▷이제 이 경기에서 우리의 승리는 **결정적**이다. 我们对这场比赛的胜利是**决定性的**。 (결정적 → **决定性的**)

결정적 실수. **决定性的**失误。 (결정적 → **决定性的**)

결정적 순간. **决定性的**瞬间。 (결정적 → **决定性的**)

분위기를 **결정적**으로 해치. **彻底**破坏了气氛。 (결정적 → **彻底**)

결혼 (結婚)★ [겨론] 명 + 동

❶남녀가 정식으로 부부 관계를 맺음.

男女正式结为夫妻关系。

▷결혼 상대. **结婚**对象。

그들은 대학을 졸업하자마자 결혼했다.

他们大学一毕业就**结婚**了。

结婚ᶻ [jié hūn] 动

❶男子和女子经过合法手续结合成为夫妻。

남자와 여자가 합법적 수속을 거쳐 부부가 된다.

▷**结婚**证书。결혼증서.

他俩春节**结婚**。 그 두 사람은 설날에 결혼한다.

| 한·중 공통의미 |

①남녀가 정식으로 부부 관계를 맺음(男女正式结为夫妻关系). 결혼❶= 结婚❶

경기 (競技)★ [경:기] 명 + 동

❶일정한 규칙 아래 기량과 기술을 겨룸. 그런 일.

在既定规则下较量伎俩和技术。

▷**경기** 규칙. 竞技规则。

경기에 출전하다. 在比赛中出战。

준결승전에서 강력한 우승 후보와 **경기**해야 한다.

竞技☆ [jìng jì]

❶ 动 指体育竞赛。

체육 경기를 가리킨다.

▷**竞技**场。경기장.

同场**竞技**。 직접 겨루다.

在半决赛中需要和强劲的对手交战。

실력이 비슷한 두 팀이 **경기하**면 승패를 예측하기 힘들다. 实力相当的两个队比赛，胜负难料。

한·중 공통의미

①일정한 규칙 아래 기량과 기술을 겨룸. 그런 일(在既定规则下较量伎俩和技术). 경기❶= 竞技❶

번역 과정 중의 비대칭 대응

▷**경기**에 출전하다. 在**比赛**中出战. (경기 → 比赛)

실력이 비슷한 두 팀이 **경기하**면 승패를 예측하기 힘들다. 实力相当的两个队**比赛**，胜负难料. (경기→比赛)

준결승전에서 강력한 우승 후보와 **경기**해야 한다. 在半决赛中需要和强劲的对手**交战**. (경기 → 交战)

경영 (經營) ★★ 명+동 | 经营丙 [jīng yíng] 动

❶기업이나 사업 따위를 관리하고 운영함. 管理或运营企业或生意.

▷**경영** 능력. 经营能力.

그 회사는 어떻게 **경영되**고 있습니까? 那家公司是怎么经营的?

아버지께서는 조그만 공장을 **경영하**고 계신다. 父亲经营着一个小工厂.

❷기초를 닦고 계획을 세워 어떤 일을 해 나감. 打基础做计划来做某事.

▷버는 대로 쓰는 생애 한 푼 여전 없고 보니 후일 **경영** 고사하고 지금인들 넉넉할까. 挣多少花多少，生平不攒一分钱，别说日后营生，现在也不宽裕啊.

생활 자체가 사랑의 움이 트고 싹이 나도록 **경영되**는 것이 극히 필요하다. 生活急需经营，即让爱生根发芽.

사람이 큰일을 **경영하**면서 어찌 그런 허무맹랑한 설화에다 근원을 의지한단 말씀입니까? 做大事的人怎么会依靠那种虚无缥缈的神话?

❸계획을 세워 집을 지음. 制定计划盖房子.

▷그의 사업이란 주택지 **경영**이었다. 他的生意就是盖房子.

한 집이 **경영되**기 위하여는 집 짓는 데 사용되는 여러 가지 자재들이 원활하게 공급되어야 한다. 建造房子所用到的各种建材需要及时供应.

❶筹划、组织并管理.

기획하고 조직하며 관리하다.

▷**经营**商业. 상업경영.

苦心**经营**. 심혈을 기울여 경영하다.

这个展览会是煞费**经营**的.

이 전람회는 몹시 애써 계획되고 운영되었다.

❷指商业、服务业出售某类商品或提供某种服务.

비즈니스 업체, 서비스 업체가 어떤 상품을 판매하거나 어떤 서비스를 제공하는 것을 가리킨다.

▷本店**经营**各种文具.

본 가게는 여러 가지 문구들을 취급합니다.

我**公司**经营废铁.

우리 회사는 고철을 취급한다.

①기업이나 사업 따위를 관리하고 운영함(管理或运营企业或生意). 경영❶+❷= 经营❶

한국어에서만의 의미(韓)	중국어에서만의 의미(中)
❸계획을 세워 집을 지음. 制定计划盖房子.	❷指出售某类商品或提供某种服务. 어떤 상품을 판매하거나 어떤 서비스를 제공하는 것.

경우(境遇)★★ [경우]

❶ 명 사리나 도리.
 事理或道理.

▷경우가 아니다. 不是这个道理.
 경우가 옳다. 道理正确.

❷ 명 놓여 있는 조건이나 놓이게 된 형편이나 사정.
 表示面临的条件或情形及实情.

▷만일의 경우. 万一是那种情形.
 대개의 경우. 大多数情况.
 어려운 경우에. 처하다 处于困难的境地.

境遇☆ [jing yù]

❶ 名 境况和遭遇.
 경우, 처지, 형편.

▷境遇不佳. 처지가 좋지 않다.

한중 공통의미(中韓)

①형편이나 사정.(境况和遭遇) 경우❷= 境遇❶

한국어에서만의 의미(韓)(韓)	중국어에서만의 의미(中)(中)
❶사리나 도리. 事理或道理.	없음

경쟁(競爭)★★ [경:쟁]

❶ 명+동 같은 목적에 대하여 이기거나 앞서려고 서로 겨룸.
 相同目的下为了赢或站在前面而相互较量.

▷경쟁이 치열하다. 竞争激烈.
 값비싼 외제품과 경쟁하기 위해 고급 제품의 개발을 서두르고 있다.
 为了和高价的进口产品竞争，高级产品的开发迫在眉睫.
 이번 선거에는 대통령 자리를 놓고 열 명의 후보가 경쟁할 것이다.
 这次总统选举将有10位候选人相互竞争.
 ▷경쟁적 분위기. 竞争氛围.

竞争丙 [jìng zhēng] 动

❶为了自己方面的利益而跟人争胜.
 자신의 이익을 위해 다른 사람과 승패를 겨루다.

▷贸易竞争. 무역 경쟁.
 竞争激烈. 경쟁이 치열하다.
 他在竞争中失败了.
 그는 경쟁에서 실패했다.

경쟁적인 관계. 竞争关系.

비슷한 단체들이 경쟁적으로 생겨나다.

相似的团体竞相出现.

<table>
<tr><td colspan="2" align="center">한·중 공통의미</td></tr>
</table>

①이기거나 앞서려고 서로 겨룸(为了赢或站在前面而相互较量). 경쟁❶= 竞争❶

결합정보: 중국어의 '竞争'은 그대로 관형사로 쓰일 수 있지만 한국어에서의 '경쟁'은 '적'과 결합해야만 관형사로 쓰일 수 있다. 中文的'竞争'可以作为形容词使用, 但韩语的'경쟁'只有和'적'结合, 才能作为形容词来使用.

①경쟁 분위기(×)

경쟁적 분위기(O) 竞争氛围

②경쟁 관계 (×)

경쟁적인 관계(O) 竞争关系

번역 과정 중의 비대칭 대응

▷비슷한 단체들이 **경쟁적**으로 생겨나다. 相似的团体**竞相**出现. (**경쟁적** → **竞相**)

경제 (經濟)★★ [경제]

❶ 명+관 (경제적)『경제』 인간의 생활에 필요한 재화나 용역을 생산·분배·소비하는 모든 활동. 또는 그것을 통하여 이루어지는 사회적 관계.

经济上指人类的生产分配及消费的所有活动及其产生的社会关系.

▷**경제**가 발전하다. 经济发展.

경제가 안정되다. 经济稳定.

❷ 명 『경제』=경제학. 指经济学.

❸ 명+관 (경제적)+ 동 (경제하다)

돈이나 시간, 노력을 적게 들임.

花费较少的时间及努力.

▷노력 **경제**의 원칙. 本着省力的原则.

경제적 구매. 划算的购买.

경제적 소비. 合算的消费.

없는 살림에 요리조리 **경제**하여 우선 여비를 마련했다.

没有结余的生活中处处节俭, 攒够了路费.

经济 甲 [jīng jì]

❶ 名 经济学上指的社会物质生产和再生产的活动.

경제학에서의 물질적 생산 활동.

❷ 名 国民经济的总称, 也指国民经济的各部门.

국민 경제의 총칭. 또 국민 경제의 각 부처.

▷工业**经济**. 공업(경제). 农业**经济**. 농업(경제).

❸ 形 属性词. 对国民经济有价值或影响的.

국민 경제에 유익하거나 해로운.

▷**经济**作物. 특용 작물. **经济**昆虫. 특용 곤충.

❹ 名 个人生活用度.

개인 생활 형편이나 살림살이.

▷他家**经济**比较宽裕.

그의 집은 생활이 비교적 넉넉하다.

❺ 形 耗费较少而获益较大.

적게 들이고 많이 얻을 수 있다. 경제적이다.

▷**经济**实惠的家用轿车. 경제적인 자가용.

❻ 动 <书> 经世济民, 指治理国家.

<문어>경세제민. 나라를 다스리다.

▷ **经济**之才. 국가를 잘 다스릴 수 있는 재능.

①인간의 생산·분배 등 모든 활동 및 사회적 관계.(人类的生产分配及消费的所有活动及社会关系)
경제❶ 명 + 관 (경제적)= **经济❶** 名
②돈이나 시간, 노력을 적게 들임(花费较少的时间及努力)**경제❸** 관 (경제적)= **经济❺** 形
③경세제민. 나라를 다스리다.经世济民, 指治理国家。(③의 의미는 <표준>에서 설명하지 않으나 뜻풀이
의 번역을 보면 한국어에도 이런 뜻은 있다는 걸 충분히 알 수 있음.)

한국어에서만의 의미(韓)	중국어에서만의 의미(中)
❷ 명 『경제』=경제학. 指经济学. ❸ 동 (경제하다) 돈이나 시간, 노력을 적게 들임. 花费较少的时间及努力.	❷ 名 国民经济的总称, 也指国民经济的各部门. 국민 경제의 총칭. 또 국민 경제의 각 부처. ❸ 形 属性词. 对国民经济有价值或影响的. 국민 경제에 유익하거나 해로운. ❹ 名 个人生活用度. 개인 생활 형편이나 살림살이.

결합정보: 중국어의 '经济'은 그대로 관형사로 쓰일 수 있지만 한국어에서의 '경제'은 '적'과 결합해야만
관형사로 쓰일 수 있다. 中文的'经济'可以作为形容词使用, 但韩语的'经济'只有和'적'结合, 才能作为
形容词来使用.

①경제 활동(×)　　　　　　　　　②경제 빈곤　(×)
　경제적 활동 (O) 经济活动　　　　경제적 빈곤 (O) 经济贫困

경찰 (警察)★★ [경·찰]　　　　警察² [jǐng chá] 名

❶ 명 + 동 경계하여 살핌.
　警戒并查看.
❷ 명 『법률』 국가 사회의 공공질서와 안녕을 보
장하고 국민의 안전과 재산을 보호 하는 일. 또는
그 일을 하는 조직.
　法律上指保障国家社会公共秩序安宁, 保护国
民安全与财产的事情, 以及做此事的组织.
▷**경찰**에 신고하다. 报警.
　경찰에 고발하다. 向警察告发.
❸ 명 =경찰관. 当警察的人.
▷**경찰**에게 길을 묻다. 向警察问路.
　경찰이 범인을 검거하다. 警察抓犯人.

❶具有武装性质的国家治安行政人员. 包括户籍
警察、司法警察、交通警察等.
　무장을 한 국가적 치안 행정 인원.
　호적 관리 경찰, 사법경찰, 교통경찰 등 포함.
▷**警察**抓到四名赌犯.
　경찰은 도박범 4명을 잡았다.
❷武装**警察**. 무장경찰.
▷武装**警察**束装待发.
　무장 경관이 출동 준비를 끝내고 대기하고 있다.

한·중 공통의미	
①경찰❷= 警察❶	
한국어에서만의 의미(韓)	중국어에서만의 의미(中)
❶ 명 + 동 경계하여 살핌. 警戒并查看.	❷武装警察. 무장경찰.

경향 (傾向)★★ 명 　　　　　　　　　倾向[丙] [qīng xiàng]

❶현상이나 사상, 행동 따위가 어떤 방향으로 기울어짐.

　現象、思想、行動等向某一方向倾斜。

▷새로운 **경향**. 新的倾向。

　평균 혼인 연령이 과거에 비해 높아지는 **경향**을 보인다.

　平均结婚年龄相比过去有增大的倾向。

❶[动] 偏于赞成(对立的事物中的一方)。

　찬성에 치우치다(대립하고 있는 사물 중의 한 쪽).

▷两种意见我比较**倾向**于前一种。

　나는 두 가지 의견을 비교할 때 전자에 기운다.

❷[名] 发展的方向; 趋势。발전의 방향; 추세.

▷纠正不良**倾向**。불량한 경향을 바로잡다.

한·중 공통의미

①경향❶= 倾向❷

한국어에서만의 의미(韓)	중국어에서만의 의미(中)
없음	❶[动] 偏于赞成(对立的事物中的一方)。 찬성에 치우치다(대립하고 있는 사물 중의 한 쪽).

번역 과정 중의 비대칭 대응

▷**경향**적 문학. **倾向性**文学。(경향적 → **倾向性**)

　경향적인 성향이 강하다. **倾向性**趋向强。(경향적 → **倾向性**)

경험 (經驗)★ [경험] 　　　　　　　　经验[甲] [jīng yàn] 名

❶[명]+[동] 자신이 실제로 해 보거나 겪어 봄. 또는 거기서 얻은 지식이나 기능.

　自身实际做过或经历过, 以及从此获得的知识或技能。

▷풍부한 **경험**을 쌓다. 积累了丰富的经验。

　아직은 **경험**이 부족하여 일하는 게 서툴다.

　还是经验不足做事有些生疏。

　좌절을 **경험**하다. 经历挫折。

　지금껏 **경험**하지 못했던 두려움을 느꼈다.

　感到了至今为止从未经历的恐惧。

❶由实践得来的知识或技能。

　실천을 통해 얻은 지식이나 기능.

▷他对嫁接果树有丰富的**经验**。

　그는 과수를 접붙이는 데에 대한 풍부한 경험이 있다.

❷经历; 体验。경험; 체험.

▷这样的事, 我从来没**经验**过。

　이러한 일은 내가 여태까지 경험한 적이 없다.

한·중 공통의미

①경험❶= 经验❶+❷

번역 과정 중의 비대칭 대응

▷좌절을 **경험**하다. **经历**挫折。(경험하다 → **经历**)

　지금껏 **경험**하지 못했던 두려움을 느꼈다. 感到了至今为止从未**经历**的恐惧。(경험하다 → **经历**)

계급 (階級) ★★★ [계급/계급] 명 [계급만 [계금만/계급만]]　　　　**阶级**ᶻ [jiējí] 名

❶사회나 일정한 조직 내에서의 지위, 관직 따위의
단계.

　社会或既定组织内部的地位、官职等的阶段。

▷한 **계급** 승진하다. 升了一级。

　계급이 높다. 级别高。

❷『사회』 일정한 사회에서 신분, 재산, 직업 따위가
비슷한 사람들로 형성되는 집단. 또는 그렇게 나뉜
사회적 지위.

　既定社会中的身份、财产、职业等相同 的人们
　所形成的集团, 以及所分化成的社会地位。

▷**계급** 간의 대립. 阶级间的对立。

　출신 **계급**을 따져 보면 그도 썩 좋지 않다.
　从阶级出身来看他也好不到哪去。

❶<书>台阶。

　<서> 계단。

❷旧时指官职的等级。

　옛날 관직의 등급을 가리킨다。

❸人们在一定的社会生产体系中, 由于所处的地
位 不同和对生产资料关系的不同而分成的集团如
工 人阶级、资产阶级等。

　사람들을 생산 자료 관계의 차이로 나눈 그룹. 예
　를 들어, 노동자 계급, 자산 계급 등。

▷工人阶级是最革命的**阶级**。

　노동자 계급은 가장 혁명 의식을 지닌 계급이다。

한·중 공통의미

① 계급❶= 阶级❷
② 계급❷= 阶级❸

한국어에서만의 의미(韓)	중국어에서만의 의미(中)
없음	❶<书>台阶。<서> 계단

결합정보: 중국어의 '阶级'은 그대로 관형사로 쓰일 수 있지만 한국어에서의 '계급'은 '적'과 결합해야만
관형사로 쓰일 수 있다. 中文的'阶级'可以作为形容词使用, 但韩语的'계급'只有和'적'结合, 才能作为
形容词来使用。

①계급 의식 (×)　　　　　　②계급 대립 (×)

　계급적 의식 (O) 阶级意识　　　계급적 대립 (O) 阶级对立

계기 (契機) ★★ [계:기/게:기] 명　　　　**契机**☆ [qì jī] 名

❶어떤 일이·일어나거나 변화하도록 만드는 결정적
인 원인이나 기회.

　引起某事发生或变化的决定性原因或机会。

▷이번 일을 **계기**로 삼아 더욱 열심히 노력하자.
　以此事为契机更加的奋发图强。

　때로 인간은 실패를 도약의 **계기**로 만들어 성장
　하기도 한다.

　有时候人会把失败作为前进的契机而不断成长
　进步。

❶事物转化(多指向积极的方向)的关键。

　사물을 전환시키는 포인트

▷抓住**契机**, 扭转局面。

　기회를 포착하여 국면을 전환하다。

한·중 공통의미

계기❶= 契机❶

계획 (計劃/計畫)★ [계·획/계·휍] 명+동
계획만 [계·횡만/계·휑만]

计划^甲(计画) [jì huà]

❶앞으로 할 일의 절차, 방법, 규모 따위를 미리 헤아려 작정함. 또는 그 내용.
将来要做的事情的.
步骤、方法、规模等提前分清楚备好.
▷우주 개발 **계획**. 宇宙开发计划.
그 일은 사전에 **계획**된 것이 아니다.
那不是事前计划中的.
그는 오랫동안 범행을 **계획**해 왔다.
他为此次罪行计划了好久.

❶ 名 工作或行动以前预先拟定的具体内容和步骤.
근무하거나 행동하기 전에 미리 작성한 구체적인 내용과 절차.
▷科研**计划**. 과학 연구 계획.
五年**计划**. 5년 계획.
❷ 动 做计划. 계획하다.
▷先**计划**一下再动手.
먼저 계획을 한 다음에 착수하다.

한·중 공통의미

① 계획❶= 计划❶+❷

번역 과정 중의 비대칭 대응
▷**계획적** 개발. **计划性的**开发. (계획적 → **计划性的**)
　이번 사건은 **계획적** 살인임이 분명하다. 这次事件分明是**计划性的**杀人. (계획적 → **计划性的**)
　이번 일은 순전히 **계획적으로** 이루어졌다. 这件事情完全**按计划**实现了. (계획적으로 → **按计划**)

고객 (顧客)★★ [고객] 명 [고객만 [고갱만]]

顾客^乙 [gù kè] 名

❶상점 따위에 물건을 사러 오는 손님.
来商店等处买东西的客人.
▷그 점원은 **고객**에게 친절하게 대한다.
那个店员对顾客非常热情.
요즈음 백화점에 **고객**이 많이 늘었다.
最近百货店的顾客多了起来.
❷단골로 오는 손님. 常客

❶商店或服务行业称来买东西或要求服务的人.
상점이나 서비스업에서 물건이나 서비스를 구매하는 사람들에 대한 호칭.
▷**顾客**至上.
고객이 우선이다.

한·중 공통의미

① 고객❶= 顾客❶

한국어에서만의 의미(韓)	중국어에서만의 의미(中)
❷단골로 오는 손님. 常客	없음

고대 (古代)★★ [고·대] 명

古代^乙 [gǔ dài] 名

❶옛 시대. 以前的时代.
▷**고대**와 현대. 古代和现代
　고대에 만들어진 석상.

❶过去距离现代较远的时代.
현대로부터 거리가 먼 과거 시대.
❷特指奴隶社会时代(有时也包括原始公社时代).

古代制作的石像。 　　　　　　　　노예 사회 시대를 단독으로 가리킨다. (때로는 원시
　　　　　　　　　　　　　　　　　공동체 시대도 포함)

한·중 공통의미

①고대❶= 古代❶

한국어에서만의 의미(韓)	중국어에서만의 의미(中)
없음	❷特指奴隶社会时代。 노예 사회 시대를 단독으로 가리킨다.

고등학교 (高等學校)★ [고등학꾜] 명　　　　　　**高等学校**☆ [gāo děng xué xiào] 名

❶중학교를 졸업한 사람에게 고등 보통 교육과 실　　❶大学、专门学院和高等专科学校的统称。
업 교육을 실시하는 학교　　　　　　　　　　　　　简称高校。대학교, 전문학원과 전문대학을 통틀
向中学毕业的人实施高等普通教育和实业教育的　　　어 이르는 말. 고교로 약칭하다.
学校。　　　　　　　　　　　　　　　　　　　　▷教育部公布**高等学校**重点学科名单。
▷**고등학교** 동창생. 高中同学。　　　　　　　　　　교육부는 대학교 중점 학과목 명단을 공고했다.
　고등학교에 다니다. 上高中。

한·중 공통의미

없음

한국어에서만의 의미(韓)	중국어에서만의 의미(中)
❶중학교를 졸업한 사람에게 고등 보통 교육과 실 업 교육을 실시하는 학교 高中	❶大学、专门学院和高等专科学校的统称。 대학교, 전문학원과 전문대학을 통틀어 이르는 말.

고통 (苦痛)★★ [고통] 명　　　　　　　　　　**苦痛**☆ [kǔ tòng] 形

❶몸이나 마음의 괴로움과 아픔.　　　　　　　　　❶痛苦。
　身体或者心理的苦楚和疼痛。　　　　　　　　　　고통.
▷**고통**에서 벗어나다. 从苦痛中解脱。　　　　　　▷留给家长的除了**苦痛**，还有什么？
　고통을 겪다. 经历痛苦。　　　　　　　　　　　　고통 외에 학부모에게 남을 게 또 뭐 있어?
　　　　　　　　　　　　　　　　　　　　　　　　十分**苦痛**的生活。
　　　　　　　　　　　　　　　　　　　　　　　　매우 고통스러운 생활.

한·중 공통의미

① 고통❶= 苦痛❶

번역 과정 중의 비대칭 대응
▷十分**苦痛**的生活。매우 **고통스러운** 생활. (苦痛的 → 고통스러운)
관련어휘
痛苦 [tòng kǔ]는 '苦痛'의 동의어로 중국어에서 많이 쓰고 있으나 한국어에는 '통고'라는 단어를 거의
쓰지 않는다.

고향 (故鄕)* [고향] 명   故乡ᶻ [gù xiāng] 名

❶자기가 태어나서 자란 곳.
自己出生或成长的地方.

▷내가 살던 **고향**. 我生活过的故乡.
이번 설날에도 **고향**을 찾아가는 사람들로 고속
도로는 극심한 정체를 빚었다.
这次春节也因为回老家过年的人们而造成了高
速公路的严重堵车.

❷조상 대대로 살아온 곳. 祖祖辈辈生活的地方.
▷아버지는 혼자서 **고향**을 지키고 계신다.
父亲独自守在家乡.

❸마음속에 깊이 간직한 그립고 정든 곳.
心里深处珍稀、思念的地方.
▷현대인은 마음의 **고향**을 잃은 채 살고 있다.
现代的人们都失去了心灵的寄托.

❹어떤 사물이나 현상이 처음 생기거나 시작된 곳.
某事物或现象最初出现或开始的地方.
▷명작의 **고향**. 名作的故乡.
명곡의 **고향**. 名曲的故乡.

❶出生或长期居住过的地方; 家乡; 老家.
태어난 곳이나 장기 거주했던 곳; 고향; 고향 집.
▷回到阔别二十多年的**故乡**.
20년이나 떠나 있던 고향에 돌아오다.
难忘的**故乡**. 잊을 수 없는 고향.
趁年假回**故乡**去一趟.
신정 휴가를 이용하여 고향에 한번 가다.
日本实际上是企业文化的**故乡**.
실제로 일본은 기업문화의 고향이다.

한·중 공통의미

① **고향 ❶**+ **❷**+ **❹**= **故乡❶**

한국어에서만의 의미(韓)	중국어에서만의 의미(中)
❸마음속에 깊이 간직한 그립고 정든 곳. 心里深处珍稀、思念的地方.	없음

공간 (空間)** [공간] 명   空间ᶻ [kōng jiān] 名

❶아무것도 없는 빈 곳.
什么也没有的空地方.
▷좁은 **공간**. 狭窄的空间.
우리는 자리를 좁혀 한 사람 더 앉을 **공간**을 만들었다.
我们挤了挤又腾出来可以再坐一个人的空间.

❷물리적으로나 심리적으로 널리 퍼져 있는 범위.
物质上或心理上可以伸展的范围.
▷문화 **공간**. 文化空间. 생활 **공간**. 生活空间.

❸영역이나 세계를 이르는 말. 指领域或世界.
▷삶의 빈 **공간**을 채우다. 填充生活的空白.

❶物质存在的一种客观形式, 由长度、宽度、高
度.
表现出来, 是物质存在的广延性和伸张性的表现.
물질이 존재하는 객관적인 형태. 길이, 넓이, 높이
로 나타나며 물질 존재의 연장성과 신장성의 표현
이다.
▷三维**空间**. 3차원 공간.
卫生间是个绝对隐私**空间**.
화장실은 절대적으로 사적인 공간이다.
时间与**空间**. 시간과 공간.

① 공간❶+ ❷= 空间 ❶

한국어에서만의 의미(韓)	중국어에서만의 의미(中)
❸영역이나 세계를 이르는 말. 指领域或世界	없음

결합정보: 중국어의 '空间'은 그대로 관형사로 쓰일 수 있지만 한국어에서의 '공간'은 '적'과 결합해야만 관형사로 쓰일 수 있다. 中文的'空间'可以作为形容词使用, 但韩语的'공간'只有和'적'结合, 才能作为 形容词来使用。

①공간 위치 (×)

　공간적 위치 (O) 空间位置

②소설의 배경은 크게 시간적 배경과 공간 배경으로 나뉜다. (×)

　소설의 배경은 크게 시간적 배경과 공간적 배경으로 나뉜다. (O) 小说的背景分为时间背景和**空间背景**。

공기 (空氣)★★ [공기] 명　　空气甲 [kōng qì] 名

❶지구를 둘러싼 대기의 하층부를 구성하는 무색, 무취의 투명한 기체.

　构成围绕地球大气下层的无色无味的透明气体。

▷맑은 **공기**. 清新的空气。

　신선한 **공기**를 마시다. 呼吸新鲜空气。

　늦가을이 되자 새벽 **공기**가 제법 쌀쌀해졌다. 晚秋清晨的空气变得凉飕飕的。

❷그 자리에 감도는 기분이나 분위기.

　感受到的气氛或氛围。

▷할머니가 나가자 집안 **공기**가 한결 가벼워진 것 같다.

　奶奶出去后家里的氛围像变舒缓了一样。

❶构成地球周围大气的气体。无色, 无味, 主要成分是氮气和氧气, 还有极少量的氢、氦、氖、氩、氪、氙等稀有气体和水蒸气、二氧化碳等。

　지구 주변의 대기를 구성하는 기체. 무색무미하며, 주성분은 질소와 산소, 그리고 극소량의 라돈, 헬륨, 네온, 아르곤, 크세논 등 비활성 기체 및 수증기, 이산화탄소를 함유한다.

❷气氛。분위기.

▷学习**空气**浓厚。학습 분위기가 아주 짙다.

　不要人为地制造紧张**空气**。

　인위적으로 긴장한 분위기를 조성하지 마라.

①지구를 둘러싼 대기의 하층부를 구성하는 기체(构成地球周围大气的气体). **공기❶= 空气❶**

②분위기(气氛). **공기❷= 空气❷**

공동(共同)★★ [공·동] 명＋동　　共同² [gòng tóng]

❶둘 이상의 사람이나 단체가 함께 일을 하거나, 같은 자격으로 관계를 가짐.

　两个以上的人或团体一起做事情, 或者具有同种资格的关系。

❶形 属性词。属于大家的; 彼此都具有的。

　모든 사람들에 속하다; 서로 갖고 있는 것.

▷**共同**点。공통점. 　**共同**语言。공통언어,

　搞好经济建设是全国人民的**共同**心愿。

▷**공동** 개최. 共同举办。
　공동 운영. 共同运营。

경제건설이 잘 되는 것은 전 국민의 공동 소원이다.
❷副 大家一起(做). 모두 함께(하다).
▷**共同**努力。 함께 노력하다.

한·중 공통의미

①함께 일을 하거나, 같은 자격으로 관계를 가짐(一起做事情，或者具有同种资格的关系). 공동❶= 共同❶

한국어에서만의 의미(韓)	중국어에서만의 의미(中)
없음	❷副 大家一起(做). 모두 함께(하다).

결합정보: 중국어의 '共同'은 그대로 관형사로 쓰일 수 있지만 한국어에서의 '공동'은 '적'과 결합해야만 관형사로 쓰일 수 있다. 中文的'共同'可以作为形容词使用，但韩语的'공간'只有和'적'结合，才能作为形容词来使用。

①공동 이익 (×)　　　　②공동 관심사 (×)
　공동적 이익 (O) 共同利益　　공동적인 관심사 (O) 共同关心的事情

공부 (工夫)★ [공부]　　　　工夫ᶻ [gōng fū]

❶명 학문이나 기술을 배우고 익힘.
学习学问或技术。
▷국어 **공부**. 国语**学习**。 입시 **공부**. 入学考试**学习**。
공부가 뒤떨어지다. **学习**落后了。
공부를 계속하다. 继续**学习**。
공부를 못 하다. **学习**不好。
공부를 잘하다. **学习**好。
공부를 마치다. 结束**学习**。
❷동 학문이나 기술을 배우고 익히다.
学习学问或技术。
▷학생들이 영어를 **공부하다**. 学生们**学习**英语。
대학에서 국어학을 **공부하다**.
在大学**学习**国语学。

❶名 时间(指占用的时间). 시간(투자한 시간)
▷ 他三天**工夫**就学会了游泳。
　그는 사흘 동안에 수영을 배웠다.
❷名 空闲时间. 틈, 여가,
▷ 明天有**工夫**再来玩儿吧!
　내일 틈이 있으면 또 놀러 와요!
❸名 时候. 시(時), 때.
▷我当闺女那**工夫**，婚姻全凭父母之命，媒妁之言。
　내가 처녀였을 때(는), 결혼은 모두 부모님과 결혼중개인에 달려 있었다.

한·중 공통의미(中韓)

없음

한국어에서만의 의미(韓)(韓)	중국어에서만의 의미(中)(中)
❶동+명 학문이나 기술을 배우고 익힘. 学习学问或技术。	❶명 时间(指占用的时间). 간(투자한 시간). ❷명 空闲时间. 틈, 여가. ❸명 时候. 시(時), 때.

어원출처: [어원(漢) 工夫(大學:細論條目<u>工夫</u>)]

공사 (工事)★★ [공사] 명+동

❶토목이나 건축 따위의 일.
土木或建筑等的事情。

▷**공사** 중에 통행에 불편을 드려 죄송합니다.
对于施工对通行造成的不便深表歉意。

❷형사들의 은어로, '고문(拷問)'을 이르는 말.
暗指警察们的拷问。

▷요 새끼 이제 보니 초짜가 아니라고 **공사**를 시작
할까? 这家伙不是初犯, 现在开始拷问吗?

工事ᵀ [gōng shi] 名

❶保障军队发扬火力和隐蔽安全的建筑物, 如地
堡、堑壕、交通壕、掩蔽部等。

군대의 화력 발휘와 안전 은폐를 확보하는 건축
물. 예: 벙커, 참호, 교통호, 엄폐부 따위.

▷构筑**工事**。
방어 시설을 구축하다.

한·중 공통의미

없음

한국어에서만의 의미(韓)	중국어에서만의 의미(中)
❶토목이나 건축 따위의 일. 土木或建筑等的事情。 ❷형사들의 은어로, '고문(拷問)' 暗指警察们的拷问。	❶保障军队发扬火力和隐蔽安全的建筑物。 군대의 화력 발휘와 안전 은폐를 확보하는 건축 물。

공업 (工業)★★ [공업] 명 [공업만 [공엄만]]

❶원료를 인력이나 기계력으로 가공하여 유용한 물
자를 만드는 산업.
通过人力或机械对原料进行加工而制作有用物
资的产业。

▷한마디로 말해 이제 우리 집의 경제 형태도 세상
의 추세에 따라 농업에서 **공업**으로 바뀌게 되는
셈이지.
总之, 我们家的经济形态也根据世态的变化而
由农业转变成了工业。

工业ᵁ [gōng yè] 名

❶采取自然物质资源, 制造生产资料、生活资
料, 或对各种原料进行加工的生产事业。

자연 물질 자원을 이용하여 생산품, 생활품을 제
조하거나 여러 가지 원료를 가공하는 생산 사업.

▷他谈到我国**工业**发展的前景。
그는 우리나라 공업 발전의 전망에 대해 이야기
했다.

한·중 공통의미

①**공업❶**= **工业❶**

공연 (公演)★★ [공연] 명+동

❶음악, 무용, 연극 따위를 많은 사람 앞에서 보이
는 일.
音乐、舞蹈、话剧等在人众面前进行展示的事
情。

公演☆ [gōng yǎn] 动

❶公开演出。 공개 연출.
▷巡回公演。
돌면서(순회) 공연하다.
这出新戏将于近期公演。

▷축하 **공연**. 庆祝演出。

　공연이 시작되다. 演出开始。

　공연을 끝내다. 演出结束。

막을 올리기 한 달 전부터 단원들은 열심히 **공연**
준비를 했다.

开幕前一个月团员们努力的准备了演出。

이 새 연극은 조만간 **공연**될 것이다.

한·중 공통의미

①**공연❶**= **公演❶**

번역 과정 중의 비대칭 대응

▷축하 **공연**. 庆祝**演出**。

　공연이 시작되다. **演出**开始。(공연 → **演出**)

공장 (工場)★ 명　　　　工场☆ [gōng chǎng] 名

❶원료나 재료를 가공하여 물건을 만들어 내는 설
비를 갖춘 곳.

　具备能将原料或材料加工成产品的设备的地方。

▷자동차 **공장**. 汽车工厂。

　그 **공장**은 생산 시설이 자동화되었다.

　那个工厂的生产设施实现了自动化。

❶手工业者集合在一起生产的场所。

　수공업자들이 한데 모여 함께 일하는 장소

▷大机器代替了手工**工场**。

　기계는 수공업장을 대체했다.

한·중 공통의미

없음

한국어에서만의 의미(韓)	중국어에서만의 의미(中)
❶원료나 재료를 가공하여 물건을 만들어 내는 설비를 갖춘 곳. 工厂.	❶手工业者集合在一起生产的场所. 수공업장.

관련어휘

한국어 공장(工場)과 같은 의미로 쓰이는 중국어 단어는 工厂 [gōng chǎng]이란 단어가 있음.

공동체 (共同體)☆ [공·동체] 명　　　共同体☆ [gòng tóng tǐ] 名

❶생활이나 행동 또는 목적 따위를 같이하는 집단.

　生活或行动，以及目的等统一的集团。

▷운명 **공동체**. 命运共同体。

　공동체 의식을 가지다. 具有共同体意识。

❷공동 사회. 等同于共同社会。

❶人们在共同条件下结成的集体。

　(사람들이) 공동의 조건하에 결성된 집단.

❷由若干国家在某一方面组成的集体组织。

　여러 국가들이 어떠한 영역에서 구성한 단체 조직.

한·중 공통의미

①**공동체❶**=**共同体❶**

한국어에서만의 의미(韓)	중국어에서만의 의미(中)
❷공동 사회. 等同于共同社会.	❷由若干国家在某一方面组成的集体组织. 여러 국가들이 어떠한 영역에서 구성된 단체 조직.

과거 (過去)★ [과ː거] 명   过去^甲 [guò qù]

❶이미 지나간 때.

已经过来的时间.

▷**과거**의 습관. 过去的习惯.

나는 **과거**에 교사 생활을 한 적이 있다.

我以前当过教师.

❷지나간 일이나 생활.

经历过的事情或生活.

▷**과거**를 잊고 새 출발을 하다

忘掉过去重新出发.

그 여자는 **과거**가 복잡하다.

那女人的过去很复杂.

❶名现在以前的时期(区别在于"现在、将来").

지금전의 시기("현재, 미래"와 상대적).

▷**过去**的工作只不过像万里长征走完了第一步.

지난(과거의) 일은 다만 머나먼 길의 첫 걸음을 뗀 것에 불과하다.

❷ 动 离开或经过说话人(或叙述的对象)所在地向另一个地点去.

말하는 사람이 있는 지점을 거쳐 지나가 다른 지점으로 가다.

▷你在这里等着我, 我**过去**看看.

너는 여기서 기다려라, 내가 가서 보겠다.

门口刚**过去**了一辆汽车.

방금 자동차 한 대가 대문 앞으로 지나갔다.

❸ 动 婉词, 死亡(后面多加"了").

완곡한 말, 사망

▷他祖父昨天夜里**过去**了.

그 사람의 할아버지는 어젯밤에 돌아가셨다.

听说老人是前天**过去**的.

노인이 그저께 돌아가셨다고 들었다.

❹ 动 用在动词后, 表示离开或经过自己所在的地方.

추향 동사. 동사 뒤에 쓰여 자신이 있는 지점을 떠나거나 지나가는 뜻을 의미하다.

▷我对准了球门一脚把球踢**过去**.

나는 골대를 향해 공을 찼다.

老乡又送**过去**几床被子给战士们盖.

마을 사람들이 또 이불을 전사들에게 보냈다.

❺ 动 用在动词后, 表示反面对着说话人.

동사 뒤에 쓰여, 뒷면이 화자와 마주하는 것을 나타내다.

▷我把信封翻**过去**, 细看邮戳上的日子.

나는 편지를 뒤집어 소인의 날짜를 자세히 봤다.

❻ 动 用在动词后，表示失去原来的、正常的状态。

동사 뒤에 쓰여, 기존 상태나 정상 상태를 벗어남을 나타내는 말.

▷病人晕**过去**了。환자가 기절했어요.

❼ 动 用在动词后，表示通过。

동사 뒤에 쓰여, 통과하는 뜻을 나타내는 말.

▷蒙混不**过去**了。속임수로 빠져 나갈 수 없었다.

❽ 动 用在形容词后，表示超过(多跟"得"或"不"连用)。

형용사 뒤에 쓰여, 초과하는 것을 나타내는 말(항상 "보다"나 "지 못하다"와 함께 쓰여).

▷鸡蛋还能硬得**过**石头**去**?

계란이 돌보다 단단할 수 있을까?

天气再热，也热不**过**乡亲们的心**去**。

날씨가 아무리 더워도 마을 사람들의 마음보다 뜨겁지 못하다.

한·중 공통의미
①이미 지나간 때, 일이나 생활(以前的时期, 经历过的事情或生活) 과거❶+❷= 过去❶

한국어에서만의 의미(韓)	중국어에서만의 의미(中)
없음	过去❶~❽

과정 (過程)★★ [과·정] 명 | **过程**ᶻ [guò chéng] 名

❶일이 되어 가는 경로. | **❶**事物进行或事物发展所经过的程序。
事情进展的路径。 | 사물의 진행·발전하는 데 지나는 절차.

▷발달 **과정**. 发展过程. 진행 **과정**. 进行过程. | ▷认识**过程**. 인식 과정. 生产**过程**. 생산 과정.
모든 일은 결과만큼 **과정**도 중요하다. | 到了新地方要有一个适应的**过程**。
所有事情的过程和结果一样重要。 | 새로운 곳에 가면 적응하는 과정이 필요하다.

한·중 공통의미
①일이 되어 가는 경로(事物进展的路径). 과정❶= 过程 ❶

과제 (課題)★★ [과제] 명 | **课题**ᵀ [kè tí] 名

❶처리하거나 해결해야 할 문제. | **❶**研究或讨论的主要问题或亟待解决的重大事
需处理或解决的问题。 | 项。

▷당면한 **과제**. 面临的问题。

학교 **과제**. 学校作业。

통일은 꼭 이루어야 할 민족의 **과제**이다.

统一是一定要实现的民族使命。

연구하거나 검토한 주요 문제 또는 시급히 해결해야 할 중대 사항.

▷**课题**组. 과제 연구팀/프로젝트 팀.

科研**课题**. 과학 과제 연구팀.

严重缺水给我们提出一个新**课题**。

심각한 수자원 결여는 우리에게 새로운 과제를 남겼다.

한·중 공통의미
①처리하거나 해결해야 할 문제(需处理或解决的问题).

한국어에서만의 의미(韓)	중국어에서만의 의미(中)
❶학교 숙제의 뜻 (作业)	❶연구하거나 검토한 중대 문제(重大事项)

번역 과정 중의 비대칭 대응

▷당면한 **과제**. 面临的**问题**。(과제 → **问题**)

학교 **과제**. 学校**作业**。(과제 → **作业**)

통일은 꼭 이루어야 할 민족의 **과제**이다. 统一是一定要实现的民族**使命**。(과제 → **使命**)

과학 (科學)★★ [과학] [과학만 [-항-]] 　　科学^甲 [kē xué]

❶보편적인 진리나 법칙의 발견을 목적으로 한 체계적인 지식.

以发现普遍的真理或法则为目的的系统性知识。

▷**과학**의 발전. 科学的发现。

과학은 합리적인 것에서 출발했지만 결국 이성 잃은 인간에게 칼을 쥐어 준 결과가 된 거지.

科学虽然始于合理，但也会成为失去理性的人们的屠刀。

▷**과학적** 사고. 科学思考。

과학적인 방법. 科学的方法。

❶名 反映自然、社会、思维等的客观规律的分科的知识体系。

자연, 사회, 사고 등 (개)객관 법칙을 반영한 분과의 지식 체계.

❷形 合乎科学的. 과학적이다.

▷**科学**种田. 과학적으로 경작하다.

这种说法不**科学**。

이런 견해는 과학적이지 않다.

한·중 공통의미
①진리나 법칙의 발견을 목적으로 한 체계적인 지식(真理或法则等系统性知识). 과학❶= 科学❶

한국어에서만의 의미(韓)	중국어에서만의 의미(中)
	❷形 合乎科学的. 과학적이다

결합정보: 중국어의 '科学'은 그대로 관형사로 쓰일 수 있지만 한국어에서의 '과학'은 '적'과 결합해야만 관형사로 쓰일 수 있다. 中文的'科学'可以作为形容词使用，但韩语的'과학'只有和'적'结合，才能作为形容词来使用。

①**과학** 사고 (×) 　　　　②**과학** 탐구 ×)

과학적 사고 (O) 科学思考　　　　**과학적**인 탐구 (O) 科学探究

관계 (關係)★ [관계/관게]　　　　关系^甲 [guān·xi]

❶ 명 + 동 (관계되다)둘 이상의 사람, 사물, 현상
따위가 서로 관련을 맺거나 관련이 있음. 또는 그런
관련.

人和人或人和事物之间的某种联系。

▷남녀 **관계**. 男女关系. 사제 **관계**. 师徒关系

남의 자존심에 **관계되**는 문제일수록 조심스럽게
다루어야 한다.

越是有关自尊心的问题越要谨慎处理。

❷ 명 + 동 (관계하다)어떤 방면이나 영역에 관련
을 맺고 있음. 또는 그 방면이나 영역.

某方面或领域有关联。

▷교육 **관계** 서적. 教育方面的书籍。

이번 일에 **관계하**고 있는 분들은 대체로 어느 부
서에 소속된 분들입니까?

与这件事情相关的人员到底属于哪个部门的人
啊？

❸ 명 + 동 (관계하다) 남녀 간에 성교(性交)를 맺
음을 완곡하게 이르는 말.

委婉的指男女发生性关系。

▷**관계**를 가지다. 发生关系。

이 약을 복용하는 동안에는 부인과 **관계하**지 마
십시오. 服药期间请不要与夫人发生关系。

❹ 명 + 동 (관계하다)어떤 일에 참견을 하거나 주
의를 기울임. 또는 그런 참견이나 주의.

参与或关注某事。

▷내가 내 돈 쓰겠다는데 당신이 무슨 **관계**야?
花我自己的钱, 关你什么事?

그의 개인적인 사연에 **관계하**고 싶지 않다.

他不想掺杂个人情感。

❺ 명 ('관계로'꼴로 쓰여) '까닭', '때문'의 뜻을
나타냄.

"관계로"的形式表示原因。

▷사업 **관계**로 자주 출장을 가다.

因工作原因经常出差。

❶ 名 事物之间相互作用相互影响的状态。

사물간의 상호 작용이나 영향을 받는 상태.

▷正确处理科学技术普及和提高的**关系**。과학기술
의 보급 및 제고 문제를 잘 처리해야 된다.

这个电门和那盏灯没有**关系**。

이 스위치와 그 등은 연결되지 않았다.

❷ 名 人和人或人和事物之间的某种性质的联
系。

사람과 사람이나 사람과 사물의 관계나 관련.

▷拉**关系**。관계를 맺다. **关系**户。관계자.

夫妻**关系**。부부관계. 社会**关系**。사회관계.

❸ 名 对有关事物的影响或重要性, 值得注意的
地方。(常跟没有, 有连用)

(서로 관련된 것 사이의) 영향, 중요성. ('没有'·
'有'와 연용됨).

▷这一点很有**关系**。이 점은 매우 중요하다.

没有**关系**, 修理修理照样能用。

상관없어. 수리하면 쓸 수 있어.

❹ 名 泛指原因条件等。원인·조건 등을 나타냄.

▷由于时间**关系**, 暂时谈到这里。

시간 관계상 우선 여기까지만 이야기하겠다.

❺ 名 表明有某种组织关系的证件。

어떤 조직·단체에 대한 관계서류.

▷随身带上团的**关系**。

단(공산주의 청년단) 관계 서류를 챙기세요.

❻ 动 关联, 牵涉。관계하다. 관련되다.

▷石油是**关系**到国计民生的重要物资。

석유는 국가 경제·국민 생활과 관련된 중요한 물
자이다.

하수도 공사 **관계**로 통행에 불편을 끼쳐 대단히 죄송합니다. 对施工给您的通行造成的不便深表歉意。

한·중 공통의미

①관련을 맺거나 관련이 있음. 또는 그런 관련(人和人或人和事物间的某种联系) 관계❶= 关系❶+❷+❻
②남녀 간에 성교(性交)를 맺음을 완곡하게 이르는 말(委婉的指男女发生关系).
③까닭, 때문(原因条件) 관계❺= 关系❹
(②의 의미는 <현한>에서 설명하지 않으나 용례의 번역을 보면 중국어에도 이런 뜻이 있다는 걸 충분히 알 수 있음.)

한국어에서만의 의미(韓)	중국어에서만의 의미(中)
❷어떤 방면이나 영역에 관련을 맺고 있음. 또는 그 방면이나 영역. 某方面或者领域有关联. ❹어떤 일에 참견을 하거나 주의를 기울임. 또는 그런 참견이나 주의. 参与或者关注某事.	❸ 名 对有关事物的影响或重要性，值得注意的地方。 영향, 중요성. ('没有'·'有'와 연용됨). ❺ 名 表明有某种组织关系的证件。 어떤 조직·단체에 대한 관계서류.

관계자 (關係者)★★ [관계자/관게자] 명   Ø

❶어떤 일에 관련이 있는 사람.
对某事有关联的人.
▷관계자 외 출입 금지.
相关人员之外，禁止出入.
해당 관계자들이 모여 대책 회의를 가졌다.
相关人员间召集了研究对策的会议.

有关者☆ [yǒu guān zhě], 有关人员☆ [yǒu guān rén yuán], <比喻> 局内人☆ [jú nèi rén]
▷与医学有关者。 의학 관계자.
　请有关人员准时参加。
　관계자는 정시에 참가하시오
　此事非局内人不得而知。
　이 일은 관계자가 아니고서는 알 수 없다.

한·중 공통의미

없음
한국어 한자어의 '관계자'는 중국어에서는 이런 단어가 존재하지 않음. 같은 의미로써 쓰고 있는 단어는 '**有关者, 有关人员, 局内人**' 등이 있음. (中文中不存在韩国语中的'關係者'一词，所以与之相对应含义的中文词汇有**有关者, 有关人员, 局内人**等)

문법 단위 사이의 불일치

관계자(關係者) 명 복합어	关系, 者 결합하지 않는 두 개의 별개 단어

관련 (關聯/關連)★★ [괄련] 명+동   关联☆ [guān lián] 动

❶둘 이상의 사람, 사물, 현상 따위가 서로 관계를 맺어 매여 있음. 또는 그 관계.
两个以上的人、物、现象等相互关联，或此种关

❶事物相互之间发生牵连和影响。
　사물들 간에 서로 생긴 연관과 영향.
▷国民经济各部门是互相**关联**互相依存的。

系。
▷그는 이번 사건과 밀접한 **관련**이 있는 인물이다.
他和这次事件有着密切的关系。
적지 않은 사람들이 이번 사건과 **관련돼** 있다.
不少人和这个事件有关系。
그 문제와 **관련**해서 이번에는 제가 한 말씀 드리
겠습니다. 关于那个问题这次我有话说。

국민 경제의 각 부서는 상호 관련되고 상호의존
하다.
这可是**关联**着生命安全的大事。
이는 생명 안전에 관련되는 중요한 일이다.

한·중 공통의미

① 관련❶=关联❶

번역 과정 중의 비대칭 대응
▷그는 이번 사건과 밀접한 **관련**이 있는 인물이다. 他和这次事件有着密切的**关系**。 (관련 → 关系)
그 문제와 **관련**해서 이번에는 제가 한 말씀 드리겠습니다. **关于**那个问题这次我有话说。(관련 → 关于)

관리 (管理)★ [괄리] 명 + 동 | **管理**ᶻ [guǎn lǐ] 动

❶어떤 일의 사무를 맡아 처리함.
担当处理某些事务。
▷선거 **관리**. 负责选举。
국가에서 선거를 **관리**하다. 由国家负责选举。
선거는 국민의 의사가 잘 반영될 수 있도록 공정
하게 **관리**되어야 한다.
选举需要如实反映国民的意愿, 应当公正的办
理。
❷시설이나 물건의 유지, 개량 따위의 일을 맡아 함.
负责设施、物品的维护和改良等事情。
▷열쇠의 **관리**는 남에게 맡기지 말고 자기 자신이
직접 하는 것이 좋다.
钥匙的管理不要交给别人, 还是你自己负责为
好。
이 도서관의 모든 책들은 컴퓨터 전산망을 통하
여 **관리**되고 있다.
这个图书馆的所有的书籍都由电脑在管理。
창고를 관리하다. 管理仓库。
❸사람을 통제하고 지휘하며 감독함.
控制、指挥和监督别人。
▷부하 직원 **관리**. 管理部下职员。
학생 **관리**. 学生管理。

❶负责某项工作使顺利进行。
어떤 일을 맡아 순조롭게.
진행할 수 있도록 한다.
▷**管理**财务。 재무관리,
管理国家大事。
국가의 대사를 관리하다.
❷保管和料理。
보관하고 처리하다.
▷**管理**图书。 도서 관리.
公园**管理**处。 공원 관리소
❸照管并约束(人或动物)。
돌보고 단속하다(사람, 동물).
▷**管理**罪犯。 범인 관리.
管理牲口。 가축 관리.

해외 근로자들을 **관리하는** 부서.

管理海外劳动人员的部门。

❹사람의 몸이나 동식물 따위를 보살펴 돌봄.

照看人的身体或动植物等。

▷가축 **관리**. 家畜管理。 질병 **관리**. 疾病管理。

삼촌 덕분에 고향에 있는 우리 사과나무가 잘 **관리될** 수 있었다.

多亏了叔叔，我们家乡的苹果树被照看的很好。

환절기에는 특히 건강을 잘 **관리해야** 한다.

换季期一定要保持健康。

한·중 공통의미

①어떤 일의 사무를 맡아 처리함(担当处理某些事务). 관리❶= 管理❶

②시설이나 물건의 유지, 개량 따위의 일을 맡아 함(负责设施、物品的维护和改良等事情).
 관리❷= 管理❷

③돌보고 단속하다(照管并约束)관리❸+❹= 管理❸

번역 과정 중의 비대칭 대응

▷그는 이번 사건과 밀접한 **관련**이 있는 인물이다. 他和这次事件有着密切的**关系**。 (관련 → 关系)

 그 문제와 **관련해서** 이번에는 제가 한 말씀 드리겠습니다. **关于**那个问题这次我有话说。 (관련 → 关于)

관심 (關心)★ [관심] 명+동   关心甲 [guān xīn] 动

❶어떤 것에 마음이 끌려 주의를 기울임. 또는 그런 마음이나 주의.

 注意力倾斜至某处，或指此类心情。

▷**관심**을 기울이다. 关心。

 그는 여자에 **관심**이 많다. 他对女人颇有兴趣。

 모두들 자기 몸에만 **관심할** 뿐 이내 잊어버렸다. 大家都只顾关心自己的身体，其他的都忘了。

❶(把人或事物)常放在心上；重视和爱护。

 (사람이나 사물) 항상 마음에 두다; 중시하고 소중히 여기다.

▷**关心**群众生活。 대중의 생활에 관심을 갖다。

 这是厂里的大事，希望大家多**关心**。

 이것은 공장의 큰일이므로, 여러분께서 많은 관심을 가져주시기 바랍니다.

한·중 공통의미

①마음이 끌려 주의를 기울임. 또는 그런 마음이나 주의(注意力倾斜至某处，或此类心情). 관심❶= 关心❶

번역 과정 중의 비대칭 대응

▷그는 여자에 **관심**이 많다. 他对女人颇**有兴趣**。 (관심 → 有兴趣)

관점 (觀點)★★ [관쩜] 명

❶사물이나 현상을 관찰할 때, 그 사람이 보고 생각하는 태도나 방향 또는 처지.
  观察事物或现象时所考虑的态度、方向或处境。
  ▷**관점**이 다르다. 观点不同。
  특이한 **관점**을 지니다. 持有独特的观点。

관점 = 观点

观点乙 [guān diǎn] 名

❶观察事物时所处的位置太或采取的态度。
  사물을 관찰할 때 처한 위치나 취한 태도
  ▷政治**观点**。정치 관점.
  生物学**观点**。생물학적 관점.

관하다 (關--)★★★ [과나다] 동

❶말하거나 생각하는 대상으로 하다.
  与所说或所想的对象相关。
  ▷사랑에 **관한** 글. 关于爱情的文章。
  이번 사건에 **관해서** 사람들의 말이 많다.
  关于此次事件人们议论纷纷。
  가: 너 민준이 가족에 대해서 아는 바가 있어?
    你对敏俊的家庭有了解吗?
  나: 아니. 민준이는 한 번도 자기 가족에 **관해** 말을 한 적이 없어.
    没有。敏俊一次都没有提起过关于自己家庭的事情。

어휘묶음 정보 -에 관한, -에 관해서, -에 관하여,
  ▷국회 선거**에 관한** 뉴스 关于国会选举的新闻。
  최근의 정세**에 관해서** 당신의 견해를 말해 주시오. 就目前形势谈谈你的看法。
  여성의 사회 참여 문제**에 관하여** 토론하다. 讨论有关妇女走向社会的问题。

∅

❶关于乙 [guān yú]
  ▷他读了几本**关于**经济学的书。
  그는 경제학에 관한 책을 몇 권 읽었다.
  关于此事,我也略知一二。
  이 일에 관해서는 저도 조금은 알고 있습니다.
  关于这个问题, 他做了详细的解释。
  이 문제에 대해 그는 상세하게 풀이했다.

광고 (廣告)★ [광:고] 명+동

❶세상에 널리 알림. 또는 그런 일.
  广而告之, 或指此类事情。
  그는 주위 사람들에게 자신이 부자인 것을 **광고**하고 다니는 사람이다.
  他四处奔走, 告诉周围的人自己是富人。
❷상품이나 서비스에 대한 정보를 여러 가지 매체를 통하여 소비자에게 널리 알리는 의도적인 활동.
  通过媒体将产品或服务的信息广泛的告知消费者。

广告乙 [guǎng gào] 名

❶向公众介绍产品、服务内容或文娱体育节目的一种宣传方式, 一般通过报刊、电视、广播、网络、招贴等形式进行。
  대중에게 제품, 서비스 내용이나 레크리에이션과 스포츠 프로그램을 소개하는 일종의 홍보 방식, 일반적으로 신문, TV, 방송, 인터넷, 포스터 등 형식으로 한다.
  ▷登**广告**。광고를 내다.
  广告给消费者带来相当大的影响。

▷**광고** 효과. 广告效果.

신문에 일할 사람을 찾는 구인 **광고**를 냈다.
在报纸上等了寻人广告。

화장품 회사에서는 새로 나온 화장수가 모든 피
부에 맞는다고 소비자들에게 **광고하**였다.
化妆品公司向消费者广告说新出的化妆水适合
所有的 皮肤。

광고는 소비자에게 상당한 영향력을 미친다.
不可做不实的**广告**吸引顾客。
허위 광고로 고객을 유인해서는 안 된다.

한·중 공통의미	
①상품이나 서비스에 대한 정보를 여러 가지 매체를 통하여 소비자에게 널리 알리는 의도적인 활동. 通过媒体将产品或服务的信息广泛的告知消费者。**광고❷**= **广告❶**	
한국어에서만의 의미(韓)	중국어에서만의 의미(中)
❶세상에 널리 알림. 또는 그런 일. 广而告之，或指此类事情。	없음

교사 (教師)★ [교:사] 명

❶주로 초등학교·중학교·고등학교 따위에서, 일
정한 자격을 가지고 학생을 가르치는 사람.
主要指在中小学、高中任课的人。
▷국어 **교사**. 国语老师。

教师ᄅ [jiào shī] 名

❶担任教学工作的专业人员。
학생을 가르치는 전문(인원)가.
▷物理**教师**。 물리학 교사.
人民**教师**。 인민 교사.

한·중 공통의미	
①일정한 자격을 가지고 학생을 가르치는 사람(担任教学工作的人员).	
한국어에서만의 의미(韓)	중국어에서만의 의미(中)
❶주로 초등학교·중학교·고등학교에서, 학생을 가르치는 사람. 主要指在中小学、高中任课的人.	없음(대학이나 대학교의 교수들도 '教师'라고 할 수 있음.)

교수 (教授)★ [교:수]

❶ 명 + 동 학문이나 기예를 가르침.
传授学问或技艺。
▷학생들에게 물리학을 **교수하**다. 教学生物理。
❷ 명 『교육』 대학에서, 학문을 가르치고 연구하
는 사람. 교수, 부교수, 조교수가 있다.
教育上指大学里传授学问并进行研究的人，包
括教授、副教授和助教等。
▷**교수**는 연구와 강의에 충실해야 하는데, 연구가
부실하면 강의도 자연 부실해진다.

教授ᄅ [jiào shòu]

❶高等学校教师的最高专业职称。
대학교에서 학문을 가르치고 연구하는 최고 직급
을 가진 사람에 대한 호칭이다.
▷他已就聘为**教授**。
그는 이미 초빙을 받아 교수가 되었다.
他由助教升为**副教授**。
❷【jiāo shòu】 讲授 가르치다, 전수하다.
▷**教授**数学。 수학을 교수하다.

教授应该踏实的进行教学和研究，研究不充实
的话课也就自然变得不实。

한·중 공통의미	
①학문이나 기예를 가르침(传授学问或技艺). 교수❶= 教授❷	
한국어에서만의 의미(韓)	중국어에서만의 의미(中)
❷대학에서, 학문을 가르치고 연구하는 사람. 교수, 부교수, 조교수가 있다. 指大学里传授学问并进行研究的人，包括教授、副教授和助教等。	❶高等学校教师的最高专业职称。 대학교에서 학문을 가르치고 연구하는 최고 직급을 가진 사람에 대한 호칭이다.

교실 (教室)★ [교·실] 명   教室甲 [jiào shi] 名

❶유치원, 초등학교, 중·고등학교에서 학습 활동이 이루어지는 방.
　幼儿园、小学、初高中等进行教学活动的房间.
▷3학년 5반 교실. 3年级5班的教室。

❷대학의 연구실. 또는 교수가 소속되어 있는 방.
　大学里的研究室，或者教授的房间.

❸주로 대학에서 일정한 분야를 연구하는 모임.
　大学里既定领域的以研究为目的的协会.
▷미생물학 교실. 微生物学协会。

❹어떤 것을 배우는 모임. 学习某种东西的团体.
▷꽃꽂이 교실. 插花课堂.
　주부들을 대상으로 하는 민요 교실이 한 달간 열린다.
　以家庭主妇为对象的民谣课堂开了一个月。

❶学校里进行教学的房间.
　학교에서 수업하는 방.
▷在教室里请穿拖鞋.
　교실에서는 실내화를 신으세요.
　教室打扫得好干净.
　교실을 아주 깨끗하게 청소하였다.

한·중 공통의미	
①학교에서 학습 활동이 이루어지는 방(学校里进行教学活动的房间).교실❶= 教室❶	
한국어에서만의 의미(韓)	중국어에서만의 의미(中)
교실❷~❹	없음

교육 (教育)★ [교·육] 명+동 [교육만 [교·융만]]   教育甲 [jiào yù]

❶지식과 기술 따위를 가르치며 인격을 길러 줌.
　传授知识和技能，并培养人格.
▷교육을 받다. 接受教育。
　교육 환경이 열악하다. 教育环境恶劣。
　고고학은 많은 대학에서 정규 교과목으로 교육되

❶ 名 按一定要求培养人的工作，主指学校培养人。
　일정한 요구에 따라 지식과 기술 따위를 가르치며 인격을 길러 주는 일. 주로 학교가 학생을 가르치는 일을 말한다.

고 있다. 考古学在许多大学里被作为正规科目来教授。

어린아이들을 올바르게 **교육하다**.

正确教育年幼的孩子们。

▷初等**教育**。초등 교육. 高等**教育**。고등 교육.

教育方针。교육 방침.

❷动 按一定要求培养。

일정한 요구에 따라 육성하다.

▷教师的责任是**教育**下一代成为德智体全面发展的有用人才。 다음 세대를 품성, 지식, 체력이 전면적으로 발전한 유용한 인재가 되도록 육성하는 것은 교사의 책임이다.

❸动 用道理说服人使照着(规则、指使或要求等)做。

사람을 이치로 설득하여 (규칙, 교사나 요구 등) 따라 하도록 하는 것.

▷说服教育。설득하다.

한·중 공통의미
①지식과 기술 따위를 가르치며 인격을 길러 줌(传授知识和技能, 并培养人格). **교육❶**= **教育❶**

한국어에서만의 의미(韓)	중국어에서만의 의미(中)
없음	❷按一定要求培养。일정한 요구에 따라 육성하다. ❸用道理说服人使照着做。 사람을 이치로 설득하여 따라 하도록 하는 것.

결합정보: 중국어의 '教育'은 그대로 관형사로 쓰일 수 있지만 한국어에서의 '교육'은 '적'과 결합해야만 관형사로 쓰일 수 있다. 中文的'教育'可以作为形容词使用, 但韩语的'교육'只有和'적'结合, 才能作为形容词来使用。

①교육 기능 (×)   ②교육 가치 (×)

　교육적 기능 (O) 教育职能　　　교육적인 가치 (O) 教育价值

③이 교재는 교육 효과가 거의 없다. (×)

　이 교재는 교육적 효과가 거의 없다. (O)　이 本教材没有一点教育意义。

교통 (交通)★ [교통]

❶명 자동차·기차·배·비행기 따위를 이용하여 사람이 오고 가거나, 짐을 실어 나르는 일.

人们利用汽车、火车、船、飞机等来或去, 以及运送物品的事情。

▷**교통**의 중심지. 交通枢纽。

이 동네는 **교통**이 편리하다. 这个地方交通便利。

❷명+동 서로 오고 감. 또는 소식이나 정보를 주고받음.

交通² [jiāo tōng]

❶动 <书>往来通达。

<서> 왕래가 원활하다.

▷阡陌**交通**。논밭길이 사방으로 통하다.

❷名 原是各种运输和邮电事业的统称, 现仅指运输事业。

원래는 여러 가지 운수와 체신 사업을 통틀어 이르는 말, 현재는 다만 운수 사업을 가리킨다.

▷**交通**事故。교통 사고

相互的来往，或者消息或情报的交换。

▷서신의 교통이라도 이루어졌으면 좋겠다.

能够互通书信的话就好了。

그들은 서로 오랫동안 **교통**할 수 없었다.

他们相互间好久都没有办法联系。

❸ 명＋동 나라 사이에 관계를 맺어 오고 가고 함.

国家间建立往来关系。

▷시모노세키는 예부터 대륙과의 **교통**이 빈번하게 이루어지고 있었다.

马关很早之前就和大陆间往来频繁。

일본은 조선과 **교통하**기를 바랐다.

日本希望和朝鲜建立往来关系。

❹ 명＋동 남녀 사이에 서로 사귀거나 육체적 관계를 가짐.

指男女间的交往或发生肉体关系。

▷여자의 몸이나 남자의 몸이나 내지 천지에 모든 만물이 다 가만히 보기만 하면 그새에 친밀한 **교통**이 생기고….

女人或男人的身体，乃至天地万物，仔细查看的话他们之间会发生亲密的关系。

缓解市内**交通**拥挤状况。

시내의 교통 혼잡 상황을 완화시키다.

❸ 名 抗日战争和解放战争时期指通信和联络工作。

항일 전쟁과 해방 전쟁 시기의 통신과 연락 임무를 가리킨다.

❹ 名 指交通员。통신 연락병.

❺ 动 <书>结交；勾结。

<서> 교제하다; 결탁하다.

▷交通权贵。

권세가 있고 직위가 높은 사람과 결탁하다.

交通官府。

관청과 내통하다.

한·중 공통의미	
①자동차·기차 따위를 이용하여 사람이 오고 가거나, 짐을 실어 나르는 일.	
利用汽车、火车等来或去，以及运送物品的事情. 교통❶= 教育❷	
한국어에서만의 의미(韓)	중국어에서만의 의미(中)
❷서로 오고 감. 또는 소식이나 정보를 주고받음.	❶<书>往来通达。<서> 왕래가 원활하다.
相互的来往，或者消息或情报的交换。	❸抗日战争和解放战争时期指通信和联络工作。
❸나라 사이에 관계를 맺어 오고 가고 함.	항일 전쟁과 해방 전쟁 시기의 통신과 연락 임무.
国家间建立往来关系。	❹指交通员。통신 연락병.
❹남녀 사이에 서로 사귀거나 육체적 관계를 가짐.	❺<书>结交；勾结。<서> 교제하다; 결탁하다;
指男女间的交往或发生肉体关系。	

교회 (教會)★ [교·회/교·훼] 명

❶예수 그리스도를 주(主)로 고백하고 따르는 신자들의 공동체. 또는 그 장소

信仰耶稣的信徒们的共同体，或者场所。

▷그는 일요일마다 **교회**에 나간다.

教会ᵀ [jiào huì] 名

❶天主教、正教、新教等基督教各教派的信徒的组织。

천주교, 정교, 신교 등 기독교 각 교파의 신도의 조직.

▷**教会**长老。

他每个周日都去教会。　　　　　　　　　교회의 장로

교회 = 教会

구성 (構成)★★ 명＋동　　　　　　　构成ᶻ [gòu chéng]

❶몇 가지 부분이나 요소들을 모아서 일정한 전체
를 짜 이룸. 또는 그 이룬 결과.

　几个部分或要素组成一个整体，或组成的结
　果。

▷**구성** 성분. 构成成分。

　인구 **구성** 비율. 人口构成比例。

　새 인물들로 이사진이 **구성되**다.

　新的人员组成了理事阵容。

　여러 중소 도시가 수도권 안에서 하나의 도시망
　을 **구성하**고 있다.

　若干个中小城市在首都圈构成了一个城市网。

❶ 动 形成；造成。형성하다；조성(하다).

▷眼镜由镜片和镜架**构成**。

　안경은 렌즈와 안경테로 구성된다.

　违法情节轻微，还没有**构成**犯罪。

　위법한 경위가 심하지 않아 아직 범죄를 구성하
　지 않았다.

❷ 名 结构。구성, 조직.

▷研究所目前的人员**构成**不太合理。

　현재 연구소의 인적 구성이 좀 불합리적이다.

한·중 공통의미

①구성❶＝ 构成❶＋ ❷

번역 과정 중의 비대칭 대응

▷시의 **구성적** 특징. 诗的**结构**特征。(**구성적 → 结构**)

　소설은 **구성적**인 이야기이다. 小说是架构的故事。(**구성적 → 架构**)

구조 (構造)★★ 명　　　　　　　构造ᶻ [gòu zào]

❶부분이나 요소가 어떤 전체를 짜 이룸. 또는 그렇
게 이루어진 얼개.

　部分或者要素构成一个整体，或者那样形成的
　构造。

▷가옥 **구조**. 房屋构造。

　이 제품은 **구조**가 간단하여 가격이 싸다.

　这个产品构造简单价格便宜。

❷일정한 설계에 따라 여러 가지 재료를 얽어서 만
든 물건. 건물, 다리, 축대, 터널 따위가 있다.

　建筑物，按照设计使用各种材料建造的物体,
　如建筑物、桥梁、高台、隧道等等。

❶ 名 各个组成部分的安排组织和相互的关系。

　각 구성 부분의 배치, 조직 및 서로 간의 관계；

▷人体**构造**。인체 구조

　句子的**构造**。문장의 구조

❷ 动 建造。

　건조하다(건축하다, 짓다)

▷**构造**房屋。집을 짓다.

한·중 공통의미

①구조❶＝ 构造❶

한국어에서만의 의미(韓)	중국어에서만의 의미(中)
❷일정한 설계에 따라 여러 가지 재료를 얽어서 만든 물건. 建筑物按照设计使用各种材料建造的物体。	❷建造。건조하다(건축하다, 짓다).

번역 과정 중의 비대칭 대응

▷사람들은 흔히 **구조적 문제**를 개인적 차원의 문제로 치부해 버린다.

人们经常把**集体的问题**作为个人层面的问题来解决。(구조적 문제 → 集体的问题)

결합정보: 중국어의 '构造'은 그대로 관형사로 쓰일 수 있지만 한국어에서의 '구조'은 '적'과 결합해야만 관형사로 쓰일 수 있다. 中文的'构造'可以作为形容词使用，但韩语的'구조'只有和'적'结合，才能作为形容词来使用。

①촌락의 <u>구조</u> 특성 (×)

촌락의 <u>구조적</u> 특성 (O) 村落的构造特征

②당시 사회는 전쟁으로 매우 심각한 <u>구조 변화</u>를 겪고 있었다.(×)

당시 사회는 전쟁으로 매우 심각한 <u>구조적인</u> 변화를 겪고 있었다.(O)

当时的社会因为战争的原因正在经历着重大的<u>构造上的</u>变化。

국가(國家)★★ [국까] 명

❶일정한 영토와 거기에 사는 사람들로 구성되고, 주권(主權)에 의한 하나의 통치 조직을 가지고 있는 사회 집단. 국민·영토·주권을 필요로 한다. 由一定的领土和居民所构成，具有主权的社会集团，国民、领土和主权是必须的三要素。

▷새로운 **국가**의 건설을 위하여 노력하다.

为了新的国家建设而努力。

国家^甲 [guó jiā] 名

❶阶级统治的工具,同时兼有社会管理的职能.国家是阶级矛盾不可调和的产物和表现.它随着阶级的产生而产生,也将随着阶级的消灭而自行灭亡。

계급 통치의 도구며 사회 관리 기능을 갖고 있다. 국가는 계급 모순을 없앨 수 없는 산물과 표현이고 계급의 생김에 따라 생기며 계급의 멸망함에 따라 멸망한다.

❷指一个国家的整个区域。

한 나라의 온 구역을 가리킨다.

▷蒙古国是个内陆**国家**。

몽골은 한 내륙국이다.

한·중 공통의미

①국가❶= 国家❶+❷

번역 과정 중의 비대칭 대응

▷**국가적** 행사. **国家级**活动。(국가적 → 国家级)

국가적인 규모의 경제 계획. **国家级**规模的经济计划。(국가적 → 国家级)

결합정보: 중국어의 '国家'은 그대로 관형사로 쓰일 수 있지만 한국어에서의 '국가'은 '적'과 결합해야만 관형사로 쓰일 수 있다. 中文的'国家'可以作为形容词使用，但韩语的'국가'只有和'적'结合，才能作为形容词来使用。

①<u>국가</u> 사업 (×) ②<u>국가</u> 차원 (×)

국가적 사업 (O) 国家企业   국가적인 차원 (O) 国家层面

국내 (國內)★ [궁내] 명 | 国内☆ [guó nèi] 名

❶나라의 안.

国家内部.

▷국내 여행. 国内旅游.

만화 영화가 **국내** 처음으로 제작되었다.

首次由国内制作的动画电影.

▷**국내적** 관심이 온통 통일에 쏠리다.

国内都瞩目于统一大业.

❶国家内部. 在特定的国家的内部.

국가 내부. 특정된 국가의 내부.

▷这家企业在**国内**享有较高的声誉.

이 업체는 국내에서 비교적 큰 영예를 누리고 있다.

中国奥运代表团于上星期二回到**国内**.

중국 올림픽 선수단은 지난 화요일에 귀국하였다.

한·중 공통의미

국내 = 国内

국민 (國民)★★ [궁민] 명 | 国民ᵀ [guó mín] 名

❶국가를 구성하는 사람. 또는 그 나라의 국적을 가진 사람.

构成国家的人或拥有该国国籍的人.

▷나라의 경제 발전을 위하여 **국민** 각자가 열심히 일해야 할 때이다.

为了国家经济的发展，现在是每个国民努力工作的时候.

❶具有某国国籍的人是这个国家的国民.

한 나라의 국적을 가지고 있는 사람은 바로 이 나라의 국민이다.

▷发展体育运动,增强**国民**体质.

체육 운동을 발전시켜 국민의 체력을 증진시키다.

한·중 공통의미

국민 = 国 民

번역 과정 중의 비대칭 대응

▷**국민적** 염원. 全民的 愿望. (**구민적 → 全民的**)

금메달을 딴 우리 선수단은 **국민적인** 환영을 받았다. 夺得金牌的选手团获得了全民的欢迎. (**구민적 → 全民的**)

국제 (國際)★ [국쩨] 명 | 国际ᴢ [guó jì]

❶나라 사이에 관계됨.

国家间的关系.

▷**국제** 경쟁. 国际竞争.

국제 관계에서는 영원한 적도 없고 영원한 친구도 없다.

❶形 国与国之间的；世界各国之间的. 국가 간의; 세계 각국 간의;

▷**国际**协定 국제협정

国际关系 국제관계

❷名 指世界或世界各国. 세계 또는 세계 각국:

ㄱ 49

国际关系中没有永远的敌人也没有永远的朋友。

❷여러 나라에 공통됨. 若干国家间的共同。

▷**국제** 규격. 国际规则. **국제** 시세. 国际时事。

❸여러 나라가 모여서 이루거나 함.
若干国家聚集而成。

▷**국제** 육상 대회. 国际田径运动会。

국제 학술 대회. 国际学术大会。

▷**国际**惯例. 국제 관례。

我国在**国际**上的地位不断提高。

중국의 국제적 지위는 계속 향상되고 있다.

한·중 공통의미

국제 = 国 际

번역 과정 중의 비대칭 대응

▷국제적 기구. **国际性**机构。(국제적 → **国际性**)

국제적인 관광지. **国际性**的旅游胜地。(국제적 → **国际性**)

국제적으로 인정받은 화가. 得到**国际性**认可的画家。(국제적 → **国际性**)

결합정보: 중국어의 '国际'은 그대로 관형사로 쓰일 수 있지만 한국어에서의 '국제'은 '적'과 결합해야만 관형사로 쓰일 수 있다. 中文的'国际'可以作为形容词使用，但韩语的'국제'只有和'적'结合，才能作为 形容词来使用。

①서울 올림픽의 성공으로 우리나라의 <u>국제 지위</u>가 크게 향상되었다. (×)

서울 올림픽의 성공으로 우리나라의 <u>국제적 지위</u>가 크게 향상되었다. (O)

首尔奥运会的成功大大提升了我国的<u>国际地位</u>

②<u>국제 협력</u>과 평화의 유지는 국제 사회의 중요한 과제이다. (×)

국제적인 협력과 평화의 유지는 국제 사회의 중요한 과제이다.(O)

<u>国际合作</u>与维持和平是国际社会的重要课题。

국회 (國會)★★ [구쾨/구퀘] 명

❶『법률』국민의 대표로 구성한 입법 기관.
法律上指由国民代表构成的立法机关。

▷그는 남과 북에서 총선거를 실시하여 **국회**를 구
성하고 통일 정부를 세우자는 제안을 했다.
他提出由南北进行总选举来构成国会，然后成
立统一政府的建议。

❷『정치』국회 의원들이 국회 의사당에 모여서 하
는 회의.
政治上国会议员们聚集召开的会议。

▷**국회**가 개회되다. 国会会议开幕。

국회를 열다. 召开国会。

안건이 **국회**에서 만장일치로 통과되었다.

国会ᵀ [guó huì] 名

❶全国性的议会。

전국적인 회의.

▷第七十一届**国会**。제 71 회 전국 회의.

❷指某些国家的最高权力机关，也叫议会。

일부 국가의 최고 권력 기관, 의회라고도 한다.

▷**国会**议员回答访问者提出的各种问题。

국회 의원은 방문자가 제출한 여러 가지 문제를
대답했다.

案件在国会上全场一致通过。

한·중 공통의미	
①국회의원들이 국회 의사당에 모여서 하는 회의(国会议员们聚集召开的会议). 国会❷=国会❷	
한국어에서만의 의미(韓)	중국어에서만의 의미(中)
❶『법률』 국민의 대표로 구성한 입법 기관. 法律上指由国民代表构成的立法机关。	❶全国性的议会 전국적인 회의

군 (軍)*** 명   军⁴ [jūn]

❶군대(軍隊).

军队。

▷군에 입대하다. 入伍。

군 복무를 마치다. 结束了军队兵役。

❷(일부 명사 뒤에 붙어)'군대'의 뜻을 나타내는 말.

(用于部分名词后)表示军队的意思。

▷시민군. 平民军。예비군. 预备军。

유엔군. 联合国军队。진압군. 镇压军。

❸『군사』육군의 편성 단위 가운데 행정 및 전술과 병력 규모가 가장 큰 부대.

军事上指陆军单位中行政、战术及兵力规模最大的部队。

❶ 名 军队。

군대.

▷参军。입대.

劳动后备军。산업 예비군.

❷军队的编制单位，通常隶属于军区或方面军，下辖若干个师。

군대의 편성 단위, 일반적으로 군관구역이나 전략군에 예속되며 아래에 여러 개 사단을 관할한다.

▷第一军敌人的兵力估计有两个军。

제1군적의 병력은 두 개 군단으로 추장된다.

❸军种。군별.

▷陆军、海军、空军。육군, 해군, 공군.

❹ 名 (jūn) 姓。

중국 성의 하나.

한·중 공통의미	
①군대(军队). 군❶= 军❶ ②군별(军种). 군❷= 军❸	
③군대의 편성 단위(军队的编制单位). 군❸= 军❷	
한국어에서만의 의미(韓)	중국어에서만의 의미(中)
없음	❹(jūn) 姓。중국 성의 하나.

권력 (勸力)** [궐·력] [권력만 [궐령만]]   权力⁴ [quán lì] 名

❶ 명 + 동 알아듣도록 타일러서 힘쓰게 함.

为了使其听明白而用力劝说。

▷학생들에게 독서를 권력하다.

劝说学生们去读书。

❷ 명 남을 복종시키거나 지배할 수 있는 공인된 권리와 힘. 특히 국가나 정부가 국민에 대하여 가지

❶政治上强制力量。

정치적 강제력.

▷国家权力。국가권력.

全国人民代表大会是最高国家权力机关。

전국인민대표대회는 중국의 최고 권력기관이다.

❷职责范围内的支配力量。

고 있는 강제력을 이른다.

能使他人服从或支配他人的公认的权力和力量。

特别指国家或政府相对国民拥有的强制力。

▷**권력** 강화. 权力强化。**권력**을 잡다. 抓权。

직책 범위내의 지배력.

▷行使大会主席的**权力**。

대회 주석으로서의 권력을 행사하다.

한·중 공통의미
①남을 복종시키거나 지배할 수 있는 공인된 권리와 힘(能使他人服从或支配他人的公认的权力和力量). **권력❷**= **权力❶**+**❷**

한국어에서만의 의미(韓)	중국어에서만의 의미(中)
❶알아듣도록 타일러서 힘쓰게 함. 为了使其听明白而用力劝说。	없음

권리 (權利)★★ [궐리] 명 / 权利丙 [quán lì] 名

❶권세와 이익.

权势和利益。

❷『법률』 어떤 일을 행하거나 타인에 대하여 당연히 요구할 수 있는 힘이나 자격.

法律上指履行某事或对他人理当索求的力量或资格。

▷**권리**를 침해하다. 侵害权利。

사람에게는 교육을 받을 **권리**가 있다.

人有受教育的权利。

❶公民或法人依法行使的权力和享受的利益。

국민이나 법인이 법에 따라 행사하는 권리와 누리는 이익.

▷受教育的**权利**。교육을 받을 권리.

男女享有同样的**权利**。

남녀가 같은 권리를 향유한다.

한·중 공통의미
①힘이나 자격(理当索求的力量或资格). **권리❷**= **权利❶**

한국어에서만의 의미(韓)	중국어에서만의 의미(中)
❶권세와 이익. 权势和利益。	없음

규모 (規模)★★ [규모] 명 / 规模乙 [guī mó] 名

❶본보기가 될 만한 틀이나 제도.

可以成为榜样的框架或制度。

▷그의 집 사랑채는 윗사랑, 아랫사랑, 행랑채의 **규모**를 고루 갖춘 초가였다.

他家的舍廊坊是一具备上房、下房和行廊框架的均衡茅草屋。

❷사물이나 현상의 크기나 범위.

事物或现象的大小或范围。

❶(事业、机构、工程、运动等)所具有的格局, 形式或范围。

(사업, 기구, 공사, 운동 등) 갖추고 있는 구조, 형식이나 범위.

▷大**规模**生产。 대량 생산.

规模宏大。 규모가 대단히 크다.

举行大**规模**罢工。

대규모의 파업을 일으키다.

▷**규모**가 크다. 规模大。

　천 평 **규모**의 건물. 千坪规模的建筑物。

❸씀씀이의 계획성이나 일정한 한도.

　开销的计划性或既定的限度。

▷예산 **규모**. 预算额度。

　그 집 며느리는 빡빡한 살림을 **규모** 있게 꾸려 나갔다.

　那家的儿媳妇控制着开支才仅以维持着紧巴巴的日子。

한·중 공통의미	
①사물이나 현상의 크기나 범위(事物或现象的大小或范围). 규모❷= 规模❶	
한국어에서만의 의미(韓)	중국어에서만의 의미(中)
❶본보기가 될 만한 틀이나 제도 可以成为榜样的框架或制度。 ❸씀씀이의 계획성이나 일정한 한도. 开销的计划性或既定限度。	없음

번역 과정 중의 비대칭 대응

▷**大规模**生产。대량 생산. (**大规模** → 대량)

근거 (根據)★★ [근거]

❶ 명+동 근본이 되는 거점.

　成为根本的据点。

▷활동의 **근거**로 삼다. 作为活动的据点。

　험준한 산악에 **근거**를 두고 본격적인 방어 준비
에 착수했다.

　将险峻的山崖作为据点，并开始着手防御。

　그들이 **근거**한 여러 도서의 수십만 양민을 도륙
하게 하였고….

　屠杀了他们作为据点的若干个岛屿上的几十万
良民。

❷ 명+동 어떤 일이나 의논, 의견에 그 근본이
됨. 또는 그런 까닭.

　某事或某个议论、意见的根本或原因。

▷판단의 **근거**. 判断的根据。

　무슨 **근거**로 그렇게 주장하는 겁니까?

　你那样主张有什么根据?

　법에 근거하다. 根据法律。

　사실에 근거하다. 根据事实。

根据ᶻ [gēn jù]

❶ 名 作为断论的前提或言行基础的事物。

　판단을 내리는 전제나 언행의 기초가 되는 사물.

▷说话要有**根据**。 말이란 근거가 있어야 한다.

❷ 动 以某事物为依据。

　어떤 사물을 근거로 한다.

▷财政支出必须**根据**节约的原则。

　재정 지출은 절약 원칙에 따라야 한다。

❸介表示以某种事物作为结论的前提或语言行动
的基础。

　어떤 사물이 결론으로 되는 전제나 언행의 기초
를 말한다.

▷**根据**气象台的预报，明天要下雨。

　일기예보에 의하면 내일 비가 올 것이다.

　根据大家的意见，把计划修改一下。

　여러분의 의견에 따라 계획을 다시 수정하겠습니다.

①어떤 일이나 의논, 의견에 그 근본이 됨. 또는 그런 까닭. 某事或某个议论、意见的根本或原因.

근거❷= 根据❶+❷

한국어에서만의 의미(韓)	중국어에서만의 의미(中)
❶근본이 되는 거점. 成为根本的据点.	❸以某种事物作为结论的前提或语言行动的基础. 어떤 사물이 결론으로 되는 전제나 언행의 기초

근처 (近處)★ [근·처] 명   近处☆ [jìn chù] 名

❶가까운 곳. 近的地方。

▷학교 근처도 못 가 보다.

학교附近的地方没能去看.

우리 집 근처에 서점이 많다.

我家附近有很多书店.

❶附近 (어디에서) 가까운 곳

▷公园近处有一个很大的湖，散起步来非常方便.

공원 근처에 커다란 호수가 있어 산책하기 좋다.

한·중 공통의미

①가까운 곳(近的地方). 근처❶= 近处❶

관련어휘

附近(부근) [fù jìn]는 '近处'의 동의어로 중국어에서 '近处'보다 더 많이 쓰고 있다.

금융 (金融)★★ [금늉/그뮹] 명   金融丅 [jīn róng] 名

❶『경제』금전을 융통하는 일.

经济上指钱币的流通.

▷금융을 독점하다. 垄断金融.

중소기업을 활성화하기 위해서는 중소기업의 금융을 담당할 수 있는 기관이나 기금이 필요하다.

激活中小企业需要有个能为其提供金融保障的机构或者基金.

❶指货币的发行、流通和回笼，贷款的发放和收回，存款的存入和提取，汇兑的往来以及证券交易等经济活动.

화폐의 발행, 유통 및 환수, 대출의 발급과 회수, 예금의 예입과 추출, 외환업무 및 증권거래 등 경제 활동을 가리킨다.

▷金融机关. 금융 기관.

金融犯罪方式趋向专业化.

금융 범죄의 방식이 전문화되는 추세이다.

한·중 공통의미

금융=金融

급 (級)★★★ [급] [급만 [금만]   级ᶻ [jí]

❶명 계급이나 등급 따위를 이르는 말.   ❶名 等级.

表示阶级或等级。

▷공무원은 다른 직종에 비해 **급**에 따른 위계가 엄격한 편이다.

　相比别的职业，公务员的级别界限相对严格。

❷ 명 주산, 태권도, 바둑 따위의 등급. 단(段)보다 아래 단위이다.

　珠算、跆拳道和围棋等的级别，比段矮一级。

▷태권도의 **급**은 숫자가 작을수록 잘하는 것이다.

　跆拳道的级别是数字越小级别越高。

❸ 명 (수량을 나타내는 말 뒤에 쓰여)주산, 태권도, 바둑 따위의 등급을 나타내는 단위.

　用于数量词后　表示珠算、跆拳道和围棋等的级别的单位。

▷그의 바둑 실력은 삼 **급**쯤 된다.

　他的围棋水平大约为3级。

❹ 명 계단의 하나하나를 이르는 말.

　一级一级的台阶。

❺ 명 (직급 따위를 나타내는 일부 명사 뒤에 붙어) '그 직급'의 뜻을 나타내는 말.

　用于表示职位级别的名词后表示职位级别。

▷과장**급**. 课长级. 부장**급**. 部长级.

　간부**급**. 干部级.

❻ 의존 전쟁에서 죽인 적군의 머리를 세는 단위.

　计算战争中已死敌军的首级的单位。

❼ 의존 조기 따위의 물고기를 짚으로 한 줄에 열 마리씩 두 줄로 엮은 것을 세는 단위.

　黄花鱼等鱼类用草绳编成两串，一串为10条的单位。

▷조기 한 **급**. 二十条黄花鱼。

❽ 의존 고사리 따위의 산나물을 열 모숨 정도로 엮은 것을 세는 단위.

　蕨菜之类的野菜等以10把为单位。

▷고사리 한 **급**. 10把蕨菜。

❾ 의존 『출판』 사진 식자에서 자체(字體)의 크기를 나타내는 단위.

　出版业中表示字体大小的单位。

▷이 글의 제목은 몇 **급**으로 할까요?

　这篇文章的题目用几号字体呢？

등급.

▷高**级** 上**级** 县**级**. 고급, 상급, 현급.

　级差. 등급간의 격차.

❷ 名 年级。

　학년.

▷留**级**. 유급하다.

　同**级**不同班. 학년은 같지만 반은 다르다.

❸台阶儿。

　계단.

▷石**级**. 돌계단.

❹量用于台阶、楼梯等。

　계단에 쓰인다.

▷十多**级**台阶. 십여 개의 계단.

❺量用于等级。

　등급에 쓰인다.

▷三**级**工。3급공.

　他的工资比我高一**级**。

　그의 월급은 나보다 한 급 더 높다.

한·중 공통의미	
①계급이나 등급(阶级或等级). 급❶+❺= 级❶+❺	
②계단의 하나(台阶)급❹= 级❸+❹	

한국어에서만의 의미(韓)	중국어에서만의 의미(中)
급❷❸❻❼❽❾	❷年级。학년.

기 (氣)★★★ 명

❶활동하는 힘.
活动的气力。
▷기가 부족하다. 气力不足. 기가 세다. 气足.
그는 오랫동안 아파서 기가 허해졌다.
他病了很久, 气力虚弱.

❷숨 쉴 때 나오는 기운.
呼吸时呼出来的气。
▷기가 통하다. 呼吸通顺.

❸어떠한 기운. 某种气质
▷그에게는 아직도 문학.
소년의 기가 남아 있다.
他还有种文学少年的.
气质.

❹접(일부 명사 뒤에 붙어)'기운', '느낌', '성분'의
뜻을 더하는 접미사.
用于部分名词之后表示气质、感受、成分等意
思。

气⁷ [qì]

❶ 名 气体。
기체.
▷毒气. 독가스 煤气. 가스

❷ 名 特指空气。
특별히 공기를 가리킨다.
▷气压. 대기압.
打开窗子透一透气. 창문을 열어 환기시키다.

❸ 名 气息。
숨.
▷没气了. 숨이 끊어졌다.
上气不接下气. 숨이 차다.

❹指自然界冷热阴晴等现象。
흐림, 맑음, 추움 등 자연계의 현상을 가리킨다.
▷天气. 날씨. 气候. 기후.

❺气味。
냄새
▷香气. 향기. 臭气. 역겨운 냄새.

❻人的精神状态。
사람의 정신상태.
▷勇气. 용기. 朝气. 생기.

❼气势。
기세.
▷气吞山河. 기개가 산하를 삼킬 듯하다.

❽人的作风习气。 사람의 기풍과 습성.
▷官气. 관료 기풍. 娇气. 연약하다.
孩子气. 어린 티.

❾ 动 生气, 发怒。
화내다, 노하다.
▷他气得直哆嗦. 화가 나서 부들부들 떨다.

⑩ 动 使人生气。

　사람을 열나게 하다.

▷**气**人。짜증나.

　你别**气**我了。나를 열나게 하지 말아요

⑪欺负，欺压。

　얕보다, 속이고 억누르다.

▷受**气**。천대를 받다.

⑫命，命运。

　명, 운명

▷**气**数。운명. 福**气**。복.

⑬ 名 中医指人体内能使各种器官正常发挥功能的原动力。

　한의학에서는 인체 내에 각종 기관이 기능을 제대로 발휘하도록 하는 원동력을 가리킨다.

▷元**气**。원기. **气**虚。원기 쇠약.

⑭中医指某种病象。

　한의학에서는 어떤 증상을 가리킨다.

▷湿**气**。습기. 痰**气**。(졸)중풍.

⑮ 名 姓。

　성씨.

한·중 공통의미
①활동하는 힘(活动的气力). 기❶=气 ❻+ ⑬
②'기운', '느낌', '성분'의 뜻(气质、感受、成分) 기❹=气❹+ ❺+ ❼

한국어에서만의 의미(韓)	중국어에서만의 의미(中)
❷숨 쉴 때 나오는 기운. 呼吸时呼出来的气. ❸어떠한 기운. 某种气质.	❶气体。기체　❷特指空气。공기　❸气息。숨. ❽人的作风习气。사람의 기풍과 습성. ❾生气，发怒。화내다, 노하다. ⑩使人生气。사람을 (열)화나게 하다. ⑪欺负，欺压。얕보다, 속이고 억누르다. ⑫命，命运。명, 운명　⑭中医指某种病象。어떤 증상을 가리킨다. ⑮姓。성씨.

기계 (機械)★★ [기게/기게] 명 　机械[jī xiè]

❶동력을 써서 움직이거나 일을 하는 장치.
　通过动力移动并做事的装置。

▷**기계** 제조. 机械制造。

　그는 **기계**를 잘 다루는 숙련공이다.

❶ 名 利用力学原理组成的各种装置。

　역학 원리에 따라 가공·제작된 각종 장치.

▷**机械**工业。기계 공업.

　各种农业**机械**无一不备。

他是一位能操作机器的熟练工。

❷생각, 행동, 생활 방식 따위가 정확하거나 판에 박은 듯한 사람을 비유적으로 이르는 말.

比喻想法、行动和生活方式等如刻板文字一样准确的人。

▷그 사람은 사과 깎는 데는 **기계**야.

他削起苹果来就是个机器。

❸자기 뜻이 아닌 남의 뜻에 따라 행동하는 사람을 비유적으로 이르는 말.

比喻根据别人意愿行动的人。

▷요즘 남자들은 돈 벌어 오는 **기계**로 전락했다.

最近男人们都沦落成赚钱的工具。

❹소매치기들의 은어로, 직접 손을 대어 훔치는 사람이나 그 손을 이르는 말.

小偷们的隐语，指亲自实施盗窃的人或手。

각종 농업 기계가 하나도 빠짐없이 구비되다.

❷ 形 方式拘泥死板，没有变化。

(박)방식이 기계적이고 변화가 없음.

▷工作方式太**机械**。

일하는 방식(은)이 너무 기계적이다.

한·중 공통의미	
①동력을 써서 움직이거나 일을 하는 장치(通过动力移动并做事的装置). 기계❶= 机械 ❶	
한국어에서만의 의미(韓)	중국어에서만의 의미(中)
❷생각, 행동, 생활 방식 따위가 정확하거나 판에 박은 듯한 사람을 비유적으로 이르는 말. 比喻想法、行动和生活方式等如刻板文字一样准确的人。 ❸자기 뜻이 아닌 남의 뜻에 따라 행동하는 사람을 비유적으로 이르는 말. 比喻根据别人意愿行动的人。 ❹소매치기들의 은어로, 직접 손을 대어 훔치는 사람이나 그 손을 이르는 말. 指亲自实施盗窃的人或手。	없음

번역 과정 중의 비대칭 대응

▷요즘은 제품의 포장이나 운반 등을 **기계적으로** 처리할 수 있게 되었다.

最近产品的包装和搬运都是由机械来完成. (기계적으로 → **由机械**)

기계적인 문제가 있는 경우에 교환해 드리겠습니다.

机械本身有问题就会给您退货。(기계적 → **机械本身**)

암기 위주의 **기계적** 교육 방식 暗记为主的**机械式**教育方式。(기계적 → **机械式**)

기계적인 정확성은 기대할 수 없었다. 不可能达到**像机械一样**的准确性。(기계적 → **像机械一样**)

기관 (機關)★★ 명   机关^乙 [jī guān]

❶화력·수력·전력 따위의 에너지를 기계적 에너
지로 바꾸는 기계 장치.
　將火、水或电等能源转化成机械能源的机械装
　置。
▷기차의 **기관**에 이상이 생겨 잠시 동안 정차하겠
　사오니 양해하여 주시기 바랍니다.
　由于火车的装置。
　发生异常将暂时停车，请大家谅解。
❷사회생활의 영역에서 일정한 역할과 목적을 위하
여 설치한 기구나 조직.
　社会生活领域中指为了一定的作用和目的而设
　置的机构或组织。
▷작은 도시일수록 각급 **기관**의 우두머리의 영향력
　이 크다.
　城市越小，各级机关的头头影响力越大。
❸정보기관. 信息情报机关。

❶ 名 控制机械运行的部分。
　기계 운행을 제어하는 부분.
▷电动水车的**机关**，把河水引到田里。
　전동 급수차의 기관이 강물을 밭에 끌어들였다.
❷ 形 用机械控制的。기계로 통제하는 것.
▷机关枪。**기관**총.
　机关布景。기계를 제어하는 배경
❸ 名 办理事务的部门。
　사무를 처리하는 부문.
▷行政**机关**。행정 기관. 军事**机关**。군사 기관.
　机关工作。기관에서 근무하다.
❹ 名 周密而巧妙的计谋。
　치밀하고 교묘한 계략.
▷识破**机关**。계략을 간파하다.
　机关用尽。온갖 꾀를 다 부리다.

한·중 공통의미

①기계 장치(机械装置). 기관❶= 机关❶
②사무를 처리하는 부문(办理事务的部门). 기관❷= 机关❸

한국어에서만의 의미(韓)	중국어에서만의 의미(中)
❸정보기관. 信息情报机关。	❷用机械控制的。기계로 통제하는 것. ❹周密而巧妙的计谋。치밀하고 교묘한 계략

기구 (機構)★★ 명   机构^丙 [jī gòu] 名

❶많은 사람이 모여 어떤 목적을 위하여 구성한 조
직이나 기관의 구성 체계.
　为了某一目的的多人聚集构成的组织或机关。
▷관료 **기구**。官僚机构. 정부 **기구**. 政府机构。
　행정 **기구**의 개혁. 行政机构改革。
❷기계적으로 구성되어 있는 조직이나 공식 따위의
내부 구성.
　机械性的组合在一起的组织或公式之类的内部
　结构。
▷인체의 **기구**. 人体的构造。

❶机械内部的一个单元，由两个或两个以上的构
件连接而成。
　기계 내에서의 한 부분이며 두 개 또는 두 개 이
　상의 부품으로 연결된다.
▷传动**机构**。전동 기구. 液压**机构**。액압 장치,
❷指机关、团体等工作单位，也指其内部组织。
　기관, 단체 등 직장 및 그 내부 조직을 가리킨다.
▷外交**机构**。외교 기구.
　调整**机构**。기구 조정.

화학 반응의 **기구**를 밝히다.

发现化学反应的结构。

❸역학적인 운동이나 작용을 하도록 구성되어 있는
기계나 도구 따위의 내부 구성.

力学上的由运动或发生作用而组成的机械或工
具的内部构成。

▷동력 전달 **기구**. 动力传输机构。

한·중 공통의미	
①기계나 도구 따위의 내부 구성(机械或工具的内部构成). **기구❸** = **机构❶**	
②기관의 구성 체계(机关等其内部组织). **기구❶** = **机构❷**	
한국어에서만의 의미(韓)	중국어에서만의 의미(中)
❷기계적으로 구성되어 있는 조직이나 공식 따위의 내부 구성. 机械组合在一起的组织或公式类的结构。	없음

기능 (機能) ★★

机能[☆] [jī néng] 〔名〕

❶ 〔명〕＋〔동〕 하는 구실이나 작용을 함. 또는 그런
것.

所做的分内的事情或该起的作用。

▷소화 **기능**이 약하다. 消化功能弱。

차가 오래되어서 그런지 브레이크의 제동 **기능**이
떨어졌다.

车子可能时间长了, 刹车制动性能下降了。

❷ 〔명〕 권한이나 직책, 능력 따위에 따라 일정한 분
야에서 하는 역할과 작용.

权限或职责及能力之类的在既定领域的作用。

❶细胞组织或器官等的作用与活动能力。

세포 조직이나 장기 등의 작용과 활동 능력.

▷人体**机能**。 인체 기능.

한·중 공통의미	
①하는 구실이나 작용을 함(分内的事情或该起的作用). **기능❶** = **机能❶**	
한국어에서만의 의미(韓)	중국어에서만의 의미(中)
❷ 〔명〕 권한이나 직책, 능력 따위에 따라 일정한 분 야에서 하는 역할과 작용. 权限或职责及能力之类的在既定领域的作用。	없음

번역 과정 중의 비대칭 대응

▷소화 **기능**이 약하다. 消化**功能**弱。(기능 → 功能)

차가 오래되어서 그런지 브레이크의 제동 **기능**이 떨어졌다. 可能车子时间长了, 刹车制动**性能**下降
了。(기능 → 性能)

이 시대의 주거 양식은 특히 **기능적**인 면을 중시한다. 这个时代的居住样式特别注重**功能性**层面. (기능적 → **功能性**)

기록 (記錄)★★ [기록만 [기롱만]]   记录² [jì lù]

❶주로 후일에 남길 목적으로 어떤 사실을 적음. 또는 그런 글.

主要为了保存而将某个事实写下来, 或指这样的文章.

▷신상 **기록** 카드. 身高记录卡片.

그 말은 법전에 **기록되**어 있다.

那句话被收录在法典里.

그 사건은 역사에 **기록되**었다.

那个事件被记录于史册.

그는 수첩에 일의 진행 과정을 간단하게 **기록했**다.

那个手册里简单记录着事情的进展过程.

❷운동 경기 따위에서 세운 성적이나 결과를 수치로 나타냄. 특히, 그 성적이나 결과의 가장 높은 수준을 이른다.

运动竞技中所树立的成绩或结果, 特别是成绩或结果达到最高的水准.

▷세계 최고 **기록**. 世界最高纪录.

그는 수영 선수로서 3년 연속 우승하는 기록을 세웠다. 他创造了连续三年游泳夺冠的**记录**.

그는 100미터 달리기에서 11초 8을 기록했다.

他在100米比赛中创造了11.8秒的**记录**.

❶[动] 把听到的话或发生的事写下来.

들은 말이나 생긴 일을 적다.

▷**记录**在案. 문서에 기록하다.

❷[名] 当场记录下来的材料.

현장에서 즉석 기록한 재료.

▷会议**记录**. 회의 기록.

❸[名] 做记录的人.

기록을 하는 사람.

▷推举他当记录. 그를 기록자로 추천하다.

❹同 "纪录", 在一定时期、一定范围内记载下来的最高成绩.

'기록'과 같은 뜻. 일정한 시, 일정한 범위 내에서 기재된 최고 성적.

▷打破**记录**. 기록을 깨뜨리다.

创造新的世界**记录**. 세계 신기록을 세우다.

한·중 공통의미

①남길 목적으로 어떤 사실을 적음. 또는 그런 글. 将某个事实写下来, 或指这样的文章. **기록❶**= **记录❶**+❷

②가장 높은 수준(最高成绩). **기록❶**= **记录❹**

한국어에서만의 의미(韓)	중국어에서만의 의미(中)
없음	❸做记录的人. 기록을 하는 사람.

번역 과정 중의 비대칭 대응

▷**기록적** 발전 속도. **破纪录的**发展速度. (기록적 → **破纪录的**)

기반 (基盤)** 명

❶기초가 되는 바탕. 또는 사물의 토대.
作为基础的底子, 或指事物的根基。
▷**기반**을 다지다. 打基础。
서울에 온 지 10년 만에야 생활의 **기반**을 잡았다.
来首尔10年了生活才基本稳定了下来。

∅

基础^甲 [jī chǔ]
기초가 되는 지반, 기본이 되는 자리.
▷物质**基础**。물질적 기반.
这一带是老根据地, 群众**基础**深厚.
이 일대는 오랜 근거지로 대중적 기반이 단단하다.

한·중 공통의미

없음
한국어 한자어의 '기반'은 중국어에서는 이런 단어가 존재하지 않음. 같은 의미로써 쓰고 있는 단어는
基础가 있음. (中文中不存在韩国语中的'基盤'一词, 所以与之相对应含义的中文词汇有'**基础**')

기본 (基本)** [기본] 명

❶사물이나 현상, 이론, 시설 따위의 기초와 근본.
事物或现象、理论、设施等的基础和根本。
▷첨단 기능을 **기본**으로 갖춘 컴퓨터.
基本具备尖端功能的电脑.
격렬한 논란 끝에 양측은 **기본** 원칙에 합의했다.
经过激烈的争论后双方在基本原则上达成一致.
인간 존중은 민주주의의 **기본**이다.
尊重人权是民主主义的根本.

基本^甲 [jī běn]

❶ 名 根本。
기본
▷人民是国家的**基**。국민이 국가의 기본이다.
❷ 形 属性词。根本的。
속성사. 기본적.
▷**基本**矛盾。기본모순. **基本**原理。기본 원리.
❸ 形 属性词。主要的.
속성사. 주요한, 주된.
▷**基本**条件。주된 조건. **基本**群众。대중.
❹ 副 大体上。대체로, 대체적으로
▷质量**基本**合格。품질이 대체적으로 합격되었다.
大坝工程已经**基本**完成。
댐 공사가 대체적으로 완성되었다.

한·중 공통의미

기본❶= 基本❶+ ❷+ ❸

한국어에서만의 의미(韓)	중국어에서만의 의미(中)
없음	❹大体上。대체로, 대체적으로.

결합정보: 중국어의 '基本'은 그대로 관형사로 쓰일 수 있지만 한국어에서의 '기본'은 '적'과 결합해야만
관형사로 쓰일 수 있다. 中文的'基本'可以作为形容词使用, 但韩语的'기본'只有和'적'结合, 才能作为
形容词来使用。
①국민의 기본 의무 (×)
 국민의 기본적 의무 (O) 国民的基本义务
②기본 개념 (×)

기본적인 개념 (O) 基本概念

③그는 <u>기본</u> 나의 의견에 동의했다. (×)

그는 <u>기본적으로는</u> 나의 의견에 동의했다. (O) 他<u>基本</u>同意了我的意见。

기분 (氣分)* 명   Ø

❶대상·환경 따위에 따라 마음에 절로 생기며 한동안 지속되는, 유쾌함이나 불쾌함 따위의 감정.

随着对象、环境等的改变心理也自然的持续的快感或不快感等的感情。

▷**기분**이 좋다. 心情好。

그는 친구의 냉담한 태도에 **기분**이 상했다.

朋友冷淡的态度让他的心情变糟。

❷주위를 둘러싸고 있는 상황이나 분위기.

围绕于周围的情况或气氛。

▷거리는 온통 연말 **기분**에 휩싸여 북적거렸다.

街道上到处是浓厚的年末气氛。

❶**心情**^{乙} [xīn qíng], **心思**^{丙} [xīn si],

情绪^{乙} [qíng xù]

▷拿到工资，**心情**很不错。

월급을 받아 기분이 좋다

没**心思**用功。

열심히 공부할 기분이 나지 않는다.

这一阵他**情绪**不好。

요즘 그는 기분이 좋지 않다

❷**气氛**^{丙} [qì fēn], **意味**☆ [yìwèi]

▷年末**气氛**。 연말 기분.

有点过节的**意味**呀。

명절 기분이 좀 난다.

한·중 공통의미

없음

한국어 한자어의 '**기분**'은 중국어에서는 이런 단어가 존재하지 않음. 같은 의미로써 쓰고 있는 단어는 **心情**, **心思**, **情绪**, **气氛**, **意味**가 있음. (中文中不存在韩国语中的'氣分'一词，所以与之相对应含义的中文词汇有'**心情**, **心思**, **情绪**, **气氛**, **意味**')

기사 (記事) **   记事☆ [jì shì] 动

❶ 명+동 사실을 적음. 또는 그런 글.

事实的记载，或指这样的文章。

▷이조실록의 **기사**. 李朝实录的记事。

❷ 명 신문이나 잡지 따위에서, 어떠한 사실을 알리는 글.

报纸或杂志等的报道文章。

▷**기사**를 쓰다. 写报道。

신문에 강도 사건에 대한 **기사**가 났다.

报纸刊载了一篇关于劫案的报道。

❶把事情记录下来。

일을 기록해 놓다.

▷**记事**册。 기록부(노트패드).

❷记述历史经过。

역사 흐름을 기술하다.

▷**记事**文。 기사문.

한·중 공통의미

①사실을 적음(事实的记载). 기사❶= 记事 ❶+❷

한국어에서만의 의미(韓)	중국어에서만의 의미(中)
❷신문이나 잡지 따위에서, 사실을 알리는 글. 报纸或杂志等的报道文章。	없음

기술 (技術)★★ 명

❶과학 이론을 실제로 적용하여 자연의 사물을 인간 생활에 유용하도록 가공하는 수단.

将科学理论应用于实际，将自然事物加工成对人类生活有用处的手段。

▷건축 **기술**. 建筑技术.

그는 **기술**을 연마하기 위해 노력했다.

他为了磨练技术一直在努力着。

❷사물을 잘 다룰 수 있는 방법이나 능력.

操作事物的方法或能力。

▷운전 **기술**. 驾驶技术.

기술이 좋은 정비사는 차를 금세 고쳤다.

技术好的技师马上就把车修好了。

技术甲 [jì shù] 名

❶人类在认识自然和利用自然的过程中积累起来并在生产劳动中体现出来的经验和知识,也泛指其他操作方面的技巧。

인간이 자연을 인식하고 이용하는 과정에서 누적되어 생산 노동 과정에서 체현되어 나오는 경험과 지식. 넓게는 다른 작업 방면의 기교를 가리킨다.

▷钻研**技术**。 기술을 연마하다.

技术先进。 기술이 선진적이다.

❷指技术装备。

기술 장비를 가리킨다.

▷**技术**改造。 기술 장비를 개선하다.

한·중 공통의미	
① 기술❶+❷= 技术❶	
한국어에서만의 의미(韓)	중국어에서만의 의미(中)
없음	❷指技术装备。 기술 장비를 가리킨다.

번역 과정 중의 비대칭 대응

▷기술적 어려움. **技术性**难题。 (기술적 → **技术性**)

기술적인 문제. **技术性**问题。 (기술적 → **技术性**)

기술적으로는 불가능하다. **从技术上来讲**不可能。 (기술적으로 → **从技术上来讲**)

기억 (記憶)★ [기억] [기억만 [기엉만]]

❶이전의 인상이나 경험을 의식 속에 간직하거나 도로 생각해 냄.

以前的印象或经验保存为意识里或重新想起来。

▷**기억**에 오래 남다. 永久的记忆.

너무 오래된 일이라 **기억**이 없으신 모양이군요.

很久的事情了，看来您是不记得了。

우리들 머릿속에 **기억되는** 이름.

记忆在我们脑海里的姓名。

记忆乙 [jì yì]

❶ 动 记住或想起。 기억해 두거나 떠올리다.

▷小时候的事情有些还能**记忆**起来。

어릴 때의 일을 아직도 기억할 수 있다.

❷ 名 保持在脑子里的过去事物的印象。

머릿속에서 유지하고 있는 과거의 사물에 대한 인상.

▷**记忆**犹新。 아직도 기억이 생생하다.

나를 기억하겠니? 还记得我吗?

기억 = 记忆

번역 과정 중의 비대칭 대응

▷너무 오래된 일이라 기억이 없으신 모양이군요. 很久的事情了, 看来您是不记得了。 (기억 → 记得)

나를 기억하겠니? 还记得我吗? (기억 → 记得)

기업 (企業)★★ 명 [기업] [기업만 [기얻만]]   企业 乙 [qǐ yè] 名

❶『경제』영리(營利)를 얻기 위하여 재화나 용역을 생산하고 판매하는 조직체.

经济上以营利为目的而进行财物生产及销售的组织形式。

▷기업을 운영하다. 经营企业

구멍가게를 세계적인 기업으로 키웠다.

把一个小店发展为世界性的企业。

❶从事生产、运输、贸易、服务等经济活动, 在经济上独立核算的组织, 如工厂、矿山、铁路等。

생산, 운수, 서비스 등 경제 활동에 종사하며 경제적으로 독립정산을 하는 조직. 공장, 광산, 철도 따위가 있다.

▷大型企业。대기업.

中小企业成为就业主渠道。

중소기업이 취업의 주요 경로가 되다.

한·중 공통의미

기업 = 企业

번역 과정 중의 비대칭 대응

▷기업적 농업. 企业化农业。 (기업적 → 企业化)

대규모 농장에서는 기업적으로 밀을 재배한다. 大型农场都采取了企业化方式来栽培小麦。

(기업적으로 → 企业化方式)

기자 (記者)★ 명   记者 乙 [jì zhě] 名

❶신문, 잡지, 방송 따위에 실을 기사를 취재하여 쓰거나 편집하는 사람.

报纸、杂志及广播等将事实写成报道或进行编辑的人。

▷정치부 기자. 政治部记者。

대선에 관한 기자들의 취재 경쟁이 뜨겁다.

记者们关于大选的取材竞争异常激烈。

❷문서의 초안을 잡는 사람.

负责撰写文书初稿的人。

❶通讯社、报刊、广播电台、电视台等采访新闻和写通讯报道的专职人员。

통신사, 신문, 방송국, 텔레비전 방송국에서 인터뷰와 보도를 하는 (전직인원.)사람

▷记者招待会。기자 회견.

他是新华社的记者。그는 신화사의 기자이다.

한·중 공통의미

①기자❶= 记者❶

한국어에서만의 의미(韓)	중국어에서만의 의미(中)
❷문서의 초안을 잡는 사람. 负责撰写文书初稿的人。	없음

기존 (旣存)★★ 명   ∅

❶이미 존재함.

已经存在的.

▷**기존** 방침을 따르다. 遵循已有的方针.

새 시설을 지을 예산이 없으니 **기존** 시설을 이용
할 수밖에 없다.

没有建新设施的预算，只好使用现有的设施。

现有☆ [xiàn yǒu], **现存**☆ [xiàn cún], **已有**☆ [yǐ
yǒu]

▷尽可能利用**现有**设备。

되도록 기존 설비를 이용하다.

现存的版本。 기존 판본.

他不愿意模仿**已有**的惯例。

그는 기존의 관례를 따르려고 하지 않는다.

한·중 공통의미

없음

한국어 한자어의 '**기존**'은 중국어에서는 이런 단어가 존재하지 않음. 같은 의미로써 쓰고 있는 단어는
现有, 现存, 已有가 있음. (中文中不存在韩国语中的'旣存'一词，所以与之相对应含义的中文词汇有'**现
有, 现存, 已有**')

기준 (基準)★★ [기준]   **基准**☆ [jī zhǔn] 名

❶ 명 기본이 되는 표준. 成为基本的标准.

▷평가 **기준**. 评价基准.

세금은 그 **기준**에 따라 여러 가지로 분류할 수 있
다. 税金根据那个基准可以分为几类。

❷ 감 『군사』 제식 훈련에서, 대오(隊伍)를 정렬하
는 데 기본이 되는 표준을 대원들에게 알리는 구령.

感叹词，军事中整队时告诉队员的口令。

▷우측 일 번 선두 **기준**! 以右侧第一名为基准!

❶测量时的起算标准，泛指标准。

측량할 때 사용하는 표준. 일반적으로 기준을 가
리킨다.

▷**基准**线。 기준선.

按**基准**率执行。

기준율에 따라 집행하다.

한·중 공통의미

①기본이 되는 표준. 成为基本的标准。**기준❶**= **基准❶**

한국어에서만의 의미(韓)	중국어에서만의 의미(中)
❷구령(口令)	없음

기초 (基礎)★★ [기초] 명   **基础**甲 [jī chǔ] 名

❶사물이나 일 따위의 기본이 되는 토대.

❶建筑物的根脚。

构成事物或事情基本的底子。

▷**기초** 조사 基础调查

사고력은 모든 학문의 **기초**가 된다.

思考能力是所有学问的基础。

그의 소설은 현실에 **기초**하고 있다.

他的小说建立在现实的基础之上。

❷건물, 다리 따위와 같은 구조물의 무게를 받치기 위하여 만든 밑받침.

为了支撑建筑、桥梁等建筑物重量的底座。

▷이곳은 지반이 약한 곳이기 때문에 무엇보다도 **기초**를 튼튼히 하고 공사해야 한다.

这个地方地基薄弱, 必须把地基打牢一些。

건축물의 바탕.

▷**基础**挖好后, 在**基础**的底端与两壁, 按规定喷洒药物。

기초를 다 파낸 후에 기초의 밑동과 양쪽 벽에 규정에 따라 약물을 분사한다.

❷事物发展的根本或起点。

사물이 발전하는 기초나 기점.

▷**基础**知识。기초 지식.

在原有的**基础**上提高。

기존의 기초에 계속 향상시키다.

한·중 공통의미

기초 = 基础

번역 과정 중의 비대칭 대응

▷생활의 **기초적** 조건. 生活的**基本条件**。(기초적 조건→ **基本条件**)

그녀는 프랑스 어를 기초적인 말 이외에는 알아들을 수가 없었다. 法语她除了一点**基础性的话**外什么都听不懂。(기초적인 말 → **基础性的话**)

기회 (機會)★ [기회/기궤] 명   机会^甲 [jī huì] 名

❶어떠한 일을 하는 데 적절한 시기나 경우.

做某事的合适时机或情形。

▷절호의 **기회**. 绝好的机会。

기회가 되면 저도 유학을 가고 싶습니다.

有机会的话我也想去留学。

❷겨를이나 짬. 空闲或闲暇。

▷우연한 **기회**. 偶然的机会。

그녀는 내가 뭐라고 말할 **기회**도 주지 않고 쏘아

붙였다.

她没有给我说话的机会就开始说话带刺了。

❶好的时候, 时机。

좋은 때나 계기

▷错过一千载一时的好**机会**。

천재일우의 좋은 기회를 놓치다.

한·중 공통의미

① 기회❶+ ❷= 机会❶

남녀 (男女)★ [남녀] 명   男女[☆] [nán nǚ] 名

❶남자와 여자를 아울러 이르는 말.   ❶男性和女性。

男子和女子的统称。

▷청춘 **남녀**. 青春男女。

  남녀 혼성 합창단. 男女混合合唱团。

  한 쌍의 **남녀**가 다정히 손을 잡고 걷고 있다.

  一男一女甜蜜的牵着手散步。

남성과 여성.

▷青年**男女**。 청년 남녀. 男女平等。 남녀 평등.

  男女老少。 남녀노소

❷〈方〉儿女。

  〈방〉 자녀.

한·중 공통의미	
① 남자와 여자를 아울러 이르는 말(男子和女子的统称). 남녀❶= 男女❶	
한국어에서만의 의미(韓)	**중국어에서만의 의미(中)**
없음	❷〈方〉儿女。 〈방〉 자녀

남성 (男性) [남성] 명

❶성(性)의 측면에서 남자를 이르는 말. 특히, 성년
(成年)이 된 남자를 이른다.

  性的层面指男子，特别是成年男子。

男性[T] [nán xìng] 名

❶人类两性之一，能在体内产生精子。

  인류의 두 가지 성별 중의 하나. 체내에서 정자를
  형성할 수 있다.

한·중 공통의미	
남성=男性	
한국어에서만의 의미(韓)	**중국어에서만의 의미(中)**
❶특히, 성년이 된 남자를 이른다. 特别是成年男子。	없음

남자 (男子)★ [남자] 명

❶남성(男性)으로 태어난 사람.

  以男性出生的人。

▷**남자** 친구. 男朋友。 **남자** 탈의실. 男更衣室。

❷사내다운 사내. 男子汉味的男人。

▷그분이야 **남자** 중에 남자였지.

  他真是男人中的男人

  오랜만에 **남자**다운 남자를 만나게 돼서 기쁩니다.

  好久没见到有男子汉味的男人了，好高兴。

❸한 여자의 남편이나 애인을 이르는 말.

  指某个女人的丈夫或恋人。

▷그녀는 아직 **남자**가 없다. 她还没有男人。

  너도 이제 좋은 **남자** 만나서 아들딸 낳고 잘 살아
  야지.

  你现在也该找个男人，生儿育女的好好生活。

男子[丙] [nán zǐ] 名

❶男性的人。

  남성인 사람.

▷**男子**团体赛。 (BCC)

  남자 단체 경기.

한·중 공통의미	
①남성(男性)으로 태어난 사람. 男性的人. 남자❶= 男子❶	
한국어에서만의 의미(韓)	중국어에서만의 의미(中)
❷사내다운 사내. 男子汉味的男人。 ❸한 여자의 남편이나 애인. 　某女人的丈夫或恋人。	없음

남편 (男便)★ 명   Ø

❶혼인을 하여 여자의 짝이 된 남자를 그 여자에
상대하여 이르는 말.
　婚后成为女子男人的人。
▷**남편**을 잃다. 失去了丈夫。
　남편도 못 믿고 자식도 못 믿고….
　不相信自己的丈夫和子女。

丈夫^Z [zhàng fū]
▷她对**丈夫**的爱很深。
　남편에 대한 그녀의 사랑은 아주 깊다.
　她紧抱着**丈夫**。
　그녀는 남편을 붙안았다.

한·중 공통의미
없음 한국어 한자어의 '남편'는 중국어에서는 이런 단어가 존재하지 않음. 같은 의미로써 쓰고 있는 단어는'**丈夫**'가 있음. (中文中不存在韩国语中的'男便'一词，所以与之相对应含义的中文词汇为**丈夫**)

내년 (來年)★ 명   来年^T [lái nián] 名

❶올해의 바로 다음 해.
　今年的下一个年。
▷**내년** 1월. 明年一月。
　내년 여름부터 사업에 착수한다.
　从明年夏天开始着手自己的生意。

❶明年。
　내년.
▷估计**来年**的收成会比今年好。
　내년의 농사가 올해보다 잘 될 것이다.

한·중 공통의미
내년=来年

관련어휘
明年 [míng nián]는 '**来年**'의 동의어로써 중국어에서 '**来年**'보다 더 많이 쓰고 있다.

내부 (內部)★★ [내·부] 명   内部^☆ [nèi bù] 名

❶안쪽의 부분.
　里面的部分。
▷**내부** 수리. 内部修理。

❶某一范围以内。
　일정한 범위 내.
▷**内部**联系。 내부 관계.

문이 열려 있어 방 **내부**가 들여다보인다.

门开着了，房间内部都看到了。

❷어떤 조직에 속하는 범위의 안.

某组织范围的里面。

▷**내부** 방침. 内部方针。

이번 개혁이 성공하기 위해서는 **내부** 구성원이 개혁의 주체가 되어야 한다.

为了这次改革的成功，内部成员必须成为此次改革的主人。

内部消息。내부 소식.

한·중 공통의미

① **내부❶**+ ❷= **内部❶**

결합정보: 중국어의 '内部'은 그대로 관형사로 쓰일 수 있지만 한국어에서의 '내부'은 '적'과 결합해야만 관형사로 쓰일 수 있다. 中文的'内部'可以作为形容词使用，但韩语的'내부'只有和'적'结合，才能作为形容词来使用。

①내부 대립과 분열 (×)

　내부적 대립과 분열 (O) 内部对立与分裂

②내부 갈등 (×)

내부적 갈등 (O) 内部隔阂

번역 과정 중의 비대칭 대응

▷조직 개편 안을 **내부적으로** 논의했다. 组织整改方案**在内部**进行了讨论。(내부적으로→ **在内部**)

내용 (内容)★ [내ː용] 명

❶그릇이나 포장 따위의 안에 든 것.

碗或包裹等内装的东西。

▷상자의 **내용**. 箱子里的东西。

선생님께서 가방의 **내용**을 검사하셨다.

老师检查了书包里面的东西。

❷사물의 속내를 이루는 것.

构成事物内部的东西。

▷자산의 **내용**. 资产的构成。

예산의 **내용**과 규모. 预算的构成和规模。

❸말, 글, 그림, 연출 따위의 모든 표현 매체 속에 들어 있는 것. 또는 그런 것들로 전하고자 하는 것.

话、文章、图画、演出等平面媒体所包含的东西，以及其要转达的东西。

▷편지의 **내용**. 信的内容。

内容^甲 [nèi róng] 名

❶事物内部所含的实质或存在的情况。

사물 내부에 함유된 실질이나 존재하는 상황.

▷**内容**丰富. 내용이 풍부하다.

这次谈话的**内容**牵扯的面很广.

이 번 담화의 내용은 언급된 면이 매우 넓다.

나는 그 글의 **내용**을 정확히 이해하지 못하겠다.

我理解不了那封信的内容。

❹어떤 일의 내막. 某件事情的内幕。

▷사건의 자세한 **내용**. 事件的详细内幕。

지금 달려온 맨 뒤에 선 직공들은 사건의 **내용**도 모르고 그대로 웅성웅성하기만 하였다.

现在跑来的站在后面的职工们只是乱哄哄的, 而不知道事件的来 龙去脉。

한·중 공통의미
① 내용❸= 内容❶

한국어에서만의 의미(韓)	중국어에서만의 의미(中)
❶그릇이나 포장 따위의 안에 든 것. 碗或包裹等内装的东西.	없음
❷사물의 속내를 이루는 것. 构成事物内部的东西.	
❹어떤 일의 내막. 某件事情的内幕.	

내일 (來日)★ [내일] 명   来日☆ [lái rì] 名

❶오늘의 바로 다음 날.

今天的下一天。

▷내일의 날씨.

明天的天气。

내일이 내 생일이다. 明天是我的生日。

❷다가올 앞날.

即将到来的将来。

▷**내일**에 대한 기대와 희망. 对将来的期待和希望。

내일을 꿈꾸며 살아간다. 畅想着明天, 活下去。

❸부 오늘의 바로 다음 날에.

今天的下一天。

▷오늘은 이만하고 **내일** 다시 시작합시다.

今天到此为止, 明天再接着干。

❶未来的日子；将来。앞날; 장래.

▷**来日**方长。앞날이 창창하다.

以待**来日**。앞날을 기다리다.

한·중 공통의미
①다가올 앞날(即将到来的将来). 내일❷= 来日❶

한국어에서만의 의미(韓)	중국어에서만의 의미(中)
❶오늘의 바로 다음 날. 今天的下一天.	없음
❸부오늘의 바로 다음 날에. 今天的下一天.	

노동 (勞動)★★ [노동] 명   劳动^甲 [láo dòng]

❶『경제』 사람이 생활에 필요한 물자를 얻기 위하여 육체적 노력이나 정신적 노력을 들이는 행위.
经济上指人们为了获得生活所需要的物资而付出体力或精神上的努力的行为。
▷노동과 임금은 정비례하지 않나 보다.
劳动和报酬看来不成正比例。
근로자들이 생산 현장에서 노동하는 모습을 화면에 담았다.
劳动者们在现场劳动的面貌展现在画面里。
❷몸을 움직여 일을 함.
活动身体干活。
▷그는 노동으로 생계를 꾸린다.
他以体力劳动来维持生计。
그는 공사판에서 노동하며 하루하루 살아간다.
他每天都在工地上做体力活。

❶ 名 人类创造物质或精神财富的活动。
인류가 물질이나 정신적인 재산을 창조하는 행위.
▷体力劳动。육체 노동. 脑力劳动。정신 노동.
❷ 名 专指体力劳动。
육체 노동을 말한다.
▷劳动锻炼。노동 단련.
❸ 动 进行体力劳动。
육체 노동을 하다.
▷他劳动去了。그는 노동하러 갔다.
❹ 动 敬辞，烦劳。
존대어, 수고스럽다.
▷劳动您跑一趟。
수고스럽지만 한 번 발걸음 해 주십시오
不敢劳动大驾。감히 폐를 끼칠 수 없습니다.

한·중 공통의미	
①노동❶+❷＝ 劳动 ❶+❷+❸	
한국어에서만의 의미(韓)	중국어에서만의 의미(中)
없음	❹敬辞，烦劳。존대어, 수고스럽다.

노동-자 (勞動者)★★ [노동자] 명   劳动者[☆] [láo dòng zhě] 名

❶노동력을 제공하고 얻은 임금으로 생활을 유지하는 사람.
以提供劳动为生的人。
▷노동자들은 처우 개선을 요구했다.
劳动者们要求改善待遇。
그는 노동자의 권익을 보호하기 위해 싸웠다.
他为了劳动者的权益而斗争。
❷육체노동을 하여 그 임금으로 살아가는 사람.
通过体力劳动为生的人。
▷계속적인 비에 공사판의 노동자들은 며칠째 일을 못 하고 있다.
由于一直在下雨，工地上的体力劳动者已经好几天没有开工了。

❶参加体力劳动或脑力劳动并以自己的劳动收入为生活资料主要来源的人，有时专指参加体力劳动的人。
육체노동이나 정신노동에 종사하면서 노동 수입으로 생활하는 사람. 때로는 육체노동에 종사하는 사람을 전적으로 가리킨다.
▷体力劳动者。육체노동자.
妥善解决了劳动者的提薪事宜。
근로자의 임금 인상이 타결되었다.

노동-자 = 劳动者

번역 과정 중의 비대칭 대응

▷妥善解决了**劳动者**的提薪事宜。근로자의 임금 인상이 타결되었다. (**劳动者** → 근로자)

노력 (努力)★ [노력만 [-령-]]

努力^甲 [nǔ lì]

❶목적을 이루기 위하여 몸과 마음을 다하여 애를 씀.

为了达到目的，身体和精神上付出心血。

▷우리는 각고의 **노력** 끝에 그 일을 해냈다.

经过我们刻苦的努力，事情终于完成了。

많은 과학자들이 첨단 기술 개발에 **노력**하고 있다.

很多的科学家们为了尖端技术的开发而努力着。

❶ 动 把力量尽量使出来。

가능한 한 힘을 쓰다.

▷大家再**努**一把**力**。

우리 모두 조금 더 노력합시다.

❷ 形 指花的精力多，下的功夫大。

시간과 노력을 많이 들이는 것을 말한다.

▷**努力**工作。열심히 일하다.

学习很**努力**。공부에 매우 노력하다.

한·중 공통의미

노력 = 努力

번역 과정 중의 비대칭 대응

▷**努力**工作。**열심히** 일하다. (**努力** → 열심히)

　学习**努力**。공부에 노력하다. (学习**努力** → 공부에 노력하다)

노인 (老人)★ [노·인] 명

老人^乙 [láo rén] 名

❶나이가 들어 늙은 사람.

上了年纪的老年人。

▷**노인**을 공경하다. 尊敬老人。

그 소년은 평범하게 산 **노인**보다 더 많은 풍상을 이미 겪고 있는지 몰랐다.

那个少年可能比起平凡的老人经历了更多的风霜。

❶老年人。

노인.

❷指上了年纪的父母或祖父母。

나이가 든 부모나 조부모를 가리킨다.

▷你到了天津来封信，免得家里**老人**惦记着。

네가 천진에 도착하면 부모가 걱정하지 않도록 집으로 편지 한 통을 보내거라.

한·중 공통의미

①나이가 들어 늙은 사람(上了年纪的老年人). 노인❶= 老人❶

한국어에서만의 의미(韓)	중국어에서만의 의미(中)
없음	❷指上了年纪的父母或祖父母。 나이가 든 부모나 조부모를 가리킨다.

노조 (勞組)[☆] 명   Ø

❶『사회』 노동조합.

工会。

▷**노조**를 결성하다. 结成工会。

활발한 **노조** 활동으로 근무 환경이 많이 개선되었다.

由于活跃的工会活动使得环境得到了很大的改善。

工会^乙 [gōng huì]

▷**工会**章程。노조 규약.

钢铁总**工会**决定进行总罢工。

철강 노조는 총파업에 들어가기로 결의했다.

한·중 공통의미

없음

한국어 한자어의 '勞組'는 중국어에서는 이런 단어가 존재하지 않음. 같은 의미로써 쓰고 있는 단어는'**工会**'가 있음. (中文中不存在韩国语中的'劳组'一词，所以与之相对应含义的中文词汇为**工会**)

논리 (論理)★★ [놀리]   论理[☆] [lùn lǐ]

❶말이나 글에서 사고나 추리 따위를 이치에 맞게 이끌어 가는 과정이나 원리.

话或文章中的引导思考和推理的过程或原理。

▷**논리**의 비약. 逻辑的飞跃。

그와 같은 **논리**의 전개에는 많은 모순이 있다.

像他的逻辑推理中，有着很多的矛盾。

❷사물 속에 있는 이치. 또는 사물끼리의 법칙적인 연관.

事物内部的道理，或事物间的法则性的关联。

▷기업 **논리**. 企业法则。

수요와 공급의 **논리**. 需求和供给的关系。

적자생존의 **논리**. 适者生存的法则。

❶ 动 讲道理。

도리를 따지다.

▷当面**论理**. 직접 마주하여 도리를 따지다.

他为什么那样说？把他找来论**论理**。

걔 왜 그렇게 말했대? 오라고 해서 따져야겠네.

❷副 按理说。이치대로 말하다.

▷**论理**我应该亲自去一趟。

이치대로 말하면 내가 직접 한 번 가봐야 하는 건데.

한·중 공통의미

없음

한국어에서만의 의미(韓)	중국어에서만의 의미(中)
논리❶+ ❷	论理❶+ ❷

문법 단위 사이의 불일치

논리(論理) 명 단일어	论理 动 + 副 복합어

관련어휘

논리적 사고 **逻辑性的**思考。**논리적** 근거를 대다. 找出**符合逻辑的**根据。

세상에는 **논리적**으로 쉽게 설명할 수 없는 신비로운 일이 많다. 世上有很多用无法**用逻辑来**说请的神秘事情。

논의(論議)★★ [노늬/노니] 명

❶어떤 문제에 대하여 서로 의견을 내어 토의함. 또
는 그런 토의.

　关于某个问题相互说出自己的意见并讨论，或
　指这样的讨论。

▷**논의**의 내용. 讨论的内容.

　논의의 여지가 많다. 没有商量的余地.

　책임자와 비상 대책을 **논의하다**.

　和负责人商讨对策.

议论ᶻ [yì lùn]

❶ 动 对人或事物的好坏、是非等表示意见。

　사람이나 사물의 좋고 나쁨 등에 대해 소견을 발
　표하다.

▷**议论**纷纷。의견이 분분하다.

　大家都在**议论**这件事。

　모두가 이 일에 대해 의논하고 있다.

❷ 名 对人或事物的好坏、是非等所表示的意
　见。

　사람이나 사물의 좋고 나쁨 등에 대해 발표한 소견

▷大发**议论**。떠들썩하게 의논하다.

한·중 공통의미

없음

한국어에서만의 의미(韓)	중국어에서만의 의미(中)
❶어떤 문제에 대하여 서로 의견을 내어 토의함. 또는 그런 토의. 关于某个问题相互说出自己的意见并讨论，或指这样的讨论。	❶ 动 对人或事物的好坏、是非等表示意见。 사람이나 사물의 좋고 나쁨 등에 대해 소견을 발표하다. ❷ 名 对人或事物的好坏、是非等所表示的意见。 사람이나 사물의 좋고 나쁨 등에 대해 발표한 소견

농민(農民)★★ [농민] 명

❶농사짓는 일을 생업으로 삼는 사람.

　以做农活为生的人.

▷자영 **농민**. 自营自利的农民.

　경작지는 **농민**에게 고루 분배하여 땅 없는 농군
　의 설움을 덜어 줘라.

　将耕地平均分配给农民，减少没有地的农民的
　委屈.

农民ᵃ [nóng mín] 名

❶在农村从事农业生产的劳动者。

　농촌에서 농업 생산에 종사하는 근로자.

▷工人与**农民**。노동자와 농민.

　勤朴的**农民**。근면하고 소박한 농민.

　政府需要采取措施为**农民**增收减负。

　정부는 농민들을 위해 소득을 늘리고 부담을 줄
　이는 조치를 취해야 한다.

한·중 공통의미

농민 = 农民

농업(農業)★★ 명 [농업만 [-엄-]]

❶땅을 이용하여 인간 생활에 필요한 식물을 가꾸

农业ᵃ [nóng yè] 名

❶栽培农作物和饲养牲畜的生产事业。

거나, 유용한 동물을 기르거나 하는 산업.　농작물을 재배하고 가축을 기르는 (생산 사업)산업.

利用土地种植对人类生活有用的植物或饲养动 ▷水、土是**农业**的根本。

物等的产业. 물과 흙은 농업의 근본이다.

▷**농업** 기술의 혁신. 农业技术的革新。

농업에 종사하다. 务农。

한·중 공통의미

농업 = 农业

능력 (能力)★ [능녁] 명 [능력만 [-녕-]]　　能力ᶻ [néng lì] 名

❶일을 감당해 낼 수 있는 힘.　　　　❶能胜任某项工作或事务的主观条件。

能担当并完成事情的力量。 어떤 일이나 사무를 담당할 수 있는 주관적인 조건.

▷문제 해결의 **능력**. 解决问题的能力。　▷生活**能力**。 생활 능력.

업무 처리 **능력**. 业务处理能力。 他经验丰富，有**能力**担当这项工作。

그것은 내 **능력** 밖의 일이다. 그는 경험이 풍부해 이 업무를 담당할 능력이 있다.

那超出了我的能力范围。

한·중 공통의미

능력 = 能力

단계 (段階)★★ [-계/-게] 명　　　　阶段ᶻ [jiē duàn] 名

❶일의 차례를 따라 나아가는 과정.　　❶事物发展进程中划分的段落。

事情按次序开展的过程。 사물의 발전 과정에서 구분되는 단계.

▷마무리 **단계**. 收尾阶段。　　　　▷大桥第一**阶段**的工程已经完成。

다음 **단계**에 배울 내용은 뭐지? 대교 첫 단계 공사는 이미 완성되었다.

下个阶段学什么内容呢？

한·중 공통의미

단계 = 阶段

번역 과정 중의 비대칭 대응

▷단계적 순서. **阶段性的**顺序。(단계적 → **阶段性的**)

일을 단계적으로 진행하다. 事情**按阶段**进行。(단계적으로 → **按阶段**)

단위 (單位)★★ [다뉘] 명　　　　単位ᶻ [dān wèi] 名

❶길이, 무게, 수효, 시간 따위의 수량을 수치로 나 ❶计量事物的标准量的名称。如米为计量长度的

타낼 때 기초가 되는 일정한 기준. 单位，千克为计量质量的单位，升为计量容积的

用数字表达长度、重量、数量、时间等数量词的 单位等。

既定基准。

▷화폐 **단위**. 货币单位。

천문학적인 **단위**의 돈을 요구하다.

要求以天文数字为单位的钱。

❷하나의 조직 따위를 구성하는 기본적인 한 덩어리.

构成某个组织的一个基本的团状物。

▷조직을 백 명 **단위**로 결성하다.

结成了由100名为单位的组织。

1년 **단위**로 계약하다. 签约1年。

❸일정한 학습량. 흔히 학습 시간을 기준으로 하여

정한다.

一定的学习量。常指学习时间的单位。

❹하나의 위패.

一个牌位。

사물을 계량하는 기준량의 명칭. 예를 들어, 미터

는 길이를 계량하는 단위이고 킬로그램은 무게를

계량하는 단위이며 리터는 용량을 계량하는 단위

이다.

❷指机关、团体等或属于一个机关、团体等的各

个部门。

기관, 단체 따위. 또한 한 기관, 단체 등의 각 부서

를 가리킨다.

▷直属**单位**。 직속 기관.

下属**单位**。 하급 부서.

参加竞赛的有很多**单位**。

경기에 참가하는 회사가 많다.

한·중 공통의미	
① 단위❶= 单位❶	
한국어에서만의 의미(韓)	중국어에서만의 의미(中)
❷하나의 조직 따위를 구성하는 기본적인 한 덩어리. 构成某个组织的一个基本的团状物. ❸일정한 학습량. 흔히 학습 시간을 기준으로 하여 정한다. 一定的学习量. ❹하나의 위패. 一个牌位.	❷指机关、团体等或属于一个机关、团体等的各 个部门. 기관, 단체 따위. 또한 한 기관, 단체 등의 각 부서 를 가리킨다.

단체 (團體)★★ [단체] 명

❶같은 목적을 달성하기 위하여 모인 사람들의 일

정한 조직체.

为了达成统一目的而聚集在一起的人们的既定

组织体。

▷이익 **단체**. 利益团体。

세 **단체**가 공동으로 주관하여 대회를 열었다.

三个团体共同承办了此次大会。

❷여러 사람이 모여서 이루어진 집단.

若干人聚集而成的集团。

▷**단체** 사진. 集体照, 合影。

단체 손님이 예약되어 있어서 다른 손님을 받기

가 곤란하다.

团体丙 [tuán tǐ] 名

❶有共同目的、志趣的人所组成的集体。

같은 목적과 취향을 가진 사람으로 구성된 단체.

▷人民**团体**。 인민 단체.

文艺**团体**。 문예 단체.

--个团体预约了，很难再招待其他顾客。

단체적 행동. 集体行动.

①단체❶+❷= 团体❶

번역 과정 중의 비대칭 대응

▷단체 사진. **集体**照。(단체 → **集体**)

　단체적 행동. **集体**行动。(단체적 → **集体**)

당 (黨)★★★ [당] 명 | 党ᶻ [dǎng]

<table>
<tr><td>

❶『정치』=정당.

政治上的政党.

▷**당**에 입당 신청서를 제출하다.

递交了入**党**申请书.

운동장에서는 각 **당** 후보들의 열띤 유세가 벌어

지고 있었다.

操场上各个政党的候选人正在进行着热烈的游

说。

</td><td>

❶ 名 政党，在我国特指中国共产党。

정당, 중국에서는 특별히 중국공산당을 말한다.

▷入**党**。입당(입당하다).

❷由私人利害关系结成的集团。

사적인 이해관계로 결성된 그룹.

▷死**党**。가장 좋은 친구.

结**党**营私。결탁하여 사리사욕을 꾀하다.

❸<书>偏袒。

<서> 한쪽을 비호하다(편들다).

▷**党**同伐异。

의견이 같은 사람과는 한패가 되어 편을 들고, 의

견이 다른 파나 개인은 배척하고 공격하다.

❹<书>指亲族。

<서> 친척과 가족을 가리킨다.

▷父**党** 母**党** 妻**党**。친가 / 외가 / 처가.

❺(Dǎng) 名 姓。

성씨.

</td></tr>
</table>

①『정치』=(政治上的政党)정당.

<table>
<tr><th>한국어에서만의 의미(韓)</th><th>중국어에서만의 의미(中)</th></tr>
<tr><td>

없음

</td><td>

❶特指中国共产党。 특별히 중국공산당을 말한다.

❷由私人利害关系结成的集团。

　사적인 이해 관계로 결성된 그룹.

❸<书>偏袒。<서> 한쪽을 비호하다(편들다).

❹<书>指亲族。<서> 친척과 가족을 가리킨다.

❺(Dǎng) 名 姓。 성씨.

</td></tr>
</table>

당국 (當局)*** 명 [당국만 [-궁-]]

❶어떤 일을 직접 맡아 하는 기관.
亲自承担某事的机关。
▷정부 **당국**. 政府当局。
관계 **당국**의 발표. 相关部门的发表。
❷어떤 일을 직접 맡아보고 있음.

当局ᵀ [dāngjú] 名

❶指政府、党派、学校中的领导者。
정부, 당파, 학교에서의 지도자를 가리킨다.
▷政府**当局**。 정부 당국.
学校**当局**。 학교 당국.

한·중 공통의미

①어떤 일을 직접 맡아 하는 기관(亲自承担某事的机关). **당국❶=当局❶**

한국어에서만의 의미(韓)	중국어에서만의 의미(中)
❷어떤 일을 직접 맡아보고 있음.	없음

당시 (當時)** 명

❶일이 있었던 바로 그때. 또는 이야기하고 있는 그 시기.
有事情的那个时候，或指就在说话的那个时候。
▷그 **당시**를 회상하다. 回想当时。
사고 **당시**의 충격으로 입원하여 치료 중이다.
由于事故当时受到的冲击，现在还在住院治疗中。

当时ᶻ [dāng shí]

❶ 名 指过去发生某件事情的时候。
과거에 어떤 일이 생겼을 때를 가리킨다.
▷**当时**不清楚，事后才知道。
당시에는 잘 모르고 나중에 알게 됐다.
他这篇文章是1936年写成的，**当时**并没有发表。
그의 이 글은 1936년 쓴 것인데, 당시에는 발표되지 않았었다.
❷ 动 指处于合适的时期。
적당한 시기에 처한 것을 나타내는 말.
▷秋分种麦正**当时**。
추분은 밀 파종하기에 딱 적당한 때이다.

한·중 공통의미

①일이 있었던 바로 그때. 또는 이야기하고 있는 그 시기. 有事情的那个时候，或指就在说话的那个时候。
당시❶= 当时 ❶

한국어에서만의 의미(韓)	중국어에서만의 의미(中)
없음	❷指处于合适的时期。 적당한 시기에 처한 것.

당장 (當場)** 명

❶일이 일어난 바로 그 자리.
事情发生的那个位置。
▷만약 그가 네게 뭐라고 하기만 하면 그 **당장**에서

当场ᵀ [dāng chǎng] 副

❶就在那个地方和那个时候。
바로 그곳과 그 때.
▷**当场**出丑。 그 자리에서 망신을 당하다.

결판을 내고 돌아오너라.

如果万一他对你说什么，你就**当场**回来。

❷일이 일어난 바로 직후의 빠른 시간.

事情发生之后的短时间内。

▷효과는 **당장**에 나타났다. 马上就有效果了。

❸눈앞에 닥친 현재의 이 시간.

眼前的现在这段时间。

▷지금 당장은 괜찮다. 现在看**当场**是不要紧。

당장 여기를 떠나라. 现在**当场**离开这。

当场捕获。현장에서 체포됐다.

他**当场**就把这种新的技术演示了。

그는 그 자리에서 이 신기술을 시범하였다.

한·중 공통의미	
①就在那个地方和那个时候(바로 그곳과 그 때)。 **당장❶+❸**= **当场❶**	
한국어에서만의 의미(韓)	중국어에서만의 의미(中)
❷일이 일어난 바로 직후의 빠른 시간. 事情发生之后的短时间内。	없음

대답 (對答)★ [대:-] [대답만 [대:담-]]

❶부르는 말에 응하여 어떤 말을 함. 또는 그 말.

回应来话并作答，或指作答的话。

▷부르면 **대답**을 잘하는 아이가 귀엽다.

及时答应来话的小孩可爱。

그는 나에게 화가 났는지 내가 부르는 것에는 **대답**하지 않았다.

他可能是生我的气了，问他也不答应。

❷상대가 묻거나 요구하는 것에 대하여 해답이나 제 뜻을 말함. 또는 그런 말.

针对对方的疑问或要求做解答或说出正确的意思，或指这样的话。

▷그는 묻는 말에 **대답**도 잘 못하는 사람이었다.

他是个不善于回答问话的人。

발표자는 질문자에게 자세한 내용을 **대답**하지 않았다. 发表者没有仔细回答提问者的问题。

❸어떤 문제나 현상을 해명하거나 해결하는 방안.

阐明或解决某问题或现象的方案。

▷어떠한 제안도 이 문제에 대한 **대답**이 될 수 없음을 모두가 알고 있다.

大家都知道什么建议都解决不了这个问题。

对答☆ [duì dá] 动

❶回答(问话)。대답(질문).

▷**对答**如流。물 흐르듯 거침없이 대답하다.

问他的话他**对答**不上来。그는 대답을 못 했다.

한·중 공통의미

①상대가 묻거나 요구하는 것에 대하여 해답이나 제 뜻을 말함. 또는 그런 말.

针对对方的疑问或要求做解答或说出正确的意思，或指这样的话. **대답❷**= **对答❶**

한국어에서만의 의미(韓)	중국어에서만의 의미(中)
❶부르는 말에 응하여 어떤 말을 함. 또는 그 말. 回应来话并作答，或指作答的话.	없음
❷어떤 문제나 현상을 해명하거나 해결하는 방안. 阐明或解决某问题或现象的方案.	

번역 과정 중의 비대칭 대응

▷그는 묻는 말에 **대답**도 잘 못하는 사람이었다. 他是个不善于**回答**问话的人. (대답 →回答)

발표자는 질문자에게 자세한 내용을 **대답**하지 않았다. 发表者没有仔细**回答**提问者的问题. (대답 →回答)

관련어휘

回答 [huí dá]는 '**对答**'의 동의어로 중국어에서 '**对答**'보다 더 많이 쓰고 있다.

대부분 (大部分)★ [대ː부분]　　　　　大部分☆ [dà bù fen] 名

❶절반이 훨씬 넘어 전체량에 거의 가까운 정도의 수효나 분량.

多半以上几乎接近全体程度的数量或分量.

▷그는 수입의 **대부분**을 저축한다.

他把大部分的收入用于储蓄.

학생 **대부분**이 모임에 참석하였다.

大部分学生都参加了聚会.

❷부 일반적인 경우에 一般情况下

▷그의 말은 **대부분** 거짓말이었다.

他的话一般是谎话.

❶几乎全部.

거의 모두.

▷**大部分**客人都到了.

대부분의 손님이 다 도착했다

工程**大部分**完成了.

공정이 거의 다 완성되었다.

한·중 공통의미

①거의 모두(几乎全部). **대부분❶**= **大部分❶**

한국어에서만의 의미(韓)	중국어에서만의 의미(中)
❷일반적인 경우에. 一般情况下.	없음

대상 (對象)★★ [대ː상] 명　　　　　对象² [duì xiàng] 名

❶어떤 일의 상대 또는 목표나 목적이 되는 것.

某事的相对物或成为目标或目的的东西.

▷연구 **대상**. 研究对象.

경계해야 할 **대상**은 내가 아니라 너의 친구이다.

❶行动或思考时作为目标的人或事物.

행동하거나 생각할 때 목표로 한 사람이나 사물.

▷革命的**对象**. 혁명의 대상. 研究**对象**. 연구 대상.

❷特指恋爱的对方.

需要警惕的不是我而是你的朋友。

특별히 서로 사랑하는 쌍방을 말한다.
▷找**对象**。애인을 찾다.
他有**对象**了。그는 애인이 있다.

한·중 공통의미	
①어떤 일의 상대 또는 목표나 목적이 되는 것. 某事的相对物或成为目标或目的的东西 **대상❶**= **对象❶**	
한국어에서만의 의미(韓)	중국어에서만의 의미(中)
없음	❷特指恋爱的对方。애인.

대신 (代身)★★ [대·-] 명   Ø

❶(명사, 대명사 뒤에 쓰여)어떤 대상의 자리나 구실을 바꾸어서 새로 맡음. 또는 그렇게 새로 맡은 대상.
  用于名词、代词后表示用新的事物替换某事物的位置或作用，或指这样的新事物。
▷모유 **대신**에 우유를 먹이다.
  用牛奶代替母乳来喂小孩。
  우유는 모유를 대신한다. 牛奶代替母乳。
❷(어미 '-은', '-는' 뒤에 쓰여)앞말이 나타내는 행동이나 상태와 다르거나 그와 반대임을 나타내는 말.
  用于'-은'，'-는'等词尾后表示和前半句的行动或状态不同或相反。
▷그녀는 얼굴이 예쁜 **대신** 마음씨는 고약하다.
  她长得漂亮，但心肠不好。

❶替^乙 [tì], 代替^乙 [dài tì]
▷我替你洗衣服。내가 너 대신 빨래해 줄게.
  姐姐替弟弟跑腿儿。
  누나가 동생 심부름을 대신했다.
  用机械代替人力。기계로 인력을 대신하다.

❷但^乙 [dàn], 但是^甲 [dàn shì]
▷她长得漂亮，**但**心肠不好。
  얼굴이 예쁜 대신 마음씨는 고약하다.

한·중 공통의미
없음
한국어 한자어의 '代身'는 중국어에서는 이런 단어가 존재하지 않음. 같은 의미로써 쓰고 있는 단어는'**替**, **代替**'가 있음. (中文中不存在韩国语中的'代身'一词，所以与之相对应含义的中文词汇为**替**, **代替**)

대중 (大衆)★★ [대·중] 명   大众^丙 [dà zhòng] 名

❶수많은 사람의 무리.
  很多人的统称。
▷**대중**을 위한 문화 시설. 大众的文化设施。
대중의 인기를 얻다. 获得了大众的认可。

❶群众；民众。
  군중; 민중.
▷**大众**化. 대중화.
  劳苦**大众**. 근로 대중.

한·중 공통의미
대중 = 大众

대책(對策)★★ [대ː책] 명 [대책만 [대ː챙-]]

❶어떤 일에 대처할 계획이나 수단.

应对某事的计划或手段.

▷근본적인 **대책**. 根本性的对策.

대책을 마련하다. 商量对策.

❷예전에, 벼슬이 높은 사람이 임금의 물음에 대답하여 쓴 글.

以前官位高的人对皇帝的问题而作答的文章.

对策ᵀ [duì cè]

❶ 动 古代应考的人回答皇帝所问关于政事、经义等方面的问题.

고대 시험에 응시한 사람들이 황제가 묻는 정사, 경의(과거시험의 한 과목) 등 방면의 문제에 대답하는 것.

❷ 名 对付的策略或办法.

대응하는 책략이나 방법

▷商量**对策**. 대책을 의논하다.

한·중 공통의미

①어떤 일에 대처할 계획이나 수단. 应对某事的计划或手段. **대책❶**=**对策 ❷**

②예전에, 벼슬이 높은 사람이 임금의 물음에 대답하여 쓴 글. 以前官位高的人对皇帝的问题而作答的文章. **대책❷**=**对策 ❶**

대통령(大統領)★★ [대ː통녕] 명

❶『법률』 외국에 대하여 국가를 대표하는 국가의 원수.

法律上指对外时代表国家的国家元首.

Ø

总统ᶜ [zǒng tǒng]

▷美国**总统**. 미국 대통령.

한·중 공통의미

없음

한국어 한자어의 '大統領'는 중국어에서는 이런 단어가 존재하지 않음. 같은 의미로써 쓰고 있는 단어는 '**总统**'이 있음. (中文中不存在韩国语中的'大統領'一词，所以与之相对应含义的中文词汇为**总统**)

대표(代表)★★ [대ː-] 명

❶전체의 상태나 성질을 어느 하나로 잘 나타냄. 또는 그런 것.

用一个来表现全体的状态或性质.

▷민족 문화의 **대표**로 꼽히는 작품.

作为民族文化的代表而选出的作品.

그는 우리나라를 **대표**하여 국제 회담에 참석했다.

他代表我们国家参加了国际会谈.

❷대표자.

代表人.

▷유가족 **대표**. 儒家代表.

代表ᵀ [dài biǎo]

❶ 名 由行政区、团体、机关等选举出来替选举人办事或表达意见的人.

행정구, 단체, 기관 등으로 뽑혀, 선거자를 대신하여 일을 처리하거나 의견을 발표하는 사람.

▷人大**代表**. 인민 대표 대회 대표.

❷ 名 受委托或指派代替个人、团体、政府办事或表达意见的人.

청탁을 받거나 파견되어 개인, 단체, 정부를 대신하여 일을 처리하거나 의견을 발표하는 사람.

▷全权**代表**. 전권 대표.

지역별로 **대표**를 뽑다. 按地区选拔代表

③ 名 显示同一类的共同特征的人或事物。

한 부류의 같은 특징을 나타내는 사람이나 사물.

▷**代表**人物。대표 인물.

山水画的**代表**。산수화의 대표

④ 动 代替个人或集体。

개인이나 단체를 대신하다.

⑤ 动 人或事物表示某种意义或象征某种概念。

어떤 의미를 나타내거나 어떤 개념을 상징하는 사람이나 사물.

▷这三个人物**代表**三种不同的性格。

이 세 명의 인물은 서로 다른 성격을 대표하였다.

한·중 공통의미

①전체의 상태나 성질을 어느 하나로 잘 나타냄. 用一个来表现全体的状态或性质。**대표①**= **代表③**+**④**+**⑤**

②대표자. 代表人 **대표②** = **代表①**+**②**

번역 과정 중의 비대칭 대응

▷북학파의 **대표적** 인물. 北方学派的**代表性**人物。(대표적 → **代表性**)

대표적 사례. **典型**事例。(대표적 → **典型**)

이 부분이 작가 생각을 가장 **대표적으로** 표현한 곳이다. 这一部分是最能**代表性的**体现作者想法的地方。(대표적으로 → **代表性的**)

대하다 (對--)★★ [대:하다] 동   ∅

❶마주 향해 있다.

对着, 面对。

▷벽을 대하다. 对着墙。

커플들이 얼굴을 **대하고** 앉아 데이트를 즐기고 있었다.

情侣们脸对着脸坐着享受约会的愉悦。

❷어떤 태도로 상대하다. 采取某种态度来对待。

▷가족으로 **대하다**. 像对待家人一样对待。

김 대리는 직원을 친절하게 **대해서** 인기가 많다.

金代理对职工很亲切, 所以很有人气。

❸대상이나 상대로 삼다. 看作是对象或对手。

▷문제에 **대하여**. 对于这个问题。

우리는 남녀평등 방안에 **대하여** 토론했다.

我们对男女平等的方案进行了讨论。

❶对着☆ [duì zhe], **面对**[丙] [miàn duì]。

▷**对着**嘴咕咚咕咚地喝了几口。

입을 대고 벌컥벌컥 몇 모금을 마셨다.

他始终以乐观主义态度**面对**人生。

그는 늘 낙관적인 태도로 인생을 대한다.

❷对待[乙] [duì dài]

▷应当平等**对待**一切人。

누구에게나 평등하게 대해야 한다.

❸对于[乙] [duì yú], **对**[甲] [duì]

▷**对于**这个问题你看得太认真。

이 문제에 대해 당신은 너무 진지하게 보는군요.

他**对**民间艺术有很大的兴趣。

그는 민간 예술에 대해 대단한 흥미를 가지고 있다.

❹看[甲] [dú], **欣赏**[丙] [xīn shǎng]

❹작품 등을 직접 읽거나 감상하다.
阅读或欣赏作品。
▷소설을 **대하다**. 看小说。
그림을 **대하는** 그의 자세가 참 진지했다.
他赏画的姿势真认真啊。

어휘묶음 정보 -에 대한, -에 대해, -에 대해서, 이에 대해,
▷물음<u>에 대한</u> 대답. 对提问的回答。
계획<u>에 대해</u> 회의적이다. 对计划持怀疑的态度。
여성 문제<u>에 대해서</u> 강연하다. 就女性问题进行了演讲。
<u>이에 대해</u> 나는 다른 의견을 갖고 있다. 对此我持保留意见。

▷ **看书**。책을 대하다.
为了便于读者**欣赏**，作者在作品旁边附上了说明。
작가는 작품을 대하는 관람객을 위해 작품 설명을 붙여 놓았다.

대학 (大學)★ [대ː-] 명 [대학만 [대ː항-]]

❶고등 교육을 베푸는 교육 기관.
实施高等教育的教育机关。
❷단과 대학. 专科大学。

大学甲 [dà xué] 名

❶实施高等教育的学校的一种，包括综合大学和专科大学、学院。
고등교육을 실시하는 학교 중의 하나, 종합대학교와 전문대학교, 대학을 포함한다.

한·중 공통의미	
①고등 교육을 베푸는 교육 기관. 实施高等教育的教育机关。	
한국어에서만의 의미(韓)	중국어에서만의 의미(中)
❷단과 대학. 专科大学	없음

대형 (大型)★★ [대ː형] 명

❶같은 종류의 사물 가운데 큰 규격이나 규모
相同种类事物中大规格或大规模的。
▷**대형** 트럭. 大型卡车。 **대형** 냉장고 大型冰箱。
대형 사고가 터지다. 发生了大型事故。

大型乙 [dà xíng] 形

❶体积或规模大的。
부피나 규모가 큰 것.
▷**大型**钢材。대형 강재。
大型展销会。대형 전시회。

한·중 공통의미
대형 = 大型

대화 (對話)★ [대ː화] 명

❶마주 대하여 이야기를 주고받음. 또는 그 이야기.
面对面交谈，或这样的谈话。
▷저자와의 **대화**. 和著者的对话。
대화 도중에 끼어들다. 对话途中插话。

对话乙 [duì huà] 动

❶两个或更多的人之间谈话(多指小说或戏剧里的人物之间的)。
두 명이나 더 많은 사람들 간의 대화(대부분 소설이나 희극에서 인물들 간의 대화).

그와 **대화할** 사람이 필요하다.
需要能和他对话的人。

그는 친구와 영어로 **대화한다**.
他与朋友用英语对话。

▷他现在可以用英语**对话**了。
그는 이제 영어로 대화할 수 있다.

对话要符合人物的性格。
인물의 성격에 맞게 대화를 해야 한다.

❷两方或几方之间接触、商量或谈判。
양자 혹은 그 이상이 서로 접촉하고 상의하거나 교섭하는 것.

▷两国开始就边界问题进行**对话**。
양국은 국경 문제에 대해 대화를 시작하였다.

领导和群众经常**对话**可以加深彼此的了解。
리더가 대중과 자주 대화를 하면 서로 간의 이해가 더 깊어질 수 있다.

한·중 공통의미
대화 = 对话

대회 (大會)★ [대ː회/대ː훼] 명   大会ᶻ [dà huì] 名

❶큰 모임이나 회의.
大的集会或会议。

❷기술이나 재주를 겨루는 큰 모임.
比试技术或才能的大赛。

▷전국 어린이 글짓기 **대회**. 全国幼儿作文大赛。

❶国家机关、团体等召开的全体会议。
국가 기관, 단체 등 열린 전체 회의.

❷人数众多的群众集会。
인수가 많은 군중 집회.

▷ 动 员**大会**. 궐기대회.

庆祝**大会**. 경축 대회.

한·중 공통의미
①큰 모임이나 회의. 大的集会或会议. 대회❶= 大会❷

한국어에서만의 의미(韓)	중국어에서만의 의미(中)
❷기술이나 재주를 겨루는 큰 모임. 比试技术或才能的大赛。	❶国家机关、团体等召开的全体会议。 국가 기관, 단체 등 열린 전체 회의.

도로 (道路)★ [도ː로] 명   道路ᶻ [dào lù] 名

❶사람, 차 따위가 잘 다닐 수 있도록 만들어 놓은 비교적 넓은 길.
为了让人、车等更好的来往而修建的宽敞的路。

▷**도로**를 넓히다. 拓宽道路。

교통사고로 시내로 통하는 **도로**가 막혔다.
由于交通事故的原因，通往市区的路被堵了。

❶地面上供人或马车通行的部分。
길바닥에서 사람이나 마차가 통행할 수 있는 부분.

▷**道路**宽阔. 길이 넓다. **道路**平坦. 길이 평탄하다.

走上富裕的**道路**. 부유한 길에 오르다.

❷两地之间的通道，包括陆地的和水上的。
두 지역 간의 통로, 육지 통로와 수상 통로를 포

함한다.

도로 = 道路

도시 (都市)★ [도시] 명

❶일정한 지역의 정치·경제·문화의 중심이 되는, 사람이 많이 사는 지역.
一定区域内的政治、经济、文化的中心，人们集中居住的地区。
▷**도시** 생활 城市生活 도시를 건설하다.
建设城市。

都市ᵀ [dū shì] 名

❶大城市。
대도시.

한·중 공통의미

①일정한 지역의 정치·경제·문화의 중심이 되는, 사람이 많이 사는 지역.
一定区域内的政治、经济、文化的中心，人们集中居住的地区。

한국어에서만의 의미(韓)	중국어에서만의 의미(中)
없음	❶大城市。 대도시.

번역 과정 중의 비대칭 대응
▷**도시** 생활. **城市**生活。(도시 → **城市**)
도시적인 세련된 아가씨. **具有城市气息的**老练女性。(도시적인 → **具有城市气息的**)

독자 (讀者)★★ [독짜] 명

❶책, 신문, 잡지 따위의 글을 읽는 사람.
读阅书、报纸、杂志等的人。
▷여성 **독자**. 女性读者。
저 소설가는 고정적인 **독자**만 해도 십만이 넘어.
那位小说家的固定读者就超过10万。

读者ᶻ [dú zhě] 名

❶阅读书刊文章的人。
간행물을 읽는 사람.

한·중 공통의미

독자 = 读者

동물 (動物)★ [동·물] 명

❶『생물』생물계의 두 갈래 가운데 하나.
生物界中的两大分支之一。
▷**동물**적 본능. 动物本能。
동물적인 생명력. 动物的生命力。

动物ᴬ [dòng wù] 名

❶生物的一大类，这一类生物多以有机物为食料，有神经，有感觉，能运动。 생물의 한 부류, 이 부류의 대부분 생물들은 유기물을 먹고, 신경과 감각이 있으며 운동할 수 있다.

❷사람을 제외한 길짐승, 날짐승, 물짐승 따위를 통
틀어 이르는 말.

  人除外的飞禽、走兽、水中动物等的总称。

▷**동물** 병원. 动物医院.

  동물원에서 각종 **동물**을 구경하다.

  在动物园里观看各种动物.

한·중 공통의미

동물 = 动物

동시 (同時)★	同时^甲 [tóng shí]

❶같은 때나 시기.

  同一时间或时期.

▷ **동시**에 일어난 사건. 同时发生的事件.

  두 사람이 얼굴을 보인 것은 거의 **동시**였다.

  两个人几乎同时露了脸.

❷(주로 '동시에' 꼴로 쓰여)어떤 사실을 겸함.

  (用法与'的同时'相同)兼某种事实.

▷그 사람은 농부인 **동시**에 시인이었다.

  那个人是农夫的同时也是个诗人.

❶ 名 同一个时候.

  같은 시간.

▷他们俩是**同时**复员的.

  그들 두 사람은 동시에 제대하였다.

❷连表示并列关系, 常含有进一层的意味.

  병렬 관계를 나타내고 항상 한층 더 깊은 뜻이 포
함된다.

▷这是非常重要的任务, **同时**也是十分艰巨的任
务.

  이것은 아주 중요한 미션이고, 동시에 아주 어려
운 미션이기도 하다.

한·중 공통의미

동시 = 同时

결합정보: 중국어의 '同时'는 그대로 관형사로 쓰일 수 있지만 한국어에서의 '동시'는 '적'과 결합해야만
관형사로 쓰일 수 있다. 中文的'同时'可以作为形容词使用, 但韩语的'동시'只有和'적'结合, 才能作为
形容词来使用.

①한국에서는 동양과 서양, 고대와 현대의 <u>동시 공존</u>을 볼 수 있다. (×)

  한국에서는 동양과 서양, 고대와 현대의 <u>동시적 공존</u>을 볼 수 있다. (O)

  在韩国, 可以看到东方与西方、古代与现代<u>同时共存</u>.

②<u>동시</u> 발생한 사건 (×)

  <u>동시적으로</u> 발생한 사건 (O)   <u>同时</u>发生的事件

③두 사람이 찾아온 것은 거의 <u>동시</u>이었다. (×)

  두 사람이 찾아온 것은 거의 <u>동시적</u>이었다. (O) 两个人几乎<u>同时</u>来的.

번역 과정 중의 비대칭 대응

▷**동시적** 통역. **同声传译**.

만약 (萬若)★★ [마ː냑] [만약만 [마ː냥]]   Ø

❶혹시 있을지도 모르는 뜻밖의 경우.
  或许会发生的、意外的情况.
▷**만약**의 경우. 万一。
  만약을 생각하다. 考虑到万一。
  만약 내일 비가 온다면 집에 있어야지.
  万一明天下雨的话得呆在家里。

万一[丙] [wàn yī], **要是**[甲] [yào shi], **如果**[乙] [rú guǒ]
▷**万一**他不来,你得去。
  만약 그가 오지 않으면, 네가 가야 한다.
  要是天气好,我就走。
  만약 날씨가 좋다면, 나는 가겠다.
  你**如果**有困难,我可以帮助你。
  만약 네게 곤란한 일이 생기면 내가 도와줄게.

한·중 공통의미

없음
한국어 한자어의 '萬若'는 중국어에서는 이런 단어가 존재하지 않음. 같은 의미로써 쓰고 있는 단어는 '万一, 要是, 如果'가 있음. (中文中不存在韩国语中的'萬若'一词, 所以与之相对应含义的中文词汇为万一, 要是, 如果)

매체 (媒體)★★ [매체]   媒体[☆] [méi tǐ] 名

❶어떤 작용을 한쪽에서 다른 쪽으로 전달하는 물체. 또는 그런 수단.
  将某种作用从一边传达到另一边的物体或手段.
▷ 방송 **매체**. 广播媒体。
  신문 **매체**. 报纸媒体。

❶指交流、传播信息的工具, 如报刊、广播、电视、互联网等.
  정보를 교류하고 전파하는 도구를 가리킨다. 신문, 방송, TV, 인터넷 따위.
▷新闻**媒体**。 뉴스 매체.

한·중 공통의미

매체 = 媒体

면 (面)★★ [면ː]   面[乙] [miàn]

❶시(市)나 군(郡)에 속한 지방 행정 구역 단위의 하나. 몇 개의 이(里)로 구성된다.
  市或郡下属的地方行政区域单位之一, 是由几个'里'构成。
▷우리나라는 **면** 단위로 농업 협동조합이 구성되어 있다. 韩国以'面'为单位组成农业作合社。
❷면사무소. 指面政府。
▷**면** 소재지. 面政府所在地。
  면에 가서 호적 초본 한 통만 떼어 오너라.
  去面政府拿一份户口抄回来吧。

❶头的前部; 脸。
  앞머리, 얼굴.
▷**面**孔。 얼굴.
  面带微笑。 얼굴에 미소를 머금다.
❷动 向着; 朝着.
  향하다; 면하다.
▷背山**面**水。 산을 등지고 강을 향하다.
  这所房子**面**南坐北。
  이 집은 북쪽에 자리 잡고 남쪽(으로)을 향하고 있다.

ㅁ 89

❸사물의 겉으로 드러난 쪽의 평평한 바닥.

　事物向外部显露出来的平整的表面(底面)。

▷면이 고르지 않은 땅. 表面不平整的土地。

❹입체의 평면이나 표면.

　立体的平面或表面。

▷곱자의 양쪽 면에 새겨진 눈금.

　矩尺的两面所刻的刻度。

❺무엇을 향하고 있는 쪽.

　朝着种事物的一侧。

▷첫째 진에는 승병 대장 처영이 승군 일천여 명을

　거느려 서북 면을 방어하고 있었다.

　在首阵中，僧兵大将处英率领一千余名僧兵进

　行了西北面的防御。

❻어떤 측면이나 방면.

　某种侧面或方面。

▷긍정적인 면과 부정적인 면.

　肯定的方面和否定的方面。

　그에게 그런 꼼꼼한 면이 있는 줄은 몰랐다.

　不知道他有着那么细致的一面。

❼'체면(體面)'을 예스럽게 이르는 말.

　是对'体面'的一种旧称。

▷면이 깎이다. 丢面子。

　속으로는 마땅치 않으면서도, 면에 못 이겨 남의

　뒤를 따라 손을 들게 될 것을 상상한 까닭이다.

　明明心里不痛快，却还想象着自己碍于体面

　子，只能跟在别人后面举着手的模样。

❽(수량을 나타내는 말 뒤에 쓰여)책이나 신문 따위

의 지면을 세는 단위.

　(用于数量之后)书或 报纸之类的纸面单位。

▷그는 신문 한 면 한 면을 세세히 읽었다.

　他一版又一版地仔细地读完了报纸。

　그 사건은 신문 몇 면에 실렸니?

　那个事件在报纸的第几面(版)上？

❾'면하다'의 어근.

　'面向(朝)'的词根。

　a.【…을】어떤 대상이나 방향을 정면으로 향하

　　다. 正面朝着(面向)某个对象或方向。

▷부산은 남해에 면한 항구 도시이다.

❸(面儿)名物体的表面，有时候指某些物体的上部

的一层。

　물체의 표면, 때로는 일부 물체 위쪽의 한 층을

　가리킨다.

▷水面 地面。수면 지면。

　调查要深入，不要只了解些面儿上的现象。

　조사를 좀 더 깊이 있게 해야지 표면 현상만 봐서

　는 안 된다.

❹见面。

　만나다(대면하다)。

▷面世。출시하다(세상에 나오다)。

　见字如面(看到书信如同见面)。

　글자를 보니 사람을 보는 것 같다(편지를 보면 마

　주 대면하는 듯하다)。

❺当面。

　직접 마주하여。

▷面谈。면담하다。

❻ 名 东西露在外面的那一层或纺织品的正面。

　물건이 바깥으로 드러난 한 층이나 직물의 정면.

▷鞋面儿。구두코

　这块布做里面儿，那块布做面儿。

　이 천을 안감으로 하고 그 천을 겉감으로 한다.

❼ 名 几何学上指一条线移动所构成的图形，有

长有宽，没有厚。

　기하학에서 선이 이동할 때 형성한 도형을 가리

　킨다. 길이와 넓이가 있고 두께는 없다.

▷做工作既要抓点，也要抓面。

　일을 할 때 문제점을 처리할 뿐만 아니라 전체적

　인 면도 고려해야 한다.

❽部位或方面。

　부위나 방면.

▷多面手。팔방 미인.

　面面俱到。모든 면에 빈틈이 없다.

❾方位词后缀。

　방위사의 접미사.

▷上面。위쪽. 前面。앞.

❿量用于扁平的物件。

　납작한 물건에 쓰인다.

釜山是面向朝着南海的港口城市。

그의 집은 한길을 **면**하여 있다.

他家朝着一条路。

   b. 어떤 일에 부닥치다.

     遇到(面对)某种事情。

▷그는 위기에 **면**하자 기지를 발휘하였다.

他面对危机，发挥了机智。

▷一**面**镜子。거울 한 개.

⓫(Miàn)〈名〉姓。

   성씨.

⓬〈名〉粮食磨成粉。

   식량을 가루로 갈다.

▷玉米**面**。옥수수 가루. 高粱**面**。수수 가루.

⓭(面儿)〈名〉粉末。

   분말(가루)

▷药**面**儿。가루약. 胡椒**面**儿。후춧가루.

⓮〈名〉面条儿。

   국수.

▷挂**面**。말린 국수. 一碗**面**。국수 한 그릇.

⓯〈方〉形指某些食物纤维少而柔软。

   음식물이 섬유가 적고 아주 부드러움을 가리킨다.

▷这个瓜是脆的，那个瓜是**面**的。

   이 참외는 아삭아삭한데 저 참외는 물렁하다.

한·중 공통의미

①사물의 겉으로 드러난 쪽의 평평한 바닥(事物的表面). 면❸= 面❻

②면❹+ ❺+ ❻= 面❼+ ❽+ ❾

③면❾= 面❷

한국어에서만의 의미(韓)	중국어에서만의 의미(中)
❶지방 행정 구역 단위의 하나. 地方行政区域单位之一.	❶头的前部；脸。앞머리, 얼굴.
❷면사무소 指面政府.	❹见面。만나다(대면하다)
❼'체면(體面)'을 예스럽게 이르는 말. 是对'体面'的一种旧称.	❺当面。직접 마주하여.
❽책이나 신문 따위의 지면을 세는 단위. 书或报纸之类的纸面单位.	⓾用于扁平的物件。납작한 물건에 쓰인다.
	⓫(Miàn)〈名〉姓。성씨.
	⓬粮食磨成粉。식량을 가루로 갈다.
	⓭粉末。분말(가루).
	⓮面条儿。국수.
	⓯指某些食物纤维少而柔软。 음식물이 섬유가 적고 아주 부드러움을 가리킨다.

명(名)★ [명]

❶〈명〉이름.

   名字。

▷**이름**을 붙이다. 起名字。

名ᵃ [míng]

❶〈名〉名儿) 名字 名称。

   이름, 명칭.

▷人名。인명. 书名。서명. 命名。명명(하다).

이 동물의 **이름은** 오랑우탄이다.

这个动物的名字叫猩猩。

❷ 명 (일부 명사 뒤에 붙어)'이름'의 뜻을 나타내는 말.

用于部分名词后表示名字.

▷**곡명**. 曲名. **작품명**. 作品名称.

　저자명. 作者名字.

❸ 동 **명-하다**01 =명명하다01 사람, 사물, 사건 따위의 대상에 이름을 지어 붙이다.

　=命名, 给人、事物、事件等对象起名字.

【을 …으로】【…을 -고】

▷사장은 새 차를 '야생마'로 **명하자고** 제안하였다.

　社长建议将新车命名为"野马".

　사람들은 그를 홍의 장군이라고 **명하였다**.

　人们都称其为弘毅将军.

❹ 의 사람을 세는 단위.

　人数的单位.

▷한 **명**. 一名. 학생 삼십 **명**. 30名学生.

　열댓 **명**. 15名左右.

❺ 접 (일부 명사 앞에 붙어)'이름난'또는'뛰어난'의 뜻을 더하는 접두사.

　用于部分名词前表示出名的或者优秀的意思.

▷**명가수**. 名歌手. **명문장**. 名文.

　명배우. 名演员.

报名. 등록.

给他起个名儿. 그에게 이름을 붙이다.

❷ 动 名字叫做.

　이름을 …라고 하다.

▷这位女英雄姓刘名胡兰. 이 여성 영웅은 성은 유, 이름은 호란이라고 한다.

❸ 名义.

　명목, 구실.

▷你不该以出差为名, 到处游山玩水. 너는 출장의 명목으로 여행을 다니는 건 틀렸다.

❹ 名声, 名誉.

　명성, 명예.

▷出名. 이름이 나다. 有名. 유명하다.

❺ 出名的, 有名声的.

　유명한. 명성이 있는.

▷名医. 명의. 名著. 명작. 名画. 명화.

　名山. 명산.

❻ <书>说出, 描述.

　<문어>말하다. 묘사하다.

▷莫名其妙. 그 묘함을 말해 낼 수 없다.

　不可名状. 묘사해 낼 수 없다.

❼ <书>占有.

　<문어>차지하다.

▷一文不名, 不名一钱. 한 푼도 없다.

❽ 量 用于人.

　사람을 세는 단위.

▷三百多名工作人员. 직원이 300여 명.

　录取新生40名. 신입생 40명을 뽑았다.

❾ 量 用于名次.

　차례.

▷第三名. 3등.

❿ 名 姓.

　성(씨).

한중 공통의미(中韓)

①이름. 명칭(名字, 名称) 명 ❶+❷=名❶

②사람을 세는 단위(人数的单位) 명 ❹의 =名❽量

③유명한. 명성이 있는(出名的, 有名声的) 명 ❺접=名❺

---

④명성, 명예. 名声, 名誉. (有名 유명하다)
(④의 의미는 <표>에서 설명하지 않으나 용례의 번역을 보면 한국어에도 이런 뜻은 있다는 걸 알 수 있음.)

한국어에서만의 의미(韓)(韓)	중국어에서만의 의미(中)(中)
❸ 명동 **명-하다** 이름을 지어 붙이다. 起名字.	❷ 动 名字叫做. 이름을 …라고 하다.
	❸ 名 义. 명목, 구실.
	❻ <书>说出，描述. <문어>말하다. 묘사하다.
	❼ <书>占有. <문어>차지하다.
	❾ 量 用于名次. 차례.
	❿ 名 姓. 성(씨).

모양 (模樣)* [모양]　　　模样ᶻ [mú yàng]

❶겉으로 나타나는 생김새나 모습.
表现在外的长相或样子.
▷여학생들의 머리 **모양**이 다양해졌다.
女学生们的发型变得多样化了.
촌사람들이 도처에 부지런히 일을 하고 있는 **모양**이 눈에 띄었다.
看到农村人到处勤劳地干活的模样.

❷외모에 부리는 멋.
表现外表的美.
▷**모양**이 나다. 有模样.
거울을 보며 **모양**을 부리다. 照着镜子臭美.
구질구질하더니 양복을 입혀 놓으니 제법 **모양**이 난다.
原来脏兮兮的，没想到穿上西装相当有型.

❸어떠한 형편이나 되어 나가는 꼴.
指变成某种境况.
▷사람들이 살아가는 **모양**은 가지각색이다.
人们的生活状态真是形形色色.
오늘 내가 이 **모양**이 된 건 결국은 네놈 때문이다.
我今天之所以变成这副模样，都是因为你这个家伙.

❹남들 앞에서 세워야 하는 위신이나 체면.
得在他人面前树立威信或体面.
▷너 때문에 내 **모양**이 엉망이다.

❶(模样儿) 名 人的长相或装束打扮的样子.
사람의 생김새나 치장한 모습.
▷这孩子的**模样**像他爸爸.
이 아이의 생김새는 아빠를 닮았네.
看你打扮成这**模样**，我几乎认不出来了.
이런 모습으로 치장하니 하나도 못 알아보겠네.

❷表示约略的情况(只用于时间、年岁).
대략적인 상황을 표시(시간, 나이에만 사용).
▷等了大概有半个小时**模样**.
반시간 가량 기다렸다.
这个人有三十岁**模样**.
이 사람은 30세 가량 되어 보인다.

❸形势；趋势；情况. 형세; 추세; 상황.
▷不像要留客人吃饭的**模样**.
손님을 남겨 밥을 대접하려는 상황은 아닌 것 같다.
看**模样**，这家饭馆像是快要关张了.
상황을 봐서는 이 가게가 바로 문을 닫을 것 같다.

因为你，我才变成得如此不堪。

아내가 쫓아온다면 **모양**만 창피하리라.

如果妻子追过来的话，那得多丢人呀。

❺(명사 다음에 쓰여)어떤 모습과 같은 모습.

(用于名词后)表示像某种形状。

▷사과 **모양**. 苹果形状.

벙어리 **모양**으로 입을 꼭 다물고 열지를 않는다.

像哑巴一样紧闭着嘴不肯开口。

❻(주로 '모양으로' 꼴로 쓰여)어떤 방식이나 방법.

(主要用'以…的模样')表示某种方式或方法。

▷강 변호사는 어린애를 위협하는 모양으로 눈을 흘긴다.

姜律师以威胁小孩的方式瞥着眼睛。

❼<u>의존</u> ('모양으로' 꼴로 쓰이거나 '같다', '이다'와 함께 쓰여) 짐작이나 추측을 나타내는 말.

(用'以…的模样'或者与'好像', '是'一起使用)表示猜想或推测。

▷어두운 표정을 보니 무슨 일이 있었던 **모양**이군.

看那阴沉的表情, 好像是发生了什么事的样子。

연적의 물도 다한 **모양**으로 물은 한 방울도 떨어지지 않았다.

砚滴的水好像是用尽了, 一滴水也滴不出来。

한·중 공통의미	
①짐작이나 추측(猜想或推测) 모양❼= 模样❷	
한국어에서만의 의미(韓)	중국어에서만의 의미(中)
❶겉으로 나타나는 모습. 表现在外的样子. ❷외모에 부리는 멋. 表现外表的美. ❸어떠한 형편이나 되어 나가는 꼴. 指某种境况. ❹남들 앞에서 세워야 하는 위신이나 체면. 得在他人面前树立威信或体面. ❺(명사 다음에 쓰여)어떤 모습과 같은 모습. (用于名词后)表示像某种形状. ❻어떤 방식이나 방법. 某种方式或方法.	❶人的长相. 사람의 생김새. ❸形势; 趋势; 情况. 형세; 추세; 상황.

목적 (目的)* |-쩍| |목적만 [-쩡-]|

❶실현하려고 하는 일이나 나아가는 방향.
打算现实的事情或发展的方向。
▷**목적**을 달성하다 达到目的
이 시험의 **목적**은 학생들의 학습 능력을 평가하
는 데 있다.
这次考试的目的是为了评价学生们的学习能
力。
그들은 마침내 **목적하였던** 집에 다다랐다.
他们到达了作为最终目的地的家。
눈 깜작할 사이에 두 사람은 **목적했던** 사내를 납
치한 셈이었다.
一眨眼的功夫，两个人就绑架了目标男子。

目的^乙 [mù dì] 名

❶想要达到的地点或境地；想要得到的结果。
도달하려는 지점 혹은 경지; 얻으려는 결과
▷**目的**地 목적지
目的是想探索问题的由来。
목적은 문제를 탐색하는 원천이다.

한·중 공통의미

목적 = 目的

번역 과정 중의 비대칭 대응
▷눈 깜작할 사이에 두 사람은 **목적했던** 사내를 납치한 셈이었다.
一眨眼的功夫，两个人就绑架了**目标男子**。(목적했던 사내 → 目标男子)

목표 (目標)** [목표]

❶어떤 목적을 이루려고 지향하는 실제적 대상으로
삼음. 또는 그 대상.
想达到某种目的而指向的实际对象。
▷**목표**를 달성하다 达成目标
목표를 세우다 设定目标
6월 말 완공을 **목표**로 아파트를 짓고 있다.
正在建公寓，目标是6月末完工。
목표했던 월수입을 달성하다 实现目标月收入
목표한 대로 진행하다 按设定的目标进行。
❷도달해야 할 곳을 목적으로 삼음. 또는 목적으로
삼아 도달해야 할 곳. 把必须到达的地方作为目
的。或者作为目的，必须得到达的地方。
▷ **목표** 지점 目标地点 사격 **목표** 射击目标
목표를 향해 전진하다. 向着目标前进。
과녁 중심을 **목표하고** 화살을 쏘다

目标^乙 [mù biāo] 名

❶射击、攻击或寻求的对象。
사격, 공격 혹은 찾는 대상
▷看清**目标** 목표를 잘 보다
发现**目标** 목표를 발견하다
❷想要达到的境地或标准。
도달하려는 경지 혹은 표준
▷奋斗**目标** 분투 목표

.以靶心为目标射箭。

목표= 目标

무대 (舞臺)★★ [무ː대]

❶노래, 춤, 연극 따위를 하기 위하여 객석 정면에
만들어 놓은 단.

　为了唱歌、跳舞、演戏之类而在观众席对面搭
　建的台。

▷무대에 등장하다. 登上舞台.

　조명이 밝아지자 무대에 서 있는 두 명의 배우가
　보였다.

　随着灯光亮起来，看到了舞台上站着两名演
　员。

❷주로 활동하는 공간을 비유적으로 이르는 말.

　主要用来比喻活动的空间。

▷세계 무대에 진출하다. 登上了世界舞台.

　활동 무대를 옮기다. 转移活动舞台.

❸이야기의 배경이 되는 곳을 비유적으로 이르는 말.

　用来比喻作为故事背景的地方。

▷설화의 무대. 故事的背景.

　농촌을 무대로 한 소설. 以农村为背景的小说.

舞台丙 [wǔ tái] 名

❶供演员表演的台子。

　배우가 공연을 할 수 있게끔 제공되는 단

▷舞台艺术. 무대 예술.

　历史舞台. 역사 무대.

무대❶+❷= 舞台 ❶	
한국어에서만의 의미(韓)	중국어에서만의 의미(中)
❸이야기의 배경. 用来比喻作为背景.	없음

무역 (貿易)★★ [무ː-] [무역만 [무ː영-]]

❶지방과 지방 사이에 서로 물건을 사고팔거나 교
환하는 일.

　地方与地方间的买卖或交易。

▷이제 동남아시아 국가들은 상호 간에 제한 없이
　무역할 수 있어야만 국제 시장에서 살아남을 수
　있다는 것을 깨닫게 되었다.

　现在明白了只有东南亚国家之间可以不受限制

贸易乙 [mào yì]

❶名 商业活动。

　상업 활동.

▷对外贸易. 대외무역.

　贸易公司. 무역회사.

地进行贸易才能够在国际市场上活下来的道
理。

지방 특산물을 이웃 지방과 서로 **무역하다**.
相邻的地区之间进行特产贸易。

❷나라와 나라 사이에 서로 물품을 매매하는 일.
国与国之间进行物品买卖。

▷두 나라는 오랜 시간 동안 꾸준히 교역량을 늘려
　가면서 **무역했다**.
两国长期以来不断增加交易量地进行着贸易。

고려 남송과 담배나 인삼을 **무역하였다**.
高丽曾与南宋进行烟草与人参的贸易。

한·중 공통의미

무역 = **贸易**

문 (門)★ [문]　　　　　门⁽ᵃ⁾ [mén]

❶드나들거나 물건을 넣었다 꺼냈다 하기 위하여
틔워 놓은 곳. 또는 그곳에 달아 놓고 여닫게 만든
시설.
　为了出入或取放东西而设的地方。或指安装在
　该处可开关的装置。

▷집을 비울 때는 **문**을 꼭 잠가야 한다.
　不在家时一定要把门锁好。

문이 고장나서 열 수가 없다.
　门坏了打不开。

❷『운동』＝골문.
　『运动』＝球门。

▷수비수 한 명을 제치고 **문**을 향하여 강하게 공을
　차다.
　绕过了一名后卫，将球强有力地踢向球门。

❸거쳐야 할 관문이나 고비.
　需要过的关口或关。

▷입학이 어려운지라, 우리나라의 대학은 좁은 **문**
　이라는 별명을 듣는다.
　入学越来越难了，听说韩国的大学绰号叫窄门。

❹(일부 명사 뒤에 붙어)학술 전문의 종류를 나타내
는 말.

❶ 名 房屋、车船或用围墙、篱笆围起来的地方
的出入口。
　집, 자동차, 배 혹은 벽, 울타리의 출입구.

▷前**门**。앞문.
　送货上**门**。집문 앞까지 배송한다.

❷ 名 装置在上诉出入口，能开关的障碍物，多
用木料或金属材料做成。
　상술한 출입구에 설치되어 열거나 닫을 수 있는
　장애물, 주로 목재나 금속재료로 구성된다.

▷铁**门**。철문.
　两扇红漆大**门**。붉은 페인트칠을 한 대문 두 짝.

❸(**门**儿) 名 器物可以开关的部分。
　기물에 열고 닫을 수 있는 부분.

▷柜**门**儿。궤짝 문.
　炉**门**儿。화로 문.

❹ 名 形状或作用像门的东西。
　형태나 작용이 문과 비슷한 물건.

▷电**门**。스위치.
　球进**门**了。공이 골대에 들어갔다.

❺(**门**儿) 名 **门**径.
　방법.

(用于部分名词后)表示学术上专门的种类。

▷어학**문**/법학**문**. 语学/法学。

❺(일부 명사 뒤에 붙어)씨족에 따른 집안을 나타내는 말.

(用于部分名词后)表示氏族家庭。

▷강씨**문**(姜氏門). 姜家。

이씨**문**(李氏門). 李家。

❻의포나 기관총 따위를 세는 단위.

炮或机关枪之类的计算单位。

▷대포 다섯 **문**. 5门大炮。

▷窍**门**。요령.

打网球我也摸着点儿**门**儿了。

테니스를 치는 요령을 나도 조금 알 것 같다.

❻旧时指封建家族或家族的一支，现在指一般的家庭。

옛날에는 봉건가족 혹은 가족의 한 가지를 가리키고, 지금은 일반 가정을 말한다.

▷张**门**王氏。장씨문의 왕씨(장씨 집안의 왕씨 아내).

双喜临**门**。겹경사가 나다.

❼宗教、学术思想上的派别。

종교, 학술사상에서의 파벌.

▷佛**门**。불교. 左道旁**门**。정통이 아닌 학파.

❽传统指称跟师傅有关的。

전통적으로 사부와 관계가 있는 것을 가리킨다.

▷同**门**。동문. **门**徒。문도

❾一般事物的分类。

일반사물의 분류

▷分**门**别类。부문별로 나누다.

五花八**门**。각양각색.

❿借指引起公众关注的消极事件。

대중의 관심을 일으키는 부정적인 사건.

▷贿赂**门**。뇌물 사건. 考试**门**。시험사건.

⓫ 名 生物学中把具有最基本最显著的共同特征的生物分为若干群，每一群叫一门。

생물학적으로 가장 기본적이고 가장 뚜렷한 공통 특징이 있는 생물을 여러 개 그룹으로 나누어 매 그룹을 한 개 문으로 부른다.

▷原生动物**门**。원생동물문.

⓬ 名 押宝时下注赌注的位置名称，也用来表示赌博者的位置。

판돈을 놓는 위치, 도박한 사람의 위치도 가리킨다.

⓭ 量 a)用于炮。

대포에 사용.

▷一**门**大炮。대포 한 대.

b)用于功课、技术等。수업, 기술 등에 사용.

▷三**门**功课。세 개 수업.

两**门**技术。두 가지 기술.

c)用于亲戚、婚事等。친척, 혼사 등에 사용.

▷两门亲戚。양가 친척.

　一门婚事。한 개 혼사.

⓮(mén) 名 姓。

성씨.

한·중 공통의미
①틔워 놓은 곳. 또는 그곳에 달아 놓고 여닫게 만든 시설(为了出入而设的地方或指安装在该处可开关的 装置). 문❶+❸= 门❶+ ❷+ ❸
②『운동』=골문. 『运动』=球门。
③씨족에 따른 집안을 나타내는 말. (用于部分名词后)表示氏族家庭。문❺= 门❻
④포나 기관총 따위를 세는 단위. 炮或机关枪之类的计算单位。문❻= 门⓭a)

한국어에서만의 의미(韓)	중국어에서만의 의미(中)
❹(일부 명사 뒤에 붙어)학술 전문의 종류를 나타내는 말. 　表示学术上专门的种类。	❺门径。 방법. ❼宗教、学术上的派别。 종교, 학술에서의 분파. ❾一般事物的分类。 일반사물의 분류. ❿借指引起公众关注的消极事件。 부정적인 사건. ⓬押宝时下注赌注的位置名称。 판돈을 놓는 위치. ⓭　b)用于功课、技术等。 수업, 기술 등에 사용. 　　c)用于亲戚、婚事等。 친척, 혼사 등에 사용. ⓮姓。 성씨.

문명 (文明)★★ [문명]

❶인류가 이룩한 물질적, 기술적, 사회 구조적인 발전. 자연 그대로의 원시적 생활에 상대하여 발전되고 세련된 삶의 양태를 뜻한다.

　人类创造的物质性、技术性、社会构性的发展。是指相对于自然的原始生活，所形成的发展的、干练的生活样态。

▷古代文明。고대 **문명**. 现代文明。 현대 **문명**,

　文明生活。문명 생활.

❷문채(文彩)가 뛰어나고 분명함.

　文彩出色而鲜明。

▷전하께서는 순제의 **문명**보다 지나쳤으며, 탕왕의 용지에 필적하셨습니다.

　殿下不仅超越了舜帝的文彩，与汤王的用地也不相上下。

文明² [wén míng]

❶ 名 文化。

　문화.

▷物质文明。물질 문화.

❷ 形 社会发展到较高阶段和具有较高文化的。

　사회가 비교적 높은 단계나 비교적 높은 문화수준에까지 발전하였음을 가리킨다.

▷文明人。문명인。 文明国家。문명적 국가.

❸ 形 旧时指有西方现代色彩的(风俗、习惯、事物)。

　옛날 서양현대색채의 풍습, 습관, 사물을 가리킨다.

▷文明结婚。문명결혼.

　文明棍儿(手杖)。개화장(개화 지팡이).

문명❶= 文明❷

한국어에서만의 의미(韓)	중국어에서만의 의미(中)
❷문채(文彩)가 뛰어나고 분명함.	❶文化。문화. ❸旧时指有西方现代色彩的风俗、习惯、事物。 옛날 서양현대색채의 풍습, 습관, 사물을 가리킨다.

문장(文章)★★ [문:장]　　　　文章^甲 [wén zhāng] 名

❶문장가. 글을 뛰어나게 잘 짓는 사람.
文豪。文章写得非常出色的人。
▷당대의 **문장**으로 이름이 나다.
以当代文豪出名。
❷한 나라의 문명을 이룬 예악(禮樂)과 제도 또는
그것을 적어 놓은 글.
成为一个国家的文明的礼乐与制度。或者记录
下这些的文字。
❸『언어』 생각이나 감정을 말과 글로 표현할 때 완
결된 내용을 나타내는 최소의 단위.
『语言』 在用语言或文字来表现想想或感情时,
能够表达出完整内容的最短的单位(句子)。
▷서툰 **문장**. 不自然的句子。
퇴고를 하면서 문법에 어긋난 **문장**을 고쳤다.
一边斟酌一边修改不符合语法的句子。

❶篇幅不很长的单篇作品。
내용이 길지 않은 단편작품.
❷泛指著作。
저작을 두루 가리킨다.
❸指暗含的意思、复杂的情况。
함축된 의미, 복잡한 상황을 가리킨다.
▷话里有**文章**。 말 속에 뭐가 있다.
这件事背后大有**文章**。
이 사건 뒤에는 숨겨진 것이 아주 많다.
❹指做事情的方法、计划等。
일을 하는 방법, 계획 따위를 가리킨다.
▷我们可以利用他们的矛盾，这里很有**文章**可
做。
그들 사이의 모순을 이용해 방법을 생각해 보자.
还要想到下一战略阶段的**文章**。
다음 전략단계의 계획도 생각해둬야 한다.

한·중 공통의미	
없음	
한국어에서만의 의미(韓)	중국어에서만의 의미(中)
❶문장가. 글을 뛰어나게 잘 짓는 사람. 文豪. ❷한 나라의 문명을 이룬 예악(禮樂)과 제도. 成为一个国家的文明的礼乐与制度. ❸『언어』 말과 글로 표현할 때 최소의 단위. 句子.	❶篇幅不很长的单篇作品。 단편작품. ❷泛指著作。 저작을 두루 가리킨다. ❸指暗含的意思、复杂的情况。 함축된 의미, 복잡한 상황을 가리킨다. ❹指做事情的方法、计划等。 일을 하는 방법, 계획 따위를 가리킨다.

문제(問題)★ [문:제]　　　　问题^甲 [wèntí]

❶ 명 해답을 요구하는 물음.
要求解答的题目.

❶名 要求回答或解释的题目。
해답·해석 등을 요구하는 문제나 질문.

▷연습 **문제**. 练习题。 **문제**가 쉽다. 题目简单。
문제를 내다. 出题。 **문제**를 풀다. 解题。

❷명 논쟁, 논의, 연구 따위의 대상이 되는 것. 论争、论议或研究的对象。

▷환경 오염 **문제**. 环境污染问题。
학교는 입학 지원자의 감소로 존폐 **문제**가 거론되었다.
由于报名入学人数的减少, 学校提出来存废的问题。

❸명 해결하기 어렵거나 난처한 대상. 또는 그런 일. 解决困难或者难处理的对象, 或此类事情。

▷**문제**가 생기다. 出现问题。
문제를 해결하다. 解决问题。
문제에 부딪히다. 碰到了问题。

❹명 귀찮은 일이나 말썽. 令人烦恼的事情或乱子。

▷그는 늘 **문제**를 일으키는 학생이다.
他是总捅乱子的学生。

❺명 어떤 사물과 관련되는 일. 某物相关的事情。

▷이 일은 가치관에 관한 **문제**이다.
这件事是关于价值观的问题。

▷1)这次考试一共有五个**问题**。
이번 시험은 모두 다섯 문제다。

2)我想答复一下这一类的**问题**。
나는 이러한 질문에 대답해 보려고 한다。

❷名 须要研究讨论并加以解决的矛盾、疑难。
연구·토론해서 해결해야 할 모순이나 난제。

▷思想**问题**。 사상문제
这种药治感冒很解决**问题**。
이 약은 감기에 아주 잘 듣는다。

❸名 关键, 重要之点。
키포인트, 중요한 점。

▷重要的**问题**在善于学习。
중요한 점은 학습을 잘하는 데 있다。

❹名 事故或麻烦。
사고나 문젯거리。

▷那部车床又出**问题**了。机器又 고장이 났다。

❺形 属性词, 有问题的, 非正常的, 不符合要求的。
문제가 있는, 비정상적인, 요구에 맞지 않는

▷**问题**少年。문제 소년. **问题**食品。문제 식품.
问题工程。문제 공사.

한중 공통의미(中韓)
①해답을 요구하는 물음(要求解答的题目) 문제❶= 问题❶名 1)
②논쟁, 논의, 연구 따위의 대상이 되는 것(论争、论议或研究的对象) 문제❷= 问题❷名
③해결하기 어렵거나 난처한 대상, 또는 그런 일(事故或麻烦) 문제❸= 问题❹名
④어떤 사물과 관련되는 일. 与某物相关的事情。 (가치관에 관한 **문제** 关于价值观的问题)
⑤문제가 있는, 비정상적인 속성. 有问题的, 不符合要求的。 (**问题**少年 문제 소년)
(이상의 ④번의 의미는 <현한>에서, ⑤번의 의미는 <표준>에서 각각 설명하지 않으나 용례의 번역을 보면 이상의 뜻도 같다는 걸 충분히 알 수 있음.)

한국어에서만의 의미(韓)	중국어에서만의 의미(中)
❹귀찮은 일이나 말썽. 令人烦恼的事情或乱子。	❶名 2)要求回答的疑问。해답을 요구하는 질문

문제점 (問題點)★★ [문·제쩜]　　　　Ø

❶문제가 되는 점.
成为问题的点。

问题的焦点 [wèn tí de jiāo diǎn]　**症结**☆ [zhēng jié]

▷문제점을 찾다. 寻找问题的焦点.

문제점을 해결하다. 解决问题的焦点.

문제점을 정확히 파악하여 개선 방안을 찾도록
하시오.
请准确地了解症结并找到改善方案.

▷问题的焦点就这里.

바로 여기에 문제점이 있다.

找出症结所在, 事情就好办了.

문제점의 소재를 찾아내면 처리하기 쉽다.

한·중 공통의미

없음

한국어 한자어의 '問題點'는 중국어에서는 이런 단어가 존재하지 않음. 같은 의미로써 쓰고 있는 단어는 **问题的焦点, 症结** 등이 있음. (中文中不存在韩国语中的'問題點'一词, 所以与之相对应含义的中文词汇有**问题的焦点, 症结**等)

문법 단위 사이의 불일치

문제점 (問題點) 복합어

问题(문제), **点**(점) 복합어 아닌 두 개의 단어

문학 (文學)★★ [문항만 [-항-]]

❶사상이나 감정을 언어로 표현한 예술. 또는 그런 작품. 시, 소설, 희곡, 수필, 평론 따위가 있다.
用语言来表达思想或感情的艺术. 或这类作品, 例如诗、小说、喜剧、随笔, 评论之类.
▷문학 동인. 文学同仁.
사실주의 문학. 现实主义文学.
문학에 대한 애착과 열정을 가지다.
有着对文学的热爱与热情.

文学甲 [wén xué] 名

❶以语言文字为工具形象化地反映客观现实的艺术, 包括戏剧、诗歌、小说、散文等.
언어문자를 도구로 현실을 반영하여 형상화한 예술로 희극, 시가, 소설, 산문 등이 포함된다.
▷文学艺术的原料.
문학 예술의 소재.

한·중 공통의미

문학 = 文学

결합정보: 중국어의 '文学'는 그대로 관형사로 쓰일 수 있지만 한국어에서의 '문학'는 '적'과 결합해야만 관형사로 쓰일 수 있다. 中文的'文学'可以作为形容词使用, 但韩语的'문학'只有和'적'结合, 才能作为形容词来使用.

①문학 활동 (×)

　문학적 활동 (O)　文学活动

②한문학도 우리의 문학 유산이다. (×)

　한문학도 우리의 문학적 유산이다. (O)古汉语文学也是我们的文化遗产.

문화 (文化)★ [무놔] 명

❶자연 상태에서 벗어나 일정한 목적 또는 생활 이상을 실현하고자 사회 구성원에 의하여 습득, 공유,

文化甲 [wén huà] 名

❶人类在社会历史发展过程中所创造的物质财富和精神财富的总和, 特指精神财富, 如文学, 艺

전달되는 행동 양식이나 생활양식의 과정 및 그 과정에서 이룩하여 낸 물질적·정신적 소득을 통틀어 이르는 말. 의식주를 비롯하여 언어, 풍습, 종교, 학문, 예술, 제도 따위를 모두 포함한다.

人类物质财富和精神财富的总和，包括衣食住，语言，风俗，宗教，学问，艺术，制度等在内。

▷구석기 **문화**. 旧石器文化.

귀족 **문화**. 贵族文化.

❷권력이나 형벌보다는 문덕(文德)으로 백성을 가르쳐 인도하는 일.

相比权力或刑法，更选择用文化和品德来教化百姓的做法

❸학문을 통하여 인지(人智)가 깨어 밝게 되는 것.

通过学问来启化人的心智.

术，教育，科学等.

인간의 물질적·정신적 소득을 통틀어 이르는 말. 문학, 예술, 교육, 과학 따위를 모두 포함한다.

❷指运用文字的能力及一般知识. 일반 교양, 지식.

▷学习**文化**. 지식을 공부하다.

文化水平. 일반 지식 수준.

❸同一种文化特征的遗迹遗物的综合体.

같은 문화 특성을 갖진 유적, 유물 등을 통틀어 이르는 말.

▷仰韶文化. 앙소 문화. 龙山文化. 용산 문화.

물가 (物價)★★ [물까]

物价^Z [wù jià]

❶『경제』 물건의 값. 여러 가지 상품이나 서비스의 가치를 종합적이고 평균적으로 본 개념이다.

『经济』物品的价格. 是综合地、平均地看 待各种商品或服务的价值的概念.

▷**물가**가 내리다. 物价下跌.

물가가 오르다. 物价上涨.

물가가 비싸다. 物价贵.

❶商品的价格.

상품의 가격.

▷**物价**稳定. 물가가 안정되었다.

物价波动. 물가가 오르락내리락 한다.

물론 (勿論)★ | Ø

❶ 명 ('…은 물론이다' 구성으로 쓰여)말할 것도 없음. 不用说。

▷상용이는 물론이고, 갑례도 영칠이도 절로 걸음이 빨라졌다.

不用说尚勇了，就连甲礼和英七也不知不觉地加快了脚步。

사람은 남녀를 **물론하고** 첫째 눈이 잘생겨야 한다지 않는가.

俗话说，不论男女，首先要眼睛长得好看才行。

누가 그 일을 맡게 될지를 **물론하**고 그 일에 우리의 운명이 달려 있다고 할 수 있다.

可以说，不论把那件事交给谁办都关系到我们的命运。

❷ 부 말할 것도 없이.

不用说(当然)。

▷**물론** 월급은 현금으로 지급될 것이다.

工资当然是用现金支付的。

박 의사는 재산과 명성을 **물론** 원했었다.

朴医生当然想得到财产和名声。

❶**不用说**☆ [bú yòng shuō], **不论**[乙] [bú lùn]

▷绘画艺术自**不用说**, 还包含东西方的宗教、美学。

회화예술은 물론이고 동서양의 종교·미학도 포함되어 있다.

国家**不论**大小, 应该一律平等。

국가는 대소를 막론하고 일률적으로 평등해야 한다.

❷**当然**[甲] [dāng rán],**自然**[乙] [zì rán],**别说**☆ [bié shuō]

▷**当然**要去。물론 가야 한다.

自然要失败的。물론 실패할 것이다.

这种木偶戏,**别说**是小孩子们喜欢看,就是大人也想去看。

이러한 인형극은 아이들이 좋아하는 것은 물론, 어른도 보러 가고 싶어 한다.

한·중 공통의미

없음

한국어 한자어의 '勿論'는 중국어에서는 이런 단어가 존재하지 않음. 같은 의미로써 쓰고 있는 단어는 **当然, 自然, 别说** 등이 있음. (中文中不存在韩国语中的'勿論'一词，所以与之相对应含义的中文词汇有**当然, 自然, 别说**等)

문법 단위 사이의 불일치

물론(勿論) 명+부 단일어 | 勿 论 부정어/动 문장/구

물질 (物質)★★ [물찔] | 物质[乙] [wù zhì]

❶물체의 본바탕.

物体的本质。

❷'재물'을 달리 이르는 말.

同'财物'的意思。

▷온갖 **물질**을 탐내다. 贪图各种物质。

물질에 욕심을 내다. 有物质欲望。

❶独立存在于人的意识之外的客观存在。

사람의 의식 밖에 독립적으로 존재하는 객관존재.

▷运动是**物质**的根本属性。

운동은 물질의 근본속성이다.

❷特指金钱、生活资料等。

금전, 생활자료 따위를 가리킨다.

❸『물리』자연계의 구성 요소의 하나. 다양한 자연 현상을 일으키는 실체로, 공간의 일부를 차지하고 질량을 갖는다.

『物理』自然界的构成 要素之一。作为引起各种 自然现象的实体，占具一定的空间，具有一定的质量。

▷物质奖励。물질장려.

贪图物质享受。물질향수를 탐하다.

한·중 공통의미
①재물(财物) 물질❷= 物质❷
②『물리』자연계의 구성 요소의 하나. 自然界的构成实体。물질❸= 物质❶

한국어에서만의 의미(韓)	중국어에서만의 의미(中)
❶물체의 본바탕. 物体的本质.	없음

번역 과정 중의 비대칭 대응

▷물질적 보상. 物质上的补偿。 (물질적 → 物质上的)

물질적인 풍요로움. 物质上的富裕。(물질적인 → 物质上的)

물질적인 후원도 좋지만 더 중요한 것은 안 가진 자에 대한 깊은 동정과 이해다….

提供物质上的援助虽好，但更为重要的是对贫困者的深切同情与理解…。 (물질적인 → 物质上的)

미 (美)★★★ [미:]

❶눈 따위의 감각 기관을 통하여 인간에게 좋은 느낌을 주는 아름다움.

通过眼睛之类的感官给人带来好的感受的美丽。

▷자연의 미. 自然美。 미를 추구하다. 追求美。

한국의 의상에는 분명히 한국적인 미가 있는 것 같다.

韩国的服装的确具有韩式的美。

❷(일부 명사 앞 또는 뒤에 붙어)'아름다움'의 뜻을 나타내는 말.

(用于部分名词前后)表示'美丽'的意思。

▷미소년. 美少年。 숭고미. 崇高美。

우아미. 优雅美。

❸『교육』성적이나 등급을 '수, 우, 미, 양, 가'의 다섯 단계로 나눌 때 셋째 단계.

『教育』用 '秀、优、美、良、可'这五个阶段来划分成绩或等级时的第三阶段。

▷국어는 수를 받았는데 미술은 미를 받았다.

国文得了'秀'，而美术得了'美'。

美ᶻ [měi]

❶形 美丽；好看(跟"丑"相对)。

아름답다; 예쁘다("못생기다"와 상대적).

▷这小姑娘长得真美。

여자애가 정말 예쁘게 생겼네.

这里的风景多美呀！

이곳 풍경이 얼마나 아름다운가!

❷使美丽。

아름다워지게 하다.

▷美容。미용. 美发。미발.

❸形 令人满意的；好。

만족스러워지게끔 하는 것; 좋은 것.

▷美酒。맛있는 술.

价廉物美。상품 질이 좋고 가격도 저렴하다.

日子过得挺美。생활이 좋다.

❹美好的事物；好事。

아름다운 사물; 좋은 일.

▷美不胜收。

좋은 것이 많아서 이루 다 즐길 수 없다.

❹(일부 명사 앞에 쓰여) '미국'을 이르는 말. (用于部分名词前) 指'美国'.

▷미 해군. 美国海军。미 행정부. 美国行政部。

成人之美。남의 좋은 일을 도와 성사시켜 주다.

❺〈方〉 形 得意。

득의하다.

▷老师夸了他几句，他就美得不得了。

선생님이 그를 칭찬해주자 그는 좋아서 어쩔 줄을 몰라 했다.

❻(Měi) 名 姓。

성씨.

❼名 指美洲。

미주를 가리킨다.

▷南美。남미。北美。북미。

❽指美国。

미국을 가리킨다.

▷美元。달러。美籍华人。미국계 중국인.

한·중 공통의미	
①인간에게 좋은 느낌을 주는 아름다움. 给人带来好的感受的美丽. 미❶= 美❶	
②미국, 指'美国'. 미❹= 美❽	
한국어에서만의 의미(韓)	중국어에서만의 의미(中)
❸『교육』성적이나 등급을 '수, 우, 미, 양, 가'의 다섯 단계로 나눌 때 셋째 단계. 『教育』用 '秀、优、美、良、可'这五个阶段来划分成绩或 等级时的第三阶段。	❸令人满意。만족스러워 지게 하는 것. ❹美好的事物；好事。아름다운 사물; 좋은 일. ❺得意。득의하다. ❻姓, 성씨.

번역 과정 중의 비대칭 대응

▷这里的风景多美呀! 이곳 풍경이 얼마나 **아름다운가**! (美 → 아름답다)

미적 기준. **美学**标准。미적 관점. **美学**观点. (미적 → 美学)

요즈음의 건축물들은 실용적인 면뿐만 아니라 **미적인** 면에 대해서도 함께 배려한다.

最近的建筑物不仅考虑实用性，同时还考虑到了**美学**层面。(미적인 → 美学)

미래 (未來)★ [미:래]	**未来**^{乙} [wèi lái]

❶앞으로 올 때.

将来的光景。

▷미래를 설계하다. 设计未来。

어린이는 우리 미래의 꿈이다.

孩子是我们未来的梦。

❷『불교』=내세(來世).

『佛教』=来世。

❶ 形 就要到来的(指时间)。

곧 다가오는 (시간).

▷**未来**二十四小时内将有暴雨。

앞으로 24시간 내에 폭우가 올 것이다.

❷ 名 现在以后的时间；将来的光景。

현재 이후의 시간; 미래의 풍경

▷展望**未来**。미래를 전망해보다.

❸『언어』 발화(發話) 순간이나 일정한 기준적 시
간보다 나중에 오는 행동, 상태 따위를 나타내는
시제(時制).
『语言』与发话的瞬间或有着某种标准的时间相
比，表示将来要出现的行动，状态之类的时制。

光明的**未来**。 밝은 미래.

한·중 공통의미	
①앞으로 올 때. 将来的光景. 미래❶= 未来❶+❷	
한국어에서만의 의미(韓)	중국어에서만의 의미(中)
❷『불교』=내세(來世). 『佛教』=来世.	없음
❸『언어』 미래시제(時制).	

미소 (微笑)★★ [미소]

❶소리 없이 빙긋이 웃음. 또는 그런 웃음.
不发出声音的浅笑。
▷**미소**가 흐르다. 流露着微笑。
미소를 짓다. 带着微笑。
문득 그녀의 입가에 쓸쓸한 **미소**가 떠올랐다가
사라졌다.
蓦然间，她的嘴角露出了一丝微笑然后又消失了。
두 사람은 서로 얼굴을 마주 보고는 약간 붉히며
미소하고 있었다.
两个人彼此看着对方，略微脸红地微笑着。

微笑ᶻ [wēi xiào]

❶ 动 不显著地、不出声地笑。
뚜렷하지 않고, 소리 없이 웃는 것.
▷嫣然**微笑**。 방실방실 미소짓다.
回眸**微笑**。 고개를 돌려 미소를 짓다.
❷ 名 不显著的笑容。 뚜렷하지 않은 웃음.
▷脸上浮现一丝**微笑**。
얼굴에 작은 미소를 띠다.

한·중 공통의미
미소 = 微笑

미술 (美術)★★ [미ː술]

❶공간 및 시각의 미를 표현하는 예술. 그림·조각
·건축·공예·서예 따위로, 공간 예술·조형 예술
등으로 불린다.
表现出空间及视觉美的艺术。分为画·雕刻·建
筑·工艺·书法之类，被称作空间艺术·造型艺
术等。
▷고대 사회의 미술 활동은 주로 고분을 통해서 알
수 있다.
主要可以通过古墓来了解古代社会的美术活动。

美术ᶻ [měi shù] 名

❶造型艺术。
형상예술.
▷美术馆。 미술관.
❷专指绘画。 전적으로 회화를 가리킨다.
▷夫妇俩一起去参观新潮美术展览会。
부부는 함께 뉴웨이브 미술전을 관람하러 갔다.

한·중 공통의미

미술 = 美术

결합정보: 중국어의 '美术'는 그대로 관형사로 쓰일 수 있지만 한국어에서의 '미술'는 '적'과 결합해야만 관형사로 쓰일 수 있다. 中文的'美术'可以作为形容词使用，但韩语的'미술'只有和'적'结合，才能作为形容词来使用。

①미술 관점 (×)

　미술적 관점 (O)　美术观点

②그 마을의 장승은 웅장할 뿐만 아니라 미술 가치가 있다.(×)

　그 마을의 장승은 웅장할 뿐만 아니라 미술적인 가치가 있다. (O)

　那个村子的长生柱不仅雄伟壮观，同时还具有美术价值。

민족 (民族)★★ [민족만 [-종-]]　　　**民族**[甲] [mín zú] 名

❶일정한 지역에서 오랜 세월 동안 공동생활을 하면서 언어와 문화상의 공통성에 기초하여 역사적으로 형성된 사회 집단. 인종이나 국가 단위인 국민과 반드시 일치하는 것은 아니다.

　在某个地区共同生活了很长的一段岁月，以语言　和文化上的共性为基础，在历史上形成的社会集团。不一定与以人种或国家为单位的国民一样。

❶指历史上形成的，处于不同社会发展阶段的各种人的共同体。

역사적으로 형성되었고 같지 않은 사회 단계에 처한 각종 사람들의 공통체.

▷中华民族。중화민족.

❷特指具有共同语言、共同地域、共同经济生活以及表现于共同文化上的共同心理素质的人的共同体。

공통언어, 공통지역, 공통경제생활에 속하면서 또한 공통문화를 표현하는 공통심리소질의 공통체.

▷我国有56个民族。중국은 56개 민족이 있다.

한·중 공통의미

민족❶= 民族❶

한국어에서만의 의미(韓)	중국어에서만의 의미(中)
없음	❷特指具有共同语言、共同地域、共同经济生活以及表现于共同文化上的共同心理素质的人的共同体。 공통언어, 공통지역, 공통경제생활에 속하면서 또한 공통문화를 표현하는 공통심리소질의 공통체.

민주-주의 (民主主義)★★ [---의/---이]　　　**民主主义**[☆] [mín zhǔ zhǔ yì] 名

❶『정치』국민이 권력을 가지고 그 권력을 스스로 행사하는 제도. 또는 그런 정치를 지향하는 사상. 기본적 인권, 자유권, 평등권, 다수결의 원리, 법치

❶国民具有权利并自己行使该权力的制度，或者向往这种政治的思想。

국민이 권력을 가지고 그 권력을 스스로 행사하

주의 따위를 그 기본 원리로 한다.

『政治』国民具有权利并自己行使该权力的制度，或者向往这种政治的思想。以基本的人权、自由权、平等权、少数服从多数的原理，法治主义之类作为其基本原理。

는 제도. 또는 그런 정치를 지향하는 사상.

▷由资本主义过渡到民主主义。

자본주의에서 민주주의로 넘어가다.

민주-주의 = 民主主义

민중 (民衆)[☆]   民众^丁 [mín zhòng] 名

❶국가나 사회를 구성하는 일반 국민. 피지배 계급으로서의 일반 대중을 이른다.

构成国家或社会的普通国民。是指作为被统治阶级的普通大众。

▷민중의 힘. 民众的力量.

정치는 한 전문 분야가 되고 정치가들은 한 기능 집단이 되어 정치에 종사하지 않는 일반 **민중**과 구분될 수밖에 없다. 政治成为一个专门的领域, 成为政治家们建立的一个功能集团, 只能与不从事政治的普通民众区别开.

❶人民大众。

인민대중.

▷唤起民众。민중을 환기시키다.

민중 = 民众

번역 과정 중의 비대칭 대응

▷민중적 문화. 大众文化。(민중적 → 大众)   민중적인 삶. 群众生活。(민중적인 → 群众)

민중적 저항. 人民大众的抵抗。(민중적 → 人民大众)

박사 (博士)^{★★} [-싸]   博士^丙 [bó shì] 名

❶『교육』대학원의 박사 과정을 마치고 규정된 절차를 밟은 사람에게 수여하는 학위. 또는 그 학위를 딴 사람.

是指向读完研究生院的博士课程, 走完规定程序的人授予的学位。或指获得这一学位的人。

▷박사 학위를 따다. 获得博士学位.

박사 학위를 취득하다. 取得博士学位.

❷어떤 일에 정통하거나 숙달된 사람을 비유적으로 이르는 말.

❶学位的最高一级。

학위 중 최고등급.

▷文学博士生。문학 박사.

❷古时指专精某种技艺的人。

옛날에는 어떤 기예가 능한 사람을 가리켰다.

▷茶博士。차박사. 酒博士。술박사.

❸古代教授经学的一种官职, 一般由博学或具有某种专业知识的人充任。

고대에 경학을 가르치는 일종의 관직으로서, 일

比喻对某事情非常精通或熟练的人。

▷그 청년은 컴퓨터 박사이다.

那个青年精通计算机。

반적으로 박사 혹은 어떤 전문지식이 있는 사람이 담당하였다.

한·중 공통의미	
①학위학위 박사❶= 博士❶	
한국어에서만의 의미(韓)	중국어에서만의 의미(中)
❷어떤 일에 정통하거나 숙달된 사람을 비유적으로 이르는 말. 比喻对某事精通或熟练的人.	❷古时指专精某种技艺的人. 옛날에는 어떤 기예가 능한 사람을 가리켰다. ❸古代的一种官职. 고대에 일종의 관직.

반 (半)★ [반]

❶둘로 똑같이 나눈 것의 한 부분.

分成完全一样的两个部分中的一份.

▷한 달 반. 一个半月.

한 시간 반 정도의 거리. 需要一个半小时左右.

그 사과의 반은 동생에게 줘라.

把一半苹果给弟弟.

❷일이나 물건의 중간쯤 되는 부분.

达到事物的中间的部分.

▷일을 반쯤 하다. 事情做了一半左右.

시작이 반이라는데 빨리 시작하자.

都说开始是成功的一半, 所以快点儿开始吧.

❸접 (일부 명사 앞에 붙어) '절반 정도'의 뜻을 나타내는 접두사.

(用于部分名词前) 表示'一半左右'的意思的前缀.

▷ 반팔. 半袖. 반자동. 半自动.

❹(일부 명사 앞에 붙어) '거의 비슷한'의 뜻을 나타내는 접두사.

(用于部分名词前)表示'几乎差不多'的意思的前缀.

▷ 반나체. 半裸. 반노예. 半奴隶. 반죽음. 半死.

半甲 [bàn]

❶数二分之一; 一半.

2분의 1; 절반.

▷半尺. 반척.

一斤半. 한 근 반.

❷在……中间.

……의 중간.

▷半山腰. 산중턱.

半途而废. 도중에 포기하다.

❸表示很少.

아주 적음을 말한다.

▷一星半点儿. 아주 조금.

一鳞半爪. 용의 비늘 한 조각과 발톱 반 쪽

❹副不完全.

완전하지 않은 것.

▷半新的楼房. 반쯤 낡은 건물.

房门半开着. 문이 절반쯤 열려있다.

❺(Bàn) 名 姓.

성씨.

한·중 공통의미	
①2분의 1, 二分之一, 一半 반❶+❷+❸= 半❶+❷	
②'거의 비슷한'의 뜻(表示'几乎, 差不多'的意思) 반❹= 半❹	
한국어에서만의 의미(韓)	중국어에서만의 의미(中)
없음	❸表示很少. 아주 적음을 말한다.

반 (班)★ [반]

❶벌여 선 자리나 그 차례.

排开的位置或其顺序。

▷반을 짓다. 排序。

❷일정한 목적을 위하여 조직한 사람들의 작은 집단.

为了某种目的所组织的小集团。

▷ 반을 편성하다. 编班。

❸(일부 명사 뒤에 붙어)'작은 집단'의 뜻을 나타내는 말.

(用于部分名词后)表示'小集团'。

▷ 단속반. 小分队. 작업반. 工作队。

❹학년을 학급으로 나눈 단위.

用学级来划分学年的单位。

▷3학년 1반. 3学年1班。

반 대항 농구 시합. 班际篮球赛。

그 학생은 반에서 항상 1등을 한다.

那名学生在班里经常得第1名。

❺(수량을 나타내는 말 뒤에 쓰여)학급을 세는 단위.

(跟在数量之后)计算学级的单位。

▷일 학년을 세 반으로 나누다. 1学年共分3个班。

❻동(洞) 아래의 통(統)보다 작은 지방 행정 단위.

比'洞'下面的'统'更小的地方行政单位。

▷주소를 반까지 정확히 기입해라.

正确填好地址，要写到'班'。

❼『군사』내무반·박격포반 따위의, 소대보다는 작고 분대보다는 큰 전술 단위 부대.

『军事』内务班·迫击炮班之类比小队小，比分队大的战术单位部队。

❽우리나라 성(姓)의 하나.

韩国的姓氏之一。

班甲 [bān]

❶ 名 为了工作或学习等目的而编成的组织。

일이나 공부 따위를 목적으로 하여 구성된 조직

▷进修班。 연수반。

❷ 名 指一天之内规定的工作或执勤时间。

하루 내에 규정된 작업 혹은 근무시간。

▷上班。 출근. 晚班. 야근。

❸ 名 军队编制的最基层的单位，一般隶属于排。

군대 편성에서 가장 말단의 단위, 일반적으로 소대에 부속된다。

❹ 名 旧时指戏班，也用于剧团的名称。

옛날에는 극단을 가리켰고, 또한 극단의 이름에도 사용된다。

▷班规。 반 규칙。

搭班。 임시로 작업에 참가하다。

❺ 量a)用于人群。

a)모여 있는 사람에 사용된다。

▷这班姑娘真有干劲。

이 아가씨들 정말 일을 잘하네。

b)用于定时开行的交通运输工具。

정시에 출발하는 교통운수도구에 사용된다。

▷你搭下一班飞机走吧。

다음 항공편을 타고 가세요。

火车每隔半小时就有一班。

30분마다 기차편이 있다。

❻按规定的时间开行的。

규정된 시간에 따라 출발하는 것。

▷班车。 통근차. 班机. 정기항공편。

❼调回或调动一(军队)。 소환 혹은 동원하다(군대)。

▷班师。 군대를 귀환시키다。

❽(Bān) 名 姓。

성씨。

한·중 공통의미

①반❷+❸+❹+❺= 班❷

②반❼= 班❸　③반❽= 班❽

한국어에서만의 의미(韓)	중국어에서만의 의미(中)
❶벌여 선 자리나 그 차례. 排开的位置或其顺序。 ❻동(洞) 아래의 통(統)보다 작은 지방 행정 　단위. 比'洞'下面的'统'更小的地方行政单位。	❷指一天之内规定的工作或执勤时间。 　하루 내에 규정된 작업 혹은 근무시간。 ❹旧时指戏班。 옛날에는 극단。 ❺a)用于人群。 모여있는 사람에 사용된다。 　b)用于定时开行的交通运输工具。 교통수단。 ❻按规定的时间开行的。 　규정된 시간에 따라 출발하는 것。 ❼调回或调动一(军队)。 군대를 움직이다。

반응 (反應)★ [바ː능]　　　　　反应² [fǎn yìng]

❶ 동 + 명 자극에 대응하여 어떤 현상이 일어남.
또는 그 현상.

　应对刺激时引起某种现象。或指该现象。

▷반응이 빠르다. 反应快。

　아무리 자극해도 **반응**이 없다.

　无论怎么刺激也没有反应。

　이번 호 잡지에 독자들이 긍정적으로 **반응**하고
있다.

　读者们正在对这期杂志做出肯定的反应。

❷이편을 배반하고 다른 편에 응함.

　反叛这边，答应另一边。

❸『심리』 자극에 대하여 유기체가 하는 행동.

　面对刺激，有机体做出的行动。

❹ 동 + 명『화학』 물질 사이에 일어나는 화학적
변화. 물질의 성질이나 구조가 변한다.

　『化学』物质之间所引起的化学变化。物质的性
质或构造发生变化。

▷수소가 산소와 반응하면 물이 된다.

　如果氢和氧发生反应就会变成水。

❶ 动 机体受到体内或体外的刺激而引起相应的
活动或变化。

　생물체가 체내 혹은 체외의 자극을 받아 상응한
활동 혹은 변화를 일으키는 것을 말한다。

▷对方射门太突然，守门员没有反应过来。

　상대방이 갑자기 슛을 하자 골키퍼는 미처 반응
하지 못하였다。

　有的病人服药后反应得很厉害。

　어떤 환자들은 약을 복용한 후 반응이 아주 심하다。

❷ 动 化学反应。

　화학반응。

❸ 动 原子核受到外力作用而发生变化。

　원자핵은 외력의 작용을 받아 변화가 발생한다。

▷热核反应。 열핵반응。

❹ 名 事情所引起的意见、态度或行动。

　사건이 일으킨 의견, 태도 혹은 행동。

▷他的演说引起了不同的反应。

　그의 연설은 서로 다른 반응을 자아냈다。

한·중 공통의미

①반응❶+ ❸= 反应❶+ ❹

②반응❹= 反应❷+ ❸

한국어에서만의 의미(韓)	중국어에서만의 의미(中)
❷이편을 배반하고 다른 편에 응함. 　反叛这边，答应另一边。	없음

반대 (反對)★ [반:대] 동+명   反对甲 [fǎn duì] 动

❶두 사물이 모양, 위치, 방향, 순서 따위에서 등지
거나 서로 맞섬. 또는 그런 상태.
　两个事物在模样、位置、方向、顺序等方面对等
　或相反。或指那样的状态。
▷반대 방향. 反方向.
　집 방향의 반대로 가다. 朝家的反方向走.
　그 둘은 서로 반대되는 길을 향해 각각 떠났다.
　他们两个人分别朝着相反的方向离开了.
❷어떤 행동이나 견해, 제안 따위에 따르지 아니하
고 맞서 거스름.
　不同意某种行动或见解、提 案等而进行反对.
▷반대 의견. 反对意见.
　그는 부모의 반대를 무릅쓰고 진학을 포기했다.
　他不顾父母的反对放弃了升学.
　그것은 우리 주장과 **반대되**는 의견이다.
　那个意见与我们的主张相反.
　우리는 당신의 의견에 **반대합**니다.
　我们反对你的意见.

❶提出否定的意见；不赞成；不同意.
　부정적인 의견을 제출; 불찬성; 찬성하지 않다.
▷反对侵略。침략을 반대하다.
　有反对的意见没有? 반대 의견이 있나요?

한·중 공통의미
①어떤 행동이나 견해, 제안 따위에 따르지 아니하고 맞서 거스름.   不同意某种行动或见解、提案等而进行反对. **반대❷**= **反对❶**

한국어에서만의 의미(韓)	중국어에서만의 의미(中)
❶두 사물이 모양, 위치, 방향, 순서 따위에서 등지거나 서로 맞섬. 또는 그런 상태. 两个事物在模样、位置、方向、顺序等方面对等或相反。或指那样的状态。	없음

반면 (反面)★★ [반:면] 명   反面丁 [fǎn miàn]

❶어디를 갔다가 돌아와서 부모님을 뵘.
　去了一趟某地，回来见父母.
❷(흔히 '반면에' 꼴로, '-은, -는' 활용형 다음에 쓰
여)뒤에 오는 말이 앞의 내용과 상반됨을 나타내는
말.
　(经常以'相反地'的形式，用于'的'活用型之后)

❶ 名 物体上跟正面相反的一面(跟"正面"相对.
　물체에 정면과 반대되는 면("정면"과 반대)
▷这块缎子正面儿是蓝地儿黄花儿，反面儿全是
　蓝的。이 비단의 정면은 남색 밑받침에 노란색
　꽃이 새겨져 있고, 반대 면은 전부 남색이다.
❷ 形 属性词。坏的、消极的.

表示后面出现的话与前面的内容相反。

▷그는 공부는 못 하는 반면에 운동은 잘한다.

他学习不好，相反地却很擅长运动。

봉사 활동은 힘이 드는 반면에 보람이 있다.

虽然当义工很累，但是却很有意义。

속성어. 나쁜 것, 소극적인 것.

▷反面角色. 부정적인 배역(악역).

❸ 名 事情、问题等的另一面。

사건, 문제 등의 다른 한 면.

▷不但要看问题的正面，还要看问题的反面。

문제의 한 면만 봐야 할 뿐만 아니라 문제의 다른 면도 봐야 한다.

한·중 공통의미
없음

한국어에서만의 의미(韓)	중국어에서만의 의미(中)
❶어디를 갔다가 돌아와서 부모님을 뵘. 去了一趟某地，回来后见父母.	❶物体上跟正面相反的一面(跟"正面"相对. 물체에 정면과 반대되는 면("정면"과 반대).
❷뒤에 오는 말이 앞의 내용과 상반됨을 나타내는 말. 后面出现的话与前面的内容相反.	❷坏的、消极的. 나쁜 것, 소극적인 것.
	❸事情、问题等的另一面. 문제 등의 다른 한 면.

발전 (發展)★★ [발쩐] 동 + 명

❶더 낫고 좋은 상태나 더 높은 단계로 나아감.

进入更好的状态或更高的阶段。

▷자기 **발전**을 위해 노력하다.

为了自身的发展而努力。

회사가 **발전**되려면 사원들의 협력이 있어야 한다.

若想要公司取得发展，职员们就必须齐心合力才行。

형의 사업은 최근 눈에 띄게 **발전**하고 있다.

哥哥的事业最近有了明显的发展。

❷일이 어떤 방향으로 전개됨.

事情朝着某个方向改善。

▷이야기가 이제 **발전** 단계로 접어들었다.

现在故事进入了发展阶段。

노사 간의 갈등이 파업으로 **발전**되었다.

劳资之间的矛盾已经发展到罢工的地步。

규모가 큰 촌락이 도시 국가로 **발전**한다.

规模较大的村落发展成城市。

发展甲 [fā zhǎn] 动

❶事物由小到大,简单到复杂,低级到高级的变化。

사물이 작은 데서 큰 데로, 간단한 데서 복잡한데로, 낮은 레벨에서 높은 레벨로의 변화.

▷事情怎么发展到这一步?

일이 어떻게 이 지경까지 이르게 되었는가?

社会发展. 사회 발전.

❷扩大(组织规模等)。

확대(조직…규모 따위).

▷原有三十人,本年发展到五百人。

원래는 30명이었는데, 올해는 500명으로 늘어났다.

发展轻纺工业. 경방직업을 발전시키다.

❸为扩大组织而吸收新的成员。

조직을 확대하기 위해 새로운 구성원을 받아들이다.

▷发展新党员. 새로운 당원을 받아들이다.

发展工会会员. 노조 회원을 받아들이다.

한·중 공통의미
①발전❶+❷= 发展❶

한국어에서만의 의미(韓)	중국어에서만의 의미(中)
없음	❷扩大(组织规模等). (조직…규모 따위)확대.

| | ❸为扩大组织而吸收新的成员。 |
| | 조직을 확대하기 위해 새로운 구성원을 받아들이다. |

번역 과정 중의 비대칭 대응

▷전통의 **발전적** 계승. 对传统的**发展性**继承。 (발전적 → **发展性**)

발전적으로 지속해 온 운동. **可发展**可持续的运动。 (발전적으로 → **可发展**)

우리 모두 **발전적인** 민족 문화의 수립에 앞장서자. 让我们一起带头儿树立**可发展性的**民族文化吧。 (발전적인 → **可发展性的**)

발표 (發表)★★ 동＋명   发表² [fā biǎo] 动

❶어떤 사실이나 결과, 작품 따위를 세상에 널리 드러내어 알림.

將某种事实或结果、作品之类公布于众。

▷당선자 **발표**. 公布当选者。

논문 **발표**. 发表论文。 공식 **발표**. 正式发表。

소비자 보호 단체의 **발표**에 따르면, 식품 유통기한 위반 사례가 늘고 있다고 한다.

根据消费者保护团体公布的数据显示，违反食品流通期限的事例正在增加。

사업자 선정 결과가 **발표되**다.

公布企业选定结果。

그 소설을 **발표**하고 싶다. 想发表那篇小说。

❷『한의학』 땀을 내서 겉에 있는 사기(邪氣)를 발산시키는 치료법.

『中医』通过出汗来发散邪 气的治疗法。

❶向集体或社会表达(意见)。

집체 혹은 사회에 대해 표현(의견)을 하다.

▷发表谈话。 담화를 발표하다.

发表声明。 성명을 발표하다.

代表团成员已经确定，名单尚未正式发表。

대표팀 성원은 이미 확정되었지만 명단은 정식으로 발표되지 않았다.

❷在报刊或互联网上登载(文章、绘画、歌曲等)。

간행물 혹은 온라인에(서) 등재하다(문장, 회화, 노래 따위).

▷发表论文。 논문을 발표하다.

他一年内发表了好几篇小说。

그는 1년 내에 여러 편의 소설을 발표하였다.

한·중 공통의미

발표❶= 发表❶+ ❷

한국어에서만의 의미(韓)	중국어에서만의 의미(中)
❷『한의학』 땀을 내서 겉에 있는 사기(邪氣)를 발산시키는 치료법. 『中医』通过出汗来发散邪 气的治疗法。	없음

방 (房)★ [방] 명   房☆ [fáng]

❶사람이 살거나 일을 하기 위하여 벽 따위로 막아 만든 칸.

为了住人或做事而用墙之类的所建的屋。

❶ 名 房子。

집.

▷一所房子。 집 한 채. 三间房子。 방 세 칸.

▷방 두 칸짜리 집. 两室的房子。

방이 넓다. 房间很宽敞。

그는 이 근처에 방을 하나 얻었다.
他在这附近租了一间房。

❷우리나라 성(姓)의 하나.
韩国的姓氏之一。

❷房间。

　방.

▷卧房。침실。客房。객실。

❸结构或作用像房子的东西。

　구조 혹은 작용이 집과 같은 것.

▷蜂房。벌집。莲房。연방.

❹指家族的分支。가족의 계열을 이르는 말.

▷长房。종가。远房。먼 친척.

❺量 用于妻子、儿媳妇等。

　아내, 며느리 등에 사용.

▷两房儿媳妇。며느리 두 명.

❻二十八宿之一。

　이십팔수 중 하나.

❼ 名 姓。

　성씨.

❽同"坊"。小手工业者的工作场所。

"작업장"과 동일하게 사용. 수공업자들의 작업장소

▷作坊(房)。수공업 작업장. 染坊(房)。염색 작업장.

한·중 공통의미

①방. 房间。 방❶= 房 ❷
②성(姓)의 하나. 姓。 방❷= 房 ❼

한국어에서만의 의미(韓)	중국어에서만의 의미(中)
없음	❶房子。집.
	❸结构或作用像房子的东西。
	구조 혹은 작용이 집과 같은 것.
	❹指家族的分支。가족의 계열을 이르는 말.
	❺用于妻子、儿媳妇等。아내, 며느리 등에 사용.
	❻二十八宿之一。 이십팔수 중 하나.
	❽同"坊"。小手工业者的工作场所。
	"작업장"과 동일하게 사용. 수공업자들의 작업장소

방법 (方法)★ [방법] [방법만 [방뻠만]] 　명　　　　**方法**甲 [fāng fǎ] 名

❶어떤 일을 해 나가거나 목적을 이루기 위하여 취하는 수단이나 방식.

　解决某事或为了达到目的而采取的。

▷사용 방법. 使用方法。

❶关于解决思想说话行动等问题的门路程序等。

　사상, 말, 행동 따위 문제를 해결하는 방법이나 수단.

▷工作方法。일하는 방법. 学习方法。학습 방법.

방법을 모색하다. 寻求办法。　　　　　　　思想方法。 생각 방식.

방법 = 方法

방송 (放送)★ [방·송] 동 + 명　　　　　　　Ø

❶라디오나 텔레비전을 통하여 널리 듣고 볼 수 있
도록 음성이나 영상을 전파로 내보내는 일.
　通过收音机或电视来传播声音或影像使人能够
　听到及看到。
▷오늘 녹화한 것은 다음 주에나 방송이 된다.
　今天录制的会在下周播放。
　그 프로그램은 시청률이 낮아 방송이 중단되었다.
　那个节目的收视率太低, 停止了播出。
　축구 경기가 전국으로 방송되었다.
　足球比赛进行了全国播放。
　텔레비전에서 축구 경기를 방송하고 있다.
　电视里正在播放足球比赛。
❷죄인을 감옥에서 나가도록 풀어 주던 일.
　把罪犯从监狱里放出来。
▷민병 여섯 명을 일시에 방송하였다.
　同时释放了6名民兵。

❶广播[甲] [guǎng bō], 播放[丁] [bōfàng],
节目[甲] [jié mù]
▷交通广播。 교통 방송.
　这次广播到此结束。
　이번 방송은 이것으로 끝냅니다.
　播放新闻。 뉴스를 방송하다
　电视里正在播放足球比赛。
　텔레비전에서 축구 경기를 방송하고 있다.
　向一直以来收看本台节目的大家表示感谢。
　그동안 저희 방송을 애청해 주신 청취자 여러분
　께 뜨거운 감사의 말씀을 드립니다.
❷释放[丁] [shì fàng]
▷刑满释放。 형이 만기가 되어 석방되다.

한·중 공통의미

없음
한국어 한자어의 '放送'는 중국어에서는 이런 단어가 존재하지 않음. 같은 의미로써 쓰고 있는 단어는
广播, **播放**, **节目**란 단어가 있음. (中文中不存在韩国语中的'放送'一词, 所以与之相对应含义的中文词汇
为**广播**, **播放**, **节目**)

방식 (方式)★★ [방식] 명 [방식만 [방상만]]　　方式[乙] [fāng shi] 名

❶일정한 방법이나 형식.
　某种方法或形式。
▷행동 방식. 行动方式。 생활 방식. 生活方式。
　지금까지의 경영 방식으로는 경쟁에서 살아남기
　가 어렵다.
　以现在的经营方式是难以从竞争中存活下来的。

❶说话做事所采取的方法和形式。
　말이나 일을 함에 있어 사용하는 방법이나 형식.
▷工作方式。 일하는 방식.
　批评人要注意方式。
　사람을 비평할 때 방식을 주의해야 한다.

한·중 공통의미

방식 = 方式

방안 (方案)★★ [방안] 명

❶일을 처리하거나 해결하여 나갈 방법이나 계획.
　为了处理或解决问题而做出的方法或计划.
▷실천 방안. 实践方案.
　해결 방안이 좀처럼 떠오르지 않는다.
　无法轻易地找到解决方案.

方案ᶻ [fāng àn] 名

❶工作的计划.
　작업 계획.
▷教学方案. 교육 계획.
　建厂方案. 공장 건설방안.
❷制定的法式.
　제정한 법식.
▷汉语拼音方案. 중국어 병음 방안.

한·중 공통의미

①작업 계획. 工作的计划. **방안❶**= **方案❶**

한국어에서만의 의미(韓)	중국어에서만의 의미(中)
없음	❷制定的法式. 제정한 법식.

방침 (方針)★★★ [방침] 명

❶앞으로 일을 치러 나갈 방향과 계획.
　今后处理事情的方向和计划.
▷기본 **방침**. 基本方针. 교육 **방침**. 教育方针.
　반대 의견이 많지만 기존 **방침**대로 추진할 계획
　이다.
　即使有很多反对意见，但还是计划按既定方针
　来促进.
❷방위를 가리키는 자석의 바늘.
　指引方位的磁针.

方针ᶻ [fāng zhēn]

❶ 名 为发展某项事业制定的指导原则.
　어떤 사업을 발전하기 위해 제정한 지도원칙.
▷基本**方针**。기본방침.
　教育**方针**。교육방침.

한·중 공통의미

①지도원칙. 指导原则. **방침❶**= **方针❶**

한국어에서만의 의미(韓)	중국어에서만의 의미(中)
❷방위를 가리키는 자석의 바늘. 指引方位的磁针.	없음

방향 (方向)★ [방향] 명

❶어떤 방위(方位)를 향한 쪽.
　朝着某个方位的一侧.
▷동쪽 **방향**. 东方. **방향**을 잡다. 找方向.
　길을 잘못 들어 **방향**을 잃고 한참 헤맸다.

方向ᵐ [fāng xiàng] 名

❶指东、南、西、北等.
　동, 남, 서, 북 따위를 말한다.
▷在山里迷失了**方向**. 산에서 방향을 잃었다.
❷正对的位置；前进的目标.

走错了路，迷失了方向，兜转了好一阵子。

❷어떤 뜻이나 현상이 일정한 목표를 향하여 나아가는 쪽.

某种意见或现象朝着某种目标前进.

▷방향을 전환하다. 换个方向.

새로운 방향을 제시하다. 指出新的方向.

논의의 방향을 다른 곳으로 돌리지 마라.

不要将讨论的方向转向别处.

맞은 켠 위치; 전진하는 목표.

▷军队朝渡口的**方向**行进.

군대는 나루터 방향으로 행진하였다.

❸〈方〉情势.

<방언> 정세.

▷看**方向**做事. 정세를 보아 일을 하다.

한·중 공통의미	
①어떤 방위(方位)를 향한 쪽. 朝着某个方位的一侧. **방향❶**=**方向❶**	
②일정한 목표를 향하여 나아가는 쪽. 朝着某种目标前进. **방향❷**=**方向❷**	
한국어에서만의 의미(韓)	중국어에서만의 의미(中)
없음	❸情势. 정세.

배 (倍)★ [배:] 명

❶어떤 수나 양을 두 번 합한 만큼.

相当于一定的数或量的两次相加的和.

▷물가가 배로 올랐다. 物价上涨了一倍.

❷(주로 고유어 수 뒤에 쓰여)일정한 수나 양이 그 수만큼 거듭됨을 이르는 말.

(主要用于固有词数字之后)表示一定的数或量的重复翻倍.

▷힘이 세 배나 들다. 增加了3倍的力量.

속도가 네 배로 빨라졌다. 速度加快了4倍.

倍甲 [bèi]

❶量跟某数的几倍就是用几乘某数.

기존 수의 몇 배란 그 수에 몇을 곱한 수를 말한다.

▷二的五倍是十. 2의 5배는 10이다.

❷副加倍.

매우, 더더욱.

▷倍增. 갑절로 늘다.

事半功倍. 적은 노력으로 큰 성과를 거두다.

每逢佳节倍思亲.

명절 때만 되면 부모에 대한 그리움이 더해진다.

❸ 名 姓.

성씨.

한·중 공통의미	
① 배❶+❷= 倍❶	
한국어에서만의 의미(韓)	중국어에서만의 의미(中)
없음	❷加倍. 매우, 더더욱.
	❸姓. 성씨.

배경 (背景)★★ [배:경] 명

❶뒤쪽의 경치.

后方的景致.

背景丙 [bèi jǐng] 名

❶舞台上或影视剧里的布景. 放后面, 衬托前景.

▷아름다운 배경. 美丽的背景。

배경이 좋은 곳에서 사진을 찍자.
我们到背景好的地方拍照吧。

❷사건이나 환경, 인물 따위를 둘러싼 주위의 정경.
事件或环境、人物之类的周围的情景。

▷사건의 배경. 时间背景。

역사적 배경. 历史背景。

정치적 배경. 政治背景。

❸앞에 드러나지 아니한 채 뒤에서 돌보아 주는 힘.
不显露在外，而是在背后支援的力量。

▷배경이 든든하다. 后台硬。

그 회사는 배경이 좋은 사람을 선택했다.
那家公司选择了背景好的人。

❹『문학』 문학 작품에서, 주제를 뒷받침하는 시대
적·사회적 환경이나 장소

在文学作品中烘托主题的时代的·社会的环境
或场所。

▷그 소설은 조선 후기를 배경으로 한 작품이다.
那部小说是以朝鲜后期为背景的作品。

❺『연영』 무대 뒤에 그리거나 꾸며 놓은 장치.
『演映』舞台后面的布景。

무대 혹은 드라마에서의 세트 뒤에 놓이면서 앞
의 풍경을 부각시킨다.

❷图画、摄影里衬托主体事物的景物。

그림, 사진 속에서 주요사물을 부각시키는 경치.

❸对人物、事件起作用的历史情况或现实环境。

인물, 사건에 작용을 하는 역사상황 혹은 현실환경.

▷历史背景。 역사적 배경.

政治背景。 정치적 배경.

❹指背后倚仗的力量。

기댈 수 있는 힘을 가리킨다.

▷他说话的口气很硬，恐怕是有背景的。

그의 말투가 아주 센 것을 보아서는 아마도 배경
이 있는 사람인 것 같다.

한·중 공통의미

①뒤쪽의 경치. 后方的景致. 배경❶= 背景❷

②사건이나 환경, 인물 따위의 정경. 事件或环境、人物的情景. 배경❷= 背景❸

③뒤에서 돌보아 주는 힘. 在背后支援的力量. 배경❸= 背景❹

④무대나 문학 작품에서 그리거나 꾸며 놓은 장치. 舞台上或影视剧里的布景. 배경❹+❺= 背景❶

범죄 (犯罪)★★ [범:죄/범:줴]

❶법규를 어기고 저지른 잘못.
触犯法规并构成罪行。

▷강력 범죄. 暴力犯罪。

범죄를 저지르다. 作案。

사회가 각박해지면서 범죄가 날로 늘어나고 있다.
随着社会变得越来越刻薄，犯罪日益增多。

犯罪丙 [fàn zuì] 动

❶指触犯法律而构成罪行。

법규를 어기고 저지른 행위.

▷犯罪行为。 범죄 행위.

预防未成年人犯罪。 미성년 범죄를 예방하다.

盗骗国家财产是犯罪行为。

국가 재산을 절도 편취하는 것은 범죄 행위다.

한·중 공통의미

범죄 = 犯罪

결합정보: 중국어의 '**犯罪**'는 그대로 관형사로 쓰일 수 있지만 한국어에서의 '**범죄**'는 '적'과 결합해야만 관형사로 쓰일 수 있다. 中文的'**犯罪**'可以作为形容词使用，但韩语的'**범죄**'只有和'적'结合，才能作为形容词来使用。

①그의 행동에는 <u>범죄 요소</u>가 짙게 배어 있다. (×)

　그의 행동에는 <u>범죄적 요소</u>가 짙게 배어 있다. (O)　他的行动中含有严重的<u>犯罪要素</u>。

②<u>범죄 의도</u>가 있다. (×)

　<u>범죄적인 의도</u>가 있다. (O)具有<u>犯罪意图</u>。

법 (法)★★ [법만 [범-]]　　　　　法ᵀ [fǎ] 名

❶ 명 국가의 강제력을 수반하는 사회 규범.
국가制定的具有强制力的社会规范.
▷**법**을 어기다. 违法. **법**을 준수하다. 遵守法律.
　법을 제정하다. 制定法律.

❷ 명 『불교』그 자체의 성품을 간직하여 변하지 않고 궤범(軌範)이 되어서 사람이 사물에 대하여 일정한 이해를 낳게 하는 근거가 되는 것.
『佛教』了解自身的品性，保持不变，形成軌範， 成为把人对事物的某种理解融入其中的根据.

❸ 명 『언어』=서법(敍法).
『语言』=叙法.

❹ 명 '프랑'의 음역어.
'法国'的音译.

❺ 명 ('-는' 뒤에 쓰여)방법이나 방식.
(用于'-는'之后)表方法或方式.
▷공부하는 **법**. 学习方法. 계산하는 **법**. 计算方法.

❻ 의 (어미 '-는' 뒤에 쓰여)해야 할 도리나 정해진 이치.
(用于词尾'-는(概念助词)'之后)表示必须遵守的道理或定下来的法则.
▷여자라고 해서 남자에게 지라는 법이 있나요?
哪有女人就一定得输给男人的道理呀?

❼ 의 (어미 '-는' 뒤에 쓰여)행동하는 습성의 예를 이르는 말.
(用于词尾'-는'后)表示以行动的习性为例.
▷그는 아무리 늦게 일어나도 아침밥을 거르는 **법**이 없다.
他不管起来得再晚也不会错过吃早饭的.

❽ 의 ('-은/는 법이다' 구성으로 쓰여)앞말의 동작이나 상태가 당연함을 나타내는 말. (用'-은/는 법이다' 的结构).

❶ 由国家制定或认可，用国家强制力保证执行的行为规则的总称，包括法律、法令、条例、命令、决定等。
국가에서 제정하거나 인정 하고 국가의 강제적인 힘으로 집행을 보장하는 행위 규칙의 총칭. 법률, 법령, 조례, 명령, 결정 따위를 포함한다.
▷合法. 합법.
　婚姻法. 혼인법.

❷ 方法、方式.
방식, 방법.
▷办法. 방법.
　用法. 사용법.

❸ 标准，模范，可以效仿的.
표준, 모범, 모방하는 것
▷法帖. 법첩. 法书. 법서.

❹ 仿效，效法.
모방, 본받다.
▷师法. 사법.
　法其遗志. 유지를 본받다.

❺ 佛教的道理.
불교의 도리.
▷佛法. 불법.
　现身说法.
　부처가 인간 모습으로 나타나 설

表示前面的动作或状态是的理所当然的。

▷죄를 지으면 누구나 벌을 받는 **법**입니다.

无论是谁，只要犯罪就会受到惩罚。

❾ 의 (어미 '-을' 뒤에 쓰여)어떤 일이 그럴 것 같다는 뜻을 나타내는 말.(用于词尾 '-을' 之后) 表示感觉某件事情好像是那样的。

▷일이 잘될 **법**은 하다만. 看来事情办得不错。

❿ 의 (일부 명사 뒤에 붙어)'방법' 또는 '규칙'의 뜻을 더하는 접미사. (用于部分名词后)是更强调'方法' 或'规则'意思的后缀。

▷계산법. 计算法. 교수법. 教学法. 조리법. 烹饪法.

⓫ 동 (용언 뒤에서 '-을 법하다' 구성으로 쓰여)앞말이 뜻하는 상황이 실제 있거나 발생할 가능성이 있음을 나타내는 말. (在用言之后，用'-을 법하다'的结构)

表示前面所说的情况是真实的或者有可能发生的。

▷눈이 내릴 **법**한 날씨. 像是要下雪的天气.

그 사람이 이미 와 있을 **법**하다. 他应该已经来了.

네 말을 들으니 그럴 **법하다**는 생각이 든다.

听了你的话，我也觉像是那样.

법하다.

❻法术.

법술.

▷做法。법술을 하다.

斗法。도술을 부려 싸우다.

❼姓.

성씨.

❽指法国.

프랑스를 가리킨다.

▷法语, 法文。프랑스어.

❾法拉的简称，电的单位.

패럿의 약칭, 전력의 단위.

한·중 공통의미

①국가의 강제력을 수반하는 사회 규범. 国家具有强制力的社会规范. **법❶=法❶**

②불교의 도리. 佛教的道理。**법❷=法❺**

③프랑스. 法国. **법❹=法❽**

④방식, 방법. 方法、方式. **법❺+❿=法❷**

한국어에서만의 의미(韓)	중국어에서만의 의미(中)
❸『언어』=서법(敍法). 『语言』=叙法.	❸标准，模范，可以效仿的.
❻해야 할 도리나 정해진 이치. 必须遵守的道理或定下来的法则.	표준, 모범, 모방하는 것.
❼행동하는 습성의 예를 이르는 말. 以行动的习性为例.	❹仿效，效法. 모방, 본받다.
❽동작이나 상태가 당연함을 나타내는 말.	❻法术. 법술.
前面的动作或状态是的理所当然的.	❼姓. 성씨.
❾어떤 일이 그럴 것 같다는 뜻.	❾法拉的简称，电的单位.
表示感觉某件事情好像是那样的.	패럿의 약칭, 전력의 단위.
❿어떤 일이 그럴 것 같다는 뜻.	
⓫앞말이 뜻하는 상황이 실제 있거나 발생할 가능성이 있음.	
表示前面所说的情况是真实的或者有可能发生的.	

번역 과정 중의 비대칭 대응

▷**법적** 조치. **法律**措施. **법적** 대응. **法律**应对. (법적 → 法律)

법적인 절차. **法律**程序. (법적인 → 法律)

그것은 **법적으로** 아무런 문제가 없다. 那个**在法律上**不存在任何问题. (법적으로 → 在法律上)

법칙 (法則)★★ [법칙] 명 [법칙만 [-칙-]]

法则ᵀ [fǎ zé] 名

❶반드시 지켜야만 하는 규범.
必须遵守的规范。

❷『수학』 연산의 규칙.
『数学』演算规则。

❸『철학』 모든 사물과 현상의 원인과 결과 사이에
내재하는 보편적·필연적인 불변의 관계.
『哲学』 存在于所有事物与现象的原因和结果之
间的、内在的、普遍的、必然的, 不变的关系。

▷이 우주의 순환 법칙은 사람이나 만물이나 다 같
아서, 오면 가고 가면 오고, 자꾸 변하는 것 아닌가.
宇宙的循环法则无论对人还是万物都是一样
的, 永远不会改变。

❶规律；规则。
법률；법칙。

▷自然**法则**。 자연법칙。
运算**法则**。 연산법칙。

❷行为的准则, 规矩。
행위의 준칙, 규칙。

▷人民利益高于一切，这是我们共产党人的**法
则**。
인민의 이익은 무엇보다 중요하다는 것이 우리
공산당의 법칙이다。

❸(书)模范；榜样。
모범；본보기。

<table>
<tr><td colspan="2" align="center">한·중 공통의미</td></tr>
<tr><td colspan="2">①반드시 지켜야만 하는 규범. 必须遵守的规范。 법칙❶= 法则❷</td></tr>
<tr><td colspan="2">②법률, 법칙, 规律；规则。 법칙❷+❸= 法则❶</td></tr>
<tr><td align="center">한국어에서만의 의미(韓)</td><td align="center">중국어에서만의 의미(中)</td></tr>
<tr><td>없음</td><td>❸(书)模范；榜样。 모범；본보기</td></tr>
</table>

번역 과정 중의 비대칭 대응

▷**법칙적** 질서. **必须遵守的**秩序。 (법칙적 → 必须遵守的)

　법칙적인 필연성. **法则上的**必然性。 (법칙적인 → 法则上的)

벽 (壁)★ [벽] 명 [벽만 [병만]]

壁ᵇᶦ [bì] 名

❶집이나 방 따위의 둘레를 막은 수직 건조물.
家或房间等周围挡着的竖直的建筑物。

▷벽에 기대다. 靠着墙。 벽이 무너지다. 墙壁倒塌。
우리 집은 올해도 벽에 페인트를 칠했다.
我们家今年也刷了墙壁。

❷극복하기 어려운 한계나 장애를 비유적으로 이르
는 말.
比喻难以克服的界限或障碍。

▷불신의 벽을 깨라. 打破不信任的壁垒吧。
대립과 증오의 벽을 넘어 화해와 협력의 시대를
열었다.
跨越对立与憎恶的壁垒, 开启和解与合作的时代。

❶墙。
벽。

▷壁报。 벽보
家徒四壁。 집 안에는 사방의 벽밖에 없다.

❷某些物体上作用像围墙的部分。
어떤 물체에서 그 작용이 벽과 흡사한 부분을 말
한다。

▷井壁。 우물벽。 细胞壁。 세포벽。

❸像墙那样直立的山石。
벽처럼 곧게 세워진 산석。

▷绝壁。 절벽。 峭壁。 가파른 절벽。

❹壁垒。

❸관계나 교류의 단절을 비유적으로 이르는 말. 比喻关系或交流的断绝。

▷냉전의 벽을 허물다. 拆除冷战的壁垒。

❹고리 모양으로 만든 옥(玉). 예전에 중국에서 주로 제기(祭器)나 장식품으로 썼다.

做成环形 的玉。以前在中国主要用来做祭器或装饰品。

보루(방어벽).

▷坚壁清野。

적군이 거점을 함락시키지 못하고 물자를 뺏지도 못하게 하다.

❺二十八宿之一。

이십팔수 중 하나.

한·중 공통의미
①집이나 방 따위의 둘레를 막은 수직 건조물. 墙。 벽❶= 壁❶+❷+❸
②보루(방어벽). 壁垒。 벽❷+❸= 壁❹

한국어에서만의 의미(韓)	중국어에서만의 의미(中)
❹고리 모양으로 만든 옥(玉). 做成环形的玉。	❺二十八宿之一。 이십팔수 중 하나.

변화 (變化)★★ [변·화] 동 + 명   变化甲 [biàn huà] 动 + 名

❶사물의 성질, 모양, 상태 따위가 바뀌어 달라짐. 事物的质性、模样、状态之类变得不同。

▷변화가 생기다. 产生变化。

사회적인 변화가 가속되면서 사람들의 가치관도 많이 달라졌다.

随着社会的加速变化，人们的价值观也发生了很大的改变。

나는 그의 태도가 낙천적으로 변화될 것으로 본다.

我看到他的态度变得乐观了。

아이는 점차 모범생으로 변화해 가고 있다.

孩子正渐渐地变成模范生。

❶事物在形态上或本质上产生新的状况。

사물이 형태나 본질에서 새로운 상황이 발생하는 것을 말한다.

▷形 势变化得很快。 형세의 변화가 아주 빠르다.

这几年家乡的变化特别大。

최근 몇 년간 고향의 변화는 매우 크다.

한·중 공통의미
변화 = 变化

병 (病)★ [병:] 명   病甲 [bìng]

❶생물체의 전신이나 일부분에 이상이 생겨 정상적 활동이 이루어지지 않아 괴로움을 느끼게 되는 현상. 生物体的全身或一部分产生了异常，无法正常地活动并感到痛苦的现象。

▷병이 낫다. 病好了。

그는 한 달 동안 병을 심하게 앓더니 얼굴이 반쪽

❶名 生理上或心理上发生的不正常的状态。

생리적 혹은 심리적으로 발생한 비정상적인 상태를 말한다.

▷心脏病。 심장병.

他的病已经好了。 그의 병은 완치되었다.

❷动 生理上或心理上发生的不正常的状态。

이 되었다.

这一个月以来，他病得太重了，脸都瘦得不成样子了。

❷(일부 명사 뒤에 붙어)'질병'의 뜻을 나타내는 말. (用于部分名词后)表示'疾病'的意思。

▷간질병. 肝病. 심장병. 心脏病.

❸기계나 기구 따위가 고장이 나서 정상적으로 작동하지 못함을 비유적으로 이르는 말.
比喻机械或器具之类的出现了故障，无法正常运转。

▷기계가 병이 들었는지 전혀 작동을 하지 않는다.
机械出了毛病，根本运行不了。

❹깊이 뿌리박힌 잘못이나 결점.
根深蒂固的错误或缺点。

▷소심한 것이 바로 너의 병이다.
你的毛病(问题)就是太过于小心了。

▷ 병적 망상/병적 집념//그는 영화에 병적으로 집착한다./그의 결벽증은 거의 병적이다.
妄想症/病态的执着 // 他对电影有着病态的执着。/他的洁癖是病。

생리적 혹은 심리적으로 비정상적인 상태가 발생하는 것을 가리킨다.

▷他着了凉，病了三天。
그는 감기에 걸려 3일이나 앓았다.

❸害处; 私弊。
해로운 점; 부정행각.

▷弊病。 폐단.

❹缺点; 错误。결점; 잘못.

▷语病。 어폐.
通病。일반적인 결점.

❺<书>祸害; 损害。
<서면어>화근; 손해.

▷祸国病民。 나라와 백성에게 해를 끼치다.

❻<书>责备; 不满。
<서면어>책망; 불만.

▷诟病。 책망하다.
为世所病。 세상 사람들의 비난을 받다.

한·중 공통의미
①질병. 病. 병❶+❷= 病❶
②깊이 뿌리박힌 잘못이나 결점. 错误或缺点. 병❹= 病❹

한국어에서만의 의미(韓)	중국어에서만의 의미(中)
❸기계나 기구 따위가 고장이 나서 정상적으로 작동하지 못함을 비유적으로 이르는 말. 比喻机械或器具之类的出现了故障，无法正常运转。	❷生理上或心理上发生不正常状态。 병에 걸리다. ❸害处; 私弊。 해로운 점; 부정행각. ❺祸害; 损害。 화근; 손해. ❻责备; 不满。 책망; 불만.

번역 과정 중의 비대칭 대응

▷병적 망상. 妄想症。(병적 → 症)

　그는 영화에 병적으로 집착한다. 他对电影有着病态的执着。(병적으로 → 病态的)

　그의 결벽증은 거의 병적이다. 他的洁癖是病。(병적 → 病)

병원 (病院)★ [병:-] 명　　　　　**病院**☆ [bìng yuàn] 名

❶병자(病者)를 진찰, 치료하는 데에 필요한 설비를 갖추어 놓은 곳.

❶专治某种疾病的医院。
어떤 질병을 전문적으로 치료하는 병원.

对患者进行诊察，具有治疗方面所需的设备的
地方。

▷**병원**에 입원하다. 住院。

교통사고를 당한 환자를 급히 **병원**으로 옮겼다.
发生交通事故的患者被紧急送往了医院。

❷『법률』 30명 이상의 환자를 수용할 수 있는 시설
을 갖춘 의료 기관. 의원보다 크다.

『法律』 可以收容30名患者以上的具有医疗设施
的医疗机关。比诊所大。

▷精神**病院**。 정신병원.

传染**病院**。 전염병병원.

한·중 공통의미

없음

한국어에서만의 의미(韓)	중국어에서만의 의미(中)
❶병자(病者)를 진찰, 치료하는 데에 필요한 설비를 갖추어 놓은 곳. 医院. ❷『법률』 30명 이상의 환자를 수용할 수 있는 시설을 갖춘 의료 기관.『法律』 可以收容30名 患者以上的具有医疗设施的医疗机关。	❶专治某种疾病的医院. 어떤 질병을 전문적으로 치료하는 병원.

관련어휘

医院 [yī yuàn]는 한국어 ‘**병원**’의 대역어로 볼 수 있다.

보도 (報道)★★ [보ː도] 동+명   报道ᶻ [bào dào]

❶대중 전달 매체를 통하여 일반 사람들에게 새로운 소식을 알림. 또는 그 소식.

通过大众传达媒体将新消息告诉给普通人的事情，或指消息。

▷신문 **보도**를 읽다. 阅读新闻报道。

그 신문은 항상 **보도**의 내용이 정확하다.
那个报纸报道的内容常常很准确。

그 소식은 신문에 외신으로 **보도되**었다.
那则消息是由海外报纸报道的。

중앙 일간지에서는 사건의 범인이 피해자를 잘아는 측근이었다고 **보도했**다.

中央日报报道了事件的犯人是与被害者相识的熟人。

❶动 通过报纸、杂志、广播、电视或其他形式把新闻告诉群众。

신문, 잡지, 라디오, TV 혹은 기타 형식으로 뉴스를 대중들에게 전달하는 것을 말한다.

▷**报道**消息。 소식을 보도하다.

❷名 用书面或广播、电视等形式发表的新闻稿。

서면 혹은 라디오, TV 따위의 형식으로 발표하는뉴스 원고

▷他写了一篇关于赛事的**报道**。

그는 시합에 관한 보도를 작성하였다.

한·중 공통의미

보도 = 报道

보통 (普通)★ [보·통]

❶ 〔명〕 특별하지 아니하고 흔히 볼 수 있어 평범함.
또는 뛰어나지도 열등하지도 아니한 중간 정도
不特殊并且很常见很平凡。或者不优不劣的中
间程度。
▷보통 실력. 实力一般. 보통의 키. 普通身高.
남들은 보통으로 넘어갈 일도 그는 꼼꼼하게 짚
고 넘어간다.
别人通常差不多就过去的事，他却认真地考虑。
❷ 〔부〕 일반적으로. 또는 흔히.
一般。或者常见。
▷그는 보통 일곱 시에는 일어난다.
他普通一般7点起床。
이 마을 사람들은 보통 소 한 마리씩 기른다.
这个村子的人一般都养一头牛。

普通^乙 [pǔ tōng] 〔形〕

❶平常的；一般的。
평상적인; 일반적인.
▷普通人。일반인.
这种款式很普通。
이런 스타일은 너무 일반적이야.

한·중 공통의미

보통 = 普通

번역 과정 중의 비대칭 대응
▷보통 실력 实力一般 (보통 → 一般)
普通人 일반인 (普通 → 일반)

보호 (保護)★★ [보:호] 〔동〕+〔명〕

❶위험이나 곤란 따위가 미치지 아니하도록 잘 보
살펴 돌봄.
为了避免危险或困难等而提供很好的照顾及照
料。
▷보호를 받다. 受保护.
중소기업의 보호가 시급하다.
对中小企业的保护迫在眉睫。
법으로 보호되다. 用法律保护.
국민의 생명과 재산을 보호하다.
保护市民的生命与财产。
❷잘 지켜 원래대로 보존되게 함.
保护好，像原来那样地保存。
▷민족 유산의 보호. 民族遗产的保护。

保护^乙 [bǎo hù] 〔动〕

❶尽力照顾，使不受损害。
최대한 보살펴 손해를 입지 않도록 하는 행위.
▷保护眼睛。눈을 보호하다.
保护妇女儿童的权益。
부녀 아동의 권리를 보호하다.

문화재 **보호**. 文物保护。

생태계가 원래의 모습으로 잘 **보호되**었다.

生态界受到了良好的保护，保持着原来的样

子。

자연을 **보호하다**. 保护自然。

한·중 공통의미

보호 = **保护**

부담(負擔)★★ [부·담] 동+명 | ## 负担^丙 [fù dān]

❶ 동+명 어떠한 의무나 책임을 짐.
承担某种义务或责任。

▷**부담**이 없다. 没有负担。

　부담을 가지다. 有负担。

　그 일은 아이한테 너무 **부담**을 준다.

　那件事对孩子而言是个沉重的负担。

　주최 측이 경비를 **부담하**였다.

　由主办方负担了经费。

❷ 명 옷이나 책 따위의 물건을 담아서 말에 실어
운반하는 작은 농짝.

　用马拉着的装有衣服或书之类的东西进行搬运

　的小柜子。

▷그는 말에 실린 부담에서 엽전 한 꿰미를 꺼내어

　마루에 던지고 가 버렸다.

　他从马上驮着的小柜子里掏出来一串铜钱扔在

　地上走了。

❶ 动 承当(责任、工作、费用等)。

　담당하다(책임, 작업, 비용 등).

▷差旅费由所属单位负担。

　출장비는 소속 회사에서 부담한다.

❷ 名 承受的压力或担当的责任、费用等。

　받는 스트레스 혹은 짊어진 책임, 비용 따위.

▷思想负担。정신적인 부담.

　家庭负担。가정 부담.

　减轻负担。부담을 덜어 주다.

한·중 공통의미

①어떠한 의무나 책임을 짐. 承担某种义务或责任。**부담**❶= **负担**❶+❷

한국어에서만의 의미(韓)	중국어에서만의 의미(中)
❷말에 실어 운반하는 작은 농짝. 搬运用的小柜子。	없음

부모(父母)★ [부모] 명 | ## 父母[☆] [fù mǔ]

❶아버지와 어머니를 아울러 이르는 말.
对父亲和母亲的统称。

▷**부모**를 공경하다 尊敬父母

❶ 名 父亲和母亲。

　부친과 모친.

▷奉养**父母**是人子应分的。

결혼하기에 앞서 양가 **부모**에게 인사를 하다. 부모를 봉양하는 것은 자식으로서 당연한 일이다.
结婚之前先见两家的父母。

부모 = 父母

부문 (部門)★★ [부분] 명 / 部门 ᶻ [bù mén] 名

❶일정한 기준에 따라 분류하거나 나누어 놓은 낱낱의 범위나 부분.
按照某种标准进行分类或划分的各种范围或部分。
▷중공업 **부문**. 重工业部门.
사회 과학 **부문**. 社会科学部门.
자연 과학은 여러 **부문**으로 나뉜다.
自然科学分为很多个领域。

❶组成某一整体的部分或单位。
한 전체를 구성하는 부분 혹은 단위
▷工业**部门**. 공업 부문.
一本书要经过编辑、出版、印刷、发行等**部门**，然后才能跟读者见面。 한 권의 책은 편집, 출판, 인쇄, 발행 등 부문을 거쳐야만 독자들과 만날 수 있다.

한·중 공통의미

❶분류하거나 나누어 놓은 낱낱의 부분. 组成某一整体的部分或单位。

한국어에서만의 의미(韓)	중국어에서만의 의미(中)
❶나누어 놓은 낱낱의 범위. 范围或领域	없음

부부 (夫婦)★ [부부] 명 / 夫妇 ᵀ [fū fù]

❶남편과 아내를 아울러 이르는 말.
对丈夫和妻子的统称。
▷**부부** 관계. **夫妻**关系. **부부** 싸움. **夫妻**吵架.
맞벌이 **부부**. 双职工夫妇.
그들은 동네에서 사이 좋기로 소문난 **부부**다.
他们是小区里有名的恩爱夫妻。

❶ 名 夫妻。
남편과 아내.
▷新婚夫妇. 신혼부부.
他们夫妇俩膝下有一男一女。
그들 부부간에 1남1녀가 있다.

한·중 공통의미

부부 = 夫妇

번역 과정 중의 비대칭 대응
▷부부 관계. 夫妻关系. 　　부부 싸움. 夫妻吵架. (부부 → 夫妻)

부분 (部分)★ [부분] 명 / 部分 ᵇ [bù fen] 名

❶전체를 이루는 작은 범위. 또는 전체를 몇 개로 ❶整体中的局部；整体里的一些个体。

나눈 것의 하나.

　组成整体的小的范围。或者整体的几部分之一。

▷행사를 세 **부분**으로 나누어 진행하다.

　活动分三个部分进行。

이 글은 마지막 **부분**에 요지가 들어 있다.

　这篇文章的主旨包含在最后一部分中。

전체에서의 일부; 전체에서의 일부 개체.

▷检验机器各**部分**的性能。

기계 각 부분의 성능을 점검하다.

我校**部分**师生参加了夏令营活动。

우리 학교 일부 교사와 학생들은 여름캠프활동에 참여하였다.

한·중 공통의미

부분 = 部分

결합정보: 중국어의 '部分'는 그대로 관형사로 쓰일 수 있지만 한국어에서의 '부분'는 '적'과 결합해야만 관형사로 쓰일 수 있다. 中文的'部分'可以作为形容词使用，但韩语的'부분'只有和'적'结合，才能作为形容词来使用。

① 부분 기능 (×)

　부분적 기능 (O)　部分功能

②그 계획은 내년부터 **부분**나마 시행된다.(×)

　그 계획은 내년부터 **부분적**이나마 시행된다.(O) 那个计划从明年开始试行一部分。

번역 과정 중의 비대칭 대응

▷**부분적** 현상. **局部**现象. (부분적 → 局部)

　我校**部分**师生参加了夏令营活动. 우리 학교 **일부** 교사와 학생들은 여름캠프활동에 참여하였다.

　(部分 → 일부)

부인 (夫人)★ [부인] 명

❶남의 아내를 높여 이르는 말.

　对别人妻子的尊称。

▷**부인**은 안녕하시지요? 您夫人还好吧?

　저분이 부장님 **부인**이십니다.

　那位是部长夫人。

❷고대 중국에서, 천자의 비(妃) 또는 제후의 아내를 이르던 말.

　在中国古代，是指天子的妃或诸侯的妻子。

❸예전에, 사대부 집안의 남자가 자기 아내를 이르던 말.

　以前士大夫对自己妻子的称呼。

夫人甲 [fū ren] 名

❶古代诸侯的妻子称夫人，明清时一二品官的妻子封夫人，后用来尊称一般人的妻子。

　고대 제후의 아내를 부인이라 칭하고, 명·청 시기에는 일·이품 관료의 아내를 부인으로 봉하였다. 후에는 일반인의 아내를 존칭하는데 사용되었다.

▷他偕同夫人和子女回到久别的故乡。

　그는 부인과 자녀들을 동반하여 오랫동안 떠났던 고향으로 돌아왔다.

한·중 공통의미

① 부인❶+❷= 夫人❶

한국어에서만의 의미(韓)	중국어에서만의 의미(中)
❸예전에, 사대부 집안의 남자가 자기 아내를 이르던 말. 以前士大夫对自己妻子的称呼.	없음

분(分)★   **分**甲 [fēn]

❶ [명]+[동] 전체를 몇으로 나눈 부분.
把整体按几份分成的部分。

❷ [명] 자기 신분에 맞는 한도
符合自己身份的度。

▷사람으로서의 능력의 한계를 자각하고 자기의 분을 아는 것이 인생의 지혜다.
人要了解自己有多大的能力，知道自己分量，这即是人生的智慧。

❸ [명] 『역사』 조선 시대에, 무과에서 성적을 매기던 단위.
朝鲜时代计算武科成绩的分数单位。

❹ [의] 한 시간의 60분의 1이 되는 동안을 세는 단위.
计算一个小时的60分之1所经历的时间的单位。

▷10시 20분 10点 20分.
1분만 기다려 줘. 等1分钟。

❺ [의] 비율을 나타내는 단위.
比率的单位。

❻ [의] 길이의 단위. 한 분은 한 치의 10분의 1로, 약 0.3cm에 해당한다.
长度单位。1分是1尺的1/10，约等于0.3cm。

❼ [의] 무게의 단위. 귀금속이나 한약재 따위의 무게를 잴 때 쓴다. 한 분은 한 돈의 10분의 1로, 약 0.375그램에 해당한다.
重量单位。在测量贵金属或中药材之类的重量时使用。1分是1钱的1/10，约等于0.375克。

❽ [의] 『수학』 각도의 단위. 1분은 1도의 60분의 1이다.
『数学』角度单位。1分是1度的1/60。

❾ [의] 『지리』 위도나 경도를 나타내는 단위.
1분은 1도의 60분의 1이다.
『地理』纬度和经度的单位。1分是1度的1/60。

❿ [수]+[관] 일의 10분의 1이 되는 수. 또는 그런 수의.
1的1/10

❶ [动] 使整体事物变成几部分或使连在一起的事物离开(跟"合"相对)。
전체 사물이 여러 부분으로 나뉘게 하거나 한데 붙은 사물이 떨어지게 함.

▷一个瓜分两半。
수박 하나를 두 (조각)쪽으로 나누다.

❷ [动] 分配。분배.
▷这个工作分给你。이 일은 자네한테 맡길게.

❸ [动] 辨别。분별.
▷分清是非。시비를 분별하다.
不分皂白。흑과 백을 가르지 않다.

❹ 分支，部分。분파; 부분.
▷分会。분회. 分局。분국.

❺ [名] 得分。점수.
▷得分。점수.

❻ 分数。분수.
▷约分。약분. 通分。통분.

❼ 表示数学中的分数。
수학에서의 분수를 가리킨다.
▷二分之一 2분의 1. 百分之五 100분의 5.

❽ 十分之一(用于某些计量单位或抽象事物)。
10분의 1(일부 계량 단위 혹은 추상적인 사물에 사용).
▷分米。데시미터. 分升。데시리터.
九分成绩，一分缺点。9점의 성적에 1점의 결점.

❾ 量计量单位名称。계량 단위 명칭.
a)长度，10厘等于1分，10分等于1寸。
길이, 10리는 1분이고, 10분은 1치이다.
b)地积，10厘等于1分，10分等于1亩。
면적, 10리는 1분이고 10분은 1치이다.
c)质量或重量，10厘等于1分，10分等于1钱。
질량 혹은 중량, 10리는 1분이고, 10분은 1전이다.
d)货币，10分等于1角。화폐, 10분은 1전이다.
e)时间，60秒等于1分，60分等于1小时。
시간, 60초는 1분이고, 60분은 1시간이다.
f)弧或角，60秒等于1分，60分等于1度。
호 혹은 각, 60초는 1분이고, 60분은 1도이다.

g)经度或纬度，60秒等于1分，60分等于1度。

　　경도 혹은 위도, 60초는 1분이고, 60분은 1도이다.

h)利率，年利一分按十分之一计算，月利一分按百分之一计算。이율, 연리1분은 10분의 1로 계산하고, 월리 1분은 100분의 1로 계산한다.

I)评定成绩等。성적을 평가하는 따위를 말한다.

▷考试得了一百分。시험에서 100점을 받았다.

　　这场球赛双方只差几分。이 시합에서 쌍방의 점수는 몇 점 밖에 차이 나지 않았다.

⑩(fēn) 名 姓。성씨.

⑪成分。성분.

▷水分。수분. 盐分。염분.

⑫职责、权利等的限度。직책, 권리 등의 한도

▷本分。본분.　恰如其分。매우 적당하다.

⑬情分、情谊。정분, 정의.

▷看在老朋友的分上，原谅他吧。

　　옛 친구인 정을 봐서 그를 용서해줘.

⑭书面语，料想。짐작.

▷自分。스스로 짐작하다.

한·중 공통의미
①전체를 몇으로 나눈 부분. 把整体按几份分成的部分. 분❶= 分❶
②점수 단위. 得分. (분❸= 分❺+❾I)(한국어의 '분'은 조선 시대 무과에서 성적을 매기는 데에 한함)
③한 시간의 60분의 1. 60. 秒等于1分。*분❹= 分❾e)
④비율을 나타내는 단위. 比率的单位. (분❺= 分❾h)
⑤길이의 단위. 长度. (분❻=0.3cm, 分❾a)= 10cm)
⑥무게의 단위. 重量单位. (분❼=0.375그램, 分❾c)= 0.01그램)
⑦각도의 단위. 弧或角. (분❽= 分❾f)
⑧위도나 경도를 나타내는 단위. 经度或纬度. (분❾= 分❾g)
⑨일의 10분의 1. 十分之一. (분❿= 分❽)

한국어에서만의 의미(韓)	중국어에서만의 의미(中)
❷자기 신분에 맞는 한도. 符合自己身份的度.	❷分配。분배.
	❸辨别。분별.
	❾b)地积。면적. 10리는 1분이고 10분은 1치이다.
	d)货币，10分等于1角。화폐, 10분은 1전이다.
	⑩姓。성씨.
	⑫职责、权利等的限度。직책, 권리 등의 한도
	⑬情分、情谊。정분, 정의.
	⑭料想。짐작.

분석 (分析)★★ [분석] 동 + 명 [분석만 [-성-]]　　分析² [fēn xi] 动

❶얽혀 있거나 복잡한 것을 풀어서 개별적인 요소나 성질로 나눔.

解开纠结在一起的或者复杂的问题, 按个别的要素或性质来区分。

▷심리 **분석**. 心理分析. 원인 **분석**. 原因分析.

자료의 **분석**을 마쳤다. 资料的分析已完成.

문장은 구, 어절, 단어, 형태소와 같은 작은 단위로 **분석**될 수 있다.

文章可以按句、语节、单词, 词素等小的单位进行分析。

물질의 성분을 **분석하다**. 分析物质的成分。

❶把一件事物、一种现象、一个概念分成较简单的组成部分, 找出这些部分的本质属性和彼此之间的关系。

한 가지 사물, 한 가지 현상, 한 가지 개념을 비교적 간단한 구성으로 분리한 후 이러한 구성들의 본질 속성과 각자 사이의 관계를 찾아내는 것을 말한다.

▷**分析**问题。 문제를 분석하다。

分析目前国际形势。 현재 국제정세를 분석하다。

한·중 공통의미

분석 = 分析

번역 과정 중의 비대칭 대응

▷분석적 연구. **分析**研究. (분석적 → 分析)

분석적 관점. **分析式的**观点. (분석적 → 分析式的)

분석적으로 검토하다. **分析性的**讨论. (분석적으로 → 分析性的)

분야 (分野)★★ 명　　Ø

❶여러 갈래로 나누어진 범위나 부분.

划分成各种分类的范围或部分。

▷외교 **분야**. 外交领域.

경제 **분야**의 전문가. 经济方面的专家.

분야가 다르다. 领域不同.

领域丙 [lǐng yù], **方面**甲 [fāng miàn]

▷在自然科学**领域**内, 数学是最重要的基础。

자연 과학 분야에서 수학은 가장 중요한 기초이다.

这**方面**我不在行。

이 분야에 나는 익숙하지 않다.

한·중 공통의미

없음

한국어 한자어의 '分野'는 중국어에서는 이런 단어가 존재하지 않음. 같은 의미로써 쓰고 있는 단어는 '**领域, 方面**'이란 단어가 있음. (中文中不存在韩国语中的'分野'一词, 所以与之相对应含义的中文词汇为'**领域, 方面**'.)

분위기 (雰圍氣)★ 명　　Ø

❶지구를 둘러싸고 있는 기체.

包围在地球周围的气体。

❶**空气**甲 [kōng qì], **大气**☆ [dà qì]

❷**气氛**丙 [qì fēn], **氛围**☆ [fēn wéi]

❷그 자리나 장면에서 느껴지는 기분.
在某个地方或场合所感受到的情绪.
▷**분위기**가 무겁다. 气氛沉闷.
　장례식은 슬픈 **분위기** 속에서 진행되었다.
　在悲伤的氛围下举行了葬礼.
❸주위를 둘러싸고 있는 상황이나 환경.
绕围在周围的情况或环境.
▷매달린 옥수수며 시래기가 한껏 시골집 **분위기**를
　느끼게 한다. 挂着的玉米和干菜叶使人一下子感
　受到农家的气息.
❹어떤 사람이나 사물이 지니는 독특한 느낌.
某个人或事物所具有的独特的感觉.
▷그녀의 지적인 **분위기**와 세련된 몸가짐이 호감을
　가지게 한다. 她的知性气质与干练的举止 令人
　产生好感.
❺어떤 시대에 자연스럽게 만들어진 사회적인 여론
의 흐름. 在任何时代下自然地形成的社会性的舆论
走向.
▷학벌을 중시하는 사회적 **분위기**.
　重视学历的社会走向.
❻『문학』 문학 작품의 바탕에 깔려 있는 색조나 느
낌. 在文学作品的背后所隐藏的色彩或感觉.
▷시의 **분위기**를 머릿속에 그리면서 시를 외워 보
　자. 一边在脑海中想象诗的意境, 一边把诗背诵
　下来吧.

▷会谈是在诚挚友好的**气氛**中进行的.
　회담은 진지하고 우호적인 분위기 속에서 진행되
　었다.
　家庭式的公司**氛围**. 가족적인 직장 분위기.
❸**气息**^丁 [qì xī]
▷时代**气息**. 시대적 분위기.
　都市**气息**. 도시적 분위기.
❹**气质**☆ [qì zhì]
▷知性**气质**. 지적인 분위기.
❺**走向**^丁 [zǒu xiàng], **趋势**^丁 [qū shì]
▷社会**趋势** 社会**走向**. 사회적 분위기.
❻**意境**☆ [yì jìng]
▷画面符合歌曲的**意境**.
　화면은 노래의 분위기와 어울려야 한다.

한·중 공통의미

없음
한국어 한자어의 '雰圍氣'는 중국어에서는 이런 단어가 존재하지 않음. 같은 의미로써 쓰고 있는 단어는
'**空气, 大气, 气氛, 氛围, 气息, 气质, 走向, 趋势, 意境**'이란 단어가 있음. (中文中不存在韩国语中的'雰圍
氣'一词, 所以与之相对应含义的中文词汇为'**空气, 大气, 气氛, 氛围, 气息, 气质, 走向, 趋势, 意境**'.)

불교 (佛教)★★　명　　　　　　　　　　**佛教**^丙 [Fó jiào]　名

❶『종교』 기원전 6세기경 인도의 석가모니가 창시　❶世界主要宗教之一, 公元前6世纪—前5世纪古
한 후 동양 여러 나라에 전파된 종교　　　　　　印度的释迦牟尼所创.
　『宗教』公元前6世纪时, 经印度的释迦牟尼创始　　세계 주요 종교 중 하나이고, 기원전 6세기-기원전
　后, 被传播到东方各国的宗教.　　　　　　　　　5세기 고대 인도의 석가모니에 의해 창건되었다.
▷불교의 생멸 윤회 색채가 짙다.　　　　　　　▷崇奉佛教. 불교를 신봉하다.

佛教的生死轮回的色彩浓了些。

불교 = 佛教

불구하다 (不拘--)★★ [불구하다] 동   Ø

❶상관하지 않다. 不相关。

▷반대에도 **불구하고**. 不顾他人的反对。

가정 형편이 어려운 상황임에도 **불구하고** 그는 항상 밝고 씩씩하다.

尽管家境贫寒，他还是一如既往地开朗阳光。

어휘묶음 정보 -에도 불구하고(1155), -었/았음에도 불구하고(225), -고 있음에도 불구하고(42), -이/가 있음에도 불구하고(41),

▷他是初次演出，但是演技很自然。그는 초연임**에도 불구하고** 연기가 아주 자연스럽다.

无论他怎么说，我还是半信半疑。그가 어떻게 말함**에도 불구하고** 나는 아직 의심스럽다.

❶**不顾**[丙] [bú gù], **尽管**[乙] [jǐn guǎn]

▷**不顾**风雨。폭풍우가 치는데도 불구하고 그의 끊임없는 설득에도 불구하고 그녀는 그의 부탁을 거절하였다.

尽管他再三劝说，她还是拒绝了他的请求。

불법 (不法)★★ [불법] [불법만 [불뻡만]]   不法[丁] [bù fǎ] 形

❶법에 어긋남. 违反法律。

▷**불법** 복제. 非法盗版。

불법 시위. 非法示威。

불법을 눈감아 주다.

对不法行为睁一只眼闭一只眼。

그의 **불법한** 행위에 대하여 모두들 분노했다.

所有人都对于他的不法行为表示愤怒。

❶违反法律的。법을 어긴 것.

▷**不法**行为。불법 행위.

不法分子。무법자.

①법에 어긋남. 违反法律。 **불법❶**= **不法❶**

결합정보: 중국어의 '不法'는 그대로 관형사로 쓰일 수 있지만 한국어에서의 '불법'는 '적'과 결합해야만 관형사로 쓰일 수 있다. 中文的'不法'可以作为形容词使用，但韩语的'불법'只有和'적'结合，才能作为形容词来使用。

① 불법 방법으로 돈을 벌다 (×)

불법적 방법으로 돈을 벌다 (O) 采用非法手段赚钱。

번역 과정 중의 비대칭 대응

▷**불법** 복제. **非法**盗版。 **불법** 시위. **非法**示威。(불법 → 非法)

不法分子。 무법자. (不法分子 → 무법자)

비밀 (祕密)★ [비ː밀]

❶ 명 + 형 + 부 숨기어 남에게 드러내거나 알리지 말아야 할 일.
隐瞒起来不告诉他人的事.
▷유리창을 깬 것을 어머니에게는 **비밀**로 하기로 했다. 打碎玻璃窗的事打算对妈妈保密.
이건 절대 **비밀**이니 아무한테도 얘기하지 마.
这绝对是个秘密, 不要告诉任何人.
비밀한 이야기. 秘密的谈话.
적들에게 들키지 않게 **비밀히** 행동해라.
不要让敌人发, 秘密行动吧.
❷ 명 + 형 밝혀지지 않았거나 알려지지 않은 내용.
不发表或不告诉别人的内容.
▷우주의 **비밀**. 宇宙的秘密.
뇌의 **비밀**. 大脑的秘密.
피라미드의 **비밀**은 현대 과학으로도 밝히지 못하고 있다. 就连现代科学也无法解释金字塔的秘密.
그 사건의 **비밀한** 내용이 점차 밝혀지고 있다.
那个事件的秘密内容正渐渐被公布.

秘密 乙 [mì mì]

❶ 形 有所隐蔽, 不让人知道的.
숨기는 것이 있고, 다른 사람이 알지 못해야 하는 것.
▷**秘密**文件. 비밀한 문서.
秘密来往. 몰래 만나다.
❷ 名 秘密的事情.
비밀스러운 일.
▷保守**秘密**. 비밀을 지키다.
军事**秘密**. 군사 비밀.

한·중 공통의미

비밀 = 秘密

결합정보: 중국어의 '秘密'는 그대로 관형사나 부사로 쓰일 수 있지만 한국어에서의 '비밀'는 각각 '하다'와 '히' 결합해야만 관형사와 부사로 쓰일 수 있다. 中文的'秘密'可以作为形容词和副词使用, 但韩语的 '비밀'只有和'하다'或 '히'结合, 才能作为形容词和副词来使用.

① **비밀** 내용 (×)　　　② **비밀** 문서 (×)
　비밀한 내용 (O)　秘密内容　　**비밀한** 문서 (O) 秘密文件
③ **비밀** 행동해라. (×)
　비밀히 행동해라. (O) 秘密行动

비용 (費用)★★ [비ː용] 명

❶어떤 일을 하는 데 드는 돈.
在某件事情上的所花费的钱.
▷**비용**이 들다. 需要费用.
비용을 마련하다. 准备费用.
❷『경제』 기업에서, 생산을 위하여 소비하는 원료비, 기계 설비비, 빌린 자본의 이자 따위를 통틀어

费用 乙 [fèi yòng] 名

❶花费的钱; 开支.
소비한 돈; 지출.
▷生活**费用**. 생활비.
这几个月家里**费用**太大.
최근 몇 개월 생활비가 너무 많이 들었다.
一切**费用**都已经预付了.

이르는 말.

『经济』 企业为了生产而消费的原料费、机械设
备费、贷款的利息之类的总称。

일체의 비용을 이미 선불했다.

<table>
<tr><td colspan="2" align="center">한·중 공통의미</td></tr>
</table>

비용 = 费用

비판 (批判)★★ [비·판] 동+명   批判^乙 [pī pàn] 动

❶사물의 옳고 그름을 판단하여 밝히거나 잘못된
점을 지적함.
判断并说出事物的对错或指出错误。
▷비판을 받다. 受到批判。
칭찬인지 비판인지 모를 말을 올케는 했다.
不知道嫂子的话到底是批评还是表扬。
이 사회에서 만연하고 있는 미움과 부정의 논리
는 이제 마땅히 비판돼야 한다.
正在这个社会上蔓延的憎恶和否定的理论现在
理应受到批判才行。
사회의 모순을 비판하는 소설이 많이 나왔다.
出现了很多批判社会矛盾的小说。

❶对错误的思想、言论或行为做系统的分析，加
以否定。
잘못된 사상, 언론 혹은 행위에 대해 계통적인 분
석을 하고, 부정을 하는 행위.
▷批判虚无主义。 허무주의를 비판하다.
❷分析判别，评论好坏。
분석하고 판별하다. 좋고 나쁨을 평가하다.
▷对文学艺术遗产进行批判性的继承。
문학예술유산을 비판적으로 계승하다.

<table>
<tr><td colspan="2" align="center">한·중 공통의미</td></tr>
</table>

비판 = 批判

번역 과정 중의 비대칭 대응
▷对文学艺术遗产进行批判性的继承。 문학예술유산을 비판적으로 계승하다. (批判性的 → 비판적으로)

비하다 (比--)★★ [비·하다] 동   Ø

❶다른 것과 견주거나 비교하다.
和其他的相比。
▷비할 데 없다. 没有可比的地方。
저 정도 외모로는 내 남자 친구에 비할 바가 못
되지. 那种外貌和我的男朋友简直没法比。
❷어떤 것을 기준으로 판단해 볼 때 그보다.
根据某种标准进行判断时，比起此标准…。
▷어제에 비하면 오늘 날씨는 좋은 편이다.
和昨天相比，今天的天气不错。

❶比^甲 [bǐ]
▷今年的收成比人们预料的要好得多。
금년의 수확은 사람들이 예상한 것에 비해서 훨
씬 많다.
❷相比^丁 [xiāng bǐ]
▷相比其他三季，冬季是火灾的频发季节。
다른 세 계절에 비해, 겨울은 화재가 빈번히 발생
하는 계절이다.
❸相比^丁 [xiāng bǐ]

옆 동네에 **비해**서 우리 동네는 학생이 많다.
和旁边的小区相比，我们小区的学生比较多。

❸어떤 것을 기준으로 볼 때 그것에 반하여.
根据某种标准看，和标准正好相反。

▷그는 손발이 큰 데에 **비해** 키는 크지 않다.
他的手脚都大，相比之下个子却不高。

그녀는 먹는 양에 **비해** 살이 찌찌 않는 체질이다.
和她吃饭的量相比，她基本属于不长肉的类型。

어휘묶음 정보: -에 비하면, -에 비하여,

▷서울<u>에 비하면</u> 대구는 더 더운 셈이요. 比起首尔来，大邱更暖和一些。

서울시는 면적<u>에 비하여</u> 인구가 너무 많다. 首尔和面积相比人口太多。

▷那孩子与他的年龄**相比**可假惺惺的了。
그 아이는 나이에 비해 능청스럽기 짝이 없다.

비행-기 (飛行機)★ 명   Ø

❶동력으로 프로펠러를 돌리거나 연소 가스를 내뿜는 힘에 의하여 생기는 양력(揚力)을 이용하여 공중으로 떠서 날아다니는 항공기.
通过动力使螺旋桨转动或利用燃烧气源喷出的力量所产生的扬力飞天上空的航空器。

▷하늘을 날아오르는 **비행기**. 飞上天空的飞机。

비행기를 타다. 乘飞机。

飞机甲 [fēi jī]

▷这是去北京的直达**飞机**。
이것은 베이징으로 가는 직항 비행기다.

火车再快也比不上**飞机**。
기차가 아무리 빨라도 비행기에 비할 수는 없다.

한·중 공통의미

없음
한국어 한자어의 '飛行機'는 중국어에서는 이런 단어가 존재하지 않음. 같은 의미로써 쓰고 있는 단어는 '飞机'이란 단어가 있음. (中文中不存在韩国语中的'飛行機'一词，所以与之相对应含义的中文词汇为'飞机'.)

사건 (事件)★★ [사껀] 명   事件 [shì jiàn] 名

❶사회적으로 문제를 일으키거나 주목을 받을 만한 뜻밖의 일.
引起社会问题，值得关注的意外情况。

▷역사적인 **사건**. 历史性事件。

경찰은 주민들로부터 **사건** 당시의 목격담을 들었다.
警察从居民那里听到事件当时的目击之谈。

❷『법률』=소송 사건.
『法律』=诉讼案。

❶历史上或社会上发生的不平常的大事情。
역사적 혹은 사회적으로 일어난 예사롭지 않은 일.

▷政治**事件**。 정치적 사건.

突发**事件**。 돌발적인 사건.

한·중 공통의미	
사건❶= 事件❶	
한국어에서만의 의미(韓)	중국어에서만의 의미(中)
❷『법률』=소송 사건. 『法律』=诉讼案。	없음

사고 (事故)★ [사·고] 명

❶뜻밖에 일어난 불행한 일.
  意外发生的不幸事件。
▷자동차 **사고**. 车祸。
  사고를 당하다. 遭遇事故。
  올해는 대형 **사고**가 잇따라 났다.
  今年接二连三地发生大型事故。
❷사람에게 해를 입혔거나 말썽을 일으킨 나쁜 짓.
  给人带来损害或引起麻烦的坏事。
▷**사고**를 치다. 闯祸。
  사고를 저지르다. 惹事。
  저놈은 허구한 날 **사고**만 내고 다닌다.
  那家伙一天到晚就知道惹事。
❸어떤 일이 일어난 까닭.
  引起某件事情的原因。
▷그가 결근한 **사고**를 알아보아라.
  去打听一下他缺勤的原因。

事故[丙] [shì gù] 名

❶意外的损失或灾祸(多指在生产、工作上发生 的)。
  예상 밖의 손실 혹은 재난(생산, 작업에서 발생한 사건에 많이 사용)
▷交通**事故**减少了。교통사고가 줄었다.
  防止发生**事故**。사고 발생을 방지하다.

한·중 공통의미	
①뜻밖에 일어난 불행한 일. 意外发生的不幸事件。 사고❶= 事故❶	
한국어에서만의 의미(韓)	중국어에서만의 의미(中)
❷사람에게 해를 입혔거나 말썽을 일으킨 나쁜 짓. 给人带来损害或引起麻烦的坏事。 ❸어떤 일이 일어난 까닭. 引起某件事情的原因。	없음

사례 (事例)★★ [사·례] 명

❶어떤 일이 전에 실제로 일어난 예.
  将某件事情作为之前实际发生的例子。
▷구체적인 **사례**. 具体事例。
  사례를 들어 설명하다. 举例说明。
  이런 **사례**는 없었기 때문에 어떻게 처리해야 할

事例[丁] [shì lì] 名

❶具有代表性的、可以做例子的事情。
  대표적이고 예가 될 수 있는 일.
▷结合实际**事例**对学生进行爱国主义教育。
  실제 사례를 결합하여 학생들에게 애국주의교육을 진행해야 한다.

지 모르겠다. 由于没有这种先例，所以不知道应该如何处理。　　典型**事例**. 전형적인 사례.

사무·실 (事務室)★ [사:무실] 명　　Ø

❶사무를 보는 방. 办公的房间.
▷**사무실**엔 회계 보는 여사무원도 있고, 창고 열쇠를 쥐고 직물의 출고를 맡아보는 청년도 있고….
办公室里不仅有做会计的女职员，还有保管仓库钥匙、负责纺织品出库的青年….

办公室甲 [bàn gōng shì]
▷**办公室**只留下她一个人.
사무실에는 그녀 혼자만 남았다.
他不在**办公室**. 그는 사무실에 없다.

한·중 공통의미

없음
한국어 한자어의 ‘事務室’는 중국어에서는 이런 단어가 존재하지 않음. 같은 의미로써 쓰고 있는 단어는 ‘**办公室**’이란 단어가 있음. (中文中不存在韩国语中的‘事務室’一词，所以与之相对应含义的中文词汇为 ‘**办公室**’.)

사물 (事物)★★ [사:물] 명　　事物乙 [shì wù] 名

❶일과 물건을 아울러 이르는 말.
对事与物的统称.
❷물질세계에 있는 모든 구체적이며 개별적인 존재를 통틀어 이르는 말.
统指物质世界里所有具 体的以及个别的存在.
❸『법률』 사건과 목적물을 아울러 이르는 말.
『法律』对事件与目的物的统称.

❶指客观存在的一切物体和现象.
객관적으로 존재하는 모든 물체와 현상.
▷思考**事物**的本质. 사물의 본질에 대해 생각하다.
事物的内部规律性. 사물의 내부 규율성

한·중 공통의미

사물❷= **事物**❶

한국어에서만의 의미(韓)	중국어에서만의 의미(中)
❶일과 물건을 아울러 이르는 말. 事与物的统称. ❸『법률』 사건과 목적물을 아울러 이르는 말. 『法律』对事件与目的物的统称.	없음

사상 (思想)★★ [사:상] 명　　思想甲 [sī xiǎng]

❶어떠한 사물에 대하여 가지고 있는 구체적인 사　　❶ 名 客观存在反映在人的意识中经过思维活动

고나 생각.

对于某种事物的具体思考或想法。

▷**사상**의 자유. 思想自由。

봉건적 **사상**. 封建思想。

그의 작품은 우리나라 사람의 생활과 **사상**과 감정을 담고 있다. 他的作品中包含了韩国人民的生活与思想感情。

而产生的结果。

사람의 의식 속에서 객관적으로 존재하고 반영되면서 사고활동을 통해 형성된 결과.

▷**思想**具有明显的阶级性。

사상은 뚜렷한 단계성이 있다.

❷ 名 念头；想法. 생각, 계획.

▷她早有去西部地区参加经济建设的**思想**。

그녀는 진작 서부지역으로 가서 경제건설에 참여할 생각이 있었다.

❸ 动 思量。깊이 생각하다.

▷**思想**了半天，还是拿不定主意。

오래 생각했지만 여전히 결정을 내리지 못하겠다.

한·중 공통의미	
한국어에서만의 의미(韓)	중국어에서만의 의미(中)
없음	❷念头；想法. 생각, 계획. ❸思量。깊이 생각하다.

결합정보: 중국어의 '思想'는 그대로 관형사로 쓰일 수 있지만 한국어에서의 '사상'은 '적'과 결합해야만 관형사로 쓰일 수 있다. 中文的'思想'可以作为形容词使用，但韩语的'사상'只有和'적'结合，才能作为形容词来使用。

① <u>사상</u> 기반 (×) ② <u>사상</u> 경지 (×)

<u>사상적</u> 기반 (O) 思想基础 <u>사상적</u> 경지 (O) 思想境界

번역 과정 중의 비대칭 대응

▷**사상적인** 동요를 일으키다. 引起**思想上的**动摇。(사상적인 → 思想上的)

사실 (事實)★ [사·실] **事实**² [shì shí] 名

❶ 명 실제로 있었던 일이나 현재에 있는 일.

实际发生过的事情或者现在的事情

▷**사실**을 밝히다. 说明真相。

그는 어제 있었던 일을 **사실**대로 말했다.

他如实地说出了昨天所发生的事。

❷('사실은' 꼴로 쓰여)겉으로 드러나지 아니한 일을 솔직하게 말할 때 쓰는 말. 坦率地说出不为外界所知的某事时使用。

▷나는, **사실은**, 꼭 자신이 없었으나, 그래도 이 경우에 말하지 아니할 수 없었다. 说实话，我虽然不是很自信，但是在这种情况下我也不得不说了。

❶事情的真实情况。일의 진실.

▷**事实**胜于雄辩

진실은 뛰어난 말솜씨보다 설득력이 있다.

传闻与**事实**不符。

소문은 사실과 다르다.

❸('사실이지' 또는 '사실 말이지' 꼴로 쓰여)자신의 말이 옳다고 강조할 때 쓰는 말.

(‘对吧’或‘是吧’) 强调自己的话是正确的。

▷**사실이지**, 여기 와서 제대로 만족해 있는 자가 어딨느냐?

我说的对吧, 到了这里又有谁满意呢?

사실 말이지 영화나 텔레비전도 미처 다 못 보는데 미쳤다고 책을 사겠습니까?

是吧? 电影或者电视都还没看够呢, 买书, 疯了吗?

❹ 〔부〕 사실상. 事实上

▷말은 안 했지만, **사실** 나는 그를 사랑한다.

虽然没说, 但事实上我爱他。

사실 그 사건은 비참한 것이었지만 한편 매우 희극적인 것이기도 했다.

事实上, 那个事件虽有些悲惨, 但也有非常诙谐的一面。

<table>
<tr><th colspan="2">한·중 공통의미</th></tr>
<tr><td colspan="2">사실❶= 事实❶</td></tr>
<tr><th>한국어에서만의 의미(韓)</th><th>중국어에서만의 의미(中)</th></tr>
<tr><td>❷겉으로 드러나지 아니한 일을 솔직하게 말할 때 쓰는 말.
坦率地说出不为外界所知的某事时使用。
❸자신의 말이 옳다고 강조할 때 쓰는 말.
强调自己的话是正确的。</td><td>없음</td></tr>
</table>

결합정보: 한국어의 '사실'은 자체가 부사로 쓰일 수 있지만 중국어의 '事实'는 그대로 부사로 쓰일 수 없고 '上'과 결합해야만 부사로 쓰일 수 있다. 韩语的‘사실’可以直接作为副词来使用, 但是中文的‘事实’只有和‘上’结合, 才能作为副词使用。

①虽然没说, 但**事实**我爱他。(×)

虽然没说, 但**事实上**我爱他。(O) 말은 안 했지만, **사실** 나는 그를 사랑한다.

사업 (事業)★ [사ː-] 〔명〕 [사업만 [사ː엄만]]	**事业**ㄹ [shì yè]
❶어떤 일을 일정한 목적과 계획을 가지고 짜임새 있게 지속적으로 경영함. 또는 그 일. 某件事具有某种目的和计划并且是有组织的持续的经营。 ▷환경 **사업**을 육성하다. 扶植环境事业。 **사업**이 망하다. 生意失败。 남편이 하는 **사업**은 불경기에도 잘 되었다. 丈夫的生意在经济不景气的环境下, 依旧兴旺。	❶〔名〕人所从事的, 具有一定目标、规模和系统而对社会发展有影响的活动。 사람이 종사하는 일정한 목표, 규모와 계통을 갖추어 사회의 발전에 영향을 주는 활동。 ▷革命**事业**。혁명 활동。 **事业**心。사업 실현을 위해 진력(盡力)하려는 마음 为和平**事业**做出更大的贡献。 평화 운동에 더욱 큰 공헌을 하다。

❷特指没有生产收入，由国家经费开支，不进行经济核算的事业(对"企业"而言)。

　생산수입이 없고 국가에서 경비를 부담하면서 경제결산을 진행하지 않는 사업을 가리킨다("기업"을 대상)

▷**事业**单位。(교육·위생 등의) 비영리 부문.
　科学文化**事业**。과학 문화 사업.

<table>
<tr><td colspan="2" align="center">한·중 공통의미</td></tr>
<tr><td colspan="2">①어떤 일을 일정한 목적과 계획을 가지고 짜임새 있게 지속적으로 경영함.
　某件事具有某种目的和计划并且是有组织的持续的经营。</td></tr>
<tr><td align="center">한국어에서만의 의미(韓)</td><td align="center">중국어에서만의 의미(中)</td></tr>
<tr><td>❶개인 사업. 个人的事业或生意。</td><td>❷特指没有生产收入，由国家经费开支，不进行经济核算的事业(对"企业"而言)。
(교육·위생 등의) 비영리 부문("기업"을 대상).</td></tr>
</table>

사용 (使用)★ [사·용] 동＋명 　　　　　**使用**甲 [shǐ yòng]

❶일정한 목적이나 기능에 맞게 씀.
　根据某种目的或功能来用。
▷**사용** 계획. 使用计划. **사용** 금지. 禁止使用.
　수익금 전액이 문화 사업에 **사용되**었다.
　把全部收入都用在了文化事业上。
　어른에게 존댓말을 **사용하**다. 对长辈使用敬语.
❷사람을 다루어 이용함. 用人.

❶名 使人员、器物、资金等为某种目的的服务。
　인원, 기물, 자금 따위가 어떤 목적을 위해 서비스를 제공하게 하는 것.
▷不适于初学者**使用**。
　초보자가 사용하기에 부적당하다.
　合理**使用**资金。 자금을 합리적으로 쓰다

<table>
<tr><td colspan="2" align="center">한·중 공통의미</td></tr>
<tr><td colspan="2">사용 = 使用</td></tr>
</table>

사장 (社長)★ [사장] 명 　　　　　Ø

❶회사의 책임자. 회사 업무의 최고 집행자로서 회사 대표의 권한을 지닌다.
　公司的负责人。作为公司业务最高执行者，具有代表公司的权限。
▷계열사 사장. 连锁企业老板。
　사장은 정말 화났다. 总经理是真发脾气了。

总经理☆ [zǒng jīng lǐ], **老板**乙 [lǎo bǎn]
▷占据**总经理**位置。사장자리를 차고앉다.
　被**老板**辞了。 사장한테 해고당하였다.

<table>
<tr><td colspan="2" align="center">한·중 공통의미</td></tr>
<tr><td colspan="2">없음</td></tr>
</table>

한국어 한자어의 '社長'는 중국어에서는 이런 단어가 존재하지 않음. 같은 의미로써 쓰고 있는 단어는 '总经理, 老板'이란 단어가 있음. (中文中不存在韩国语中的'社長'一词, 所以与之相对应含义的中文词汇为'总经理, 老板'.)

사정 (事情)★★ [사ː정] 동+명   事情^甲 [shì qing] 名

❶일의 형편이나 까닭.	❶一切人类生活的活动和所遇到的社会现象.
事情的状况或原因.	인류 생활의 모든 활동과 본 모든 사회현상.
▷**사정**이 딱하다. 事情的状况棘手.	▷事情多, 忙不过来.
사정을 모르다. 不知情.	일이 많아 손(숨?) 쉴 틈도 없다.
집안 **사정**으로 조퇴를 했다.	❷事故; 差错. 사고
因家里有事早退了.	▷不能马虎, 出了事情就麻烦了.
❷어떤 일의 형편이나 까닭을 남에게 말하고 무엇을 간청함.	사고가 생기면 곤란해지니까 절대 경솔해서는 안 된다.
告诉他人某件事的状况或原因, 恳求某事.	❸职业; 工作. 일자리.
▷**사정**도 한두 번이지 무슨 염치로 또 말하겠느냐?	▷在公司里找了一个事情.
情也不是一次两次了, 还有什么脸面说?	회사에서 일자리를 찾았다.
영애는 겁이 나서 춘복이에게 **사정**하며 병원에 가 보자고 졸랐다. 害怕的英爱求着着春福一起去趟医院.	
친구는 잘 봐 달라고 선배에게 **사정했**다.	
恳求前辈好好照顾朋友.	

한·중 공통의미

없음

한국어에서만의 의미(韓)	중국어에서만의 의미(中)
❶일의 형편이나 까닭. 事情的状况或原因.	❷事故; 差错. 사고
❷어떤 일의 형편이나 까닭을 남에게 말하고 무엇을 간청함.	❸职业; 工作. 일자리.
告诉他人某件事的状况或原因, 恳求某事.	

사진 (寫眞)★ 명   写真[☆] [xiě zhēn]

❶물체의 형상을 감광막 위에 나타나도록 찍어 오랫동안 보존할 수 있게 만든 영상.	❶ 动 画或拍摄人像.
把物体的形象照在感光膜上, 使其得以保存很久的影像.	인물을 그리거나 촬영하다.
▷졸업 사진. 毕业照.	❷ 名 画或拍摄的人像.
	그리거나 촬영한 인물상.
	▷**写真**集. 화보집.

사진을 찍다. 拍写真。

실물보다 사진이 더 잘 나왔다.
照片拍得比实物好。

❷물체를 있는 모양 그대로 그려 냄. 또는 그렇게
그려 낸 형상.

把物体的形象按原样儿画下来。或者所画出来
的形象。

❸ 名 对事物的如实描绘。

사물에 대한 진실된 묘사。

한·중 공통의미	
사진❶+❷= 写真❷	
한국어에서만의 의미(韓)	중국어에서만의 의미(中)
없음	❶画或拍摄人像。인물을 그리거나 촬영하다.
	❸对事物的如实描绘。사물에 대한 진실된 묘사.

관련어휘

중국어 단어 중의 '照片'은 '사진'의 대역어로 하는 게 더 낳다.

사태 (事態)★★ [사·태] 명

❶일이 되어 가는 형편이나 상황. 또는 벌어진 일의
상태.

事情的发展情况或状况。或者所发生的事情的
状态。

▷긴급한 **사태**. 紧急状况。

사태가 심각하다. 事态严重。

유일하게 오빠만이 흥분하지 않고 그 **사태**를 차
근차근 갈피 잡아 바른 판단을 하려는 침착성을
보였다.

只有哥哥毫不激动冷静的看清了事态，做出了
正确判断，表现出了沉着性。

事态ᵀ [shì tài] 名

❶局势；情况(多指坏的)。

정세, 상황(나쁜 상황을 많이 말함)

▷**事态**严重。사태가 심각하다.

事态有所缓和。사태가 조금 완화되었다.

한·중 공통의미
사태 = 事态

번역 과정 중의 비대칭 대응

▷긴급한 **사태**. 紧急**状况**。(사태 → **状况**)

사항 (事項)★★ [사·항] 명

❶일의 항목이나 내용. 事情的项目或内容。

▷참고 **사항**. 参考事项。보고 **사항**. 报告事项。

事项ᵀ [shì xiàng] 名

❶事情的项目；一项一项的事情。

일의 내용, 한 가지 한 가지의 일.

물건 운반 시 유의할 **사항**을 알려 드리겠습니다.　▷注意**事项**. 주의 사항.

下面告诉您搬运物品时的注意事项。

한·중 공통의미
사항 = 事项

사회 (社會)★★ [사회/사훼] 명	**社会**甲 [shè huì] 名
❶같은 무리끼리 모여 이루는 집단. 相同群体聚集而形成的集团. ▷상류 **사회**. 上流社会. 학생 **사회**. 学生社会. ❷학생이나 군인, 죄수 들이 자기가 속한 영역 이외의 영역을 이르는 말. 学生或者军人及囚犯等所属领域之外的领域. ▷**사회**에 진출하다 走向社会 앞으로 **사회**에 나가면 무슨 일 할 작정이냐? 以后走向社会后打算做什么事情? ❸『사회』 공동생활을 영위하는 모든 형태의 인간 집단. 가족, 마을, 조합, 교회, 계급, 국가, 정당, 회사 따위가 그 주요 형태이다. 寻求共同生活的所有形态的人间集团。家族,村庄,组合,教会,阶级,国家,政党,公司等是其主要的形态。 ❹『역사』 촌민(村民)이 입춘이나 입추가 지난 뒤에 다섯째 무일(戊日)인 사일(社日)에 모이던 모임. 『历史』村民在立春或立秋后的第五个戊日的聚会。	❶指由一定的经济基础和上层建筑构成的整体. 경제기초와 상부구조가 이루어지는 통일체. ▷原始**社会**、奴隶**社会**、封建**社会**、资本主义**社会**、共产主义**社会**是人类社会的五种基本形态。也叫**社会**形态。 원시 사회, 노예사회, 봉건 사회, 자본주의사회, 공산주의사회는 인간사회의 다섯 가지 기본 형태이다. 사회 형태라고도 함. ❷泛指由于共同物质条件而互相联系起来的人群. 생활 정도가 비슷한 사람들의 집단.

한중 공통의미(中韓)	
①같은 무리끼리 모여 이루는 집단(相同群体聚集而形成的集团) 사회❶= 社会❷	
②사회형태(社会形态) 사회❸= 社会❶	
③학생이나 군인, 죄수 들이 자기가 속한 영역 이외의 영역(学生或军人及囚犯所属领域外的领域)	
(③의 의미는 <현한>에서 설명하지 않으나 용례의 번역을 보면 이런 뜻도 있다는 걸 충분히 알 수 있음.)	
한국어에서만의 의미(韓)	중국어에서만의 의미(中)
❹촌민(村民)의 모임. 村民的聚会.	없음

산 (山)★ 명	**山**甲 [shān]
❶평지보다 높이 솟아 있는 땅의 부분.	❶名 地面上由土、石形成的高耸的部分.

与平地相比，高高耸立的部分。
▷산에 오르다. 上山。

　산이 높다. 山高。

　우리 고장은 산 좋고 물 좋은 곳이다.
　我们的故乡是个山青水秀的地方。

❷뫼가 있는 곳. 墓所在之处。

▷산에 가서 성묘를 하다. 上山扫墓。

땅바닥에서 흙, 돌로 형성된 우뚝 솟은 부분
▷一座山。 하나의 산.

　高山。 높은 산.

❷ 形 状像山的东西。 형태가 산 같은 것.
▷冰山。 빙산.

❸〈方〉 名 指的是蚕蔟。<방언> 누에 섶
▷蚕上山了。 누에가 섶에 올랐다.

❹指山墙。 집의 벽을 가리킨다.
▷房山。 집 벽.

❺ 名 姓。 성씨.

한·중 공통의미	
산❶= 山❶	
한국어에서만의 의미(韓)	중국어에서만의 의미(中)
❷뫼가 있는 곳. 墓所在之处。	❸〈方〉 名 指的是蚕蔟。<방언> 누에 섶. ❹指山墙。 집의 벽을 가리킨다. ❺姓。 성씨.

산업 (産業)★★ [사·넙] 名 [산업만 [사·넘만]]　**产业**ᵀ [chǎn yè] 名

❶『경제』 인간의 생활을 경제적으로 풍요롭게 하기 위하여 재화나 서비스를 창출하는 생산적 기업이나 조직. 좁은 뜻으로는 공업만을 가리키기도 한다.

『经济』 为了从经济上使人类的生活变得富裕而创造财物或服务的生产型企业或组织。狭义上是指工业。

▷새로운 산업에 종사하다 从事新的产业

　자국의 산업을 보호·육성하기 위하여 수입에 제한을 두는 나라가 늘고 있다.

　为了保护·培养本国的企业，限制进口的国家越来越多。

❶土地、房屋、工厂等财产(多指私有的)。 토지, 주택, 공장 따위 재산(많이는 개인적 재산을 가리킨다)

❷构成国民经济的行业和部门。
　국민경제를 구성하는 업종과 부문.

▷高科技产业。 과학 기술산업.

　支柱产业。 지주 산업.

❸指现代工业生产(多用于作定语)。
　현대공업생산을 가리킨다(관형어로 많이 사용).

▷产业工人。 산업 공인.

　产业革命。 산업 혁명.

한·중 공통의미	
산업❶= 产业❷+ ❸	
한국어에서만의 의미(韓)	중국어에서만의 의미(中)
없음	❶土地、房屋、工厂等财产(多指私有的)。 토지, 주택, 공장 따위 재산(많이는 개인적 재산을 가리킨다)。

결합정보: 중국어의 '产业'는 그대로 관형사로 쓰일 수 있지만 한국어에서의 '산업'는 '적'과 결합해야만

관형사로 쓰일 수 있다. 中文的'产业'可以作为形容词使用，但韩语的'산업'只有和'적'结合，才能作为形容词来使用。

① 산업 가치 (×)

　　산업적 가치 (O) 产业价值

번역 과정 중의 비대칭 대응

▷산업적으로 이용하다. **产业方面的利用。** (산업적으로 → **产业方面的**)

상대 (相對)★★ [상대] 동+명	**相对**丙 [xiāng duì]
❶서로 마주 대함. 또는 그런 대상.	❶ 动 互相朝着面对面。
彼此面对, 或面对的对象。	서로 마주하여 얼굴을 맞대다.
▷저런 애들하고는 **상대**도 하지 마라.	▷**相对**而坐。서로 마주하고 앉다.
不要和那样的孩子们玩。	两山**相对**。두 산이 서로 마주하다.
그녀가 행실이 좋지 못하다는 소문이 동네에 퍼	❷ 动 指性质上互相对立。
져 그녀와 **상대**하는 사람이 없었다.	성질에서 서로 대립되는 것을 말한다.
她品行不好的传闻在小区里都传开了，根本没	▷大与小**相对**、美也丑**相对**。
有人理她。	대와 소는 서로 상대적이고 아름다움과 추함도
❷서로 겨룸. 또는 그런 대상.	서로 대립이 된다.
互相较量, 较量的对象。	❸ 形 依靠一定条件而存在，随着一定条件而变
▷그는 만만찮은 **상대**다.	化的(跟'绝对'相对)。
他是个不好对付的对手。	일정한 조건에 근거하여 존재하면서, 일정한 조
아직 우리의 실력은 그들에게는 **상대**되지 않는다.	건에 따라 변화한다. ('절대적'과 반대)
目前我们的实力还不是他们的对手。	▷**相对**高度。상대적 높이.
그들과 **상대**하려면 우리에게 무기가 필요해.	发展都是**相对**的。발전은 상대적인 것이다.
要想和他们打，我们得有武器。	**相对**优势。상대적으로 우세하다.
❸서로 대비함. 相互对比。	❹ 形 比较的。 비교적
▷이성은 감성과는 **상대**되는 의미를 갖는다.	▷**相对**稳定。비교적 안정적이다.
理性与感性具有相对立的意义。	
두 단어가 서로 **상대**되는 의미를 가지고 있는 관	
계를 반의 관계라 한다.	
两个意思相反的单词的关系叫做反义关系。	
▷**상대**적 가치. 相对价值。	
상대적인 특성. 反的特点。	

한·중 공통의미	
①서로 마주 대함. 彼此面对。 상대❶= 相对 ❶	
②서로 대비함. 相互对比。 상대❸= 相对❷	
한국어에서만의 의미(韓)	중국어에서만의 의미(中)
❷서로 겨룸. 또는 그런 대상.	❹比较的。비교적.

互相较量，较量的对象。

번역 과정 중의 비대칭 대응

▷상대적 가치. **相对**价值。(상대적 → **相对**)

상대적인 특성. **相反**的特点。(상대적 → **相反**)

상대-방 (相對方)★★ [상대방] 명   Ø

❶어떤 일이나 말을 할 때 짝을 이루는 사람.

说某件事时，处于与行为主体相对地位的人。

▷**상대방**의 입장에서 생각하다.

站在对方的立场上考虑。

씨름에서는 다 넘어가다가도 몸을 한 번 뒤집어

상대방을 이길 수도 있다.

摔跤时，就算快要摔倒了，但只要翻过身来，就

可以赢了对方。

对方^乙 [duì fāng]

▷**对方**提出的条件太苛了。

상대방이 내놓은 조건은 너무 심하다.

争取**对方**的同意。

상대방의 동의를 얻어 내다.

한·중 공통의미

없음

한국어 한자어의 '相對方'는 중국어에서는 이런 단어가 존재하지 않음. 같은 의미로써 쓰고 있는 단어는 '**对方**'이란 단어가 있음. (中文中不存在韩国语中的'相對方'一词，所以与之相对应含义的中文词汇为'**对方**'.)

상태 (狀態)★★ [상태] 명   状态^乙 [zhuàng tài] 名

❶사물·현상이 놓여 있는 모양이나 형편.

事物·现象所表现出来的形态或情况。

▷무방비 **상태**. 不设防状态。

정신 **상태**. 精神状态。

건강 **상태**가 좋다. 健康状态好。

❶人或事物表现出来的形态。

사람 혹은 사물이 나타내는 형태.

▷心理**状态**。심리상태。

病人处于昏迷**状态**。환자가 혼수상태에 있다.

한·중 공통의미

상태 = 状态

상품 (商品)★ [상품] 명   商品^乙 [shāng pǐn] 名

❶사고파는 물품. 买卖的物品。

▷**상품**을 판매하다. 销售商品。

상품을 진열하다. 陈列商品。

백화점에는 온갖 **상품**이 다 있다.

❶为交换而生产的劳动产品。

교환을 위해 생산된 노동제품.

▷**商品**在不同的社会制度中，体现着不同的生产

关系。상품은 다른 사회제도 하에 다른 생산관

百货公司里有各种各样的商品。

계를 보여준다..

❷泛指市场上买卖的物品。

시장에서 거래되는 물품을 두루 가리킨다.

한·중 공통의미

상품 = 商品

상호 (相互)*** [상호]

❶ 명 상대가 되는 이쪽과 저쪽 모두.
相对的一方与另一方。

▷**상호** 이해. 相互理解。
상호 신뢰 相互信赖。
상호 관심사에 대해 의견을 교환하다.
对于相互关心的问题交换意见。

❷ 부 상대가 되는 이쪽과 저쪽이 함께.
相对的一方与另一方。

▷**상호** 밀접한 영향 관계. 密切的相互影响关系。
남북한의 통일을 위해서는 **상호** 빈번한 대화와
교류가 필요하다. 为了韩国与朝鲜的统一，相互
需要频繁地对话与交流。

相互ᶻ [xiāng hù]

❶ 副 互相。
상호, 서로

▷相互作用。상호 작용하다。
相互促进。상호 촉진하다。

❷ 形 两相对待的。
상호의, 서로의。

▷相互关系。상호간의 관계。

한·중 공통의미

상호 = 相互

번역 과정 중의 비대칭 대응
▷**相互**关系。상호간의 관계. (相互 → 상호간의)

상황 (状況)** [상황] 명

❶일이 되어 가는 과정이나 형편.
事情发展的过程或情况。

▷**상황**이 유리하다. 情况有利。
상황이 어렵다. 情况很困难。
일이 진척되어 가는 **상황**이 어떠한가?
事情的进展状况如何?

状況ᶻ [zhuàng kuàng] 名

❶情形。
상황, 상태.

▷健康**状况**良好。건강상태가 좋다。
改变落后的**状况**。낙후된 상황을 개선하다。

한·중 공통의미

상황 = 状況

번역 과정 중의 비대칭 대응
▷健康**状况**良好。건강**상태**가 좋다. (状況 → 상태)
상황이 유리하다. **情况**有利。 (상황 → 情况)

색 (色)★ [색만 [생만]]

❶ 명 빛을 흡수하고 반사하는 결과로 나타나는 사물의 밝고 어두움이나 빨강, 파랑, 노랑 따위의 물리적 현상. 또는 그것을 나타내는 물감 따위의 안료.
通过吸收光线并反射结果来表现事物的明暗、红、蓝、黄之类的物理现象。或指呈现出这些的染料之类。

▷화려한 **색**. 华丽的色彩.

색이 선명한 옷감. 色彩鲜明的衣料.

노인은 밝아 오는 아침 햇빛을 받고 차츰 짙은 **색**으로 변해 가는 꽃을 보며 누워 있었다. 老人躺在那里着看一朵在逐渐转亮的清晨阳光下颜色渐渐变深的花.

❷ 명 같은 부류가 가지고 있는 동질적인 특성을 가리키는 말.
是指同一类型所具有的同性质的特性.

▷그 사람은 보통 사람과는 **색**이 다르다.
那个人与普通人不同.

❸ 명 색정이나 여색, 색사(色事) 따위를 뜻함.
指色情或女色, 色事之类的意思.

▷**색**에 빠지다. 为色所迷.

색이 동하다. 动色心.

색을 밝히다. 好色.

❹ 의 (일부 명사 뒤에 붙어)'색깔'의 뜻을 나타내는 말.
(用于部分名词后)表示'颜色'的意思.

▷딸기**색**. 草莓色.

바이올렛**색**. 紫罗兰色.

色乙 [sè]

❶颜色。색, 색깔.

▷红**色**。붉은색. 五颜六**色**。여러 가지 색깔.

❷脸上表现的神情; 神色.
얼굴에 나타난 표정; 기색.

▷喜形于**色**。마음 속의 기쁨이 얼굴에 나타나다.
面不改**色**。얼굴빛이 하나 변하지 않다.

❸种类。종류.

▷一路货**色**。같은 부류의 사람.
各**色**各样。각양각색.

❹情景; 景象。상황; 정경.

▷景**色**。풍경.
夜**色**。야경.

❺物品的质量。물품의 품질.

▷成**色**。품질.
足**色**。함량이 충분하다.

❻指妇女美貌.
여자의 아름다움을 표현할 때 쓰인다.

▷姿**色**。자색.
色艺双绝。미모와 재주가 모두 훌륭하다.

❼色欲。성욕.

▷**色**情。색정.
色胆。색욕(色慾)의 대담함.

❽ 名 姓。성씨.

한·중 공통의미
①색깔. 颜色. **색❹**= **色❶**
②종류. 种类. **색❷**= **色❸**
③색정이나 여색. 色欲. **색❸**= **色❼**

한국어에서만의 의미(韓)	중국어에서만의 의미(中)
❶빛을 흡수하고 반사하는 결과로 나타나는 사물의 밝고 어두움이나 빨강, 파랑, 노랑 따위의 물리적 현상. 또는 그것을 나타내는 물감 따위의 안료. 通过吸收光线并反射结果来表现事物的明暗、红、蓝、黄之类的物理现象.	**❷**脸上表现的神情; 神色. 얼굴에 나타난 표정. **❹**情景; 景象. 상황; 정경. **❺**物品的质量. 물품의 품질. **❻**指妇女美貌. 여자의 아름다움. **❽**姓. 성씨

생명 (生命)★★ [생명] 명 | **生命**ᴢ [shēng mìng]

❶사람이 살아서 숨 쉬고 활동할 수 있게 하는 힘.
能够使人活下来呼吸和活动的力量。
▷환자의 **생명**. 患者的生命。
생명을 구하다. 拯救生命。
생명을 걸고 임무를 완수하겠습니다.
就算搭上性命也一定完成任务。

❷여자의 자궁 속에 자리 잡아 앞으로 사람으로 태어날 존재.
位于女人的子宫里，将来会出生成人的存在。
▷**생명**을 잉태하다. 孕育生命。
배 속에서 **생명**이 자라다. 生命在肚子里成长。

❸동물과 식물의, 생물로서 살아 있게 하는 힘.
动物、植物、生物活下去的力量。
▷**생명**의 기원. 生命的起源。
새봄을 맞는 뜰에는 온갖 **생명**으로 가득 차 있다.
新春的院子里，到处都充满着生机。

❹사물이 유지되는 일정한 기간.
事物得以维持的一定的期限。
▷이번 사건을 계기로 그 사람의 정치적 **생명**이 아직 끝나지 않았음을 다시 한번 실감하게 되었다.
以本次事件为契机，再一次真切地感觉到了他的政治生命并未就此结束。

❺사물이 존재할 수 있는 가장 중요한 요건을 비유적으로 이르는 말.
比喻事物可以存在的最重要的条件。
▷가수의 **생명**은 목소리이다.
嗓音是歌手的生命。
재판은 공정성과 정확성을 **생명**으로 한다.
裁判把公正性和正确性视为生命。

❶ 名 生物体的具有的活动能力，生命是蛋白质存在的一种形式。
생물체가 가진 활동능력. 생명은 단백질이 존재하는 일종 형식이다.
▷牺牲生命。 생명(목숨)을 희생하다.
生命不息，工作不止。
숨이 닿을 때까지 일을 계속 할 것이다.

❷ 形 指艺术作品等栩栩如生。
(예술 작품이) 살아 있는 것 같다. 생동감 있다.
▷这是一幅有生命的画。
이것은 살아 숨 쉬는 듯한 그림이다.

한·중 공통의미	
생명 = 生命 ❶	
한국어에서만의 의미(韓)	중국어에서만의 의미(中)
없음	❷指艺术作品等栩栩如生。 (예술 작품이) 살아 있는 것 같다. 생동감 있다.

생산 (生産)★★ [생산] 동+명

❶인간이 생활하는 데 필요한 각종 물건을 만들어 냄.
创造人类生活所需的各种物品.

▷쌀의 **생산**과 공급. 大米的种植与供应.

중동은 세계적인 석유 **생산** 지역이다.
中东是世界级的石油产区.

우리 고장에서 **생산된** 마늘
我们故乡出产的大蒜.

수박을 **생산**하다. 出产西瓜

❷아이나 새끼를 낳는 일을 예스럽게 이르는 말.
对生孩子或幼崽的一种旧时说法.

▷아이를 못 낳는 책임이 자기한테 있을지 모르니
까 다른 여자에게서라도 **생산해** 보라는 제안이었
다. 就怕怀不上孩可能是自己的责任，所以建议
丈夫跟别的女人生一个孩子.

生产甲 [shēng chǎn] 动

❶人们使用工具来创造各种生产资料和生活资
料.

사람이 도구를 사용하여 각종 생산 자료와 생활
자료를 창조하는 행위.

▷工业**生产**. 공업 생산.

生产出更好的产品. 더 좋은 제품을 생산하다.

❷生孩子. 아이를 생산하다.

妇人**生产**以后有点儿秃眉画影.

여자는 출산한 뒤에는 몸이 쇠잔하여 볼품이 좀
없어진다.

한·중 공통의미

생산 = 生产

번역 과정 중의 비대칭 대응

▷쌀의 생산과 공급. **大米的种植**与供应. (쌀의 생산 → 大米的种植)

우리 고장에서 **생산된** 마늘. 我们故乡**出产的大蒜**. (생산된 마늘 →出产的大蒜)

수박을 생산하다 → **出产西瓜**

생산적 활동. **生产性**的活动. (생산적 → 生产性的)

생산적인 생각. **建设性**的想法. (생산적인 → 建设性的)

생산적인 대화와 토론의 장. **有建设性的**对话与讨论的场所. (생산적인 → 有建设性的)

서양 (西洋)★ [서양] 명

❶유럽과 남북아메리카의 여러 나라를 통틀어 이르
는 말.
对欧洲与南北美洲各国的统称.

▷**서양** 속담. 西洋谚语.

서양 조각품. 西洋雕刻品.

西洋☆ [Xī yáng] 名

❶指欧美各国. 유럽 국가를 가리킨다.

▷**西洋**风俗. 서양 풍습.

西洋文学. 서양 문학.

❷古代指马来群岛、马来半岛、印度、斯里兰
卡、阿拉伯半岛、东非等地.

고대에는 말레이 제도, 말레이 반도, 인도, 스리랑
카, 아라비아 반도, 동부 아프리카 등 지역을 가
리켰다.

▷郑和下**西洋**. 정화의 남해 원정.

한·중 공통의미

서양❶= 西洋❶

한국어에서만의 의미(韓)	중국어에서만의 의미(中)
없음	❷古代指马来群岛、马来半岛、印度、斯里兰卡、阿拉伯半岛、东非等地. 고대에는 말레이 제도, 말레이 반도, 인도, 스리랑카, 아라비아 반도, 동부 아프리카 등 지역을 가리켰다.

선거 (選擧)★★ [선:거] 동 + 명

❶일정한 조직이나 집단이 대표자나 임원을 뽑는 일.
某种组织或集团选举代表者或职员。
▷반장 선거. 选班长.
회장을 선거하다. 会长选举.
기천이가 새로 선거된 임원들을 불러 저녁을 먹었다. 基川叫上刚刚被选拔出来的职员们一起吃了晚饭。
❷『정치』 선거권을 가진 사람이 공직에 임할 사람을 투표로 뽑는 일.
『政治』拥有选举权的人通过投票选出任职者。
국회 의원 선거. 国会议员选举.
대통령 선거. 总统选举.

选举ᶻ [xuǎn jǔ] 动

❶用投票或举手等表决方式选出代表或负责人。
투표 혹은 거수 따위의 표결 방식으로 대표 혹은 담당자를 선출하는 행위.
▷换届选举。 임기 만료에 따른 교체 선거.
选举工会主席。 노조 주석을 선거하다.
在选举中有几位候选人落标了。
선거에서 후보자 몇 분은 낙선했다.

한·중 공통의미

선거 = 选举

선배 (先輩)★ [선배] 명

❶같은 분야에서, 지위나 나이·학예(學藝) 따위가 자기보다 많거나 앞선 사람.
在同一领域里，地位或年龄·学艺之类的比自己强、走在自己前面的人。
▷동아리 선배. 社团的前辈.
직장 선배. 职场前辈.
선배로 모시다. 陪同前辈.
❷자신의 출신 학교를 먼저 입학한 사람.
与自己同校但比自己早入学的人。
▷대학 선배. 大学前辈.
중학교 선배. 中学前辈.

先辈☆ [xiān bèi] 名

❶泛指行辈在先的人。
항렬이나 서열이 우선인 사람을 말한다.
❷指己去世的令人钦佩、值得学习的人。
이미 세상을 뜬 존경하고 배울 점이 많은 사람을 말한다.
▷继承革命先辈的事业。
혁명 선구자들의 사업을 계승하다

한·중 공통의미

선배❶= 先辈❶

한국어에서만의 의미(韓)	중국어에서만의 의미(中)
❷자신의 출신 학교를 먼저 입학한 사람. 与自己同校但比自己早入学的人.	❷指己去世的令人钦佩、值得学习的人. 이미 세상을 뜬 존경하고 배울 점이 많은 사람을 말한다.

관련어휘

중국어 단어 중의 '**前辈**'은 '선배'의 대역어로 하는 게 더 낳다.

선생 (先生)★ [선생] 명   先生^甲 [xiān sheng] 名

❶학생을 가르치는 사람. 教学生的人.
▷고등학교 **선생**. 高中老师.
  수학 **선생**. 数学老师.
❷학예가 뛰어난 사람을 높여 이르는 말.
  对学艺优秀的人的尊称.
▷율곡 **선생**. 栗谷先生.
❸성(姓)이나 직함 따위에 붙여 남을 높여 이르는 말.
  加在姓或职务之类的后面，表示对别人的尊敬.
▷김 **선생**. 金先生.
  의사 **선생**. 医生先生.
❹어떤 일에 경험이 많거나 잘 아는 사람을 비유적으로 이르는 말.
  比喻对某事很有经验或非常了解的人.
▷다른 건 몰라도 바둑은 내가 **선생**이지.
  别的我不敢说，但下围棋我可以当老师.
❺자기보다 나이가 적은 남자 어른을 높여 이르는 말.
  对比自己年龄小的男人的尊称.
▷**선생**, 길 좀 물어봅시다.
  先生，我能向您问个路吗.

❶老师. 교사.
❷对知识分子和一定身份的成年男子的尊称(有时也尊称有身份、有声望的女性).
  지식이 있는 자와 일정한 신분이 있는 성년 남성에 대한 존칭(신분이 있고 명망이 있는 여성에게도 때론 사용함)
❸称别人的丈夫或对人称自己的丈夫(都带人称代词做定语).
  타인의 남편 혹은 타인에게 자신의 남편을 칭할 때 사용한다(인칭대명사를 붙여 관형어로 사용한다).
▷她**先生**出差去了. 그녀의 남편은 출장을 갔다.
  等我**先生**回来，我让他马上去找您.
  제 남편이 돌아오면 바로 연락 드리라고 할게요.
❹〈方〉医生. <방언>의사.
❺旧时称管账的人.
  옛날에는 장부를 관리하는 사람을 가리켰다.
▷在商号当**先生**. 상회에서 회계직을 맡았다.
❻旧时称以说书、相面、算卦、看风水等为业的人.
  옛날에 설화, 관상, 점괘, 풍수 따위를 보는 사람을 이르는 말.
▷算命**先生**. 점쟁이.

한·중 공통의미
①학생을 가르치는 사람. 教学生的人. 선생❶= 先生❶
②높여 이르는 말. 尊称. 선생❷+❸+❺= 先生❷

한국어에서만의 의미(韓)	중국어에서만의 의미(中)
❹어떤 일에 경험이 많거나 잘 아는 사람을 비유적으로 이르는 말. 比喻对某事很有经验或非常了解的人.	❸称别人的丈夫或对人称自己的丈夫. 타인의 남편 혹은 타인에게 자신의 남편을 칭할 때 사용한다. ❹〈方〉医生. <방언>의사.

	❺旧时称管账的人。 옛날에는 장부를 관리하는 사람 ❻旧时称说书、相面、算卦、看风水等人。 옛날에 관상, 점괘, 풍수 따위를 보는 사람을 이르는 말.

선수 (選手)★ [선ː수] / 选手^T [xuǎn shǒu] 名

선수 (選手)★ [선ː수]

❶운동 경기나 기술 따위에서, 기량이 뛰어나 많은 사람 가운데에서 대표로 뽑힌 사람. 또는 스포츠를 직업으로 하는 사람.

在运动竞技或技术比赛之类中，因本领出众而从众人中被选为代表的人。或职业运动员。

▷국가 대표 야구 **선수**. 国家代表队棒球选手.

농구 **선수**. 篮球运动员.

이번 올림픽에 세 명의 **선수**를 파견했다. 派了三名选手参加本届奥运会。

❷어떤 일을 능숙하게 하거나 버릇으로 자주 하는 사람을 비유적으로 이르는 말.

比喻对某事非常精通的人或像习惯一样经常做某事的人。

▷그는 자취 생활 삼 년에 빨래하는 데도 **선수**가 되었다. 他自己过日子已经三年了，就连在洗衣服方面都成了专业选手了。

우리 집사람은 다른 것은 몰라도 탕수육 만드는 데는 **선수**야. 我妻子别的我不敢说，但做糖醋肉绝对是专业选手级的。

选手^T [xuǎn shǒu] 名

❶被选上参加比赛的人。

선발되어 시합에 참여하는 사람.

▷乒乓球**选手**。 탁구 선수.

我国**选手**又创新记录。

우리나라 선수가 또 신기록을 세웠다.

他们都是出类拔萃的**选手**。

그들은 모두 발탁된 선수이다.

한·중 공통의미

선수❶= 选手❶

한국어에서만의 의미(韓)	중국어에서만의 의미(中)
❷어떤 일을 능숙하게 하거나 버릇으로 자주 하는 사람을 비유적으로 이르는 말. 比喻对某事非常精通的人或像习惯一样经常做某事的人。	없음

관련어휘

중국어 단어 중의 '**运动员**'도 '**선수❶**'의 대역어로 볼 수 있다. 그리고 '**运动员**'은 '**选手**'보다 더 많이 쓰이고 있다.

▷농구 **선수**. 篮球**运动员**。

선 (線)★★ [선]

❶ 명 그어 놓은 금이나 줄.
划出来的纹或弦。

▷ **선**을 긋다. 划线。 **선**이 똑바르다. 线很直。

❷ 명 철선이나 전선 따위를 통틀어 이르는 말.
对铁丝或电线之类的统称。

▷ 진공청소기의 **선**이 짧아서 베란다는 청소할 수가
없다. 真空吸尘器的线太短了，根本没办法清扫
阳台。

❸ 명 기차나 전화 따위의 선로를 이르는 말.
指火车或电话之类的线路。

▷ 폭증하는 통신 수요에 대비하여 **선**을 늘리다.
针对激增的通信需求增加了线路。
이곳은 서울로 올라가는 기차 **선**과 지방으로 내
려가는 기차 **선**이 만나는 곳이다.
这里是通往首尔的火车线路与通往地方的火车
线路交汇的地方。

❹ 명 물체의 윤곽을 이루는 부분.
形成物体轮廓的部分。

▷ **선**이 부드럽다. 线条柔和。
선이 뚜렷하다. 线条分明。
얼굴의 **선**이 드러나다. 面部线条明显。

❺ 명 다른 것과 구별되는 일정한 한계나 그 한계
를 나타내는 기준.
与其他事物区分开来的某种界限或表示这种界
限的标准。

▷ 그는 애인과 일정한 **선**을 긋고 만나고 있다.
他和恋人保持着某种界限地交往着。
국민 소득이 만 달러 **선**에 있다.
国民收入在一万美元的标准上。

❻ 명 어떤 인물이나 단체와 맺고 있는 관계.
与某个人或某团体建立的关系。

▷ 권력층과 **선**이 닿다. 与权力阶层搭上了线。
거래하는 회사와 **선**이 끊기다.
跟进行交易的公司断了来往。

❼ 의 (일부 명사 뒤에 붙어)'광선'의 뜻을 나타내
는 말.

线ᶻ [xiàn]

❶ 名 用丝、棉、麻等制成的细长而可以任意曲
折的东西，主要用来缝补、编织衣物。
비단, 면, 마 따위로 만들어진 길고 굽힐 수 있는
물건. 주로 옷을 깁거나 만드는 데 사용된다.

▷ 毛**线**。 털실. 一根**线**。 실 한 오리.

❷ 名 几何学上指一个点任意移动所构成的图
形，有长，没有宽和厚。
기하학에서는 한 점을 임의로 이동하여 구성한 도
형을 말하는데 길이만 있고 너비와 두께는 없다.

❸ 细长像线的东西。 실처럼 길쭉한 물건.

▷ 电**线**。 전기 선. 米**线**。 쌀국수.

❹ 名 交通路线。 교통선로.

▷ 航**线**。 비행기 항로. 运输**线**。 수송선.

❺ 指思想上、政治上的路线.
사상과 정치적인 방면에서의 노선.

▷ 上纲上**线**。 정치노선의 원칙에서 분석하다.

❻ 边缘交界的地方。 가장자리가 인접한 곳.

▷ 防**线**。 방어선. 海岸**线**。 해안선.

❼ 指接近或达到某种境况或条件的边际。
어떤 상황 혹은 조건의 경계선에 접근 혹은 도달
하는 것을 말한다.

▷ 生命**线**。 생명선. 死亡**线**。 죽을 고비.

❽ 线索。 실마리.

▷ 眼**线**。 스파이.

❾ 量用于抽象事物，数词限用"一"，表示极少。
추상적인 사물에 사용되고, 수사는 "1"만 적용되어
극히 적음을 표시한다.

▷ 一线希望 한 가닥 희망
一线生机 일말의 생존기회

❿ 名 姓。 성씨.

(用于部分名词后)表示'光线'的意思。

▷감마선 伽马射线 엑스선 X射线

❽ 명 『수학』 한 점이 연속적으로 움직여 이루어진 자취. 직선과 곡선이 있다.『数学』一个点连续不断地移动所形成的轨迹。有直线和曲线。

❾ 접 (일부 고유 명사 뒤에 붙여) '노선'의 뜻을 더하는 접미사.(用于部分固有名词后)强调'路线'。

▷경부선 京釜线 호남선湖南线 장항선长项线

한·중 공통의미

①그어 놓은 금이나 줄. 划出来的纹或弦. 선❶+❽= 线❷

②철선이나 전선 따위를 통틀어 이르는 말. 对铁丝或电线之类的统称. 선❷= 线❸

③기차나 전화 따위의 선로를 이르는 말. 指火车或电话之类的线路. 선❸+❾= 线❹

한국어에서만의 의미(韓)	중국어에서만의 의미(中)
❹물체의 윤곽을 이루는 부분. 线条	❶ 名 用丝、棉、麻等制成的细长而可以任意曲折的东西。실.
❺다른 것과 구별되는 일정한 한계나 그 한계를 나타내는 기준. 与其他事物区分开来的某种界限或表示这种界限的标准。	❺指思想上、政治上的路线。사상적, 정치적인 방면에서의 노선.
❻어떤 인물이나 단체와 맺고 있는 관계. 与某个人或某团体建立的关系。	❼指接近或达到某种境况或条件的边际。어떤 상황 혹은 조건의 경계선에 접근 혹은 도달하는 것을 말한다.
❼(일부 명사 뒤에 붙여)'광선'의 뜻을 나타내는 말.(用于部分名词后)表示'光线'的意思。	❽线索 실마리
	❾表示极少。극히 적음.
	❿姓。성씨

선택 (選擇)★ [선ː택] 동 + 명 [선택만 [선ː탱만]] 选择² [xuǎn zé] 动

❶여럿 가운데서 필요한 것을 골라 뽑음.
从众多之中挑选出所需要的。

▷선택 기준. 选择标准.

다양한 상품 개발은 고객에게 선택의 폭을 넓혀 준다.
多元化的商品开发为顾客提供了更多选择。

제주도가 관광특구에 선택되었다.
济州岛被选为观光特区。

이러한 일에는 꼼꼼한 사람을 선택해야 한다.
对于这样的工作，必须选择真认细致的人才行。

❶挑选。골라 뽑음.

▷选择对象。대상을 선택하다.

选择地点。장소를 선택하다.

没有选择的余地。선택의 여지가 없다.

选择最适合您的车型。
적당한 차의 스타일을 고르십시오

한·중 공통의미

선택 = 选择

번역 과정 중의 비대칭 대응

▷**선택적** 제약. **选择性的**制约。(선택적 → **选择性的**)

개인의 기호에 따라 문화를 **선택적으로** 향유하는 경우가 늘어 가고 있다.

目前根据个人的喜好来**选择性地**享受文化生活的情况正在增加。(선택적 → **选择性地**)

설명 (說明)★ [설명] 동 + 명

❶어떤 일이나 대상의 내용을 상대편이 잘 알 수 있도록 밝혀 말함. 또는 그런 말.

为了让对方清楚地了解某件事或内容而进行阐述的行为，或所说的话。

▷새 기획안에 대한 **설명**이 끝나자 질문이 쏟아졌다. 对于新计划案的说明刚一结束，就被提出了很多问题。

이 세상에는 과학적으로 **설명되**지 않는 현상이 많이 존재한다. 这世界上有很多现象是教科书无法说明(解释)的。

강사는 수강생들에게 컴퓨터를 어떻게 사용하는지를 **설명했**다. 讲师向学生说明了应该如何 使用计算机。

说明甲 [shuō míng]

❶ 动 解释明白。똑바로 해석하다.

▷说明原因。원인을 설명하다.

说明问题。문제를 설명하다.

❷ 名 解释意义的话。해석하는 말.

▷图片下边附有说明。그림 아래 설명이 있다.

❸ 动 说明。증명하다.

▷事实充分说明这种做法是正确的。

이러한 방법이 맞는다는 것을 충분히 입증해 준다.

한·중 공통의미

설명 = 说明

성 (性)★★ [성:] 명

❶사람이나 사물 따위의 본성이나 본바탕.

人或事物之类的本性或本质。

❷남성과 여성, 수컷과 암컷의 구별. 또는 남성이나 여성의 육체적 특징. 男性与女性、雄性与雌性的区别。或者男性与女性在肉体上的特征。

▷요즘은 **성**의 구별이 잘 되지 않는다.

最近对于性别的区分不是很容易。

❸남녀의 육체적 관계. 또는 그에 관련된 일.

男女在肉体上的关系。或者与此相关的事。

▷**성**을 금기시하다. 禁性。

성의 문란이 사회 문제가 되고 있다.

性混乱正在成为社会问题。

❹『언어』인도·유럽 어에서 명사, 대명사에 특징적인 문법 범주의 하나. 남성, 여성, 중성으로 나뉜다.

性乙 [xing]

❶性格。성격.

▷天**性** 천성. 耐**性**。인내심.

❷物质所具有的性能；物质因含有某种成分而产生的性质。물질이 가지고 있는 성능; 물질이 어떤 성분을 함유하고 있어 형성한 성질.

▷弹**性**。탄성. 药**性**。약성.

❸后缀。加在名词、动词或形容词之后构成抽象名词或属性词，表示事物的某种性质或性能。접미사. 명사, 동사 혹은 형용사 뒤에 붙어 추상명사 혹은 속성어를 구성하면서 사물의 어떤 성질 혹은 성능을 표시한다.

▷纪律**性**, 创造**性**, 普遍**性** 법칙성, 창조성, 일반성

❹ 名 有关生物的生死或性欲的。

생물의 생사 혹은 성욕에 관한 것.

『语言』 是印度·欧洲语言中名词、代名词的典型语法范畴之一。分为男性、女性、中性。

❺접(일부 명사 뒤에 붙어)'성질'의 뜻을 더하는 접미사. (用于部分名词后)是强调'性质'的词缀.

▷양면성, 적극성, 정확성, 창조성.
两面性, 积极性, 准确性, 创造性.

▷性器官. 성기관. 性行为. 성행위.

❺性别. 성별.

▷男性, 女性 남성, 여성.

❻ [名] 表示名词(以及代词、形容词)的类别的语法范畴. 명사(및 대명사, 형용사)의 유형을 표시하는 문법범주.

한·중 공통의미
①남성과 여성의 구별. 性别 성❷= 性❺
②남녀의 육체적 관계. 성❸= 性❹
③『언어』 문법 범주의 하나. 语法范畴 성❹= 性❻
④성질. 性质. 성❺= 性❷+ ❸

한국어에서만의 의미(韓)	중국어에서만의 의미(中)
❶사람이나 사물 따위의 본성이나 본바탕. 人或事物之类的本性或本质.	❶性格. 성격

결합정보: 중국어의 '性'은 그대로 관형사로 쓰일 수 있지만 한국어에서의 '성'는 '적'과 결합해야만 관형사로 쓰일 수 있다. 中文的'性'可以作为形容词使用, 但韩语的'성'只有和'적'结合, 才能作为形容词来使用.

① 성 매력, 성 욕구, 성 만족, 성 차별 (×)

성적 매력, 성적 욕구, 성적 만족, 성적 차별 (O) 性魅力, 性欲望, 性满足, 性歧视

성격 (性格)★ [성:격] [성격만 [성:껵만]] 性格ᵕ [xìng gé]

❶개인이 가지고 있는 고유의 성질이나 품성.
个人所固有的性格或品性.

▷낙천적 성격. 乐观的性格.

그는 **성격**이 모가 나서 사람들과 어울리지 못한다. 他这个人性格很有棱角, 与他人合不来.

❷어떤 사물이나 현상의 본질이나 본성.
某种事物及现象的本质或本性.

▷무속은 종합 예술적 **성격**을 갖고 있다.
巫术具有综合的艺术特性.

고려의 한문학은 종래 중국의 것을 그대로 모방하던 단계를 벗어나 독자적인 **성격**을 띠게 되었다.高丽的古汉语文学从对中国原封不动地模仿的阶段中走出, 具有了自己独立的特征.

❶ [名] 在对人、对事的态度和行为方式上所表现出来的心理特点. 사람이나 사건을 대함에 있어서의 태도와 행위방식에서 표현되는 심리특징.

▷**性格**开朗. 성격이 명랑하다.

性格懦弱. 성격이 연약하다.

通过细节描写来表现人物**性格**.

세부 묘사를 통해서 인물의 성격을 표현하다.

这三个人物代表三种不同的**性格**.

이 세 명의 인물은 세 종류의 다른 성격을 대표한다.

한·중 공통의미	
한국어에서만의 의미(韓)	중국어에서만의 의미(中)
❷어떤 사물이나 현상의 본질이나 본성.	없음

某种事物及现象的本质或本性。	

결합정보: 중국어의 '性格'는 그대로 관형사로 쓰일 수 있지만 한국어에서의 '성격'은 '적'과 결합해야만 관형사로 쓰일 수 있다. 中文的'性格'可以作为形容词使用, 但韩语的'성격'只有和'적'结合, 才能作为形容词来使用。

① 성격 결합 (×)

　성격적 결합 (O) **性格缺陷**

② 이 소설에는 주인공의 성격 특성이 잘 묘사되어 있다.(×)

　이 소설에는 주인공의 성격적 특성이 잘 묘사되어 있다.(O)

　这部小说把主人公的**性格特点**描写得很好。

번역 과정 중의 비대칭 대응

▷두 사람은 성격적인 차이로 헤어졌다.　两个人因**性格不合**分手了。(성격적인 차이 → 性格不合)

그와 나는 **성격적으로** 전혀 맞지 않는다. 他和我的**性格上**完全合不来。(성격적으로 → 性格上)

성과 (成果)★★ [성꽈] 명 　　　　**成果**^乙 [chéng guǒ] 名

❶이루어 낸 결실. 　　　　　　❶工作或事业的收获。 일 혹은 사업의 수확.

取得的果实。 　　　　　　　　▷丰硕**成果**。 성과가 크다.

▷**성과**를 얻다. 取得成果。 　　　劳动**成果**。 노동의 성과.

　이번 협상은 별다른 **성과** 없이 끝났다.

本次协商没有取得什么成果就结束了。

한·중 공통의미

성과 = 成果

성장 (成長)★★ [성장] 동+명 　　**成长**^乙 [chéng zhǎng] 动

❶사람이나 동식물 따위가 자라서 점점 커짐. 　❶向成熟的阶段发展; 生长。

人或动植物之类生长并渐渐变大。 　　성숙한 단계로 발전하다; 성장하다

▷물고기의 **성장** 과정. 鱼的生长过程. 　▷年轻的一代在茁壮**成长**。

　청소년기는 **성장**이 매우 빠른 시기이다. 　젊은 세대가 무럭무럭 자라다.

青少年时期是成长非常迅速的时期。 　看到新一代的**成长**,教师们干工作的底气更足了。

　인분에 섞여 싹이 트고 폐허의 잡초 사이에서 자 　새 세대의 성장을 보고 선생님들은 일할 의욕이

　라나 강인하게 **성장하**는 작고 단단한 열매. 　더 커졌다.

在粪肥中发芽, 在废墟的杂草丛中顽强地**生成**长

的小而坚硬的果实。

　시민 계급의 **성장**. 民众阶层的成长。

　인천은 오늘날 중앙 정부 직할의 대도시로 **성장**

되었다.　仁川如今已经发展为由中央政府直辖的

大城市了。

오랜 전쟁으로 국민의 민족의식이 크게 **성장**하였다.

经过长期的战争，国民的民族意识大大增强。

한·중 공통의미
①사람이 자라서 점점 커짐. 人向成熟的阶段发展.

한국어에서만의 의미(韓)	중국어에서만의 의미(中)
❶동식물 따위가 자라서 점점 커짐. 动植物之类生长并渐渐变大.	없음

번역 과정 중의 비대칭 대응

▷물고기의 **성장** 과정 鱼的**生长**过程(성장 → 生长)

　인천은 오늘날 중앙 정부 직할의 대도시로 **성장**되었다.

　仁川如今已经**发展**为由中央政府直辖的大城市了. (성장 → 发展)

　오랜 전쟁으로 국민의 민족의식이 크게 **성장**하였다.

　经过长期的战争，国民的民族意识大大**增强**. (성장 → 增强)

세계 (世界)★ [세계/세계] 명 | 世界甲 [shì jiè]

❶지구상의 모든 나라. 또는 인류 사회 전체.
地球上所有国家及整个人类社会。

▷10대 문화 유적/세계 제일의 경제 대국/세계에서
가장 아름다운 경치.
世界十大文化遗址 / 世界第一经济大国 / 世界上
最漂亮的景观

❷명 집단적 범위를 지닌 특정 사회나 영역.
有一定范围的特性社会或领域

▷남성 세계/학자들의 세계/동물의 세계/폭력배들
세계에서는 주먹이 곧 법과 같다.
男性世界 / 学者们的世界 / 动物世界 /暴徒的世
界里拳头就代表着饭

❸명 대상이나 현상의 모든 범위.
对象或现象的所有范围

▷정신의 세계와 물질의 세계/작품 세계/천상의 세
계/꼬마는 항상 미지의 세계를 동경하고 꿈꾼다.
精神世界和物质世界 / 作品世界 / 天上的世界 /
孩子总是对未知世界无比的好奇

❶名 自然界和人类社会一切事物的总和。
자연과 인류 사회의 전체

▷世界观 / 世界之大，无奇不有
세계관 / 세계는 넓어서 온갖 별난 것이 다 있다.

❷名 佛教用语，指宇宙。
불교용어, 우주(宇宙).

▷大千世界。대천세계

❸名 地球上的所有地方。
지구상의 모든 곳

▷世界各地 / 周游世界
세계 각지 / 세계 여행

❹名 指社会的形势、风气。
사회의 형세·풍기(風氣).

▷现在是什么世界，还允许你不讲理。
지금이 어떤 세상인데, 아직도 네가 억지를 쓰도
록 내버려두겠니?

❺名 领域；人的某种活动范围。
영역, 사람의 활동 범위.

▷内心世界/科学世界/儿童世界
내심의 세계 / 과학의 세계 / 아동의 세계

①모든 나라 및 인류 사회 전체. 所有国家及人类社会. 세계❶= 世界❶+ ❸

②영역, 사람의 활동 범위. 领域, 人的某种活动范围. 세계❷+ ❸= 世界❺

③불교용어, 우주. 佛教用语, 指宇宙. (③번의 의미는 <표준국어대사전>에서 설명하지 않으나 용례의 번역을 보면 한국어에도 이런 뜻은 있다는 걸 충분히 알 수 있음.)

한국어에서만의 의미(韓)	중국어에서만의 의미(中)
없음	❹ 명 指社会的形势、风气. <한>사회의 형세·풍기(風氣).

결합정보: 중국어의 '世界'는 명사를 직접 수식하는 용법이 있지만 한국어의 '세계'는 명사를 직접 수식하는 용법이 있으나 '수준, 유명하다' 등 일부 명사나 형용사를 수식할 때 제한을 받으며 '적'과 결합해야만 관형사로 쓰일 수 있다. 中文的'世界'可以可以直接用来修饰名词, 但韩语的'세계'不能直接和水准、有名等词连用, 只有和'적'结合, 才能作为形容词来使用.

①세계 수준 (×) / 세계적인 수준 (O) 世界水准

②세계 유명하다(×) / 세계적으로 유명하다(O) 世界有名

세기 (世紀)★★ [세:기] 명   世纪² [shì jì] 名

❶백 년을 단위로 하는 기간.
  以百年为单位的时间段.
▷우리는 이제 다음 **세기**를 준비해야 한다.
  我们现在得准备下一个世纪了.

❷(수량을 나타내는 말 뒤에 쓰여)백 년 동안을 세는 단위.(用于数量词之后)计算百年的单位.
▷기원전 3**세기** 公元前 3世纪
  21세기의 국가적 과업을 이루다.
  完成21世纪的国家任务.

❸일정한 역사적 시대나 연대.
  某个历史时代或年代.
▷전쟁과 혁명의 **세기** 战争与革命年代
  암 치료의 새로운 **세기**를 열다.
  开启了癌症治疗的新新纪元.

❹매우 길고 오랜 세월. 非常漫长的岁月.
▷**세기**를 두고 염원하던 민족의 해방.
  盼了一个世纪的民族解放.

❺('세기의' 꼴로 쓰여)백 년 동안에 한 번밖에 없거나, 또는 그 백 년 동안을 대표할 만큼 중요하거나 뛰어남을 이르는 말. 表示百年一遇或 者在百年

❶计算年代的单位, 一百年为一个世纪.
  년대를 계산하는 단위. 100년이 1세기이다.
▷二十**世纪** 20세기
  乒乓球始创于19**世纪**末.
  탁구는 19세기 말에 시작되었다.

之内具有代表性的、重要的或出色的。

▷세기의 업적 百年业绩 세기의 영웅 世纪英雄

한·중 공통의미
세기❶+❷+❹+❺= 世纪❶

한국어에서만의 의미(韓)	중국어에서만의 의미(中)
❸일정한 역사적 시대나 연대. 某个历史时代或年代.	없음

번역 과정 중의 비대칭 대응

▷전쟁과 혁명의 세기. 战争与革命年代. (세기 → 年代)

암 치료의 새로운 세기를 열다. 开启了癌症治疗的新纪元. (세기 → 新纪元)

세기의 업적. 百年业绩. (세기의 → 百年)

세기적 예술품. 百年一遇的艺术品. 세기적인 과학자. 百年一遇的科学家. (세기적 → 百年一遇的)

세대 (世代)★★ [세:대] 명

❶어린아이가 성장하여 부모 일을 계승할 때까지의
약 30년 정도 되는 기간. 小孩子长大成人直到为人
父母时所需的大约30年的时间.

▷이제 이 땅에서 번역되거나 재구성된 삼국지는
대개가 한 세대 가까이 오래된 것이 됐다.
如今在这边土地上被翻译或重编的《三国志》
大概经过了近一代人的时间.

❷같은 시대에 살면서 공통의 의식을 가지는 비슷
한 연령층의 사람 전체. 生活在同一个时代, 具有
相同意识的年龄层相仿的人群.

▷젊은 세대. 年轻一代.

세대 간의 갈등. 代沟.

그들과 우리는 세대가 다르다.

他们与我们的时代不同.

❸한 생물이 생겨나서 생존을 끝마칠 때까지의 기
간. 一个生物从出生到死亡所经历的时间.

❹그때에 당면한 시대. 当时的时代.

▷통일은 우리 세대에 꼭 이루어야 할 최대의 과제
이다.

统一是我们这一代必须完成的最大任务.

世代⊤ [shì dài] 名

❶(很多)年代. 년대

▷那些格言不知流传了多少世代.

그러한 격언들은 얼마 전부터 전해져 왔는지 모
른다.

❷好几辈子. 대대, 여러 대.

▷世代相传. 대대로 전해지다.

世代务农. 대대가 농사를 짓는다.

希望两国人民世世代代友好下去.

두 나라 국민이 대대로 우호적으로 지내기를 희
망하다.

한·중 공통의미

없음

한국어에서만의 의미(韓)	중국어에서만의 의미(中)
❶어린아이가 성장하여 부모 일을 계승할 때까지의 약 30년 정도 되는 기간. 小孩子长大成人直到为人父母时所需的大约30年的时间.	❶(很多)年代. 년대.
❷같은 시대에 살면서 공통의 의식을 가지는 비슷한 연령층의 사람 전체. 生活在同一个时代，具有相同意识的年龄层相仿的人群.	❷好几辈子. 대대, 여러 대.
❸한 생물이 생겨나서 생존을 끝마칠 때까지의 기간. 一个生物从出生到死亡所经历的时间.	
❹그때에 당면한 시대. 当时的时代.	

세력 (勢力)★★ [세·력] 명 [세력만 [세·령만] 　　勢力丙 [shì lì] 名

❶권력이나 기세의 힘. 权力或气势的力量.	❶政治、经济、军事等方面的力量.
▷정치 세력. 政治势力.	정치, 경제, 군사 등 방면의 힘.
세력이 강하다. 势力强大.	▷势力强大. 세력이 강하다.
❷어떤 속성이나 힘을 가진 집단.	保守势力. 수구 세력.
具有某种属性或力量的集团.	
▷주도 세력. 主导势力. 핵심 세력. 核心势力.	

한·중 공통의미

세력❶= 勢力❶

한국어에서만의 의미(韓)	중국어에서만의 의미(中)
❷어떤 속성이나 힘을 가진 집단. 具有某种属性或力量的集团.	없음

세상 (世上)★ [세-] 명 　　世上☆ [shì shàng] 名

❶사람이 살고 있는 모든 사회를 통틀어 이르는 말. 对人类生活的所有社会的统称.	❶世界上，社会上. 세계적으로, 사회적으로
▷세상 물정을 모르다. 不懂人情世故.	▷世上无难事，只怕有心人.
넓은 세상을 구경하다. 放眼广阔的世界.	세상에는 어려운 일이 없다.
몇 년 사이에 세상이 많이 변하였다.	我一个人来到这世上.
几年之间，世界的变化真大.	나 혼자 이 세상에 왔다.
❷사람이 태어나서 죽을 때까지의 기간. 또는 그 기간의 삶. 人从出生到死亡的那段时间. 或者在那段时间内的生活.	
▷너는 파렴치범에 불과하지만 일규는 전신으로 세	

상을 산 놈이다. 你不过就是不知廉耻的人，但一奎是全心全意对待生活的人。

❸어떤 개인이나 단체가 마음대로 활동할 수 있는 시간이나 공간. 某个人或某个团体可以随心所欲地活动的时间和空间.

▷흉흉한 인심 속에 건달들 **세상**이 되었다. 人心惶惶，世界都变成流氓们的天下了.

❹절, 수도원, 감옥 따위에서 바깥 사회. 在寺庙、修道院、监狱等地方对外面社会的统称.

▷**세상**에 나가다. 接触社会.

❺세상인심. 世道人心.

▷야박한 **세상**. 无情的世界.

따뜻한 **세상**. 温暖的世界.

메마른 **세상**. 无聊的世界.

세상이 각박하다. 世道刻薄.

❻'지상'을 천상에 상대하여 이르는 말. '地上'，与天上相对的话.

❼(부사적 용법으로 쓰여)'비할 바 없이', '아주' 의 뜻을 나타내는 말.

(按副词的用法)表示'无比 的'，'非常'的意思.

▷세상 좋은 물건. 非常好的东西.

그는 **세상** 편한 사람이다.

他是个非常安逸的人.

❽(부사적 용법으로 쓰여)'도무지', '조금도'의 뜻을 나타내는 말.

(按副词的用法)表示'根本'，'一点儿也'的意思.

▷이렇게 타일러도 **세상** 말을 들어야지.

不管怎么劝，他也得听得进去才行呀.

그 친구, 아무리 불러도 **세상** 와야 말이지.

朋友啊，你再怎么喊，也根本不会有人来的.

한·중 공통의미	
세상❶= 世上❶	
한국어에서만의 의미(韓)	중국어에서만의 의미(中)
세상❷~❽	없음

세월 (歲月)★★ [세·월] 명   岁月ᵀ [suì yuè] 名

❶흘러가는 시간. 流逝的时间。

▷기나긴 **세월**. 漫长的岁月。

   세월이 흐르다. 岁月流逝。

   세월 가는 줄 모르다. 不觉时光的流逝。

❷지내는 형편이나 사정. 또는 그런 재미.

   生活过得怎么样，或者这其中的趣味。

▷그 친구 요즘 **세월**이 좋은 모양이야.

   看来那个朋友最近的日子过得不错呀。

❸살아가는 세상. 生活。

▷컴퓨터 통신으로 웬만한 정보는 다 주고받는 걸
보면 참 **세월** 좋아졌어. 看到用计算机来接收信
息时觉得生活变得越来越好了。

❶年月。세월.

▷漫长的**岁月**。기나긴 세월.

   岁月在他的额头镂刻下深深的皱纹。

   세월이 그의 이마에 깊은 주름을 새겨 놓았다.

   岁月梦一般地逝去。

   세월이 꿈처럼 지나가다.

한·중 공통의미

세월❶= 岁月❶

한국어에서만의 의미(韓)	중국어에서만의 의미(中)
❷지내는 형편이나 사정. 또는 그런 재미. 生活过得怎么样，或者这其中的趣味。 ❸살아가는 세상. 生活	없음

소년 (少年)★★ [소·년] 명   少年ᶻ [shào nián] 名

❶아직 완전히 성숙하지 아니한 어린 사내아이.

   尚未完全成熟的小男生。

▷**소년** 시절. 少年时期。

❷젊은 나이. 또는 그런 나이의 사람.

   年轻的年纪，或年纪轻的人。

▷**소년** 재상. 少年宰相。

   소년 과부. 少年寡妇。

❶人十岁左右到十五六岁的阶段。

   10세 전후부터 15,16세까지의 단계

▷**少年**时代。소년시대

❷指上述年龄的人。상술한 나이의 사람.

▷少年宫。소년궁.

❸〈书〉指青年男子。청년 남성을 말한다.

▷翩翩少年。시원스러운 젊은이.

한·중 공통의미

소년❶, ❷= 少年 ❶, ❷

한국어에서만의 의미(韓)	중국어에서만의 의미(中)
없음	❸〈书〉指青年男子。 청년 남성을 말한다.

소녀 (少女)★★ [소·녀] 명   少女ᵇⁱⁿᵍ [shào nǚ] 名

❶아직 완전히 성숙하지 아니한 어린 여자아이.   ❶少年女子。어린 여자아이

尚未完全成熟的小女孩。

▷귀엽기만 하던 그 **소녀**가 어느덧 어엿한 숙녀가 되어 있었다. 不知不觉间那个曾经很可爱的少女已经长成了端庄的淑女。

▷少男**少女**。 소년 소녀.

十六七岁, 正是**少女**人生最美丽的花季。

15~16세는 소녀에게 있어 가장 아름다운 꽃다운 나이이다.

한·중 공통의미
소녀 = 少女

소비-자 (消費者)★★ [소비자] 명   消费者☆ [xiāo fèi zhě] 名

❶『경제』 재화를 소비하는 사람.
『经济』 消费财货的人.

▷그 기업의 상품이 서비스건 구체적인 물품이건, 그 **소비자**인 우리에게는 선택의 권리가 있다. 对于那个企业的商品, 无论是服务还是具体的物品, 我们作为消费者都具有选择的权利.

❶消费物资的人。 재화를 소비하는 사람.

▷向**消费者**协会投诉。
소비자 협회에 신고하다.

满足**消费者**的需要。
소비자의 요구를 만족시키다.

한·중 공통의미
소비-자 = 消费者

소설 (小說)★ [소ː설] 명   小说乙 [xiǎo shuō] 名

❶『문학』 사실 또는 작가의 상상력에 바탕을 두고 허구적으로 이야기를 꾸며 나간 산문체의 문학 양식. 『文学』 是以事实或作者的想象力为基础, 将虚构的故事写成散文体的文学形式.

❷소설책. 小说.

▷**소설**을 읽다. 读小说.

그는 오랜만에 새로운 **소설**을 썼다.
他过了很久之后写了一部新的小说.

❶一种叙事性的文学体裁, 通过人物的塑和情节、 环境的描述来概括地表现社会生活。 일종의 서사적인 문학 장르로, 인물의 부각과 스토리, 환경의 묘사를 통해 사회생활을 개괄적으로 표현한다.

▷一般分为长篇**小说**、中篇**小说**和短篇**小说**。
일반적으로 장편소설, 중편소설, 단편소설로 나뉜다.

한·중 공통의미
소설 = 小说

소식 (消息)★ [소식] [소식만 [소싱만]] 명   消息甲 [xiāo xi] 名

❶멀리 떨어져 있는 사람의 사정을 알리는 말이나 글. '알림'으로 순화. 把事情告诉离得很远的人时的话或文字. 褒义为'通知'.

❶关于人或事物情况的报道。
사람 혹은 사물의 상황에 대한 보도

▷财经**消息**。 경제 뉴스

▷고향 **소식**. 故乡的消息.

　　소식이 오다. 来消息.

　　소식이 감감하다. 杳无音信.

　　오랫동안 **소식**이 끊긴 친구에게서 연락이 왔다.
　　好久都没有消息的朋友有了联系。

❷천지의 시운(時運)이 끊임없이 변화하고 순환하
　는 일. 天地的时运不断地变化循环。

最新**消息** 최신의 뉴스

❷指人或事物的动向或变化的情况；音信。

　　사람 혹은 사물의 동향 혹은 변화하는 상황을 가
　　리킨다; 기별

▷去后再无**消息**。

　　떠나고 나서 감감 무소식이다.

한·중 공통의미
소식❶= 消息❷

한국어에서만의 의미(韓)	중국어에서만의 의미(中)
❷천지의 시운(時運)이 끊임없이 변화하고 순환하는 일. 天地的时运不断地变化循环。	❶关于人或事物情况的报道。 사람 혹은 사물의 상황에 대한 보도.

소재 (素材)★★ [소재] 〔명〕　　素材☆ [sù cái] 〔名〕

❶어떤 것을 만드는 데 바탕이 되는 재료.
　用来做东西的基本材料。

▷첨단 **소재**. 顶级素材.

　　전자 부품의 **소재**를 개발하다.
　　开发电子配件的素材。

❷예술 작품에서 지은이가 말하고자 하는 바를 나
　타내기 위해 선택하는 재료. 在艺术作品中为了表
　达作者的心声而选择的材料。

▷한국 전쟁을 **소재**로 삼은 영화.
　　以韩国战争为素材的电影。

　　연극은 다소 **소재**에 제한을 받지.
　　话剧或多或少地会受到素材的限制。

❸『문학』=글감.『文学』=题材。

▷그 작가는 요즘 중산층의 의식과 생활을
　소재로 한 작품을 쓰고 있다.
　那位作家最近正在写一部以中产阶级的意识与
　生活为题材的作品。

❶文学、艺术的原始材料，就是未经总括和提炼
　的实际生活现象。

　　문학, 예술의 원시재료, 즉 개괄과 제련을 거치지
　　않은 실제생활현상.

▷为创作寻觅**素材**。

　　창작을 위해 소재를 찾다.

　　这场比赛的结果成为媒体大写特写的**素材**。

　　이번 시합의 결과는 매체에 대서특필될 만한 소
　　재가 되었다.

한·중 공통의미
소재❷+❸= 素材❶

한국어에서만의 의미(韓)	중국어에서만의 의미(中)
❶어떤 것을 만드는 데 바탕이 되는 재료. 用来做东西的基本材料。	없음

속도 (速度)★ [속또] 명   速度² [sù dù] 名

❶물체가 나아가거나 일이 진행되는 빠르기.
物体的前进或事情进展的速度.

▷**속도** 조절 调节速度

  성장 **속도** 成长速度

  그들은 일정한 **속도**로 보조를 맞춰 걸었다.
  他们按一定的速度统一了步伐.

❷『물리』물체의 단위 시간 내에서의 위치 변화.『物理』物体在单位时间内产生的位置变化.

❶运动物体在某一个方向上单位时间内所通过的距离. 운동물체가 어느 한 방향으로 단위 시간 내에 통과한 거리.

❷泛指快慢的程度.
빠르고 느린 정도를 표현한다.

▷高**速度** 빠른 속도

  放慢**速度** 속도를 낮추다.

한·중 공통의미

속도 = **速度**

수 (數)★ [수]   数⁴ [shù]

❶ 명 운수(運數). 运气.

▷그는 **수**가 좋아 하는 일마다 잘된다.
  他的运气可真好, 做的每件事都成功了.

  그는 **수**가 사나워 사고를 당했다.
  他运气不好出了事故.

❷ 명 좋은 운수. 好运.

▷그가 오지 않아 내가 대신 선물을 받았으니 **수**가 났지 뭐야.

  他不来, 我替他收下了礼物, 这运气不错吧.

  그는 **수**를 만나 횡재했다.

  他运气不错, 发了横财.

❸ 명 셀 수 있는 사물을 세어서 나타낸 값.
数事物的个数时得出的值.

▷사람 **수**가 모자란다. 人数不够.

  가구별 평균 자녀 **수**가 점점 줄어들고 있다.
  家庭平均子女数正在逐渐减少.

❹ 명 『수학』자연수, 정수, 분수, 유리수, 무리수, 실수, 허수 따위를 통틀어 이르는 말. 좁은 뜻으로는 자연수를 가리킨다.『数学』对自然数、定数、分数、有理数、无理数、实数、虚数之类的统称. 狭义上是指自然数.

❺ 관 '몇', '여러', '약간'의 뜻을 나타내는 말.

❶ 名 数目. 수량.

▷人**数**. 인수.

  岁**数**. 나이.

  你这么一说我就有**数**了.

  네가 그렇게 말한다면 나도 생각이 있다.

❷ 名 数学上表示事物的量的基本概念.

  수학에서 사물의 양을 표시하는 기본개념.

▷自然**数**. 자연수. 整**数**. 정수. 分**数**. 분수.

❸ 名 天命; 劫数. 천명, 액운.

▷在**数**难逃 액운을 피하기 어렵다.

❹**数** 几; 几个. 몇; 몇 개.

▷**数**十种. 수십 가지.

  数小时. 몇 시간

❺[shǔ] 动 查点数目, 逐个说出数目.

  수량을 하나하나 점검하다.

▷从15**数**到30. 15부터 30까지 헤다.

❻[shǔ] 动 计算起来, 比较起来(最突出)

  계산해보거나 비교해볼 때 가장 뛰어난 것.

▷**数**一**数**二 1등, 아니면 2등.

  全班**数**他的功课最好.

  전 반에서 그의 성적이 가장 우수하다.

❼[shǔ] 动 列举罪状, 责备.

表示'几'、'许多'、'若干'的意思。

▷**数** 미터의 깊이 数米深

화약 창고 폭발 사건의 피해가 **수** 킬로미터에 달했다.

火药仓库爆炸事件的受害距离达到了数公里远。

❻접 '몇', '여러', '약간'의 뜻을 더하는 접두사.

强调'几'、'许多'、 '若干的'意思的前缀。

▷**수**백만, **수**천, **수**만. 数百万, 数千, 数万。

수적 우위/전문가의 수적 팽창// 수적으로 우세하다

数量上的优势/专家数量的膨胀// 数量上占优势。

좌상을 열거하다. 질책하다.

▷**数**其罪 그의 죄를 열거하다.

❽[shuò] <书>屡次。 여러 차례

▷**数**见不鲜。 자주 보는 현상이다.

한·중 공통의미
①수량 数目. 수❸= 数❶
②자연수 등 수학에서의 개념. 数学上表示事物的量的基本概念。수❹= 数❷
③'몇', '여러', '약간'의 뜻. '几'、'许多'、 '若干的'意思. 수❺+❻=数❹

한국어에서만의 의미(韓)	중국어에서만의 의미(中)
❶운수(運數). 运气。	❸天命；劫数。천명, 액운.
❷좋은 운수. 好运。	❺查点数目，逐个说出数目。
	수량을 하나하나 점검함.
	❻计算起来，比较起来(最突出)
	계산해보거나 비교해볼 때 가장 뛰어난 것.
	❼列举罪状，责备。죄상을 열거하다. 질책하다.
	❽<书>屡次。 여러 차례

수단 (手段)★★ [수단] 명

❶어떤 목적을 이루기 위한 방법. 또는 그 도구.

为了达到某种目的而使用的方法或工具。

▷생계 **수단**. 谋生手段。

표현 **수단**. 表现手法。

수단과 방법을 가리지 말고 그 일을 성사시켜야 한다.

无论用什么手段和方法，都必须把那件事做成。

❷일을 처리하여 나가는 솜씨와 꾀.

处理事情的手法和手腕。

▷형은 사람을 설득하는 **수단**이 뛰어났다.

哥哥劝人的手段很高明。

手段乙 [shǒu duàn] 名

❶为达到某种目的而采取的具体方法。

어떤 목적에 도달하기 위해 사용하는 구체적인 방법.

▷体育锻炼是增强体质的有效手段。

운동은 신체를 강화하는 효과적인 **수단**이다.

❷本领；能耐。능력, 솜씨.

▷**手段**高强。 **수단**이 있다.

❸指待人处事所用的不正当的方法。

사람이 일을 처리함에 있어 사용한 비정당한 방법.

▷要**手段**骗人。 잔꾀를 부려서 사람을 속이다.

똑똑하기로 유명한 그 사람도 그의 **수단**에 넘어
가고 말았다. 以聪明著称的他居然也败在了他的
手腕上。

한·중 공통의미	
①방법, 또는 그 도구. 方法或工具. **수단❶**= **手段❶**	
②일을 처리하여 나가는 솜씨와 꾀. 处理事情的手法和手腕. **수단❷**= **手段❷**	
한국어에서만의 의미(韓)	**중국어에서만의 의미(中)**
없음	❸指待人处事所用的不正当的方法. 사용한 비정당한 방법.

수사 (搜查)★★ 〔명〕+〔동〕 | **搜查**[T] [sōu chá] 〔动〕

❶찾아서 조사함. 找到并调查。 | ❶搜索检查(犯罪嫌疑人或违禁品)。

❷『법률』 범죄의 혐의 유무를 명백히 하여 공소의 | (범죄자나 금지된 물건을) 수색 검사.
제기와 유지 여부를 결정하기 위하여서 범인을 발 | ▷**搜查**毒品。 마약 수사하다.
견·확보하고 증거를 수집·보전하는 수사 기관의 | 进行强制**搜查**。 강제 수사를 하다.
활동. 『法律』调查机关为了明确是否具有犯罪嫌 | **搜查**可疑人物。 용의자를 수사하다.
疑，决定是否提起诉讼或维持，发现·控制犯 |
人、搜集·保存证据的活动。 |

▷**수사**를 맡은 형사. 负责调查的刑警。
목격자의 잠적으로 **수사**가 장기화되었다.
由于目击者的失踪导致调查变得很漫长。
사건을 **수사하다**. 调查案件。
국제적인 밀매 조직에 대하여 **수사하고** 있다.
正在对国际走私组织进行调查。

한·중 공통의미	
①찾아서 조사함. 找到并调查。 **수사❶**= **搜查❶**	
한국어에서만의 의미(韓)	**중국어에서만의 의미(中)**
❷『법률』 범죄의 혐의 유무를 명백히 하여 공소의 제기와 유지 여부를 결정하기 위하여서 범인을 발 견·확보하고 증거를 수집·보전하는 수사 기관의 활동. 『法律』调查机关为了明确是否具有犯罪嫌 疑，决定是否提起诉讼或维持，发现·控制犯 人、搜集·保存证据的活动。	없음

관련어휘
중국어 단어 '**调查**'는 한국어 '**수사❷**'의 대역어로 볼 수 있다.

수업 (授業)★ 동+명 [수업만 [수엄만]]　　　Ø

❶교사가 학생에게 지식이나 기능을 가르쳐 줌. 또는 그런 일.

　教师教学生知识或技能。或这件事本身。

▷**수업** 시간. 上课时间。

　수업 계획. 授课计划。

　수업 분위기가 좋다. 上课气氛好。

　교실에서 학생들이 **수업**을 받고 있다.
　学生们正在教室里上课。

　김 선생은 일주일에 스무 시간을 **수업**한다.
　金老师每周上20个小时的课。

❷학습을 촉진시키는 모든 활동.

　促进学习的所有活动。

課甲 [kè], 上课甲 [shàng kè]

▷星期六下午没**课**。

　토요일 오후에는 수업이 없다.

　第四节**课**提前在第二节上.

　제4교시 수업을 제2교시로 앞당기다.

　教师在**上课**前一定要有充分的准备。

　교사는 수업을 하기 전에 반드시 충분한 준비를
　해야 한다.

한·중 공통의미

없음

한국어 한자어의 '授業'는 중국어에서는 이런 단어가 존재하지 않음. 같은 의미로써 쓰고 있는 단어는 '**课, 上课**'이란 단어가 있음. (中文中不存在韩国语中的'授业'一词，所以与之相对应含义的中文词汇为 '**课, 上课**'.)

수입 (輸入)★★ 동+명 [수입만 [-암-]]　　　输入丁 [shū rù] 动

❶다른 나라로부터 상품이나 기술 따위를 국내로 사들임. 从别的国家买入商品或技术之类。

▷**수입** 문구류. 进口文具类。

　농산물 **수입**. 农产品进口。

　정부는 외제 상품의 **수입**을 규제하였다.
　政府限制了外国商品的进口。

　외국 영화들이 잇따라 **수입**되고 있다.
　正在陆续引进外国电影。

　중동에서 석유를 **수입**하다
　从中东进口石油。

❷다른 나라의 사상, 문화, 제도 따위를 배워 들여옴. 学习并引进其他国家的思想、文化、制度之类。

▷불교의 **수입**. 佛教的传入。

　외국 문화의 **수입**과 교역.

❶从外部送到内部。外部에서 内部로 운송.

▷病人手术后需要**输入**新鲜血液。

　환자는 수술 후 신선한 혈액을 수혈해야 한다.

❷商品或资本从国外销售或投放到某国。

　상품 혹은 자본이 해외로부터 다른 한 나라로 판매 혹은 투입되는 것.

▷**输入**电信器材。전신기를 수입하다.

❸科学技术上指发出的能量、信号等进入某种机构或装置。입력(하다).인풋(input)(하다).

▷**输入**密码。비밀번호를 입력하다.

外国文化的引进与交易。

그 풍습은 서양에서 **수입된** 것이다.

那个风俗是从西方传过来的。

외국의 선진 과학을 수입하다.

引进外国的先进科学。

한·중 공통의미	
수입❶+❷= 输入❷	
한국어에서만의 의미(韓)	중국어에서만의 의미(中)
없음	❶从外部送到内部。外部에서 내부로 운송. ❸科学技术上指发出的能量、信号等进入某种机构或装置。입력(하다). 인풋(input)(하다).

관련어휘

중국어 단어 '**进口**'는 한국어 '**수입**'의 대역어로 볼 수 있다.

수준 (水準)★★ [수준] 명 | **水准**☆ [shuǐ zhǔn] 名

❶사물의 가치나 질 따위의 기준이 되는 일정한 표준이나 정도

事物的价值或质之类的某种标准或程度。

▷**수준** 이하. 水准以下。

수준 높은 예술 작품. 水准很高的艺术作品。

그녀의 피아노 솜씨는 이미 상당한 **수준**에 올랐다. 她弹的钢琴已达到了相当高的水准。

❷수면(水面)의 위치. 주로 육지의 높이를 재는 기준이 된다. 水面的位置。主要作为测量陆地高度的标准。

❶地球各部分的水平面。

지구 각 부분의 수평면

❷在生产、技术、艺术等方面所达到的高度。

생산, 기술, 예술 등에서 도달하는 높이.

▷**艺术**水准 예술 수준

한·중 공통의미	
①기준이 되는 일정한 표준이나 정도 某种标准或程度。 수준❶= 水准❶	
②수면(水面)의 위치. 水平面。 수준❷= 水准❷	

수출 (输出)★★ [수출] 동+명 | **输出**丁 [shū chū] 动

❶국내의 상품이나 기술을 외국으로 팔아 내보냄.

把国内的商品和技术卖给外国。

▷자동차 **수출** 汽车出口

그 나라는 내수 시장의 한계를 **수출**로써 극복했

❶从内部送到外部。内部에서 외부로 운송.

▷血液从心脏**输出**，经血管分布到全身组织。

혈액이 심장에서 수출되어 혈관을 통해 전신 조직에 분포된다.

다. 那个国家通过出口克服了内需的局限性。

우리 공장에서 만들어지는 제품은 전 세계로 **수출되**고 있다.

我们工厂生产的商品正在向全世界出口。

우리나라는 외국으로 사과와 배를 **수출하**여 적잖은 달러를 벌어들였다.

韩国向外国出口苹果和梨赚了不少美元。

❷商品或资本从某一国销售或投放到国外。

상품 혹은 자본이 한 나라에서 해외로 판매 혹은 투입되는 것.

▷**输出**成套设备　설비세트를 수출하다

❸科学技术上指能量、信号等从某种机构或装置发出。출력(하다).아웃풋(output)(하다).

▷计算机**输出**信息　컴퓨터 수출정보

한·중 공통의미	
수출❶= 输出❷	
한국어에서만의 의미(韓)	중국어에서만의 의미(中)
없음	❶从内部送到外部。내부에서 외부로 운송. ❸科学技术上指能量、信号等从某种机构或装置发出。출력(하다). 아웃풋(output)(하다).

관련어휘

중국어 단어 '**出口**'는 한국어 '**수입**'의 대역어로 볼 수 있다.

순간 (瞬間)★★ [순간] 명　　　　**瞬间**☆ [shùn jiān] 名

❶아주 짧은 동안. 非常短的时间。

▷**결정적인 순간**. 决定性的瞬间. **순간**이 모여서 인생이 된다.

人生就是短暂的相聚。

순간적 흥분, 순간적 느낌, 순간적 재치

瞬间的激动, 瞬间的感受, 瞬间的才华

❷(주로 관형사 '그'나 동사의 관형사형 어미 '-은', '-는', '-던' 뒤에 쓰여)어떤 일이 일어난 바로 그때. 또는 두 사건이나 행동이 거의 동시에 이루어지는 바로 그때. (主要用于形容词 '그'或动词的形容词形词尾'-은', '-는', '-던'之后)表示发生某事的那一刻。或者指两个事件或行动几乎同时发生的那一刻。

▷나는 그를 보는 **순간** 당황하여 어쩔 줄 몰랐다.

当我看到他的瞬间, 我惊讶得不知所措。

그는 그 이야기를 듣는 **순간** 가슴이 답답했다.

他听到那个故事的瞬间觉得胸口发闷。

❶转眼之间. 눈 깜짝할 사이

▷飞机飞上天空, **瞬间**即逝。

비행기는 하늘로 날아오른 후 순간에 사라졌다.

当踏上祖国的土地的一**瞬间**, 大家都热泪盈眶了。

조국의 땅을 밟는 순간에 모두 뜨거운 눈물이 눈시울에 가득 찼다.

한·중 공통의미
순간❶+ ❷= 瞬间❶

결합정보: 중국어의 '瞬间'는 그대로 부사로 쓰일 수 있지만 한국어에서의 '순간'은 '적'과 결합해야만 부사로 쓰일 수 있다. 中文的'部分'可以作为副词使用，但韩语的'순간'只有和'적'结合，才能作为副词来使用。

① 순간 스치다 (×)

　　순간적으로 스치다 (O) 瞬间掠过

② 순간 깨닫다. (×)

　　순간적으로 깨닫다. (O) 瞬间清醒

시 (詩)★★ [시] 명　　　　　　　　　诗ᶻ [shī] 名

❶『기독교』구약 성경 <시편>의 글.
『基督教』旧约圣经 《诗篇》的文章。

❷『문학』문학의 한 장르.
『文学』一种文学体裁。

▷ **시**를 읊다. 吟诗. **시**를 짓다. 做诗.

　 시 한 편을 낭송하다. 朗诵一首诗.

❸『문학』한문으로 이루어진 정형시.
『文学』用中文写的格律诗。

▷ **시** 한 수를 짓다. 做一首诗.

❶文学体裁的一种，通过有节奏、韵律的语言集中地反映生活、抒发感情。문학체제의 일종이고, 리듬, 운율이 있는 언어로 집중적으로 생활을 반영하고 감정을 토로하는 것.

▷他除了小说，有时候也写写**诗**。

　그는 소설뿐만 아니라, 때때로 시도 쓴다.

❷姓。 성씨.

한·중 공통의미	
시❷+❸= 诗❶	
한국어에서만의 의미(韓)	중국어에서만의 의미(中)
❶『기독교』구약 성경 <시편>의 글. 『基督教』旧约圣经 《诗篇》的文章。	❷姓。 성씨

번역 과정 중의 비대칭 대응

▷ **시**적인 느낌 **诗**一般的感受 (시적인 → 诗一般的)

　 시적인 감각 **诗意**的感觉 　(시적인 → 诗意的)

시각 (視角)★★ [시:각] 명 [시각만 [시:강만]]　　　视角☆ [shì jiǎo] 名

❶사물을 관찰하고 파악하는 기본적인 자세.
对事物进行观察和了解的基本姿势。

▷ **시각**의 차이. 视角的差异.

　민중적 **시각**에서 바라보다.
　站在民众的角度来看。

　여성의 **시각**으로 접근하다.

❶由物体两端射出的两条光线在眼球内交叉而成的角。두 물체의 양단에서 내쏘는 두 개 광선이 안구에서 교차되어 형성된 각.

❷摄影镜头所能摄取的场面上距离最大的两点与镜头连线的夹角。短焦距镜头视角大，长焦距镜头视角小。(카메라의) 앵글.

站在女性的角度去考虑

❷『물리』물체의 양쪽 끝으로부터 눈에 이르는 두 직선이 이루는 각.『物理』从物体的两端到眼睛所形成的由两条直线组成的角。

❸指观察问题的角度。 문제를 관찰하는 각도

▷影片以久居闹市的青年人的**视角**反映了山区人民的文化生活。 영화는 오래 전부터 번화가에서 거주한 젊은이들의 시각에서 산간지역사람들의 문화생활을 반영하였다.

한·중 공통의미
①사물을 관찰하고 파악하는 기본적인 자세. 观察问题的角度. **시각❶**＝ **视角❸**
②『물리』물체의 양쪽 끝으로부터 눈에 이르는 두 직선이 이루는 각. 『物理』从物体的两端到眼睛所形成的由两条直线组成的角. **시각❷**＝ **视角❶**

한국어에서만의 의미(韓)	중국어에서만의 의미(中)
없음	❷摄影镜头所能摄取的场面上距离最大的两点与镜头连线的夹角. (카메라의) 앵글.

시간 (時間)★ [시간]

❶ 명 어떤 시각에서 어떤 시각까지의 사이.
从某一时刻到某一时刻之间。

▷**시간** 낭비. 时间浪费。
영화 보면서 **시간**을 보내다. 看电影打发时间。

❷ 명 시각. 时刻，时间点。

▷취침 **시간**. 就寝时间. 마감 **시간**. 截止时间。

❸ 명 어떤 행동을 할 틈. 做某事的时间。

▷밥 먹을 **시간**도 없이 바쁘다.
太忙了，连吃饭的时间都没有。
그는 **시간** 날 때마다 책을 읽었다.
他一有时间就看书。

❹ 명 어떤 일을 하기로 정하여진 동안.
规定做某事的时间。

▷ 수업 **시간**. 上课时间。
회의 **시간**에 졸다. 开会的时间打瞌睡。

❺ 명 때의 흐름. 时间, 光阴。

▷**시간**이 해결해 줄 문제. 时间会解决的问题。
시간이 지나면 알게 될 것이다.
时间会告诉我们的。

❻ 의존 하루의 24분의 1이 되는 동안을 세는 단위.
计算小时的单位。

▷두 **시간** 동안 책을 읽다. 看了两个小时的书。
집에서 학교까지는 한 **시간**이 걸린다.

时间^甲 [shíjiān] 名

❶有起点和终点的一段时间。
기점과 종점이 있는 어떤 사이나 동안.

▷地球自转一周的**时间**是24小时。
지구가 한 번 자전하는 시간은 24시간이다.

▷盖这么一所房子要多少**时间**。
이런 집을 지은 게 시간이 얼마나 걸려요?

❷时间里的某一点。 시각.

▷现在的**时间**是三点十五分。
지금의 시각은 3시 15분이다.

从家到学校需要一个小时。

한중 공통의미(中韓)
①어떤 시각에서 어떤 시각까지의 사이(有起点和终点的一段时间) **시간❶**= **时间❶**
②시각(时刻) **시간❷**= **时间❷**
③어떤 행동을 할 틈. 做某事的时间. (밥 먹을 **시간** 吃饭的时间)
④어떤 일을 하기로 정하여진 동안. 规定做某事的时间. (수업 **시간** 上课时间)
⑤때의 흐름. 时间, 光阴. (**시간**이 해결해 줄 문제 时间会解决的问题)
(③,④,⑤의 의미는 <현한>에서 설명하지 않으나 용례의 번역을 보면 중국어에도 이런 뜻은 있다는 걸 충분히 알 수 있음.)

한국어에서만의 의미(韓)	중국어에서만의 의미(中)
❻의존 하루의 24분의 1이 되는 동안을 세는 단위. 计算小时的单位.	없음

시계 (時計)★ [-계/-게] 명   Ø

❶시간을 재거나 시각을 나타내는 기계나 장치를 통틀어 이르는 말. 对测量时间或显示时刻的器械或装置的统称.
▷**시계**가 느리다. 表慢了.
　시계가 두 시를 가리키다. 表指向两点.
　시계를 보니 벌써 아홉 시가 넘었다.
　一看表发现居然已经九点多了.

表甲 [biǎo], 钟表丁 [zhōng biǎo]
▷对对**表**. 시계를 맞추다.
　我的**表**快五分.
　내 시계는 5분이 빠르다.
　在那拐弯(儿)上有个**钟表**行.
　저 모퉁이에 시계점이 있다.

한·중 공통의미
없음
한국어 한자어의 '時計'는 중국어에서는 이런 단어가 존재하지 않음. 같은 의미로써 쓰고 있는 단어는 '**表** [biǎo], **钟表**'이란 단어가 있음. (中文中不存在韩国语中的'時計'一词, 所以与之相对应含义的中文词汇为'**表** [biǎo], **钟表**'.)

시기 (時期)★★ [시기] 명   时期乙 [shí qī] 名

❶어떤 일이나 현상이 진행되는 시점.
　任何事情或者现象进行的时间.
▷가을은 오곡백과가 무르익는 **시기**이다.
　秋天是五谷百果成熟的时期.

❶一段时间(多指具有某种特征的). 시기.
▷抗战**时期**. 전쟁 시기.
　社会主义建设**时期**. 사회주의건설시기.
　现在是一个非常**时期**.
　지금은 비상 시기이다.

한·중 공통의미
시기❶= **时期❶**

번역 과정 중의 비대칭 대응

▷현대시의 기점이 되는 **시기적** 분수령 作为现代诗起点的**时间上的**分水岭 (시기적 → 时间上的)

　시기적인 유동성 **时间上的**流动性 (시기적 → 时间上的)

　어제 발표된 금융 정책은 **시기적으로** 늦은 감이 있다.

　昨天公布的金融政策**从时间上来看**有些晚了。(시기적으로 → 从时间上来看)

시기 (時機)★★★ [시기] 명	时机丙 [shí jī] 名

❶적당한 때나 기회. 适当的时间或机会。

▷**시기**가 좋다. 好时机。

　시기를 놓치다. 错过了时机。

　지금은 그런 말을 할 **시기**가 아니다.

　现在不是说那些话的时候。

❶具有时间性的客观条件(多指有利的)。

　시간성질이 있는 객관조건(긍정적인 상황)

▷掌握**时机**。시기를 포착하다.

　错过**时机**。시기를 놓치다.

한·중 공통의미

시기 = 时机

번역 과정 중의 비대칭 대응

▷지금은 그런 말을 할 **시기**가 아니다. 现在不是说那些话的**时候**。 (시기 → 时候)

시대 (時代)★★ [시대] 명	时代乙 [shí dài] 名

❶역사적으로 어떤 표준에 의하여 구분한 일정한 기간. 历史上按照某种标准来区分的某个时间段。

▷봉건적 **시대**. 封建时代。

　동서고금을 막론하고 어느 **시대** 어느 사회에서도 새로운 종교가 수용되는 단계에서 그 초기에 파탄을 겪지 않았던 일이 있었던가.

　纵观古今中外，有哪个时代哪个社会在融合新宗教的阶段，初期没有遇到过困难呢。

❷지금 있는 그 시기. 또는 문제가 되고 있는 그 시기.

　现在的那个时期。或者正成为问题的那个时期。

▷**시대**에 뒤떨어지다 落后于时代

　비전이 있는 사람만이 **시대**를 앞서간다.

　只有展望未来的人才能走在时代的前列。

　그리고 사람은 자기가 살고 있는 **시대**를 뛰어넘으려고 하는 건 불행한 일이라고 나는 생각하게 됐어. 并且我认为人想跨越自己所生活的时代是

❶指历史上以经济、政治、文化等状况为依据而划分的某个时期。 역사적으로 경제, 정치, 문화 따위의 상황을 의거로 하여 구분한 어떤 하나의 시기.

▷石器**时代**。석기 시대.

　封建**时代**。봉건적 시대.

❷指个人生命中的某个时期。

　개인생명 중의 (모)한 시기.

▷青年**时代**。청년 시기.

　跟不上**时代**。시대를 따라가지 못하다.

　随着时代的不同，风俗也不同了。

　시대에 따라 풍속도 달라진다.

件不幸的事。

시대 = 时代

번역 과정 중의 비대칭 대응

▷青年**时代** 청년 시기(시절)　(时代 → 시기(시절))

　시대적 과제 **时代性的**课题 (时代 → **时代性的**)

결합정보: 중국어의 '时代'는 그대로 관형사로 쓰일 수 있지만 한국어에서의 '시대'는 '적'과 결합해야만 관형사로 쓰일 수 있다. 中文的'时代'可以作为形容词使用，但韩语的'시대'只有和'적'结合，才能作为形容词来使用。

① 시대 배경 (×)

　시대적인 배경 (O)　时代背景

시민 (市民)★ [시:민] 　명

❶그 시(市)에 사는 사람. 在城市里生活的人。

▷**시민**의 권리 市民的权利

　시내버스도 노선이 두 개밖에 없어 단조로운데다 요금이 비싸 아직 **시민**의 발이 되지 못하고 있었다. 市内公交线路只有两条，并且去偏远的地方车费很贵，目前还无法成为市民出行的好工具。

❷공민. 公民

市民⊤ [shì mín]　名

❶城市居民。도시 주민.

▷荣誉**市民** 명예시민

　市民的生活和工作环境将更加安稳平静。

　시민의 생활과 작업 환경은 더욱더 평온해질 것이다.

시민❶= 市民❶

한국어에서만의 의미(韓)	중국어에서만의 의미(中)
❷공민. 公民	없음

시선 (視線)★★ [시:선]　명

❶눈이 가는 길. 또는 눈의 방향.

　眼睛看的路线，或者眼睛看方向。

▷**시선**을 돌리다. 转移视线。

　시선을 피하다. 避开视线。

　아이는 장난감 가게 앞에서 **시선**을 떼지 못하고 서 있었다.

　孩子目不转睛地站在玩具店门口。

❷주의 또는 관심을 비유적으로 이르는 말.

视线⊤ [shì xiàn]　名

❶用眼睛看东西时，眼睛和物体之间的假想直线。

　눈으로 물건을 볼 때, 눈과 물체 사이의 가상 직선.

▷**视线**相对。시선이 마주치다.

　视线渐渐变得模糊，呼吸也越来越吃力。

　시선도 점점 흐려지고, 호흡도 가빠졌다.

❷指注意力。주의력을 뜻한다.

▷转移**视线** 시선을 돌리다.

　吸引着万千观众的**视线**。

比喻注意或关心。

▷최근 환경 문제에 세인의 **시선**이 집중되고 있다.
最近世人的视线集中在了环境问题上。
주변 사람들의 **시선** 때문에 그녀는 조신하게 행
동해야 했다.
由于周围人的视线，她得小心地活动才行。

수많은 관중들의 눈길을 끌었다.

한·중 공통의미
시선 = 视线

시설 (施設)★★ [시:설] 명+동   设施ᵀ [shè shī] 名

❶도구, 기계, 장치 따위를 베풀어 설비함. 또는 그
런 설비.
安排布置工具、机械、装置之类的事。或那样的
设备。
▷교육 **시설**. 教育设施。
오락 **시설**. 娱乐设施。
위생 **시설**. 卫生设施。
그 병원은 최첨단의 **시설**과 기술을 자랑한다.
那家医院以最尖端的设施与技术为傲。
아이들은 놀이터에 새로 **시설**된 그네를 타고 놀
았다. 孩子们在荡着游乐场里新安装的秋千。
그는 골목에 하수도를 **시설**하기 위해 땅을 팠다.
他挖地是为了在胡同里安装下水道。

❶为进行某项工作或满足某种需要而建立起来的
机构、组织、系统、建筑等。
작업을 진행하거나 혹은 어떤 수요를 만족하기 위
해 수립된 기구, 조직, 계통, 건축 따위를 말한다.
▷生活**设施**。 생활 시설.
设施相当齐全。시설이 매우 보완되어 있다.
幼儿园的一切**设施**都应该以儿童为本位。
유치원의 모든 시설은 어린이를 중심으로 해야
한다.

한·중 공통의미
①설비. 설备。 시설❶= 设施❶

한국어에서만의 의미(韓)	중국어에서만의 의미(中)
시설❶ 동 도구, 기계, 장치 따위를 베풀어 설비함. 安排布置工具、机械、装置之类的事。	없음

시인 (詩人)★★ [시인] 명   诗人丙 [shī rén] 名

❶시를 전문적으로 짓는 사람. 专门写诗的人。
▷낭만파 **시인**. 浪漫派诗人。
시인과 소설가. 诗人与小说家。
어떻게 보면 모든 시는 넓은 뜻에서 **시인**들의 자

❶写诗的作家. 시를 쓰는 작가.
▷**诗人**的一生。시인의 일생.
唐代**诗人**李白和杜甫并称"李杜"。
당나라 시인인 이백과 두보는 '이두'로 병칭된다.

화상이라고도 할 수 있다.
可以说无论怎么看，所有的诗在广阔含义中都
包含了诗人的自画像。

시작 (始作)★ [시:-] 통+명 [시작만 [시:장만]] Ø

❶어떤 일이나 행동의 처음 단계를 이루거나 그렇
게 하게 함. 또는 그 단계.
　某件事或行动最初开始的时候或阶段。
▷공연 **시작**. 演出开始。
　시작도 끝도 없다. 没有开始，没有结束。
　내 일과의 **시작**은 신문을 읽는 것이다.
　我的每天是从看报纸开始的。
　기말고사가 **시작되다**. 期末考试开始了。
　첫 수업은 9시에 **시작한다**.
　第一节课9点开始。

❷어떤 일이나 행동이 어떤 사건이나 장소에서 처음
으로 발생되거나 발생하다. 또는 그렇게 되게 하다.
　某件事或行动在某个场所首次发生。
▷좋은 민주주의 정치는 좋은 교육에서 **시작된다**.
　良好的民主主义政治是从良好的教育开始的。
　이 학교는 처음에는 이십 명가량의 아동으로 **시
작하였으나** 점차 규모가 커졌다. 该学校最初是
从20名左右的儿童开始逐渐扩大规模的。

❶开始甲 [kāi shǐ]
▷这还只是**开始**。
　이것은 아직 시작일 뿐이다。
　新生报到注册从九月一日**开始**。
　신입생 등록은 9월 1일부터 시작한다。
　新的一年**开始**了。
　새로운 한 해가 시작되었다。

❷开始 [kāi shǐ]
▷资本主义在我国逐渐发展,银行也**开始**应运而生。
　자본주의가 우리 나라에서 점차 발전하여, 은행
　도 이에 따라 생겨나기 시작했다。

한·중 공통의미

한국어 한자어의 '始作'는 중국어에서는 이런 단어가 존재하지 않음. 같은 의미로써 쓰고 있는 단어는
'开始'이란 단어가 있음. (中文中不存在韩国语中的'始作'一词，所以与之相对应含义的中文词汇为'开
始'.)

시장 (市场)★ [시:-] 명

❶여러 가지 상품을 사고파는 일정한 장소.
　买卖各种商品的固定场所。
▷수산물 **시장**. 水产品市场。

市场乙 [shì chǎng] 名

❶商品交易的场所。商品을 사고파는　장소
▷集贸市场。재래 **시장**.
　国内**市场**。국내 시장。

농산물 **시장**. 农产品市场.

우리 동네에 중고차 **시장**이 들어섰다.

我们小区进驻了一家二手车市场.

❷『경제』 상품으로서의 재화와 서비스의 거래가 이루어지는 추상적인 영역.

『经济』以财货与服务作为商品交易的抽象领域.

▷경제 호황으로 소비 심리가 촉진되면서 **시장**이 확대되었다. 经济繁荣促进了消费心理, 扩大了市场.

❷思想及舆论所能影响的地方, 或指受欢迎的地方.

사상이나 언론이 영향을 미치는 곳. 환영받을 [받아들여질] 여지.

▷悲观主义越来越没有**市场**.

비관주의가 갈수록 받아들여질 여지가 없다.

共产主义的论调,越来越没有**市场**.

공산주의적 논조는 갈수록 받아들여질 여지가 없다.

한·중 공통의미	
시장❶+❷=**市场❶**	
한국어에서만의 의미(韓)	중국어에서만의 의미(中)
없음	❷思想及舆论所能影响的地方, 或指受欢迎的地方. 사상이나 언론이 영향을 미치는 곳. 환영받을 [받아들여질] 여지.

시절 (時節)★★

❶일정한 시기나 때. 某个时机或时候.

▷청년 **시절**. 青年时代.

대학생 **시절**. 大学时期.

나는 어린 **시절**로 돌아가고 싶다.

我好想回到小时候.

❷계절, 季節.

▷꽃 피는 **시절**. 花开的季节.

❸철에 따르는 날씨. 根据季节而变化的天气.

▷**시절**이 좋아서 농사가 잘 되었다.

风调雨顺, 所以庄稼收成好.

❹세상의 형편. 社会的情形.

▷**시절**이 어수선하다. 时局一团糟.

이 험난한 **시절**에 在这艰难的岁月里.

时节^丙 [shí jié] 名

❶节令; 季节. 절기, 계절.

▷清明**时节**. 청명절 무렵.

农忙**时节**. 농번기.

❷时候. 때.

▷开始学戏那**时节**他才六岁.

연극을 배울 때 그는 6살밖에 되지 않았다.

한·중 공통의미	
①일정한 시기나 때. 某个时机或时候. **시절❶**= **时节❷**	
②계절, 季節. **시절❷**= **时节❶**	
한국어에서만의 의미(韓)	중국어에서만의 의미(中)
❸철에 따르는 날씨. 根据季节而变化的天气.	없음

❹세상의 형편. 社会的情形.

시험(試驗)★ [시험] 명+동

❶재능이나 실력 따위를 일정한 절차에 따라 검사하고 평가하는 일. 按照一定的程序对才能或实力之类的进行检查和评价的工作.

▷시험 과목. 考试科目.

시험에 떨어지다. 落榜.

시험에 합격하다. 考试合格.

시험을 보다. 参加考试.

젊은이는 무슨 시험에 대비 중인 듯 문답으로 풀이된 참고서를 읽고 있었다.
当时那个年轻人好像是在准备参加什么考试，正在看解题的参考书.

그는 내 담력을 시험하여 보려고 밤에 공동묘지에 가도록 했다. 他为了测试我的胆量，让我晚上去公墓.

❷사물의 성질이나 기능을 실지로 증험(證驗)하여 보는 일.
对事物的性质和功能进行实际验证 的工作.

▷참치 시험 조업. 开始金枪鱼试验.

시험 운전. 运转试验.

컴퓨터 프로그램을 개발하여 시험하다.
计算机程序的开发测试.

❸사람의 됨됨이를 알기 위하여 떠보는 일. 또는 그런 상황. 为了了解别人的为人而进行的试探. 或指那样的情况.

▷시험에 들다. 进行试探.

시험에 빠지게 하다. 被试探.

어린 녀석이 그런 저의를 가지고 그를 시험하고 있으리라곤 미처 몰랐다. 真没想到年纪轻轻的小子居然会以那种目的去试探他.

试验ᶻ [shì yàn] 动

❶为了察看某事的结果或某物的性能而从事某种活动. 한 가지 일의 결과 혹은 한 가지 사물의 성능을 살펴보기 위해 종사하는 어떤 활동

▷试验新机器. 새로운 기계를 테스트하다.

新办法试验后推广.

새로운 방법을 시험한 후 추진시키다.

试验结果出乎意料地好.

시험의 결과가 예상 밖으로 좋았다.

❷旧时指考试. 옛날에는 시험을 가리켰다.

한·중 공통의미
①성질이나 기능을 실지로 증험하여 보는 일. 对性质和功能进行实际验证的工作. 시험❷= 试验❶

한국어에서만의 의미(韓)	중국어에서만의 의미(中)
❶재능이나 실력 따위를 일정한 절차에 따라 검사	❷旧时指考试. 옛날에는 시험을 가리켰다.

하고 평가하는 일. 按照一定的程序对才能或实力 之类的进行检查和评价的工作.

❸사람의 됨됨이를 알기 위하여 떠보는 일. 또는 그런 상황. 为了了解别人的为人而进行的试探。或指那样的情况。

번역 과정 중의 비대칭 대응

▷시험적 태도. **试验性的**态度。(시험적 → **试验性的**)

　그 물음은 **시험적인** 성격을 띠는 것이다. 那个问题带有**试探的**性质。 (시험적인 → **试探的**)

　시험적 단계. **试验性**阶段。(시험적 → **试探性**)

　새로 수입한 기계를 **시험적으로** 가동하다. 对新进口的机械进行试运行。(시험적으로 → **试**)

식사 (食事)★ [식싸] 명 ＋ 동　　　　　Ø

❶끼니로 음식을 먹음. 또는 그 음식.
吃饭. 或指饮食.

▷**식사**가 끝나다. 用餐结束.

　저녁 **식사**로 국수를 먹었다.
晚餐吃的是面条.

　오늘 저녁에 함께 **식사하**실까요?
今天一起吃晚饭如何?

饭甲 [fàn], **餐**丁 [cān], 吃饭☆ [chīfàn], **就餐**丁 [jiù cān]

▷一天吃三顿**饭**。

　하루에 세끼 식사를 하다.

　在食堂里**吃饭**省事。

　식당에서 식사를 하는 것이 편하다.

　附近有地方儿订**餐**。

　근처에 식사를 주문하는 곳이 있다.

　全家同席**就餐**

　온 가족이 한자리에 모여 식사하다.

한·중 공통의미

없음

한국어 한자어의 '食事'는 중국어에서는 이런 단어가 존재하지 않음. 같은 의미로써 쓰고 있는 단어는 '**饭** [fàn], **餐** [cān], 吃饭 [chī fàn], **就餐** [jiù cān]'이란 단어가 있음. (中文中不存在韩国语中的'食事'一词, 所以与之相对应含义的中文词汇为'**饭** [fàn], **餐** [cān], 吃饭 [chī fàn], **就餐** [jiù cān]'.)

신 (神)★★ [신] 명　　　　　神ㄹ [shén]

❶종교의 대상으로 초인간적, 초자연적 위력을 가지고 인간에게 화복을 내린다고 믿어지는 존재. 作为宗教的对象, 是超越人类、超越自然、具有威力、能够给人类降祸福的可信的存在.

▷**신**의 조화. 神的造化. 신의 은총. 神的庇佑.

❶ 名 宗教指天地万物的创造者和统治者, 迷信的人指神仙或能力、德行高超的人死后的精灵.
종교에서는 천지만물의 창조자와 통치자를 뜻하고, 미신을 믿는 사람들은 신선 혹은 능력, 덕행이 매우 높은 인물이 죽은 후 남긴 영혼을 말한다.

신의 섭리. 神的意旨。

당신의 앞날에 신의 가호가 함께하기를 빕니다.
你的未来将受到神的庇佑。

❷귀신, 사람이 죽은 뒤에 남는다는 넋.
人死之后剩下的魂, 鬼神。

❸『기독교』=하나님.
『基督教』=上帝。

▷神位。 신주.

无神论。 무신론.

❷ 名 神话中的人物, 有超人的能力。 신화 속 인물, 초인의 능력이 있다.

▷料事如神。 귀신같이 예상이 정확하다.

用兵如神。 병사를 부리는 것이 귀신같다.

❸ 形 特别高超或出奇, 令人惊异的; 神妙。
특별히 뛰어나거나 놀라운 것; 교묘하다.

▷神速。 신속하다, 재빠르다.

这事真是越说越神了。
이 일은 정말 말하면 말할수록 신비롭다.

❹ 名 精神; 精力。 정신, 활기.

▷聚精会神。 정신을 집중하다.

双目炯炯有神。 눈이 빛나고 생기가 넘치다.

❺神气。 안색. 기색. 표정.

▷神情。 표정.

瞧他那个神儿, 准是有什么心事。 그의 안색을 보아라, 틀림없이 무슨 걱정거리가 있을 것이다.

❻ 〈方〉 形 聪明; 机灵。 총명하다; 영리하다.

▷瞧! 这孩子真神。 봐! 저 애 진짜 너무 영리하다.

❼ 名 姓。 성씨.

한·중 공통의미

①종교의 대상으로 초인간적, 초자연적 위력을 가지고 인간에게 화복을 내린다고 믿어지는 존재. 作为宗教的对象, 是超越人类、超越自然、具有威力、能够给人类降祸福的可信的存在。

신❶= 神❶+❷

한국어에서만의 의미(韓)	중국어에서만의 의미(中)
❷귀신, 사람이 죽은 뒤에 남는다는 넋. 人死之后剩下的魂, 鬼神。	❸特别高超或出奇, 令人惊异的; 神妙。 특별히 뛰어나거나 놀라운 것; 교묘하다.
❸『기독교』=하나님.『基督教』=上帝。	❹精神; 精力。 정신, 활기.
	❺神气。 안색. 기색. 표정.
	❻ 〈方〉 形 聪明; 机灵。 총명하다; 영리하다
	❼ 名 姓。 성씨

번역 과정 중의 비대칭 대응

▷신적 존재 神一般的存在 (신적 → 神一般的)

시간과 공간은 신적인 것과 인간적인 것을 구별하는 중요한 수단이었다. 时间与空间曾是区分神与人的重要手段。 (신적인 것 → 神)

신경 (神經)★★ [신경] 명

❶『의학』 신경 세포의 돌기가 모여 결합 조직으로 된 막에 싸여 끈처럼 된 구조
『医学』 聚集神经细胞的突起，包裹由结合组织形成的膜，像筋一样的构造。
▷ **신경**을 자극하다. 刺激神经。
처음엔 우리들은 그곳에 꿇어앉은 채 발뒤꿈치의 **신경**이 마비되도록 앉아 있어야만 했다.
当初我们在那个地方跪坐着直到后脚跟的神经都麻痹了。
❷ 어떤 일에 대한 느낌이나 생각.
对于某件事的感觉或想法。
▷ **신경**이 예민한 편이다. 神经比较敏感。
그가 하는 말이 자꾸 **신경**을 건드린다.
他的话总是触碰到我的神经。

神经 [shén jīng] 名

❶ 把中枢神经系统的兴奋传递给各个器官，或把各个器官的兴奋传递给中枢系统的组织，是由许多神经纤维构成的。중추신경계통의 흥분을 각 기관으로 전달하거나 혹은 각 기관의 흥분을 중추계통의 조직으로 전달하는 것. 많은 신경섬유로 구성된다.
▷ **神经**中枢。신경 중추.
脑**神经**。뇌신경.
❷〈口〉指精神失常的状态。
정신을 잃은 상태를 가리킨다.
▷ 犯**神经**。신경질을 부리다.
这家伙有点**神经**病。이 놈은 미쳤다.

한·중 공통의미

신경❶+❷= 神经❶

한국어에서만의 의미(韓)	중국어에서만의 의미(中)
없음	❷〈口〉指精神失常的状态。 정신을 잃은 상태를 가리킨다.

신문 (新聞)★ [신문] 명

❶ 새로운 소식이나 견문. 新的消息或见闻。
❷ 사회에서 발생한 사건에 대한 사실이나 해설을 널리 신속하게 전달하기 위한 정기 간행물.
了使社会事件的事实或解说迅速而广泛地传达出去的定期刊物。
▷ **신문** 한 부. 一份报纸。
여덟 면짜리 **신문**. 八版面的报纸。
그는 요즘 **신문** 한 장 읽을 시간이 없다.
他最近连看一张报纸的时间都没有。
❸ 신문지. 报纸。
▷ **신문**을 펴서 바닥에 깔다. 把报纸展开铺在地上。
신문을 오리다. 剪报。

新闻甲 [xīn wén] 名

❶ 报社、通讯社、广播电台、电视台等报道的消息。신문사, 통신사, 라디오방송국, TV방송국 따위에서 보도하는 소식.
▷ **新闻**记者. 신문기자.
新闻广播. 신문방송.
❷ 泛指社会上最近发生的事情。
사회에서 최근 발생한 일을 두루 가리킨다.
▷ 你刚从乡下回来，有什么**新闻**给大家说说。
너 금방 마을에서 올라왔는데 여러분들께 이야기할 새로운 소식 없나?

한·중 공통의미

없음

한국어에서만의 의미(韓)	중국어에서만의 의미(中)
❶새로운 소식이나 견문. 新的消息或见闻。 ❷사회에서 발생한 사건에 대한 사실이나 해설을 널리 신속하게 전달하기 위한 정기 간행물. 了使社会事件的事实或解说迅速而广泛地传达出去的定期刊物。 ❸신문지. 报纸	❶报社、通讯社、广播电台、电视台等报道的消息。 신문사, 통신사, 라디오 방송국, TV방송국 따위에서 보도하는 소식. ❷泛指社会上最近发生的事情。 사회에서 최근 발생한 일을 두루 가리킨다.

신체 (身體)★★ [신체] 명

❶사람의 몸. 人的身体。
▷**신체**의 자유. 身体的自由。
　신체가 허약하다. 身体虚弱。
　건강한 **신체**에 건전한 정신이 깃든다.
　健康的思想寓于健康的身体之中。
❷갓 죽은 송장을 이르는 말. 指遗体。
▷김 선생의 **신체**를 모신 방에서 사람들이 모여 고인을 추모하고 있었다. 在放置金先生遗体的房间内，人们聚在一起追悼故人。

身体甲 [shēn tǐ] 名

❶一个人或一个动物的生理组织的整体，有时专指躯干和四肢。 한 사람 혹은 한 동물의 생리조직 전체를 말하고 때로는 몸통과 사지를 가리킨다.
▷他病后**身体**虚弱。
　그는 병에 든 후, 몸이 약해졌다.

한·중 공통의미

①사람의 몸. 人的身体。　**신체❶**= **身体❶**

한국어에서만의 의미(韓)	중국어에서만의 의미(中)
❷갓 죽은 송장을 이르는 말. 指遗体。	없음

실천 (實踐)★★ [실천] 동 + 명

❶생각한 바를 실제로 행함.
　实际地去做所想的事。
▷그는 결심을 **실천**에 옮겼다.
　他把决心付诸于实践。
　이 계획이 **실천되**려면 많은 노력이 따라야 할 것이다.
　若要实现该计划，一定需要付出很多的努力。
　신념을 **실천하**기 위해서 노력했다.
　为了实践信念而努力过。
❷『철학』 자연이나 사회를 변혁하는 의식적이고

实践甲 [shí jiàn]

❶动 实行(自己的主张)，履行(自己的诺言)。
　실행(자신의 주장); 이행(자신의 언약)
▷通过**实践**, 书本上的知识得到了印证。
　실천을 통하여, 책에서 배운 지식이 실증되었다.
　人的知识是从社会**实践**中来的。
　사람의 지식은 사회적 실천을 통하여
　얻어지는 것이다.
❷名 人们有意识地从事改造自然和改造社会的活动。 사람이 의식적으로 자연개조와 사회개조 활동에 종사하다.

계획적인 모든 활동. 『哲学』进行自然或社会变革的有意识的、有计划的所有活动。

▷**实践**出真知。 진정한 지식은 실천에서 온다.

实践是检验真理的唯一标准。

실천은 이론을 검증하는 유일한 기준이다.

실천 = 实践

번역 과정 중의 비대칭 대응

▷실천적 방안. **可实施性**方案. (실천적 → 可实施性)

실천적인 지식. **实践性的**知识. (실천적인 → 实践性的)

실천적인 노력. **实际性的**努力. (실천적인 → 实际性的)

실험 (實驗)★★ [시럼] 동+명   **实验**² [shí yàn]

❶실제로 해 봄. 또는 그렇게 하는 일.

　시착 付诸于实际. 或那样的工作.

▷이 기계의 성능을 한번 **실험**해 보고 싶다.

　很想对这个机械的性能进行一下试验.

❷과학에서, 이론이나 현상을 관찰하고 측정함.

　在科学方面, 对理论或现象进行观察与测定.

▷실험 도구. 实验工具.

　화학 실험. 化学实验.

　약의 효능을 증명하기 위해서는 과학적인 **실험**이

　필요하다.

　为了证明药效, 需要进行科学的实验.

　아이들은 에탄올의 끓는 점을 **실험**하였다.

　孩子们做了酒精沸点实验.

❸새로운 방법이나 형식을 사용해 봄.

　시착 采用新的方法或形式.

▷**실험** 연극 试验戏剧

　이 추리 소설 기법은 파격적인 **실험**이어서 독자

　들의 반응을 예측하기가 어렵다.

　由于这部推理小说的技法是破格性的试验, 所

　以难以预测读者们的反应.

　그는 이번에 낸 소설에서 새로운 기법을 **실험**했다.

　他在这次推出的小说中试验了新的技法.

❶ 动 为了检验某种科学理论或假设而进行某种操作或从事某种活动. 과학이론 혹은 가상을 점검하기위해 진행하는 어떤 조작 혹은 종사하는 활동.

▷教师正在指导学生做**实验**.

　교사가 지금 학생에게 실험하는 것을 지도하고

　있다.

❷ 名 指实验的工作. 실험 작업.

▷做**实验**. 실험을 하다.

　科学**实验**. 과학 실험

　他的**实验**失败了, 这几天他不大高兴.

　실험이 실패해 요 며칠 그는 기분이 그다지 좋지

　않다.

①과학에서, 이론이나 현상을 관찰하고 측정함. 在科学方面, 对理论或现象进行观察与测定.

　실험❷= **实验**❶+❷

한국어에서만의 의미(韓)	중국어에서만의 의미(中)
❶실제로 해 봄. 또는 그렇게 하는 일. 　試着付诸于实际。或那样的工作。 ❸새로운 방법이나 형식을 사용해 봄. 　試着采用新的方法或形式。	없음

안정 (安定)★★ [안정] 명 + 동　　安定丙 [ān dìng]

❶바뀌어 달라지지 아니하고 일정한 상태를 유지함. 　不改变，保持一定的状态。 ▷물가 **안정**. 物价稳定。 　사회의 **안정**을 유지하다. 维持社会安定。 　아직도 세계 곳곳에는 평화와 **안정**을 위협하는 　요인들이 도사리고 있다. 　目前在世界各地仍然隐藏着威胁和平与安定的因素。 　증권 시장이 **안정되다**. 证券市场稳定。 　**안정한** 상태를 유지하다. 保持稳定的状态。	❶ 形 (生活、形式等)平静正常；稳定。 　(생활, 형식 따위) 평화롭고 정상적이다; 안정하다. ▷生活**安定**。 생활이 안정되다. 　情绪很**安定**。 정서가 안정되다. ❷ 动 使安定。 　안정시키다. ▷**安定**人心。 사람 마음을 안정시키다.

한·중 공통의미

①바뀌어 달라지지 아니하고 일정한 상태를 유지함. 不改变，保持一定的状态。 안정❶＝ 安定❶

한국어에서만의 의미(韓)	중국어에서만의 의미(中)
없음	❷使安定。 안정시키다.

번역 과정 중의 비대칭 대응

▷물가 **안정**. 物价**稳定**。(안정 → 稳定)

　증권 시장이 **안정되다**. 证券市场**稳定**。(안정되다 → 稳定)

　통화의 **안정적** 관리. 货币的**稳定性**管理。(안정적 → 稳定性)

　에너지의 **안정적** 공급. 能源的**稳定**供给。(안정적 → 稳定)

　경제가 **안정적으로** 성장하다. 经济**稳定**增长。(안정적으로 → 稳定)

약속 (約束)★ [약쏙] 동 + 명 [약속만 [-쏭-]]　　约束丁 [yuē shù] 动

❶다른 사람과 앞으로의 일을 어떻게 할 것인가를 미리 정하여 둠. 또는 그렇게 정한 내용. 　提前与别人定下来将来的事情要怎样去做。 　或所定的内容。 ▷**약속** 시간. 约定的时间。 　**약속**을 지키다. 遵守约定。	❶限制使不越出范围。 　제한하여 범위를 벗어나지 않게 하다. ▷受纪律的**约束**。 기율의 구속을 받다. 　这种口头协议**约束**不了他们。 　이런 구두계약은 그들을 구속할 수 없다.

그녀는 **약속**보다 두 시간 늦게 도착하였다.

她比约定时间晚到了两个小时。

약속된 시간이 아직 30분가량 남아 있다.

距约定的时间还剩下30分钟左右。

그 두 연인은 결혼을 **약속하**였다.

那对恋人定下了结婚的承诺。

한·중 공통의미
없음

한국어에서만의 의미(韓)	중국어에서만의 의미(中)
❶다른 사람과 앞으로의 일을 어떻게 할 것인가를 미리 정하여 둠. 또는 그렇게 정한 내용. 约定	❶限制使不越出范围。 제한하여 범위를 벗어나지 않게 하다.

양(量)★★ [양] 명

❶세거나 잴 수 있는 분량이나 수량.

可以数或者量的数量或分量。

▷**양**이 많다. 量多。

양이 적다. 量少。

필요한 **양**만큼만 가져가세요.

请按需要的量带走。

❷(고유어와 외래어 명사 뒤에 붙어)분량이나 수량을 나타내는 말.

(用于固有词与外来语名词之后)表示分量和数量。

▷구름**양**. 云量。

알칼리**양**. 碱量。

❸음식을 먹을 수 있는 한도

食量。

▷**양**이 차다. 够量。

알맞은 **양**만큼 먹어라. 适量地吃吧。

그는 원래 **양**이 많아서 밥을 많이 먹는다.

他本来就饭量大，吃得多。

❹남의 잘못을 이해하고 감싸 주며 일을 능히 처리하는 힘.

理解并包容别人的错误，能把事情处理好的能力。

▷그 남자는 겉보기와는 달리 **양**이 매우 큰 사람이다.

那个男人不像表面看到的那样，其实是个很有

量² [liàng]

❶古代指测量东西多少的器物，如斗、升等。

옛날, (되·말 따위의) 용량을 되는 도구.

❷能容纳或禁受的限度。

용납하거나 견뎌낼 수 있는 한도. 용량.

▷饭**量**. 식량.

气**量**. 기량.

❸名 数量；数目。

수량.

▷流**量**. 유량.

降雨**量**. 강우량.

❹估计；衡量。

예측；가늠하다.

▷**量**力. 자신의 능력을 가늠하다.

量入为出. 수입에 따라 지출하다.

❺[liáng]动用尺、容器或其他作为标准的东西来确定事物的长短、大小或其他性质。

(길이·크기·무게·넓이·분량 따위를) 재다.

▷**量**地. 토지를 측량하다.

量体温. 체온을 측량하다.

❻[liáng]估量。

추측하다.

▷酌**量**. 가늠하다.

能力的人。

思**量**。 생각하다.

아군보다 적군이 양적으로 훨씬 우세하였다.

量的增长/与我军相比, 敌军在数量上明显占优势。

한·중 공통의미
①세거나 잴 수 있는 분량이나 수량. 可以数或者量的数量或分量. 양**❶**+**❷**= **量❸**

한국어에서만의 의미(韓)	중국어에서만의 의미(中)
❸음식을 먹을 수 있는 한도. 食量。	**❶**古代指测量东西多少的器物, 如斗、升等。
❹남의 잘못을 이해하고 감싸 주며 일을 능히 처리	옛날, (되·말 따위의) 용량을 되는 도구
하는 힘. 理解并包容别人的错误, 能把事情处理好	**❷**能容纳或禁受的限度。
的能力。	용납하거나 견뎌낼 수 있는 한도.
	❹估计; 衡量. 예측; 가늠하다
	❺用尺、容器或其他作为标准的东西来确定事物
	的长短、大小或其他性质. 재다
	❻估量。 추측하다

번역 과정 중의 비대칭 대응

▷아군보다 적군이 **양적으로** 훨씬 우세하였다. 与我军相比, 敌军**在数量上**明显占优势。

(양적으로 → 在数量上)

언론 (言論)**★★** [얼론] 명

言论[T] [yán lùn] 名

❶개인이 말이나 글로 자기의 생각을 발표하는 일.
또는 그 말이나 글.

　个人通过语言或文字来表达自己想法的事情.
　或者那样的话或文字。

❷매체를 통하여 어떤 사실을 밝혀 알리거나 어떤
문제에 대하여 여론을 형성하는 활동.

　通过媒体披露某事实或对某问题形成舆论的活动。

▷**언론** 보도. 舆论报道. **언론** 자유화. 言论自由化.

　언론 출판. 新闻出版. **언론** 활동. 媒体活动.

　언론 매체 舆论媒体

❶关于政治或一般公共事务的言论。

　정치 혹은 일반 공공사무에 관한 언론.

▷**言论**自由. 언론의 자유.

　发表**言论**. 언론을 발표하다.

한·중 공통의미
①개인이 말이나 글로 자기의 생각을 발표하는 일. 또는 그 말이나 글. 个人通过语言或文字来表达 自己 想法的事情. 或者那样的话或文字. **언론❶**= **言论❶**

한국어에서만의 의미(韓)	중국어에서만의 의미(中)
❷매체를 통하여 어떤 사실을 밝혀 알리거나 어떤	없음
문제에 대하여 여론을 형성하는 활동. 通过媒体披	
露某事实或对某问题形成舆论的活动。	

언어 (言語)* [어너] 명

❶생각, 느낌 따위를 나타내거나 전달하는 데에 쓰는 음성, 문자 따위의 수단. 또는 그 음성이나 문자 따위의 사회 관습적인 체계.
在表示或 传达想法、感觉之类时所使用的声音、文字之类 的手段。或者这种声音或文字之类的社会惯例性的体系。
▷언어 감각. 语感. 언어 습관. 语言习惯.
언어 규범. 语言规范.
인간이 동물과 구별되는 요소 가운데 하나는 바로 언어를 가졌다는 사실이다.
人之所以与动物不同，其中的一个要素就是人具有语言。

言语ᵀ [yán yǔ]

❶名 说的话。
하는 말.
▷言语粗鲁。하는 말이 우악스럽다.
言语行动。말과 행동.
❷[yányu] 动〈口〉说；说话。
말하다.
▷你走的时候言语一声儿。
갈 때 말 한마디 하고 가.
问你话呢, 你怎么不言语?
묻잖아, 왜 아무 말도 안 하냐?

한·중 공통의미

없음

한국어에서만의 의미(韓)	중국어에서만의 의미(中)
❶생각, 느낌 따위를 나타내거나 전달하는 데에 쓰는 음성, 문자 따위의 수단. 또는 그 음성이나 문자 따위의 사회 관습적인 체계. 语言	❶说的话。하는 말. ❷〈口〉说；说话。 말하다

관련어휘
중국어 단어 '语言'는 한국어 '언어'의 대역어로 볼 수 있다.

업무 (業務)** [엄무] 명

❶직장 같은 곳에서 맡아서 하는 일.
在职场之类的地方所承担的工作。
▷처리해야 할 업무가 산더미 같다.
需要处理的业务堆积如山。
김 과장은 과중한 업무에 시달리고 있다.
金科长正被繁重的业务困扰着。

业务ᵸ [yè wù] 名

❶个人的或某个机构的专业工作。
개인 혹은 기구의 전문적인 실무나 일.
▷业务能力。업무 능력.
业务范围。업무 범위.

한·중 공통의미

업무 = 业务

업체 (業體)** [업체] 명

❶사업이나 기업의 주체.

Ø

企业ᵸ [qǐ yè]

事业或企业的主体。

▷대부분의 업체들이 호황을 누리는 것과는 반대로
이 **업체**는 매출 감소로 고심하고 있다.
与大部分企业蓬勃发展的情况相反,该企业正因
销售下滑而苦恼。

▷民营**企业**。 민간 업체.

企业间的竞争激烈。

업체 간의 경쟁이 치열하다.

한·중 공통의미

없음

한국어 한자어의 '**業體**'는 중국어에서는 이런 단어가 존재하지 않음. 같은 의미로써 쓰고 있는 단어는
'**企业** [qǐ yè]'이란 단어가 있음. (中文中不存在韩国语中的'**業體**'一词, 所以与之相对应含义的中文词汇
为'**企业** [qǐ yè]'.)

여부 (與否)★★ [여:-] 명

❶그러함과 그러하지 아니함.
那样或不那样。

▷사실 **여부**를 확인하다. 确认是否属实。

생사 **여부**를 묻다. 问生死与否。

❷(주로 '있다', '없다'와 함께 쓰여)틀리거나 의심
할 여지.
(主要与 '有', '没有'一起使用)表示可能错了或
有怀疑的余地。

▷암, 그렇고말고. 당연하지. **여부**가 있나.
是啊, 当然啦。那还用说嘛。

아, 그래요. 그야 **여부**가 있겠습니까?
啊, 是啊。那还能有什么疑问吗?

与否☆ [yǔ fǒu] 助

❶在表达两种相反性质的事物的成因或结果之间
的一致性时。
두 가지 상대적인 성질을 가진 사물이 형성된 원
인 혹은 결과 사이에 존재하는 일치성을 표현한다。

▷无论明天下雨**与否**, 我们都要正常上课。
내일 비가 오든 안 오든, 우리는 학교를 가야 한다。

❷在表达区别两种相反性质的事物成因或结果时。
두 가지 반대되는 성질의 사물을 구별하는 원인
혹은 결과를 표현할 때 사용한다。

▷成功**与否**, 全靠自己。
성공하는가 여부는 모두 자신한테 달렸다。

한·중 공통의미

여부❶=与否❶

한국어에서만의 의미(韓)	중국어에서만의 의미(中)
❷(주로 '있다', '없다'와 함께 쓰여)틀리거나 의심할 여지.(主要与 '有', '没有'一起使用)表示可能错了或有怀疑的余地。	❶在表达两种相反性质的事物的成因或结果之间的一致性时。 两가지 상대적인 성질을 가진 사물이 형성된 원인 혹은 결과 사이에 존재하는 일치성을 표현한다。

번역 과정 중의 비대칭 대응

▷사실 **여부**를 확인하다. 确认**是否**属实。 (여부 → 是否)

여성 (女性)★ [여성] 명

❶성(性)의 측면에서 여자를 이르는 말. 특히, 성년(成年)이 된 여자를 이른다.

从性的层面上所指的女人。特别是指成年女人。

▷**여성** 고객. 女顾客。**여성** 잡지. 女性杂志。

여성의 사회 참여가 늘고 있다.

女性的社会参与度正在提高。

女性ᵀ [nǚ xìng] 名

❶人类两性之一，能在体内产生卵子。

인류 두 성별 중 하나로서, 체내에서 난자를 형성한다.

▷**女性**皮肤相对细嫩。

여자들의 피부는 상대적으로 곱다.

❷妇女。新女性。

여성. 여자.

▷当选者中她是唯一的**女性**。

당선자 중에서 유일한 여성은 그녀이다.

한·중 공통의미

여성 = 女性

번역 과정 중의 비대칭 대응

▷**여성적인** 목소리. **女性化的**嗓音。(여성적인 → **女性化的**)

여인 (女人)★★ [여인] 명

❶어른이 된 여자.

成年女子。

▷중년 **여인**. 中年女人。

소박하면서도 강인한 조선 **여인**.

朴素而坚韧的朝鲜女人。

女人ᵉ [nǚ rén] 名

❶女性的成年人。

어른이 된 여성.

▷中年**女人**优雅的姿态看起来很美。

우아한 중년 여인의 자태가 너무나 아름답게 보입니다.

한·중 공통의미

여인 = 女人

여행 (旅行)★ [여행] 명+동

❶일이나 유람을 목적으로 다른 고장이나 외국에 가는 일.

以工作或游览为目的去其他地方或外国。

▷세계 일주 **여행**. 环球旅行。

여행을 떠나다. 去旅行。

여행을 마치고 집으로 돌아오다.

旅行结束回到家里。

기차를 타고 유럽을 **여행하다**.

坐火车去欧洲旅行。

旅行ᵃ [lǚ xíng] 动

❶为了办事或游览从一个地方去到另一个地方(多指路程较远的)。

일을 처리하거나 유람을 하기위해 한 곳으로부터 다른 한 곳으로 가는 것을 말한다(비교적 긴 거리의 상황).

▷**旅行**团。여행 단체.

到海南岛去**旅行**。해남도로 여행을 가다.

여행 = 旅行

역사 (歷史)★ [역싸] 명

❶인류 사회의 변천과 흥망의 과정. 또는 그 기록.
人类社会变迁和兴亡的过程。或记录。

▷**역사**를 기록하다. 记录历史。

  역사를 쓰다. 写历史。

  우리나라는 반만년 **역사**를 가지고 있다.
  我国具有五千年的历史。

❷어떠한 사물이나 사실이 존재해 온 연혁.
任何事物或事实存在下来的沿革。

▷국어의 **역사**. 国语的发展历程。

  도예의 **역사**. 陶艺的发展历程。

❸자연 현상이 변하여 온 자취.
自然现象变化的痕迹。

▷지구의 **역사**. 地球的历史。

  한국 춘란의 **역사**. 韩国春兰的历史。

❹역사학.
历史学。

▷그는 철학, 종교, 수학, **역사**, 교육, 음악 등 모든
  학문에 뛰어나다.
  他在哲学、宗教、数学、历史、教育、音乐等所
  有方面的学问都很出色。

历史甲 [lì shǐ] 名

❶自然界和人类社会的发展过程，也指某种事物
的发展过程和个人的经历。

  자연계와 인류사회의 발전과정을 말하고, 또한
  어떤 사물의 발전과정과 개인 의 경력을 말하기
  도 한다.

▷地球的**历史**. 지구의 역사.

  人类的**历史**. 인류의 역사.

❷过去的事实。

  과거의 사실.

▷这件事早已成为**历史**。

  이 일은 이미 과거사가 되었다.

❸过去事实的记载。

  과거 사실의 기재.

❹指历史学。

  역사학을 가리킨다.

▷他专攻**历史**，旁及考古。

  그는 역사학이 전공이지만 고고학도 아울러 한다.

한·중 공통의미

①인류 사회의 변천과 흥망의 과정. 또는 그 기록. 人类社会变迁和兴亡的过程。或记录。

  역사❶+❸=历史❶+❸

②역사학. 历史学。 **역사❹=历史❹**

한국어에서만의 의미(韓)	중국어에서만의 의미(中)
❷어떠한 사물이나 사실이 존재해 온 연혁.	❷过去的事实。 과거의 사실.
任何事物或事实存在下来的沿革。	

결합정보: 중국어의 '历史'는 그대로 관형사로 쓰일 수 있지만 한국어에서의 '역사'는 '적'과 결합해야만
관형사로 쓰일 수 있다.

中文的'历史'可以作为形容词使用，但韩语的'역사'只有和'적'结合，才能作为形容词来使用。

① 역사 유래 (×)

  역사적 유래 (O) **历史**渊源。

②역사 전통 (×)

　역사적인 전통(O) **历史传统**。

번역 과정 중의 비대칭 대응

▷**역사적** 고찰. **历史性的**考察。(역사적 → **历史性的**)

　역사적 순간이었다. **历史性的**一瞬间。(역사적 → **历史性的**)

　역사적 인물. **被载入史册的人物**。(역사적 → **被载入史册的**)

역시 (亦是)★ [역씨] 부 　　　　　　　　　　Ø

❶또한.

也。

▷나 **역시** 마찬가지다. 我也一样。

네가 좋다면 나도 **역시** 좋다.

只要你高兴，我就高兴。

그도 **역시** 공채를 통해 입사했다.

他也是通过公开招聘进来的。

❷생각하였던 대로.

正如所认为的那样。

▷**역시** 그랬었구나. 果然是那样的呀。

❸예전과 마찬가지로.

和以前一样。

▷그 사람은 지금도 **역시** 가난하다.

那个人现在还是很穷。

그날도 **역시** 그는 7시에 집을 나와 20분쯤에 전

철을 탔다.

那天他还是7点从家出来后坐了20分钟左右的地铁。

❹아무리 생각하여도.

到底, 无论如何。

▷이 일은 **역시** 이 분야의 전문가가 맡는 게

좋겠다.

这件事到底还是交给该领域的专家负责比较好。

❶也^甲 [yě]

▷你再去**也**是白搭。

네가 다시 가 봐도 역시 헛일이다.

你好, 我**也**好。

네가 좋다면 나 역시 좋다.

❷果然^乙 [guǒ rán]

▷我估计他干不了这事, 事实上也**果然**如此。

나는 그가 이 일은 해낼 수 없다고 예(산)상했는

데 역시 그랬다.

❸还是^甲 [hái shi]

▷事情还是这么办比较省事。

일은 역시 이렇게 하는 것이 비교적 편리하다.

他上了初中以后, 还是不学习, 乱闹瞎玩。

그는 중학교를 들어간 이후에도 역시 공부는 안

하고 놀기만 한다.

❹到底^乙 [dào dǐ]

▷到底还是机器的效力大。

역시 기계의 힘이 크군.

한·중 공통의미

없음

한국어 한자어의 '亦是'는 중국어에서는 이런 단어가 존재하지 않음. 같은 의미로써 쓰고 있는 단어는
'**也** [yě], **果然** [guǒ rán], **还是** [hái shi], **到底** [dào dǐ]'이란 단어가 있음. (中文中不存在韩国语中的'亦是'
一词, 所以与之相对应含义的中文词汇为'**也** [yě], **果然** [guǒ rán], **还是** [hái shi], **到底** [dào dǐ]'.)

문법 단위 사이의 불일치

역시 (亦是)　단일어　　　　　　　　亦(역), 是(시)，복합어

연구 (研究)★★ [연:구] 명＋동

❶어떤 일이나 사물에 대하여서 깊이 있게 조사하고 생각하여 진리를 따져 보는 일.

　对于某种事或事物，通过进行深度的调查思考来获得真理的工作。

▷**연구** 대상. 研究对象.

　연구 성과. 研究成果.

　임신부의 흡연은 태아의 건강에 나쁜 영향을 미친다는 **연구** 결과가 나왔다.

　研究结果表明，孕妇吸烟会对胎儿的健康产生不良影响。

　그는 그 병의 치료법을 **연구하여** 많은 환자를 구했다.

　他研究了那种疾病的治疗方法，救治了很多患者。

研究甲 [yán jiū] 动

❶探求事物的真相、性质、规律等。

　사물의 진실, 성질, 규율 따위를 탐구함.

▷**研究**语言。 언어를 연구하다.

　学术**研究**。 학술적 연구.

❷考虑或商讨(意见、问题)。

　(의견, 문제)를 논의하다.

▷今天的会议，准备**研究**三个重要问题。

　오늘 회의는 세 가지 중요 문제를 논의하기로 한다.

　这个方案领导上正在**研究**。

　이 방안은 지도자들이 논의하는 중이다.

한·중 공통의미

①어떤 일이나 사물에 대하여서 깊이 있게 조사하고 생각하여 진리를 따져 보는 일.

对于某种事或事物，通过进行深度的调查思考来获得真理的工作。 **연구**❶= **研究**❶

한국어에서만의 의미(韓)	중국어에서만의 의미(中)
없음	❷考虑或商讨(意见、问题)。 (의견, 문제)를 논의하다

연극 (演劇)★ [연:극] 명 [연극만 [연:긍만]]　　　　Ø

❶『연영』배우가 각본에 따라 어떤 사건이나 인물을 말과 동작으로 관객에게 보여 주는 무대 예술.

　『演映』 演员按照剧本，通过语言和动作把某个事件或人物展现给观众看的舞台艺术。

▷이 연극은 보면 볼수록 재미있다.

　这出戏我们越看越入味(儿)。

❷남을 속이기 위하여 꾸며 낸 말이나 행동.

　为了骗人而编的假话或行动。

▷그의 연극을 꿰뚫어 보다.

　能看穿他的鬼把戏。

戏剧丙 [xì jù], 戏乙 [xì]

▷现代**戏剧**。 현대 연극.

　今儿的**戏**太差劲了。

　오늘의 연극은 너무 형편없다.

❷鬼把戏☆ [guǐ bǎ xì]

▷他很老实，不会玩**鬼把戏**。

　그는 성실해서 은밀히 연극하지 않는다.

한·중 공통의미

없음

한국어 한자어의 '演劇'는 중국어에서는 이런 단어가 존재하지 않음. 같은 의미로써 쓰고 있는 단어는

‘戏剧 [xì jù], 戏 [xì], 鬼把戏 [guǐ bǎ xì]’ 등이 있음. (中文中不存在韩国语中的‘演劇’一词，所以与之相对应含义的中文词汇有‘戏剧 [xì jù], 戏 [xì], 鬼把戏 [guǐ bǎ xì]’等)

영어 (英語)★ [영어] 명   英语^甲 [Yīng yǔ] 名

❶『언어』 인도·유럽 어족 게르만 어파의 서게르만 어군에 속한 언어.

『语言』 印度·欧洲语族中属于日耳曼语派的日耳曼语族的语言。

▷**영어**를 유창하게 말하다.

操着一口流利的英语。

❶属于印欧语系中日耳曼语族下的西日耳曼语支，并通过英国的殖民活动传播到了世界各地。

인도·유럽 어족 게르만 어파의 서게르만 어군에 속한 언어. 영국의 식민지들 통해 세계적으로 널리 알려져 있다.

▷如何才能听懂**英语**呢?

어떻게 해야 영어를 알아들을 수 있니?

한·중 공통의미

영어 = 英语

영역 (領域)★★ [영역] 명 [영역만 [영<u>영</u>만]]   领域^丙 [lǐng yù] 名

❶한 나라의 주권이 미치는 범위. 영토, 영해, 영공으로 구성된다.

一个国家的主权所影响的范围。由领土、领海、领空构成。

▷우리의 **영역**을 침범한 적. 侵犯我们领域的敌人。

❷활동, 기능, 효과, 관심 따위가 미치는 일정한 범위.

活动、功能、效果等所影响的某个范围。

▷활동 **영역**. 活动领域。

언어 **영역**. 语言领域。

❶一个国家行使主权的区域。

한 나라가 주권을 행사하는 구역.

❷学术思想或社会活动的范围。

학술적 사상 혹은 사회활동의 범위.

▷思想**领域**. 사상적 영역.

在自然科学**领域**内，数学是最重要的基础。

자연과학 영역에서 수학은 가장 중요한 기초이다.

한·중 공통의미

영역 = 领域

영향 (影響)★★ [영·향] 명   影响^甲 [yǐng xiǎng]

❶어떤 사물의 효과나 작용이 다른 것에 미치는 일.

某种事物的效果或作用波及到其他事物。

▷부정적 **영향**. 负面影响。

영향을 받다. 受到影响。

아이는 부모의 **영향**을 많이 받는다.

❶ 动 对别人的思想或行动起作用(如影之随形，响之应声。

타인의 사상 혹은 행위에 대해 작용을 하다.

▷父母应该用自己的模范行为去**影响**孩子。

부모는 자신의 모범적 행위로 아이에게 영향을

孩子受父母的影响很深。

주어야 한다.

❷ 名 对人或事物所起的作用。

사람 혹은 사물에 일으키는 작용.

▷这件事造成很大的**影响**。

이 일은 매우 큰 영향을 조성한다.

❸〈书〉形传闻的；无根据的。

소문; 근거 없는.

▷模糊**影响**之谈。모호하고 근거가 없는 말.

한·중 공통의미

①어떤 사물의 효과나 작용이 다른 것에 미치는 일. 某种事物的效果或作用波及到其他事物。

영향❶= 影响❶+❷

한국어에서만의 의미(韓)	중국어에서만의 의미(中)
없음	❸传闻的；无根据的。소문; 근거 없는

영화 (映畫)★ [영화] 명   Ø

❶일정한 의미를 갖고 움직이는 대상을 촬영하여 영사기로 영사막에 재현하는 종합 예술.

对具有某种意义的移动的对象进行拍摄，然后用放映机通过银幕再现的综合艺术。

▷**영화**를 보다. 看电影。

영화를 찍다. 拍电影。

电影^甲 [diàn yǐng], 影片^丙 [yǐng piàn]

▷这部小说已拍成**电影**了。

이 소설은 이미 영화로 촬영되었다.

这部**电影**使我深受感动。

이 영화는 내 마음을 감동시켰다.

上映许多部各国**影片**。

여러 편의 각국 영화를 상영하다.

한·중 공통의미

없음

한국어 한자어의 '映畫'는 중국어에서는 이런 단어가 존재하지 않음. 같은 의미로써 쓰고 있는 단어는 '**电影** [diàn yǐng], **影片** [yǐng piàn]' 등이 있음. (中文中不存在韩国语中的'映畫'一词，所以与之相对应含义的中文词汇有'**电影** [diàn yǐng], **影片** [yǐng piàn]'等)

예 (例)★ [예:] 명   例^乙 [lì]

❶본보기가 될 만한 사물.

值得作为榜样的事物。

▷전형적인 **예**. 典型的例子。

예를 보이다. 看例子。

예를 들어 설명하다. 举例说明。

❶ 名 用来帮助说明或证明某种情况或说法的事物。

어떤 상황 혹은 설법을 설명하거나 증명하기 위해 사용하는 말.

▷举**例**。예를 들다.

❷从前有过，后来可以仿效或依据的事情。

❷('예의' 꼴로 쓰여)이미 잘 알고 있는 바를 가리킬 때 쓰는 말.

指已经充分了解的事情时所说的话.

▷그 사람 역시 **예의** 그 문제로 고민 중이에요.

那个人也是为这个问题而苦恼.

❸관례나 의례를 통틀어 이르는 말.

对惯例和依例的统称.

예전부터 있었고, 후에 모방하거나 의거할 수 있는 일.

▷先例. 전례.

史无前例. 역사적으로 전례가 없다.

❸ 名 调查或统计时指合于某种条件的事例.

조사 혹은 통계할 때 어떤 조건에 해당되는 사례.

▷病例. 병례.

❹规则; 条例.

규칙, 규정.

▷条例. 조례.

❺按条例规定的; 照成规进行的.

조례에 따라 규정한 것; 규칙에 따라 진행한 것.

▷例会. 정기 회의.

例行公事. 관례(慣例)에 따라 하는 공무(公務), 실효(實效)를 고려하지 않은 형식적인 일.

한·중 공통의미	
①본보기가 될 만한 사물. 值得作为榜样的事物.	예❶= 例❶+❷+❸+❹
한국어에서만의 의미(韓)	중국어에서만의 의미(中)
❷이미 잘 알고 있는 바를 가리킬 때 쓰는 말. 指己经充分了解的事情时所说的话. ❸관례나 의례를 통틀어 이르는 말. 对惯例和依例的统称.	❺按条例规定的; 照成规进行的. 조례에 따라 규정한 것; 규칙에 따라 진행한 것.

예산 (豫算)★★ [예:산] 동 + 명

❶필요한 비용을 미리 헤아려 계산함. 또는 그 비용.

提前计算出所需的费用. 或指该费用.

▷**예산**을 짜다. 制定预算.

예산에 맞추다. 按预算执行.

여행 비용이 **예산하였**던 것보다 많이 들었다.

旅行费大大超出了之前的预算.

❷진작부터 마음에 두어 작정을 함. 또는 그 작정.

早就在心里做出打算. 或指该打算.

▷내년에 어머니를 여행 보내 드릴 **예산**으로 열심히 저축하고 있다.

为了明年送妈妈去旅行, 我现在正努力地存钱.

❸『경제』 국가나 단체에서 한 회계 연도의 수입과

预算ᵀ [yù suàn]

❶ 名 国家机关、团体和事业单位等对于未来一定时期内的收入和支出的计划.

국가 기관, 단체, 비영리 기관 등은 미래의 일정한 기간 내의 수입과 지출에 대한 계획.

▷财政预算. 재정 예산.

❷动做预算.

예산하다.

▷经过预算, 需要投资3000万元.

예산해 봤더니 3000만원을 투자해야 하더라.

지출을 미리 셈하여 정한 계획.

『经济』 国家或团体在每个会计年度提前对收入
与支付进行计算的计划。

한·중 공통의미

①필요한 비용을 미리 헤아려 계산함. 또는 그 비용. 提前计算出所需的费用。或指该费用。

예산❶+❸= 预算❶+❷

한국어에서만의 의미(韓)	중국어에서만의 의미(中)
❷진작부터 마음에 두어 작정을 함. 또는 그 작정. 早就在心里做出打算。或指该打算。	없음

예술 (藝術)★ [예·술] 명   艺术[甲] [yì shù]

❶기예와 학술을 아울러 이르는 말.
对把技艺和学术的统称。

❷특별한 재료, 기교, 양식 따위로 감상의 대상이 되
는 아름다움을 표현하려는 인간의 활동 및 그 작품.
通过特殊的材料、技巧、样式等做出具有美感
的观赏对象的人类活动及其作品。

▷**예술** 작품. 艺术作品.

  예술 창작. 艺术创作.

❸아름답고 높은 경지에 이른 숙련된 기술을 비유
적으로 이르는 말.
比喻技术的熟练程度已达到了一定的美感和高度。

▷그의 운전 솜씨는 거의 **예술**이다.
他的驾驶技术简术直接就是一种艺术。

우리 어머니 음식 솜씨는 기가 막힌 **예술**이다.
我妈做饭的手艺简直就是令人惊叹的艺术。

❶ 名 用形象来反映现实但比现实有典型性的社
会意识形态，包括文学、绘画、音乐、电影等。
형상으로 현실을 반영하는 전제에서 현실보다 더
전형적인 이를 테면 문학, 회화, 음악, 무용, 영화
따위를 포함한 사회의식형태.

❷ 名 指富有创造性的方式、方法。
창조적인 방식, 방법.

▷领导**艺术**. 지도 기술.

❸ 形 形状或方式独特且具有美感。
형태 혹은 방식이 독특하고 미적 감각이 있다.

▷这棵松树的样子挺**艺术**。
이 소나무의 모양이 참 예술적이다.

한·중 공통의미

예술❷+❸= 艺术❶

한국어에서만의 의미(韓)	중국어에서만의 의미(中)
❶기예와 학술을 아울러 이르는 말. 对把技艺和学术的统称。	❷ 名 指富有创造性的方式、方法。 창조적인 방식, 방법. ❸ 形 形状或方式独特且具有美感。 형태 혹은 방식이 독특하고 미감이 있다.

결합정보: 중국어의 '艺术'는 그대로 관형사나 부사로 쓰일 수 있지만 한국어에서의 '예술'는 '적'과 결합
해야만 관형사나 부사로 쓰일 수 있다. 中文的'艺术'可以作为形容词或副词使用，但韩语的'예술'只有和
'적'结合，才能作为形容词或副词来使用。

① 예술 작품 (×)

　예술적 작품 (O) 艺术作品。

②그는 예술 감수성이 뛰어나다. (×)

　그는 예술적 감수성이 뛰어나다. (O) 他有很强的艺术感染力。

③그의 그림은 삶을 예술로 승화시킨 작품이다.

　그의 그림은 삶을 예술적으로 승화시킨 작품이다. 他的画把生活进行了艺术升华。

번역 과정 중의 비대칭 대응

▷예술적 의의 艺术方面的意义 (예술적 → 艺术方面的)

　고려자기는 예술적으로 가치가 높은 문화재이다. 高丽瓷器在艺术方面是很有价值的文化财产。

　(예술적으로 → 在艺术方面)

예정 (豫定)★★ [예ː정] 동 + 명	预定ᵀ [yù dìng] 动

❶미리 정하거나 예상함.

　提前确定或预想。

▷도착 예정 시각. 预计到达时间。

　일이 예정대로 진행되다. 事情按预定的进行。

　여행이 예정보다 길어질 것 같다.

　旅行好像变得比预定要的长。

　모레로 예정됐던 약속이 취소되었다.

　预定于后天的约会被取消了。

　우리는 처음에 경비를 300만 원으로 예정했었다.

　我们预定的初期经费为300万元。

❶预先规定或约定。

　미리 정하거나 예상함.

▷预定计划。 예정 계획.

　预定时间。 예정 시간.

　这项工程预定在明年完成。

　이 공사는 내년에 완공될 예정이다.

한·중 공통의미

예정 = 预定

오전 (午前)★ [오ː전] 명	午前☆ [wǔ qián] 名

❶자정부터 낮 열두 시까지의 시간.

　从午夜到白天12点之间。

▷그가 야근을 끝냈을 때가 오전 두 시였다.

　他加班结束时是凌晨2点。

❷해가 뜰 때부터 정오까지의 시간.

　从太阳升起至正午。

▷토요일에는 수업이 오전에 끝난다.

　星期六的课是上午结束。

❶中午之前; 上午。

　점심 전에, 오전.

▷务于二月一日午前八时由本校出发。

　반드시 2월1일 오전 8시에 본 학교에서 출발해야 한다.

한·중 공통의미
①해가 뜰 때부터 정오까지의 시간. 从太阳升起至正午。 오전❷= 午前❶

한국어에서만의 의미(韓)	중국어에서만의 의미(中)
❶자정부터 낮 열두 시까지의 시간. 从午夜到白天12点之间。	없음

관련어휘

중국어 단어 '**上午**'는 한국어 '**오전❷**'의 대역어로 하는 게 더 적당하다. '**午前**'이라는 단어가 현대 중국어에서 잘 쓰이지 않은 단어이고 단지 문어에서만 쓰임.

오후 (午後)★ [오:후] 명

❶정오(正午)부터 밤 열두 시까지의 시간.
从正午到夜里12点。
▷오늘 오후 다섯 시로 약속을 잡았다.
约会定于今天下午五点。
우리 회사는 퇴근이 **오후** 여덟 시로 좀 늦은 편이다.
我们的社会把下班时间定在午后8点，有点儿偏
晚了。
❷정오부터 해가 질 때까지의 동안.
从正午到太阳落山的这段时间。
▷아침에 맑던 하늘이 **오후**가 되면서 흐려졌다.
早上还是晴天呢，到了下午就阴天了。

午后☆ [wǔ hòu] 名

❶中午过后；下午。
점심 후; 오후.
▷昨日午后，终于下起雨来。
어제 오후, 결국은 비가 왔다.

한·중 공통의미
①정오부터 해가 질 때까지의 동안. 从正午到太阳落山的这段时间。 오후❷= 午后❶

한국어에서만의 의미(韓)	중국어에서만의 의미(中)
❶정오(正午)부터 밤 열두 시까지의 시간. 从正午到夜里12点。	없음

관련어휘

중국어 단어 '**下午**'는 한국어 '**오후❷**'의 대역어로 하는 게 더 적당하다. '**午后**'이라는 단어가 현대 중국어에서 잘 쓰이지 않은 단어이고 단지 문어에서만 쓰임.

왕 (王)★ [왕]

❶ 명 임금.
国王。
▷**왕**을 세우다. 立王。

王T [wáng]

❶君主；最高统治者。
군주; 최고 통치자.
▷国王。국왕. 女王。여왕.

왕을 폐하다. 废黜王。

❷*명* 일정한 분야나 범위 안에서 으뜸이 되는 사람이나 동물 따위를 비유적으로 이르는 말.
比喻某个领域或范围的至高无上的人或动物。

▷먹는 데는 내가 **왕**이다.
在吃的方面，没有人比得过我。
사자는 동물의 **왕**이다.
狮子是动物之王。

❸우리나라 성(姓)의 하나.
韩国姓氏之一。

❹*접* (동식물을 나타내는 일부 명사 앞에 붙어) '보다 큰 종류'의 뜻을 더하는 접두사.
(用于出现动植物的部分名词前)是强调'比…更大的种类'。

▷**왕**개미. 大蚂蚁。 **왕**게. 大蟹。
왕느릅나무. 大榆树。 **왕**모시풀. 大苎麻。

❺*접* (몇몇 명사 앞에 붙어) '매우 큰' 또는 '매우 굵은'의 뜻을 더하는 접두사.
(用于部分名词前)是强调'非常大'或'非常粗'。

▷**왕**겨. 粗糠。 **왕**모래. 粗砂。
왕소금. 粗盐。 **왕**자갈. 大石子。

❻*접* (몇몇 명사 앞에 붙어) '매우 심한'의 뜻을 더하는 접두사.
(用于部分名词前)'是强调'非常严重'。

▷**왕**가뭄. 大旱。 **왕**고집. 死犟。

❼(일부 명사 뒤에 붙어) '일정한 분야나 범위 안에서 으뜸이 되는 사람이나 동물'의 뜻을 더하는 접미사.
(用于部分名词后)是强调'某个领域或范围内至高无上的人或动物'。

▷발명**왕**. 发明大王。 싸움**왕**. 打架大王。
저축**왕**. 存款大王。 컴퓨터**왕**. 电脑大王。

❷封建社会的最高爵位。
봉건사회의 (초)최고 작위。

▷王爵。왕작。亲王。친왕。

❸首领；头目。
수령；우두머리。

▷占山为王。산을 점거하여 우두머리가 되다。
擒贼先擒王。적을 사로잡을 때에는 먼저 그 두목부터 사로잡는다。

❹同类中居首位的或特别大的。
동료 중 앞자리를 차지하거나 혹은 특별히 큰 것。

▷蜂王。여왕벌。
牡丹是花中之王。모란은 꽃의 왕이다。

❺〈书〉辈分高。
항렬이 높다。

▷王父。조부。王母。조모。

❻最强的。
가장 강한 것。

▷王牌。제일인자。

❼*名* 姓。
성씨。

❽[wàng]古代称君主有天下。
고대에 군주가 천하를 다스리는 것을 가리켰다。

▷王天下。천하의 왕 노릇하다。

한·중 공통의미

①임금. 国王 **왕❶**=王❶
②으뜸이 되는 사람이나 동물 따위를 비유적으로 이르는 말. 某个领域至高无上的人或动物。
왕❷=王❸+❹
③성씨. 姓。**왕❸**=王❼

한국어에서만의 의미(韓)	중국어에서만의 의미(中)
❹'보다 큰 종류'의 뜻을 더하는 접두사.	❷封建社会的最高爵位。봉건사회의 초고 작위

强调·比···更大的种类'.	❺〈书〉辈分高。 항렬이 높다.
❺'매우 큰' 또는 '매우 굵은'의 뜻	❻最强的。 가장 강한 것.
强调'非常大'或'非常粗'.	❽古代称君主有天下。
❻'매우 심한'의 뜻 强调'非常严重'.	고대에 군주가 천하를 다스리는 것을 가리켰다.
❼'으뜸이 되는 사람이나 동물'의 뜻.	
强调'某个领域或范围内至高无上的人或动物'.	

외국 (外國)★ [외:-/웨:-] 명 [외국만 [외:궁-/웨:궁-]]　**外国**^甲 [wàiguó] 名

❶자기 나라가 아닌 다른 나라.

非自己国家的其他国家.

▷**외국** 사람. 外国人.

외국 유학. 外国留学.

외국으로 이민 가다. 移民到外国.

❶本国以外的国家.

자기 나라가 아닌 다른 나라.

▷他在**外国**生活了五年.

그는 외국에서 5년간 살았다.

외국 = 外国

요구 (要求)★★ [요구] 동+명　**要求**^甲 [yāo qiú]

❶받아야 할 것을 필요에 의하여 달라고 청함. 또는 그 청.

根据需要申请所应得到的东西. 或指该请求.

▷**요구** 사항. 要求事项.

요구에 응하다. 答应要求.

젊은이들에게는 항상 진취적인 사고와 적극적인 행동이 **요구**된다.

总是要求年轻人要具有进取性的思考与积极的行动.

국민들은 실업자를 위한 대책을 빨리 세우도록 정부에 **요구**했다.

人民要求政府尽快制定对策帮助失业者.

❷『법률』 어떤 행위를 할 것을 청함.

『法律』请求做出某种行为.

▷증인 출두 **요구**. 要求证人出庭.

가해자에게 피해 보상을 **요구**하다.

要求加害者赔偿损失.

❶动 提出具体愿望或条件, 希望得到满足或实现.

구체적인 소망 혹은 조건을 제출하여 만족하거나 실현하기를 원하는 행위.

▷**要求**转学. 전학을 요구하다.

严格**要求**自己. 스스로에게 엄격하다.

趁着老板心顺的时候**要求**加薪升级.

사장이 기분 좋을 때를 봐서 임금 인상이나 승진을 요구하다.

❷名 所提出的具体愿望或条件.

제출한 구체적 소망 혹은 조건.

▷满足了他的**要求**.

그의 요구에 만족하다.

不向无理**要求**让步.

무리한 요구에 대해 양보하지 않다.

요구❶=要求❶+❷

한국어에서만의 의미(韓)	중국어에서만의 의미(中)
❷『법률』 어떤 행위를 할 것을 청함. 『法律』请求做出某种行为.	없음

요소 (要素)★★ [요소] 명 　　　要素ᵀ [yào sù] 名

❶사물의 성립이나 효력 발생 따위에 꼭 필요한 성분. 또는 근본 조건.

事物的成立或生效等所需的成分或根本条件.

▷핵심적 **요소**. 核心要素.

여러 가지 **요소**로 구성되다. 由多种要素构成.

❷그 이상 더 간단하게 나눌 수 없는 성분.

无法再继续进行简单区分的成分.

❶构成事物的必要因素.

사물을 구성하는 데 필요한 요소

▷组成**要素**。구성 요소

社会变化快，文化会有新**要素**出现。

사회가 빠르게 변화하면서 문화에 새로운 요소들이 나타날 것이다.

每个汉字都有形、音、义三个**要素**。

한자에는 모두 형, 음, 의 3가지 요소가 존재한다.

한·중 공통의미

요소❶= 要素❶

한국어에서만의 의미(韓)	중국어에서만의 의미(中)
❷그 이상 더 간단하게 나눌 수 없는 성분. 无法再继续进行简单区分的成分.	없음

요인 (要因)★★ [요인] 명 　　　要因☆ [yào yīn] 名

❶사물이나 사건이 성립되는 까닭. 또는 조건이 되는 요소

事物或事件得以成立的理由. 或成为条件的要素.

▷사고 **요인**. 事故原因.

실패 **요인**. 失败要因.

그의 성공 **요인**은 성실한 생활 태도이다.

他成功的**要素**是诚实的生活态度.

❶重要原因.

주요한 원인.

▷正倾注努力分析中东纷争的**要因**。

중동의 분쟁 요인을 분석하는데 많은 노력을 기울이고 있습니다.

我们为了分析这次事情失败的**要因**召开了会议。

우리는 이번 일에 대한 실패 요인을 분석하기 한 회의를 열었습니다.

한·중 공통의미

①사물이나 사건이 성립되는 까닭.

한국어에서만의 의미(韓)	중국어에서만의 의미(中)
조건이 되는 요소	없음

우선 (于先)★ [우선] 부   Ø

❶어떤 일에 앞서서.

在某件事之前。

▷나는 우선 형의 방으로 가서 원고부터 조사했다.

我首先去了哥哥的房间, 从原告开始进行了调查。

❷아쉬운 대로.

暂且。

▷우선 이만하면 떠날 준비는 다 된 셈이다.

暂且告一段落, 做离开的准备。

❶首先^乙 [shǒuxiān], 先^甲 [xiān]

▷印刷术是中国首先发明的。

인쇄술은 중국이 제일 먼저 발명한 것이다.

你先拟个提纲再写。

우선 초안을 잡고 난 다음에 써라.

❷暂且^丁 [zàn qiě]

▷这个暂且不论吧。

이것은 우선 따지지 말자.

한·중 공통의미

없음

한국어 한자어의 '于先'는 중국어에서는 이런 단어가 존재하지 않음. 같은 의미로써 쓰고 있는 단어는 '首先 [shǒuxiān], 先 [xiān], 暂且 [zàn qiě]' 등이 있음. (中文中不存在韩国语中的'于先'一词, 所以与之相对应含义的中文词汇有'首先 [shǒuxiān], 先 [xiān], 暂且 [zàn qiě]'等)

우주 (宇宙)★★ [우·주] 명   宇宙^丙 [yǔ zhòu] 名

❶무한한 시간과 만물을 포함하고 있는 끝없는 공간의 총체.

包含了无限的时间与空间的万物的总体。

▷우주 만물. 宇宙万物。

우주에 가득 차다. 充满了宇宙。

❷『물리』 물질과 복사가 존재하는 모든 공간.

『物理』 存在物质与辐射的所有空间。

❸『천문』 모든 천체(天體)를 포함하는 공간.

『天文』 包含了所有天体的空间。

▷광활한 우주. 广阔的宇宙。

우주에 관하여 연구하다. 关于宇宙的研究。

❹『철학』 만물을 포용하고 있는 공간.

『哲学』 包容万物的空间。

❶包括地球及其他一切天体的无限空间。

지구 및 기타 모든 천체를 포함한 공간.

❷一切物质及其存在形式总体("宇"指无限空间, "宙"指无限时间)。哲学上也叫世界。

모든 물질 및 그 존재형식의 총체('우'는 무한공간을 말하고 '주'는 무한시간을 말한다). 철학에서는 세계를 뜻하기도 한다.

▷探索宇宙的秘密。

우주의 비밀을 탐색하다.

宇宙之大, 简直不可思议。

우주의 방대함은 정말 불가사의하다.

한·중 공통의미

우주 = 宇宙

운영 (運營)★★ [우·녕] 동 + 명   运营[☆] [yùn yíng] 动

❶조직이나 기구, 사업체 따위를 운용하고 경영함.

运用并经营组织或机构, 事业体之类。

▷기업 운영. 企业经营。

❶(车船等)运行和营业。

(차나 배 따위) 운행하거나 영업하다.

▷地铁开始正式运营。

기업이 건실하게 **운영되**다. 企业健康的运营。

언니는 학원을 **운영하**여 나온 수익금으로 불우 이웃을 도왔다.

姐姐用经营学院的收入帮助了不幸的邻居。

❷어떤 대상을 관리하고 운용하여 나감.

管理并运营着某种对象。

▷대학의 학사 **운영**. 大学的校务管理。

동생은 화물차 석 대를 **운영하**며 살고 있다.

弟弟以经营三台货车为生。

지하철이 정식으로 운영되기 시작하였다.

❷比喻机构有组织地进行工作。

기구가 조직적으로 작업을 진행하는 것을 비유한다.

▷改善一些工矿企业低效率**运营**的状况。

일부 광공업 기업의 비효율적인 운영 실태를 개선해야 한다.

한·중 공통의미	
①조직이나 기구, 사업체 따위를 운용하고 경영함. 运用并经营组织或机构，事业体之类。	
운영❶= **运营 ❶**+**❷**	
한국어에서만의 의미(韓)	중국어에서만의 의미(中)
❷어떤 대상을 관리하고 운용하여 나감. 管理并运营着某种对象。	없음

번역 과정 중의 비대칭 대응

▷기업 운영 企业**经营** (운영→ **经营**)

언니는 학원을 **운영하**여 나온 수익금으로 불우 이웃을 도왔다. 姐姐用**经营**学院的收入帮助了不幸的邻居。 (운영하다 → **经营**)

원리 (原理)★★ [월리] 명

❶사물의 근본이 되는 이치.

成为事物根本的道理。

▷냉장고의 원리. 冰箱的原理。

에디슨은 전기의 **원리**를 발견하여 실생활에 이용했다.

爱迪生发现了电的原理并将其应用于实际生活中。

❷행위의 규범.

行为的规范。

▷우리는 민주주의의 **원리**를 바르게 이해하고 실천해야겠다.

我们必须正确地理解和实践民主主义的行为规范。

❸『철학』기초가 되는 근거 또는 보편적 진리.

『哲学』成为基础的根据或普遍的真理。

原理丙 [yuán lǐ] 名

❶带有普遍性的、最基本的、可以作为其他规律的基础的规律；具有普遍意义的道理。

보편적이고 가장 기본적이며 기타 규율의 기초(로)가 되는 규칙; 일반적인 의미를 가진 도리.

▷基本**原理**. 기본 원리.

本书以浅明的文字与插图来介绍**原理**。

이 책은 쉬운 언어와 삽화로 원리를 소개하고 있다.

한·중 공통의미
①사물의 근본이 되는 이치. 成为事物根本的道理。 **원리❶**= **原理❶**

한국어에서만의 의미(韓)	중국어에서만의 의미(中)
❷행위의 규범. 行为的规范. ❸『철학』 기초가 되는 근거 또는 보편적 진리. 『哲学』 成为基础的根据或普遍的真理.	없음

번역 과정 중의 비대칭 대응

▷**원리적** 수준에 머물다. 停留在**理论**(的)层面上。 (원리적 → 理论(的))

모든 사람의 정의가 통하고 모든 사람의 행복이 달성되는 일은 **원리적으로** 불가능하다.

通过所有人的正义来现实所有人的幸福，这**从理论上**是不可能的。 (원리적으로 → 从理论上)

원인 (原因)★★ [워닌] 명 + 동   原因ˊ [yuán yīn] 名

❶어떤 사물이나 상태를 변화시키거나 일으키게 하는 근본이 된 일이나 사건.

造成某种结果或者引发某种事情的条件。

▷**원인** 분석. 原因分析。

원인과 결과. 原因与结果。

사고의 **원인**을 조사하다. 调查事故的原因。

노인성 치매가 주로 어디에 **원인하**는가를의 사인 현 박사는 알고 있었다.

作为医生的玄博士已经了解了老年痴呆的主要原因。

❶造成某种结果或引起另一件事情发生的条件。

어떤 결과를 일으키거나 다른 한 가지 일이 일어나게 하는 조건.

▷成功的**原因**。 성공의 원인.

检查生病的**原因**。

병에 걸린 원인을 찾다.

한·중 공통의미

원인 = 原因

원칙 (原則)★★ [원칙만 [-칭-]]   原则ˊ [yuán zé] 名

❶어떤 행동이나 이론 따위에서 일관되게 지켜야 하는 기본적인 규칙이나 법칙.

在某种行为或理论上，需要一贯遵守的基本规则或法则。

▷**원칙**을 세우다. 树立原则。

근본 **원칙**에 어긋나다. 违背基本原则。

❶说话或行事所依据的法则或标准。

말을 하거나 혹은 일을 처리하는 근거가 되는 법칙 혹은 표준.

▷**原则**性。 원칙성. 基本**原则**。 기본원칙.

❷指总的方面; 大体上。

총체적인 것; 대체적인 것.

▷他**原则**上赞成这个方案，只在细节上提了些意见。

그는 기본적으로 이 방안을 찬성하지만, 세부적으로만 다른 의견을 제출하였다.

한·중 공통의미

원칙❶= 原则❶

한국어에서만의 의미(韓)	중국어에서만의 의미(中)
없음	❷指总的方面; 大体上。
	총체적인 것; 대체적인 것.

위기 (危機)★★ [위기] 명   危机ᶻ [wēi jī] 名

❶위험한 고비나 시기.
　위험的关头或时机.

❶潜伏的危险。
　잠재적인 위험.

▷위기 상황. 危机情况.
　위기를 극복하다. 克服危机.
　다행히도 그는 위기를 모면했다.
　幸运的是他摆脱了危机.

▷危机四伏. 위기가 도처에 숨어 있다.
❷严重困难的关头。
　절박한 고비.
▷经济危机. 경제 위기.
　人才危机. 인재 위기.

한·중 공통의미

위기❶= 危机❷

한국어에서만의 의미(韓)	중국어에서만의 의미(中)
없음	❶潜伏的危险。잠재적인 위험

위원 (委員)★★★ [위원] 명   委员ᶻ [wěi yuán] 名

❶선거나 임명에 의하여 지명되어 단체의 특정사항
을 처리할 것을 위임받은 사람.
　通过选举或任命，被委任为处理团体特殊事项
　的人.

❶委员会的成员。
　위원회의 구성원.
❷旧时被委派担任特定任务的人员。
　예전에는 특정한 임무를 담당하도록 파견된 사람
　을 가리켰다.

▷연구 위원. 研究委员.
　국방 위원회의 위원으로 활동하다.
　担任国防委员会议委员.

한·중 공통의미

위원❶= 委员❶+❷

위원-장 (委員長)☆ [위원장] 명   委员长☆ [wěi yuán zhǎng] 名

❶위원 가운데 우두머리.
　委员里的首脑.

❶政党或政府高阶官职称。
　정당이나 정부의 고급 관원의 직함.

▷위원장은 긴장된 기분으로 일어서서 회원의 반수
　이상이 출석하였으므로 총회는 성립되었다는 것

❷委员里的首脑。
　위원 가운데 우두머리.

과….

委员长紧张地站起来，说一半以上人员已出席
因此大会将成立….

한·중 공통의미	
위원-장❶= 委员长❷	
한국어에서만의 의미(韓)	중국어에서만의 의미(中)
없음	❶政党或政府高阶官职称. 정당이나 정부의 고급 관원의 직함.

위원-회 (委員會)★★ [--회/--훼] 명   **委员会**☆ [wěi yuán huì] 名

❶『법률』 일반 행정과는 달리 어느 정도 독립된 분야에서 기획, 조사, 입안, 권고, 쟁송의 판단, 규칙의 제정 따위를 담당하는 합의제 기관.
『法律』与一般行政不同, 在相对独立的领域负责企划、调查、立案、劝告、判断争议、指定规则等的合议制机关.

❶政党、团体、机关、学校中的集体领导组织.
정당, 단체, 기관, 학교의 (단체적) 리더조직.
▷中国共产党中央委员会. 중국공산당 중앙위원회.
体育运动委员会. 체육운동위원회.
❷机关、团体、学校等为了完成一定的任务而设立的专门组织.
기관, 단체, 학교 따위가 일정한 임무를 완성하기 위해 설립한 전문 조직.
▷编纂委员会. 편찬 위원회.
招生委员会. 신입생 모집위원회.

한·중 공통의미	
없음	
한국어에서만의 의미(韓)	중국어에서만의 의미(中)
❶『법률』 일반 행정과는 달리 어느 정도 독립된 분야에서 기획, 조사, 입안, 권고, 쟁송의 판단, 규칙의 제정 따위를 담당하는 합의제 기관. 『法律』与一般行政不同, 在相对独立的领域负责企划、调查、立案、劝告、判断争议、指定规则等的合议制机关.	❶政党、团体、机关、学校中的集体领导组织. 정당, 단체, 기관, 학교의 단체적 리더조직. ❷机关、团体、学校等为了完成一定的任务而设立的专门组织. 기관, 단체, 학교 따위가 일정한 임무를 완성하기 위해 설립한 전문 조직.

위치 (位置)★ [위치] 명+동   **位置**ᶜ [wèi zhì] 名

❶일정한 곳에 자리를 차지함. 또는 그 자리.
指所占或所在的地方.
▷**위치**를 잡다. 占位置.

❶所在或所占的地方.
존재하는 곳 혹은 차지하는 곳.
▷大家都按指定的**位置**坐了下来.

그 가게가 **위치**가 안 좋아 장사가 잘 안 돼.
那家店位置不好，所以生意也不好。

그 건물은 시내 중심가에 **위치**하고 있다.
那栋楼的位置在市内中心街上。

❷사회적으로 담당하고 있는 지위나 역할.
在社会上担任的职位或角色。

▷여성의 사회적 **위치**. 女性的社会地位.

학생의 **위치**를 벗어나는 행동은 삼가야 한다.
学生不能做出出格的行为。

모두들 다 지정된 위치에 따라 앉았다.

❷地位。

지위.

▷《狂人日记》在我国新文学中占有重要位置。
<광인일기>는 중국 신문학에서 중요한 위치를
차지한다.

❸指职位。

일자리.

▷谋了个科员的**位置**。
직원 자리 하나를 얻었다.

한·중 공통의미	
①일정한 곳에 자리를 차지함. 또는 그 자리. 指所占或所在的地方. **위치❶**= **位置❶**	
②지위나 역할. 职位或角色. **위치❷**= **位置❷**	
한국어에서만의 의미(韓)	중국어에서만의 의미(中)
없음	❸指职位. 일자리

위하다 (爲--)★★ [위하다] 동   Ø

❶무엇을 이롭게 하거나 도우려 하다.
让某物变得有益或对其提供帮助。

▷나라를 **위하다**. 为了国家.

저녁에 관광객을 **위한** 특별 공연이 열릴 예정이다.
晚上会有为游客们准备的特别演出。

❷물건이나 사람을 소중하게 여기다.
爱惜看重某人或某物。

▷자식을 **위하다**. 爱惜子女.

김 선생님은 반 학생들을 자기 자식처럼 **위했다**.
金老师对班里的学生像对自己的孩子一样爱惜。

❸어떠한 생각이나 목적을 이루려고 하다.
想实现某种想法或目的。

▷생계를 **위한** 수단. 为了维持生计的手段.

어머니는 김치를 담기 **위해** 시장에서 배추와 무
를 샀다.

为了制作泡菜妈妈去市场买回了白菜和萝卜。

❶为了^甲 [wèi le], 为^甲 [wèi]

▷为了民族. 민족을 위하다.

学校**为**学生营造一个好的环境。
학교는 학생을 위해 좋은 분위기를 만든다.

❷爱惜^丁 [ài xī]

▷就像母亲**爱惜**子女一样，她特别喜爱小动物。
어머니가 자식을 위하듯이 그녀는 애완동물을 끔
찍이도 사랑한다.

❸为了^甲 [wèi le]

▷为了成功,要竭尽全力.

성공을 위하여 최선을 다해야 한다.

为了节省时间,手续尽量从简.

시간을 덜기 위해 수속은 되도록 간소화하다.

어휘묶음 정보 -을/를 위하-, -기 위하-, -기 위해, -을/를 위해, -기 위해서, -을/를 위한, -기 위한, -을/를
막기 위해, -기 위한 것이-, -는 것을 막기 위해, -(으)ㄹ 수 있도록 하기 위하-,

▷조국**을 위하여** 싸우다. 为祖国而战.

시장 조사**를 위한** 해외 출장. 为了进行市场调查而到海外去出差.

213

은행 (銀行)★ [으냉] 명

❶『경제』예금을 받아 그 돈을 자금으로 하여 대출, 어음 거래, 증권의 인수 따위를 업무로 하는 금융 기관.

收到存款并通过放贷、汇兑、收购证券等方式进行业务的金融机构。

▷은행 통장. 银行存折.

은행에 예금을 하다. 存钱到银行.

은행에서 대출을 받다. 从银行贷款.

❷어떤 때에 갑자기 필요하여지는 것이나 대체로 부족한 것 따위를 모아서 보관·등록하여 두었다가 필요한 사람의 이용 편의를 도모하는 조직.

保管、登记随时需要或平常稀缺的物品，当有需要的人出现时方便他们使用的组织。

▷골수 은행. 骨髓银行.

문제 은행. 问题银行.

银行甲 [yín háng] 名

❶经营存款、贷款、汇兑、储蓄等业务，充当信用 中介和支付中介的金融机构。

예금, 대금, 외화 교환, 저축 따위의 업무를 경영하고, 신용중매와 지불 중매를 담당하는 금융기구.

▷去银行取钱.

은행에 가서 돈을 찾다.

把用不了的钱存在银行里.

잠시 쓰지 않는 돈을 은행에 예금하다.

生命银行. 정자 은행.

한·중 공통의미

은행 = 银行

음식 (飮食)★ [음·식] [음식만 [음·싱만]]

❶사람이 먹을 수 있도록 만든, 밥이나 국 따위의 물건.

成人类能吃的饭、汤之类的东西。

▷음식을 차리다. 准备饭菜.

음식이 입에 맞다. 饭菜合口味.

그는 부인의 음식 솜씨를 사람들에게 자랑했다. 他跟别人炫耀了老婆的做饭手艺。

❷사람이 먹고 마시는 것을 통틀어 이르는 말. 对吃与喝的东西的统称。

饮食丁 [yǐn shí] 名

❶吃的和喝的东西。

먹고 마시는 것.

▷注意饮食卫生. 음식 위생에 주의하다.

❷指吃东西和喝东西。

먹고 마시는 행위.

▷饮食起居. 먹고 자는 따위의 일상생활.

饮食失调. 음식을 제대로 조절하지 못하다.

한·중 공통의미

①사람이 먹고 마시는 것을 통틀어 이르는 말. 对吃与喝的东西的统称. **음식❷= 饮食❶**

한국어에서만의 의미(韓)	중국어에서만의 의미(中)
❶사람이 먹을 수 있도록 만든, 밥이나 국 따위의 물건. 成人类能吃的饭、汤之类的东西。	❷指吃东西和喝东西。먹고 마시는 행위.

음악 (音樂)★ [으막] [음악만 [으망만]]   音乐^甲 [yī yuè] 名

❶『음악』 박자, 가락, 음성 따위를 갖가지 형식으로
조화하고 결합하여, 목소리나 악기를 통하여 사상
또는 감정을 나타내는 예술.
　『音乐』用各种形式把节奏、节拍、音等结合起来，
　通过声音或乐器表现出思想或感情的艺术.
▷**음악** 감상실. 音乐欣赏室.
　음악을 듣다. 听音乐.
　실내에는 잔잔한 **음악**이 흐른다.
　室内流淌着平静的音乐.

❶用有组织的乐音来表达思想感情、反映现实生
活的一种艺术.
　조직이 있는 악음으로 사상 감정을 표현하고 현
　실생활을 반영하는 일종의 예술.
▷**音乐**会. 음악회.
　音乐可以说是人类交通感情的工具.
　음악은 인류가 감정을 교류하는 도구라 할 수 있다.

한·중 공통의미

음악 = 音乐

결합정보: 중국어의 '音乐'은 그대로 관형사로 쓰일 수 있지만 한국어에서의 '음악'은 '적'과 결합해야만
관형사로 쓰일 수 있다. 中文的'音乐'可以作为形容词使用，但韩语的'음악'只有和'적'结合，才能作为
形容词来使用.
① 음악 효과 (×)
　음악적 효과 (O) 音乐效果.
② 음악 소질 (×)
　음악적인 소질 (O) 音乐素养.

의견 (意見)★★ [의·견]   意见^甲 [yì jiàn] 名

❶어떤 대상에 대하여 가지는 생각.
　对某种对象的想法.
▷**의견** 교환. 交换意见.
　그가 낸 **의견**이 받아들여지지 않았다.
　我提出的意见没有被采纳.
　모든 일은 그의 **의견**대로 진행되었다.
　所有事情都按照他的意见进行了.

❶对事情的一定的看法或想法.
　일에 대한 일정한 견해와 생각.
▷谈谈你对工作的**意见**.
　작업에 대한 의견을 이야기해 봐.
　咱们来交换交换**意见**.
　우리 서로 의견을 교환해보자.
❷(对人、对事)认为不对因而不满意的想法.
　(사람이나 일에 대해) 잘못되었다고 생각하여 불
　만이 있음.
▷我对于这种做法有**意见**.
　나는 이 방법에 대해 이의(異議)가 있다.
　人家对他的**意见**很多.
　다른 사람들이 그에 대해 불만이 많다.

한·중 공통의미

의견❶= 意见❶

한국어에서만의 의미(韓)	중국어에서만의 의미(中)
없음	❷认为不对因而不满意的想法. 잘못되었다고 생각하여 불만이 있음.

의미 (意味)★ [의ː미] | 意味☆ [yì wèi] 名

의미 (意味)★ [의ː미]

❶ 명+동 말이나 글의 뜻.
话或句子的意思.
▷단어의 사전적 **의미**. 单词的词典意思.
문장의 **의미**. 句子的意思.
두 단어는 같은 **의미**로 쓰인다.
两个单词有相同意思.
이 단어가 **의미하**는 바가 무엇인지 말해보십시오.
请说出这个单词的意思.
❷ 명+동 행위나 현상이 지닌 뜻.
行为或现象包含的意义.
▷삶의 **의미**. 生活的意义.
역사적 **의미**. 历史意义.
그녀는 오늘 그와의 만남에 특별한 **의미**를 부여했다.
她认为今天与他见面有着特殊的意义.
정상 회담의 실패는 곧 두 나라의 전쟁을 **의미하**는 것이었다.
首脑会谈的失败**意味**着两个国家的战争.
❸ 명 사물이나 현상의 가치.
事物或现象的价值.
▷**의미** 있는 삶을 살다. 过有意义的生活.
여가를 **의미** 있게 보내다.
过一个有意义的假期.

意味☆ [yì wèi] 名

❶ 名 含蓄的意思.
함축된 뜻.
▷话里含有讽刺**意味**.
말 속에 풍자적인 의미가 존재한다.
❷ 名 情调、情趣、趣味.
정조, 정취, 취미.
▷**意味**无穷. 재미가 무궁하다.
富于文学**意味**. 문학적 정조가 가득하다.
❸ 动 行为或者现象带有某种含义.
행위나 현상이 어떤 의미를 지님.
▷生产能率的提高**意味**着劳动力的节省.
생산율의 제고는 노동력의 절감을 의미한다.
橙色**意味**着伪善和虚假.
주황색은 위선과 가식을 의미한다.

한·중 공통의미

①행위나 현상이 어떤 의미를 지님. 行为或者现象带有某种含义. 의미❷ 동 = 意味❸ 动

한국어에서만의 의미(韓)	중국어에서만의 의미(中)
❶ 명+동 말이나 글의 뜻. 话或句子的意思. ❷ 명 행위나 현상이 지닌 뜻. 行为或现象包含的意义. ❸사물이나 현상의 가치. 事物或现象的价值.	❶含蓄的意思. 함축된 뜻 ❷ 名 情调、情趣、趣味. 정조, 정취, 취미.

의사 (醫師)★ [의사] 명

❶일정한 자격을 가지고 병을 고치는 것을 직업으로 하는 사람.

有一定的资格，以治病为职业的人。

▷담당 **의사**. 主治医生。

의사의 진찰을 받다. 接受医生的诊疗。

❷『법률』서양 의술과 양약으로 병을 고치는 것을 직업으로 하는 사람.

用西方医术和西药来治病的人。

医师☆ [yī shī] 名

❶受过高等医学教育或具有同等能力、经国家卫生部门审查合格的负主要医疗责任的医务人员。

고등의 의학교육을 받았거나 혹은 동등한 능력을 갖춘, 국가 위생부문의 심사에 합격하여 주요 의료책임 지는 의무인원.

▷**医师**说再将养两个礼拜就可以好了。

의사는 두 주일만 더 몸조리하면 병이 다 나을 수 있다고 했다.

한·중 공통의미

의사 = 医师

관련어휘

중국어 단어 '**医生**'는 한국어 '**의사**'의 대역어로 하는 게 더 적당하다. '**医师**'이라는 단어가 현대 중국어에서 잘 쓰이지 않은 단어이고 단지 문어에서만 쓰임.

의식 (意識)★★ [의·식] 명+동 [의식만 [의·싱만]]意识丙 [yì shí]

❶깨어 있는 상태에서 자기 자신이나 사물에 대하여 인식하는 작용.

在醒着的状态下，对自己或事物进行识别的作用

▷**의식**을 잃다. 失去意识。

의식이 돌아오다. 恢复意识。

마취가 덜 깼는지 **의식**이 몽롱하다.

可能麻药的作用还没有消失，意识有点模糊。

그는 최면에 걸려 자기 행동을 **의식**하지 못했다.

他被催眠后完全意识不到自己的行为。

❷사회적·역사적으로 형성되는 사물이나 일에 대한 개인적·집단적 감정이나 견해나 사상.

对 社会、历史上形成的事物或人的一些个人或集体感情、意见、思想。

▷엘리트 **의식**. 精英意识。

최근 들어 자연환경을 보존하려는 **의식**이 높아가고 있다.

最近，有很多人意识到保护自然环境的重要性。

경제적 위기가 **의식되**다. 意识到经济危机。

이 사태의 심각성이 **의식되**기 시작하였다.

❶动 觉察(常跟"到"连用)。

알아채다('버리다'와 자주 함께 사용)

▷天还冷，看见树枝发绿才**意识**到已经是春天了。

아직도 추워서 몰랐는데, 나뭇가지에 파란 잎들을 보고서야 봄날이 왔음을 알아채게 되었다.

❷名 人的头脑对于客观物质世界的反映，是感觉、思维等各种心理过程的总和，其中的思维是人类特有的反映现实的高级形式。

사람의 두뇌는 객관물질세계에 대한 반영이고, 감각, 생각 따위의 각종 심리과정의 총합이다. 그 중 생각은 인류가 지니고 있는 현실을 반영하는 가장 높은 형식이다.

▷存在决定**意识**，**意识**又反作用于存在。

존재는 의식을 결정하고, 의식은 또 존재에 반작용한다.

开始意识到这个事态的严重性。

남의 눈을 **의식하다**. 意识到别人的眼神。

그는 어머니를 **의식해서** 목소리를 낮추었다.

他意识到妈妈的存在，降低了声音。

그들이 다가오는 순간 나는 뭔가 큰 일이 닥쳤음

을 **의식했**다.

他们走过来的瞬间，我意识到有什么大事发生了。

한·중 공통의미

의식 = 意识

번역 과정 중의 비대칭 대응

▷**의식적** 행동　**有意识的**行为 (의식적 → 有意识的)

　의식적으로 피하다　**有意**躲避 (의식적으로 → 有意)

　성혜의 과장된 말투에 질세라 현도 **의식적으로** 격앙해서 언성을 높였다.

　为了不输给胜慧夸张的语气，贤也**故意**地放大了嗓音。(의식적으로 → 故意)

의원 (議員)★★★　　　　　　　　　　　**议员**ᵀ [yì yuán] 名

❶국회나 지방 의회와 같은 합의체(合議體)의 구성　❶在议会中有正式代表资格，享有表决权的成员。
원으로 의결권을 가진 사람.　　　　　　　　　의회에서 정식 대표자격이 있고, 표결권을 누리
　国会或地方议会等合议体的成员，且有表决权　　　는 성원을 말한다.
　的人.
▷국회 소장파 **의원**.
　国会少壮派议员。

한·중 공통의미

의원 = 议员

의지 (意志)★★ [의·-] 명　　　　　　　　**意志** [yì zhī] 名

❶어떠한 일을 이루고자 하는 마음.　　　　　　❶决定达到某种目的而产生的心理状态。
　想完成某件事的心思。　　　　　　　　　　　어떤 목적에 도달하기 위해 형성된 심리상태.
▷**의지**가 강하다. 意志坚强。　　　　　　　　▷**意志**薄弱。 의지가 박약하다.
　그는 이번 일을 성사시키려는 **의지**를 보였다.　**意志**坚强。 의지가 강하다.
　他表现出了想完成这件事的决心。

한·중 공통의미

의지 = 意志

번역 과정 중의 비대칭 대응

▷그는 이번 일을 성사시키려는 **의지**를 보였다.

他表现出了想完成这件事的**决心**。(의지 → **决心**)

의하다 (依--)★★★ [의하다] 동   Ø

❶어떤 사람, 행위, 이념 등에 기초하거나 그것을
이유로 하다.

以某人，行为或理念为基础或理由而做某事。

▷소문에 **의하다**. 根据传闻。

이번 여론 조사에 **의하면** 시민들의 절반 이상이
현 정부를 지지하고 있었다.

根据此次调查的结果，半数以上的市民是支持
现任政府的。

어휘묶음 정보

▷들리는 바<u>에 **의하면**</u> 그가 곧 진급할 것 같다.

사상은 언어<u>에 **의하여**</u> 표현된다.

❶**根据**^{Z} [gēn jù], **依靠**^{Z} [yī kào]

▷**根据**气象台的预报,明天要下雨。

기상대 예보에 의하면, 내일 비가 올 것이다.

学校**为**学生营造一个好的环境。

철저한 연습에 의한 성과라고 생각합니다.

我认为这是**依靠**大量的联系而取得的成功。

根据传闻他马上就要晋级了。

思想是依靠语言来表达的。

이념 (理念)★★ [이ː념] 명   理念$^☆$ [lǐ niàn] 名

❶이상적인 것으로 여겨지는 생각이나 견해.

理想化的想法或意见。

▷**이념** 대립. 理念对立。

세상의 그 어떤 아름답고 숭고한 **이념**도 인간을
그 희생으로 요구할 수는 없다는…世上再美再崇
高的理念也不能以人类的牺牲为代价…

❷『철학』 순수한 이성에 의하여 얻어지는 최고 개념.

『哲学』 以单纯的理性得到的最高概念。

❶信念。

신념.

▷人生**理念**。 인생이념.

❷思想；观念。

사상, 관념.

▷经营**理念**。 경영이념.

文化**理念**。 문화이념.

한·중 공통의미

이념 = 理念

이론 (理論)★★ [이ː론] 명   理论^Z [lǐ lùn]

❶사물의 이치나 지식 따위를 해명하기 위하여 논
리적으로 정연하게 일반화한 명제의 체계.

❶名 人们由实践概括出来的关于自然界和社会
的知识有系统的结论。

为了解释事物的道理或知识，有逻辑地把命题
一般化的体系。

▷경제 이론. 经济理论。

이론은 정당하나 방침상 받아들일 수 없다.

理论倒是正当，但在方针上不能采纳。

❷『철학』 실증성이 희박한, 순 관념적으로 조직된
논리.

『哲学』缺乏实证性的，纯观念上组织起来的逻辑。

▷칸트의 철학 이론. 坎特的哲学理论。

실천이 따르지 않는 이론은 탁상공론에 지나지
않는다.

跟不上实践的理论无非就是纸上谈兵。

자연계와 사회의 지식에 대해 사람들이 실천에서
개괄해낸 계통적인 결론.

❷动 辩论是非；争论；讲理。

시비를 변론하다; 쟁론; 도리를 따지다.

▷他正在气头上，我不想跟他多理论。

그는 지금 화가 난 상태이니 더 이상 그와 논쟁하
고 싶지 않다.

한·중 공통의미

이론❶+❷= 理论❶

한국어에서만의 의미(韓)	중국어에서만의 의미(中)
없음	❷动 辩论是非；争论；讲理。 시비를 변론하다; 쟁론; 도리를 따지다

결합정보: 중국어의 '理论'은 그대로 관형사로 쓰일 수 있지만 한국어에서의 '理论'은 '적'과 결합해야만
관형사로 쓰일 수 있다. 中文的'理论'可以作为形容词使用，但韩语的'理论'只有和'적'结合，才能作为
形容词来使用。

① 이론 근거 (×)   ②이론 지식 (×)

　이론적 근거 (O) 理论根据。　　　이론적 지식 (O) 理论知识。

번역 과정 중의 비대칭 대응

▷이론적으로 성립하다 理论上成立。(이론적으로 → 理论上)

그 일이 이론적으로는 가능하다. 那件事，理论上有可能性。(이론적으로 → 理论上)

그것은 어디까지나 이론적인 가설일 뿐이다. 那个最多就是理论上的假设。(이론적인 → 理论上的)

이외 (以外)★★ [이:외/이:웨] 명   **以外ᶻ** [yǐ wài] 名

❶일정한 범위나 한도의 밖.

　一种范围或限度之外。

▷몇 끼를 굶었더니 먹을 것 이외에는 눈에 보이는
　것이 없었다.

　饿了几顿后，眼里除了吃的以外什么都看不到了。

이곳은 관계자 이외의 사람이 들어올 수 없습니다.

这个地方除了有关人员以外不得进入。

❶在一定的时间、处所、数量、范围的界限之外。

　일정한 시간, 장소, 수량, 범위 한도의 밖.

▷十天以外。10일 이상.

　办公室以外。사무실 외에.

　五步以外。5보 이상.

　除此以外，还有一点要注意。

　이것 이외에 주의해야 할 점이 하나 더 있다.

한·중 공통의미

이외 = 以外

번역 과정 중의 비대칭 대응

▷十天**以外**。10일 이상. (以外 → 이상)

　五步**以外**。5보 이상. (以外 → 이상)

이유 (理由)★ [이ː유] 명

❶어떠한 결론이나 결과에 이른 까닭이나 근거.
得到某种结论或结果的原因或根据。

▷정당한 이유. 正当理由。

　이유가 없다. 没有理由。

　이유나 알자. 도대체 왜 그러는 거야?
告诉我理由。到底为什么这样？

❷구실이나 변명.
借口或辩解。

▷사사건건 이유를 달다. 事事都找借口。

　무슨 이유가 그리도 많으냐.
怎么有那么多理由。

理由ᶻ [lǐ yóu] 名

❶事情为什么这样做或那样做的道理。
일을 이렇게 혹은 저렇게 처리하는 도리.

▷还有什么**理由**,我倒是想听一听。
또 어떤 이유가 있는지, 내가 어디 들어 보겠다.

我当时不卖账,用种种**理由**辩护。
나는 그때 잘못을 인정하지 않고, 여러 가지 이유
를 들어 변명했다.

한·중 공통의미

이유 = 理由

이익 (利益)★★ [이ː익] 명 [이익만 [이ː잉만]

❶물질적으로나 정신적으로 보탬이 되는 것.
物质上或精神上成为补充的。

▷이익을 내다. 赚取利益。

　이익을 보다. 获得利益。

　한 달 이익이 200만 원이 넘는 제법 쏠쏠한 장사
였다.
月**利润**超过200万韩元的不错的交易。

❷『경제』 일정 기간의 총수입에서 그것을 위하여
들인 비용을 뺀 차액.
『经济』一定时间里的总收入减去为此而花掉的费
用后剩的差额。

利益ᶻ [lì yì] 名

❶好处。
이로운 것.

▷物质**利益**。 물질적 이익.

　利益均沾。 이익을 고루 나누어 가지다.

　个人**利益**服从集体**利益**。
개인의 이익을 집단의 이익에 종속시킨다.

한·중 공통의미

이익❶= 利益❶

한국어에서만의 의미(韓)	중국어에서만의 의미(中)
❷『경제』 일정 기간의 총수입에서 그것을 위하여	없음

들인 비용을 뺀 차액. 利润

이전 (以前)★ [이:전]

❶이제보다 전.

之前。

▷이전부터 그래 온 관습이었다.

以前就有这种习惯。

이전에는 참 살기 좋은 곳이었다.

这里以前是个非常适合居住的地方。

❷기준이 되는 때를 포함하여 그 전.

包括成为基准的时期以及那之前。

▷산업 혁명 **이전**. 产业革命以前.

대륙에 혹한이 엄습하기 **이전**에 그들은 결정적인

요충을 함락시킬 작정이었다.

大陆严寒来袭以前，他们打算攻破关键之地。

以前[甲] [yǐ qián] 名

❶现在或所说某时之前的时期。

현재 혹은 말하는 시간의 그 전 시기.

▷毕业**以前**。졸업 전.

三年**以前**。3년 전(이전).

解放**以前**民不聊生。

해방 **전**에 민중은 의지할 데가 없었다.

한·중 공통의미

이전 = 以前

번역 과정 중의 비대칭 대응

▷毕业**以前** 졸업 전 (以前→전)

解放**以前**民不聊生。해방 **전**에 민중은 생활의 근거가 없었다. (以前→전에)

이해 (理解)★ [이:해] 명+동

❶사리를 분별하여 해석함.

分辨事理并解释。

▷온전한 **이해**는 그 어떤 관념에서가 아니라 지혜

의 눈을 통해서만 가능할 것이다.

完全的理解不是通过观念，而是需要通过智慧

的眼睛。

자칫 잘못하면 사람들에게 네 호의가 어떤 술수

로 **이해**될 수도 있으니 조심해서 행동해라.

一不注意你的好意就会被人误解为某种手段，

所以小心为好。

대부분의 독자들은 그의 소설을 연애 소설이라고

이해하고 있다.

理解[乙] [lǐ jiě] 动

❶懂，了解。

알다. 이해하다.

▷理解力。이해력.

互相**理解**。상호 이해하다.

你的意思我完全**理解**。

너의 뜻을 전부 이해하였다.

他对于这个问题还没有完全**理解**。

그는 아직 이 문제를 완전히 이해하지

못하였다.

连多年的老朋友也不**理解**她了。

오랜 친구조차도 그녀를 알아주지 않는다.

大部分读者都把她的小说理解为恋爱小说。

❷깨달아 앎. 또는 잘 알아서 받아들임.

領会. 或者明白并接受。

▷따지고 보면 실은 충분히 **이해**가 가는 일이기도
했다. 细想想这其实是充分能理解的事情。

이 책의 내용은 초보자에게는 **이해되기** 어려울
것이다.

初学者很难理解这本书的内容。

독자들은 글의 내용을 **이해하고** 필자의 주장을
정확하게 파악해야 한다.

读者要理解书的内容，并充分认识笔者的主张。

❸양해(諒解).

= 谅解。

▷**이해**를 구하다. 请求谅解。

내 처지가 친구들에게 **이해될** 수 있으면 좋겠다.
我希望朋友们能理解我的处境。

서로의 처지를 **이해하다**.
体谅各自的处境。

한·중 공통의미

이해 = 理解

번역 과정 중의 비대칭 대응

▷**이해**를 구하다. 请求**谅解** (이해 → 谅解)。

서로의 처지를 **이해하다**. **体谅**各自的处境。 (이해 → **体谅**)

连多年的老朋友也不**理解**她了。 오랜 친구조차도 그녀를 **알아주지** 않는다. (理解 → 알아주다)

이후(以後)★ [이:후]	**以后**甲 [yǐ hòu] 名

❶이제부터 뒤.

之后。

▷**이후** 벌어진 어떤 일에도 나는 신경 쓰지 않겠다.
以后发生的任何事情，我都不会关心的。

이후부터는 건강에 유의하십시오
以后注意一下身体吧。

❷기준이 되는 때를 포함하여 그보다 뒤.

包括成为基准的时期以及那之后。

▷나는 너를 만난 **이후**로 가치관이 바뀌었다.
遇见你以后，我的价值观也改变了。

❶现在或所说某时之后的时期。

현재 혹은 말하는 시간의 그 후 시기.

▷5年**以后**。 5년 이후.

以后我们还要进一步研究这个问题。

이후에도 우리는 이 문제에 대해 한걸음 더 나아
가 연구해야 한다.

他们打架**以后**，见了面总不是劲儿。

그들은 싸운 이후로 서로 만나면 늘 거북해 한다.

以后，我们还要研究这个问题。

앞으로 우리들은 이 문제를 더 연구해야 한다.

저녁 9시 **이후**로는 우리 집에 전화하면 안 된다.

晚上9点以后不能打电话到我家。

한·중 공통의미

이후 = 以后

번역 과정 중의 비대칭 대응

▷**以后**,我们还要研究这个问题。

　앞으로 우리들은 이 문제를 더 연구해야 한다. (以后 → 앞으로)

인간 (人間)★★ [인간] 명　　　　人间丙 [rén jiān] 名

❶사람.

　人。

▷**인간**의 본성은 선하다. 人的本性是善良的。

❷사람이 사는 세상.

　人所生活的世间。

▷꽃 들고 **인간**에 내려와요. 拿着花来到人间。

❸일정한 자격이나 품격 등 갖춘 이.

　具备一定资格和人格的人。

▷**인간**을 만들다. 培养成人。

　또 사고 쳤어? 너 언제 **인간** 될래?

　又惹祸了？ 你什么时候才能成人啊？

❹마음에 달갑지 않거나 마땅치 않은 사람을 낮잡아 이르는 말.

　对不喜欢或不满意的人的鄙称。

▷이 **인간**이 글쎄 또 사고를 쳤어.

　这个家伙难道又闯祸了？

　그 **인간**하고는 상대도 하기 싫다.

　我讨厌那种人，哪怕是做对手。

❶人类社会，世间。

　인간사회. 세상

▷**人间**乐园。 지상 낙원.

　人间地狱。 인간 생지옥.

　春满**人间**。

　온 천지에 봄의 생기발랄한 기상이 가득 차다.

한중 공통의미(中韓)

①사람이 사는 세상(人类社会，世间) 인간❷= 人间❶

한국어에서만의 의미(韓)	중국어에서만의 의미(中)
❶=사람「1」 =人 ❸일정한 자격이나 품격 등 갖춘 이 　具备一定资格和人格的人。 ❹사람을 낮잡아 이르는 말. 对人的鄙称。	없음

인구 (人口)★★ [인꾸] 명

❶일정한 지역에 사는 사람의 수.
　住在某一片地区的人数。
▷**인구** 집중. 人口集中。
　인구가 증가하다. 人口增加。
　인구 10만이 채 못 되는 이 소도시의 어느 구석에
서 이처럼 많은 사람들이 쏟아져 나왔을까.
　人口都不到10万的这么一个小城市里，从哪个
角落涌出来这么多人了呢。
❷세상 사람들의 입.
　世人的嘴。
▷**인구**에 회자되다. 脍炙人口。
❸어떤 일에 종사하는 사람의 수. 또는 일정한 범주
에 속하는 사람의 수.
　从事于某种事的人数。或属于某种范畴的人数。
▷어업 **인구**. 渔业从业人数。

人口ᶻ [rén kǒu] 名

❶居住在一定地区内的人的总数。
　일정한 구역 내에 거주하는 인류의 총수.
▷这个区的**人口**有一百三十多万。
　이 구역의 인구는 130여 만에 달한다.
❷一户人家的人的总数。
　한 집에 사는 사람의 총수.
▷他们家**人口**不多。 그 집은 식구가 많지 않다.
❸人(总称)。 사람(총칭)이나 (인신?)
▷添**人口**。 사람 수가 추가되다.
　拐带**人口**。 인신매매하다.

한·중 공통의미

①일정한 지역에 사는 사람의 수. 住在某一片地区的人数。 **인구❶= 人口❶**
②세상 사람들의 입. 世人的嘴。 (**인구**에 회자되다. 脍炙**人口**)

한국어에서만의 의미(韓)	중국어에서만의 의미(中)
❸어떤 일에 종사하는 사람의 수. 또는 일정한 범주에 속하는 사람의 수. 从事于某种事的人数。	❷一户人家的人的总数。 한 집에 사는 사람의 총수. ❸人(总称)。 사람(총칭)이나 인신

인기 (人氣)★ [-끼]

❶어떤 대상에 쏠리는 대중의 높은 관심이나 좋아
하는 기운.
　大众对某种对象的关注度或喜欢的劲头。
▷**인기** 가요. 人气歌谣。
　요즘은 짧은 머리가 **인기**이다.
　最近，短发很受欢迎。
　그는 유머 감각이 뛰어나 친구들 사이에서 **인기**
가 대단했다.
　他非常幽默，所以在朋友们之间人气很高。
❷사람의 기개.
　人的气概。

人气ᵗ [rén qì] 名

❶人的气息。
　사람의 호흡.
▷屋里死静死静的，没有一点儿**人气**。
　집 안은 쥐죽은 듯 조용하고, 그 어떤 사람 냄새
도 없다.
❷人或事物受欢迎的程度。
　사람 혹은 사물이 환영받는 정도.
▷由于该影片获奖，扮演女主角的演员**人气**急升。
　이 영화가 상을 받자 여주인공을 맡았던 배우의
　인기가 급상승하였다.
❸〈方〉指人的品格。

<방언>사람의 품격을 말한다.

▷村里谁不知道他的**人气**!

마을에서 그의 **품성**을 모르는 사람이 어디 있냐!

한·중 공통의미	
인기❶= 人气❷	
한국어에서만의 의미(韓)	중국어에서만의 의미(中)
❷사람의 기개. 人的气概。	❶ 名 人的气息。 사람의 호흡 ❸〈方〉指人的品格。 <방언>사람의 품격을 말한다.

번역 과정 중의 비대칭 대응

▷요즘은 짧은 머리가 인기이다. 最近，短发**很受欢迎**。 (인기 → **很受欢迎**)

인류 (人類)★★ [일류] 명 　　　人类ᶻ [rén lèi] 名

❶세계의 모든 사람.

世上所有的人。

▷세계 평화와 **인류** 공영에 이바지하다.

奉献于世界和平和人类共荣。

전 **인류**의 관심이 이 경기에 모아졌다.

所有人类的视线都聚到了这个比赛当中。

❷『생물』사람을 다른 동물과 구별하여 이르는 말.

『生物』把人和其他动物区分开形容。

▷최초의 **인류**. 最初的人类。

인류의 역사를 추적하다. 追随人类历史。

❶人的总称。

사람의 총칭.

▷**人类**社会。 인류사회.

造福**人类**。 인류를 행복하게 하다.

한·중 공통의미
인류 = 人类

인물 (人物)★★ [인물] 　　　人物ᶻ [rén wù]

❶ 명 생김새나 됨됨이로 본 사람.

人的长相或人品。

▷인물 묘사. 长相描写。

인물 사진. 照片。

인물 평가. 人品评价。

못난 인물. 长得丑的人。

인물이 훤하다. 外貌俊美。

❶ 名 在某方面有代表性或具有突出特点的人。

어떤 면에서 대표성이나 특성이 있는 사람.

▷英雄人物，风流人物。

영웅적인 인물, 재학(才學)이 있고 예법에 구애되

지 않는 인물.

❷ 名 特指重要人物。

중요한 사람.

인물이 반반하다. 长得标志。

❷ 명 일정한 상황에서 어떤 역할을 하는 사람.
既定情况下担当某种角色的人。

▷주요 인물. 主要人物.

가공의 인물. 人物加工(包裝).

소설에 등장하는 인물. 小说中的登场人物.

대조적인 두 인물의 삶을 다룬 영화.
对照两个人生活的电影.

❸ 명 뛰어난 사람.
杰出的人.

▷당대의 인물. 当代名流.

인물이 많이 난 고장. 人才辈出的地方.

인물을 영입하다. 引进人才.

인물이 없다. 没有能人.

❹ 명 사람과 물건을 아울러 이르는 말.
人和物的统称.

❺ 명 『미술』=인물화.
人物画.

别看他才二十几岁，在村里也是个人物。

그는 경우 스무 살인데 마을에서는 힘 있는 사람
이다.

❸ 名 文学和艺术作品中所描写的人。

문학 및 예술작품에서 나타난 사람.

❹ 名 以人物为题材的中国画。

사람을 주제로 하는 그림, 즉 인물화.

한중 공통의미(中韓)	
①어떤 역할을 하는 사람(担当某种角色的人). 인물❷= 人物❸	
②뛰어난 사람(杰出的人). 인물❸= 人物 ❶+ ❷	
③인물화(人物画). 인물❺= 人物❹	
④사람과 물건을 아울러 이르는 말(人和物的统称). (④번의 의미는 <현대한어사전>에서 설명하지 않으나 뜻풀이를 보면 중국어에도 이런 뜻은 있다는 걸 충분히 알 수 있음.)	
한국어에서만의 의미(韓)	중국어에서만의 의미(中)
❶ 명 생김새나 됨됨이로 본 사람 人的长相或人品	없음

인사 (人事)★ [인사]

❶ 명 사람의 일. 사람으로서 해야 할 일.
人的事情, 作为人要做的事情.

▷옛말에 이르되 인사를 다하고 천명을 기다린다
했는데 일이 이 지경이 된 후에도 하늘만 바라보
고 있을 것이오?
古语言尽人事听天命,事情已经到这个地步了还
在指望老天帮忙吗.

人事 [rén shì]

❶ 名 人的离合境遇存亡情况。

인간의 출생, 사망, 만남, 이별 등 일.

❷ 名 关于工作人员的录用培养调配奖惩等工作。

일하는 직원에 관련된 고용, 교육, 배치, 격려 등 일.

▷人事科. 인사과(課).

人事安排. 인사 배치.

❸ 名 人与人之间的关系。

❷ 명 관리나 직원의 임용, 해임, 평가 따위와 관계되는 행정적인 일

管理及工作人员的录用培养调配奖惩等行政工作。

▷인사 담당 책임자.

人事负责人。

❸ 명 세상에서 벌어지는 일.

世上发生的事情, 世事。

▷인사는 음산하고 각박했으나 가을은 찬란하고 자연은 풍요로웠다.

世事炎凉,但唯独秋天是那么灿烂丰饶。

❹ 명 개인의 의식, 신분, 능력 따위에 관한 일. 또는 개인의 일신상에 관한 일.

个人意识, 能力, 身份等个人相关的事情。

▷인사에 관한 비밀. 个人的人事秘密。

❺ 명 + 동 (인사하다) 마주 대하거나 헤어질 때에 예를 표함. 또는 그런 말이나 행동.

见面或分手时的问候礼仪。

▷인사를 나누다. 相互问候。

인사를 드리다. 向某人问候。

인사를 받다. 收到问候。

친구와 정답게 인사하다. 与朋友深情问候。

❻ 명 처음 만나는 사람끼리 서로 이름을 통하여 자기를 소개함. 또는 그런 말이나 행동.

初次见面的人相互告知姓名的自我介绍, 包括话语或行动。

▷인사를 시키다. 让其介绍自己。

양가 부모님들은 서로 인사를 나눈 뒤에 자리에 앉았다.

双方父母相互问候后入座。

❼ 명 + 동 (인사하다) 입은 은혜를 갚거나 치하할 일 따위에 대하여 예의를 차림. 또는 그런 말이나 행동.

表达感谢或者祝贺等意思时的礼仪, 包括话语或者行动。

▷감사의 인사. 感谢礼及感谢词。

인사 말씀. 问候语。

숙부는 내 졸업식에 와서 송 선생과 인사하고 사진까지 찍은 적이 있었다.

사람간의 관계.

▷人事纠纷。 사람간의 분쟁.

❹ 名 事情人理。

세상 물정.

▷不懂人事。

세상 물정을 모른다.

❺ 名 人力能做到的事情。

인력으로 할 수 있는 일.

▷尽人事以听天命。

할 수 있는 일을 다 하고 천명을 기다린다.

❻ 名 人的意识。

사람의 의식.

▷不省人事。

의식을 잃어버렸다.

❼ 名 礼物。

선물.

▷这次回去得给老大娘送点人事。

이번에 돌아갈 때에는 할머니에게 선물을 좀 드려야겠다.

舅母曾参加我的毕业仪式，并与宋老师行礼问

候，还一起留影纪念。

한중 공통의미(中韓)

①사람의 일(人的事情). 인사❶＝人事❺

②직원의 임용, 해임, 평가 따위 일(人员的录用培养奖惩等事). 인사❷＝人事❷

③세상에서 벌어지는 일(世上发生的事情). 인사❸＝人事❶

④개인의 의식, 신분, 능력 따위에 관한 일. 또는 개인의 일신상에 관한 일.

　个人意识，能力，身份等个人相关的事情. (④번의 의미는 <현대한어사전>에서 설명하지 않으나 용례의 번역을 보면 중국어에도 이런 뜻은 있다는 걸 충분히 알 수 있음.)

한국어에서만의 의미(韓)	중국어에서만의 의미(中)
❺ 명+동 마주 대하거나 헤어질 때에 예를 표함. 또는 그런 말이나 행동.见面或分手时的问候礼仪。	❸ 名 人与人之间的关系 사람간의 관계
	❹ 名 事情人理
	세상 물정
❻ 명 처음 만나는 사람끼리 서로 이름을 통하여 자기를 소개함. 또는 그런 말이나 행동. 初次见面的人相互告知姓名的自我介绍，包括话语或行动。	❻ 名 人的意识
	사람의 의식
	❼ 名 礼物 선물
❼ 명+동 입은 은혜를 갚거나 치하할 일 따위에 대하여 예의를 차림. 또는 그런 말이나 행동. 表达感谢或者祝贺等意思时的礼仪，包括话语或者行动。	

인생 (人生)★★ 명　　　　人生 [rén shēng] 名

❶사람이 세상을 살아가는 일.

　人生活在世上的事情。

▷**인생**의 전환점. 人生转折点。

　나는 행복한 **인생**을 살아왔다고 생각한다.

　我觉得我过的是一个幸福的人生。

　돈이 **인생**의 전부는 아니다.

　钱不是人生的全部。

❷어떤 사람과 그의 삶 모두를 낮잡아 이르는 말.

　贬义上指某人和他的生活全部。

▷밑바닥 **인생**. 草根**人生**。

　인생이 불쌍해서 살려 준다.

　可怜你的**人生**，就放你一马。

　생각해 보면 자기보다 더 못 한 **인생**도 적지 않은

❶人的生存和生活。

　사람의 생존과 생활

▷**人生**观。인생관.

　人生两件宝，双手与大脑。

　두 손과 대뇌는 인생에서의 두 가지 보물이다.

것이다.

其实想想，人生不如自己的人也不少。

❸사람이 살아 있는 기간.

人活在世上的时间。

▷**인생**의 황금기. 人生的黄金时期.

그때가 내 **인생**에서 가장 어려웠던 시기이다.

那是我人生中最苦的时候。

한·중 공통의미

①사람이 세상을 살아가는 일. 人生活在世上的事情. **인생**❶= **人生**❶

②어떤 사람과 그의 삶 모두를 낮잡아 이르는 말. 贬义上指某人和他的生活全部.

(밑바닥 **인생** 草根**人生**)

③사람이 살아 있는 기간. 人活在世上的时间. (**인생**의 황금기 **人生**的黄金时期)

인식 (認識)★★ [인식] 명+동 [인식만 [인싱만]] **认识**甲 [rèn shí]

❶사물을 분별하고 판단하여 앎.

分辨并判断事物后明白。

▷**인식**이 부족하다. 认识不足.

인식이 바뀌다. 改变认识.

역사에 대한 **인식**이 없다.

对历史知道的不多。

문맹 퇴치는 근대화를 촉진하는 데 가장 중요한

수단으로 **인식**되어 왔다.

扫除文盲一直都被认为是促进近代化的重要手段。

국민들은 이번 선거를 비교적 공정했던 것으로

인식하고 있다.

国人认为这次选举比较公正。

❷『철학』 일반적으로 사람이 사물에 대하여 가지

는, 그것이 진(眞)이라고 하는 것을 요구할 수 있는

개념. 또는 그것을 얻는 과정.

『哲学』人对事物所持的, 被要求为'真'的概念或获

得这种概念的过程。

❶动 能够确定某一人或事物是这个人或事物而

不是别的。

한 사람 혹은 사물이 다른 것이 아닌 그 사람 혹

은 사물임을 확정한다.

▷我**认识**他. 나는 그를 안다.

他不**认识**这种草药. 그는 이런 약초를 모른다.

❷动 通过实践了解、掌握客观事物。

실천을 통해 객관 사물을 (요)이해하고 파악하는 것

▷**认识**世界，改造世界。

세계를 인식하고, 세계를 개조하다.

❸名 指人的头脑对客观世界的反映。

사람의 두뇌가 객관세계에 대한 반영을 가리킨다.

▷感性**认识**. 감성적 인식.

理性**认识**. 이성적 인식.

한·중 공통의미

인식❶+❷= **认识**❷+❸

한국어에서만의 의미(韓)	중국어에서만의 의미(中)
없음	❶动 能够确定某一人或事物是这个人或事物而不是别的。 알다.

번역 과정 중의 비대칭 대응

▷역사에 대한 **인식이 없다** 对历史**知道的不多**。 (인식이 없다 → **知道的不多**)

문맹 퇴치는 근대화를 촉진하는 데 가장 중요한 수단으로 **인식되어** 왔다.

扫除文盲一直都**被认为**是促进近代化的重要手段。(인식되다 → **被认为**)

국민들은 이번 선거를 비교적 공정했던 것으로 **인식하고** 있다.

国人**认为**这次选举比较公正。(인식하다 → **认为**)

인식적 차이 **认识上的**差异 (인식적 →**认识上的**)

他不**认识**这种草药。그는 이런 약초를 **모른다**. (**认识** →모르다)

일 (日)★ [일]

❶ 명 (주로 요일을 열거할 때 쓰여)'일요일'을 이르는 말.

(用于列举星期时)星期日。

❷ 명 하루 동안.

一天。

▷**일** 3회 복용. 一天服用三次。

❸ 의 (한자어 수 뒤에 쓰여)날을 세는 단위.

用于汉字词后表示计算天数的单位。

▷삼 **일** 동안 계속 비가 내리다.

雨持续下了三天。

이번 달 **25일**은 어머니 생신이다.

这个月的25日是妈妈的生日。

❹ 명 『지명』 (일부 명사 앞에 쓰여)'일본02'을 이르는 말.

地名, 用于部分名词前表示日本。

❺ 접 (일부 명사 뒤에 붙어)'날'의 뜻을 더하는 접미사.

用于部分名词后表示日子的后缀。

▷**경축일**. 庆祝日。 **국경일**. 国庆日。

공휴일. 公休日。 **기념일**. 纪念日。

日 甲 [rì]

❶ 名 太阳。

해, 태양.

▷日出。해돋이. 日落。해가 지다.

❷ 名 指日本。

일본.

▷日元。엔화.

日语。일본어.

❸ 名 从天亮到天黑的时间,白天(跟夜相对)。

낮.

▷日班。낮반. 日场。주간 공연.

❹ 名 地球自转一周的时间, 一昼夜, 天。

하루, 날.

▷今日。오늘. 明日。내일.

❺ 量 用于计算天数。

날 계산하는 데 씀.

▷十日。열흘.

多日不见。여러 날을 못 본다.

❻ 名 每天, 一天天。

매일, 나날이.

▷日记。일기. 日产量。일생산량.

日新月异。나날이 새로워지다.

❼ 泛指一段时间。

특정한 때를 나타냄.

▷往日。예전. 来日。앞날.

昔日。옛날.

❽ 特指某一天。

특정한 어떤 날.

▷假日。휴가일. 生日。생일.

国庆日。국경일.

❾ 名 姓。

성(씨).

한중 공통의미(中韓)	
①하루 동안(一天) 일❷ 명 = 日❹ 名	
②날을 세는 단위(用于计算天数) 일❸ 의 = 日❺量	
③일본(日本) 일❹ 명 = 日❷ 名	
④'날'의 뜻을 더하는 접미사(特指某一天的后缀) 일❺접 = 日❽ 名	
⑤일요일(星期日)	
⑥매일, 나날이 每天, 一天天. (日记 일기 日产量 일생산량)	
한국어에서만의 의미(韓)	중국어에서만의 의미(中)
없음	❶ 名 太阳。해, 태양
	❸ 名 从天亮到天黑的时间,白天(跟夜相对)。낮.
	❼泛指一段时间. 특정한 때를 나타냄.
	❾ 名 姓。성(씨).

일반 (一般)★★ [일반] 명 　　一般[甲] [yì bān]

❶(주로 '일반이다' 꼴로 쓰여)한모양이나 마찬가지의 상태.

(通常写成'一般') 形容都一样的状态.

▷사람 마음은 다 **일반**이다. 人心都一样.

이러나저러나 죽기는 **일반**이다.

左右都是一样的死.

❷특별하지 아니하고 평범한 수준. 또는 그런 사람들.

不特别, 普通的水平或这种人.

▷**일반** 가정. 一般(普通)家庭.

일반에게 개방하다. 向一般人(普通人)开放.

건강에 대한 **일반**의 관심이 날로 높아지고 있다.

大家对健康的关注度日益增加.

❸전체에 두루 해당되는 것. 包括在整体的.

▷**일반** 상식. 一般常识.

일반 이론. 一般理论.

❶ 形 一样, 同样.

똑같다, 동일하다.

▷哥俩长得一般高. 형과 동생 키가 똑같다.

火车飞一般地向前驰去.

기차가 날 듯이 앞을 향해 달린다.

❷数量词, 一种.

수사, 일종.

▷别有一般滋味. 색다른 풍미가 있다.

❸ 形 普通, 通常.

보통, 통상적으로.

▷他一般天黑才回家.

그는 일반적으로 밤이 되어서야 집에 들어간다.

一般人的心理.

보통 사람의 심리.

一般规律. 일반 규율.

한·중 공통의미
일반❷+❸= 一般❸

한국어에서만의 의미(韓)	중국어에서만의 의미(中)
❶(주로 '일반이다' 꼴로 쓰여)한모양이나 마찬가지의 상태.(通常写成'一般') 形容都一样的状态.	❶ 形 一样，同样．똑같다，동일하다． ❷数量词，一种．수사，일종．

일부 (一部)★ [일부] 명   Ø

❶=일부분. 한 부분. 또는 전체를 여럿으로 나눈 얼마.
一部分。一部分或把整体分为几个的部分.
▷**일부** 지역. **部分**地区.
  제도의 **일부**만 개선하다. 只改善制度的**一部分**.
  지하철의 **일부** 구간이 공사 중이다.
  地铁的**部分**区域正修理中.

一部分☆ [yī bù fen], **部分**^甲 [bù fen]
▷**部分**专家出席了讲演会.
  일부 전문가가 강연회에 참석했다.
  一部分学校还没放暑假.
  일부 학교는 아직 여름 방학을 하지 않았다.

한·중 공통의미
없음   한국어 한자어의 '一部'는 중국어에서는 이런 단어가 존재하지 않음. 같은 의미로써 쓰고 있는 단어는 '**一部分** [yī bù fen], **部分** [bù fen] '이란 단어가 있음. (中文中不存在韩国语中的'一部'一词，所以与之相对应含义的中文词汇为'**一部分** [yī bù fen], **部分** [bù fen] '.)

임금 (賃金)★★ [임:-] 명   赁金[☆] [lìn jīn] 名

❶근로자가 노동의 대가로 사용자에게 받는 보수.
劳动者以劳动的代价，从使用者收取的报酬.
▷**임금** 인상. 加薪.
  물가는 오르고 **임금**은 물가 인상을 따르지 못하니 생활이 어렵다.
  物价在涨，工资却跟不上物价，生活只能越过越穷.
❷『법률』임대차에서, 물건을 빌려 쓰는 사람이 빌려주는 사람에게 지급하는 사용의 대가.
  『法律』租凭时承租人付给出租人的使用代价.

❶租金.
  임대 비용.
▷支付**赁金**. 임금을 지급하다.
  下星期六他肯定能够结清积欠的**赁金**.
  다음 주 토요일까지 그는 반드시 남은 임금을 지급할 수 있을 것이다.

한·중 공통의미
①임대 비용. 租金. **임금❷**= **赁金❶**

한국어에서만의 의미(韓)	중국어에서만의 의미(中)
❶근로자가 노동의 대가로 사용자에게 받는 보수. 劳动者以劳动的代价，从使用者收取的报酬.	없음

입시 (入試)★★ [-씨]   Ø

❶입학시험. 입학생을 선발하기 위하여 입학 지원   高考^丁 [gāo kǎo], 入学考试☆ [rù xué kǎo shì]
자들에게 치르도록 하는 시험.   ▷入学考试指南. 입시 지침.
　入学考试。为了选拔学生，让入学志愿者考的试。   今年高考他又落榜了。
▷입시 위주의 교육. 应试教育。   금년도 대학 입시에서 그는 또 떨어졌다.
　입시 제도. 高考制度。
　입시 때가 다가오자 또다시 추워졌다.
　快到高考了，天气又变冷了。

한·중 공통의미

없음
한국어 한자어의 '入試'는 중국어에서는 이런 단어가 존재하지 않음. 같은 의미로써 쓰고 있는 단어는
'高考 [gāo kǎo], 入学考试 [rù xué kǎo shì] '이란 단어가 있음. (中文中不存在韩国语中的'入試'一词, 所
以与之相对应含义的中文词汇为'高考 [gāo kǎo], 入学考试 [rù xué kǎo shì] '.)

입장 (立場)★★ [-짱]   立场^乙 [lì chǎng] 名

❶당면하고 있는 상황.   ❶认识和处理问题时所处的地位和所抱的态度。
　处于的状态。   　문제를 인식하고 처리할 때 처한 지위와 취한 태도
▷입장 표명. 表明立场。   ❷特指政治立场。
　입장이 난처하다. 处境尴尬。   　정치적 입장을 가리킨다.
　검찰은 수사에 성역이 없다는 입장을 분명히 했다.   ▷立场坚定。입장이 확고하다.
　检察官明确表明了态度, 案件调查中没有禁区。

한·중 공통의미

입장❶= 立场❶

한국어에서만의 의미(韓)	중국어에서만의 의미(中)
없음	❷特指政治立场。정치적 입장을 가리킨다.

번역 과정 중의 비대칭 대응
▷입장이 난처하다. 处境尴尬。 (입장 → 处境)
　검찰은 수사에 성역이 없다는 입장을 분명히 했다.
　检察官明确表明了态度, 案件调查中没有禁区。 (입장 → 态度)

자금 (資金)★★★ [자금] 명   资金^丙 [zī jīn] 名

❶사업을 경영하는 데에 쓰는 돈.   ❶国家用于发展国民经济的物资或货币。
　经营事业所使用的钱。   　국가가 국민경제를 발전시키기 위한 물자 혹은

▷**자금**의 회전이 빠르다. 资金回转快。

대출이 쉽지 않아서 회사의 **자금** 사정이 좋지 않다. 不容易贷款，导致公司资金情况不佳。

❷특정한 목적에 쓰는 돈. 用于特定目的的钱。

▷결혼 **자금**. 结婚资金。

영농 **자금**. 农用资金。

선거 **자금**의 출처에 대해 집중 수사를 하다. 集中调查选举资金的来源。

❸『경제』 회계상 기업에 투입된 경제 가치를 통틀어 이르는 말. 현금, 외상값, 상품, 건물 따위이다. 『经济』 会计当中投资到企业的所有经济价值。现金、赊账价、商品、建筑之类。

화폐。

▷国家拨出大批**资金**,发展工业。국가가 대량의 자금을 지출하여 공업을 발전시키다.

专项**资金**,不得他用。특별 자금을 다른 용도로 사용하여서는 안 된다.

❷指经营工商业的本钱。

공·상업을 경영하는 본전.

▷**资金**紧缺。자금이 부족하다.

大多数**资金**均集中投资于绩优股和国家债券中。대부분 자금이 모두 우량주와 국채의 투자로 몰렸다.

한·중 공통의미
자금 = 资金

자기 (自己)★ [자기]   自己ᵐ [zì jǐ] 代

❶명 그 사람 자신. 某人自身。

▷**자기** 방치. 自我防御。 **자기** 본위. 自我本位。

자기 위주. 自我为主。

자기를 극복하다. 克服自我。

❷대 앞에서 이미 말하였거나 나온 바 있는 사람을 도로 가리키는 삼인칭 대명사. 前面已经提及或已经出现人物的代名词。

▷철수는 **자기가** 가겠다고 했다. 哲洙说他自己要去。

그는 뭐든지 **자기** 고집대로 한다. 他无论做什么都按自己的性子来。

❶复指前头的名词或代词(多强调不由于外力)。

앞에 나타난 명사나 대명사를 다시 가리키는 것 (외부의 힘을 안 씀을 강조함).

▷自己动手, 丰衣足食。자기가 일을 해야 먹고 입는 것이 다 풍족하다.

鞋我自己去买吧。신발은 제가 가서 살게요.

❷指说话者本人这方面(用在名词前面, 表示关系密切)。

말하는 사람의 편(명사 앞에 쓰여 친한 사이를 나타냄).

▷自己人。우리 편. 自己兄弟。형제지간.

한중 공통의미(中韓)		
①인칭 대명사(人称代词) 자기❷대명사 ≒自己❶(한국어 자기는 3인칭에만 적용되는데 중국어 自己는 1,2,3인칭에 모두 적용될 수 있음.)		
한국어에서만의 의미(韓)	중국어에서만의 의미(中)
❶명 그 사람 자신. 某人自身.	❷指说话者本人这方面. 말하는 사람의 편.

자녀 (子女)★★ [자녀] 명

❶아들과 딸을 아울러 이르는 말.
指父母的儿子和女儿.

▷친구 **자녀** 데려다가 두고서는 월급도 변변히 못
주어서…把朋友的子女叫过来干活，却没能给
个像样的工资…

그들은…자식은 **자녀** 간에 하나도 없다고 하였습
니다.
他们膝下没有一个子女.

子女☆ [zǐ nǚ] 名

❶儿子和女儿.
아들과 딸.

▷天下的父母都惦挂着自己的**子女**.
세상의 모든 부모는 제 자식을 걱정하고 있다.

한·중 공통의미

자녀 = 子女

자동-차 (自動車)★

❶원동기를 장치하여 그 동력으로 바퀴를 굴려서
철길이나 가설된 선에 의하지 아니하고 땅 위를 움
직이도록 만든 차. 승용차, 승합자동차, 화물 자동
차, 특수 자동차 및 이륜자동차가 있다.
装置了原动机后不需要铁路或高架线，直接通
过动力转动轱辘，行驶在路面上的车. 包括汽
车、轿车、货车、特殊汽车、两轮汽车.

▷**자동차** 번호판. **汽车**牌照.

자동차 한 대. 一辆**汽车**.

길이 좁아서 **자동차**로는 갈 수가 없다.
路太窄，不能开**汽车**.

Ø

汽车^甲 [qì chē], 轿车^丁 [jiào chē], 车^甲 [chē]
▷测验**汽车**性能. 자동차의 성능을 테스트하다.
熟练地驾驶**汽车**. 자동차를 익숙하게 운전하다.
两辆**车**正面相撞了. 자동차 두 대가 부딪쳤다.
购买新型**轿车**. 신형 자동차를 구입하다.

한·중 공통의미

없음
한국어 한자어의 '自動車'는 중국어에서는 이런 단어가 존재하지 않음. 같은 의미로써 쓰고 있는 단어는
'**汽车** [qì chē], **轿车** [jiào chē], **车** [chē]'이란 단어가 있음. (中文中不存在韩国语中的'自動車'一词，所以
与之相对应含义的中文词汇为'**汽车** [qì chē], **轿车** [jiào chē], **车** [chē]'.)

자료 (資料)★★ [자료] 명

❶연구나 조사 따위의 바탕이 되는 재료.
研究或调查中成为根据的材料.
▷**자료** 검색. 搜索资料.

资料^乙 [zī liào] 名

❶生产、生活中必需的东西.
생산, 생활 속 필수 물건.
▷生产**资料**. 생산 필수품.

자료 수집. 搜集资料。

이 논문은 신문 기사를 **자료**로 삼아 연구한 것이다. 这个论文是以新闻报道为资料而研究的。

❷만들거나 이루는 데 바탕이 되는 물자나 재료. 制作或完成过程中成为根据的物资或材料。

▷건축용 **자료**. 建筑用材料。

그는 아랫집 춘삼네를 통해 성냥갑 붙이는 **자료**를 얻어 왔다.

他从楼下春三家那里要来了点火的材料。

生活**资料**。 생활 필수품.

❷用作参考或依据的材料。

참고 혹은 근거로 사용되는 재료.

▷收集**资料**。 자료를 수집하다.

参考**资料**。 참고자료.

한·중 공통의미	
자료❶= 资料❶	
한국어에서만의 의미(韓)	중국어에서만의 의미(中)
❷만들거나 이루는 데 바탕이 되는 물자나 재료. 制作或完成过程中成为根据的物资或材料。	❶生产、生活中必需的东西。 생산, 생활 속 필수 물건.

자본 (資本)★★ [자본] 명

❶장사나 사업 따위의 기본이 되는 돈. 生意或事业上成为基本的钱。

▷**자본**을 마련하다. 准备本钱。

자본이 부족하다. 缺乏本钱。

아버지는 퇴직금을 **자본**으로 작은 식당을 경영하기로 하셨다.

父亲打算以退休金为本钱，开一家小饭店。

❷『경제』 상품을 만드는 데 필요한 생산 수단이나 노동력을 통틀어 이르는 말.

『经济』 生产一个商品所需要的所有生产手段或劳动力。

资本丙 [zī běn] 名

❶用来生产或经营以求牟利的生产资料和货币。

생산 혹은 경영에 쓰이면서 영리를 얻는 생산 자료와 화폐. (밑천. 본전)

▷**资本**见底了。 자본이 바닥이 나다

❷比喻牟取利益的凭借。

이익을 추구하는 데 의지하는 것.

▷总统想利用人质事件捞取政治**资本**。

대통령이 인질 사태를 정치적으로 이용하려한다.

한·중 공통의미	
자본❶= 资本❶	
한국어에서만의 의미(韓)	중국어에서만의 의미(中)
❷『경제』 상품을 만드는 데 필요한 생산 수단이나 노동력을 통틀어 이르는 말. 『经济』 生产一个商品所需要的所有生产手段或劳动力。	❷比喻牟取利益的凭借。 이익을 추구하는 데 의지하는 것.

자본-주의 (資本主義)★★★ [---의/---이]

资本主义丙 [zī běn zhǔ yì] 名

❶『경제』 생산 수단을 자본으로서 소유한 자본가가 이윤 획득을 위하여 생산 활동을 하도록 보장하는 사회 경제 체제.

『经济』 保障把生产手段作为资本的资本家，为了获得利润而从事生产活动的社会经济体系。

▷경제 불황은 **자본주의** 성립의 초기부터 발생하기 시작하였다.

经济萧条从资本主义成立初期就开始发生了。

❶资本家占有生产资料并用以剥削雇佣劳动、无偿占有剩余价值的社会制度。

자본가가 생산 자료를 점유하고 그것으로 노동을 고용하며 잉여가치를 무상 점유하는 사회제도

▷**资本主义**国家。자본주의 국가.

한·중 공통의미
자본-주의 = 资本主义

자세 (姿勢)★★ [자세] 명

姿势丙 [zī shì] 名

❶몸을 움직이거나 가누는 모양.

动弹身体或支撑的模样.

▷**자세**를 고쳐 앉다. 换了换姿势.

자세를 바로 하다. 摆好姿势.

잘못된 **자세**로 오래 앉아 있으면 허리가 굽는다.

姿势不正，坐久了容易驼背.

❷사물을 대할 때 가지는 마음가짐.

对待事物的心态.

▷학자로서의 **자세**. 学者的姿态.

그는 무슨 일이든지 할 **자세**가 되어 있었다.

他已准备好做任何事情的姿态.

일하는 데에 있어서는 적극적인 **자세**가 중요하다.

做事需要积极的态度.

❶身体呈现的样子。

신체가 나타내는 모양.

▷**姿势**端正。자세가 단정하다.

立正的**姿势**。차렷 자세.

한·중 공통의미
①몸을 움직이거나 가누는 모양. 动 弹身体或支撑的模样. 자세❶= 姿势❶

한국어에서만의 의미(韓)	중국어에서만의 의미(中)
❷사물을 대할 때 가지는 마음가짐. 对待事物的心态.	없음

자식 (子息)★ [자식] 명 [자식만 [자싱만]]

子息☆ [zǐ xī] 名

❶부모가 낳은 아이를, 그 부모에 상대하여 이르는 말.

❶<书> 子嗣(儿子)。

父母生的孩子，以父母为对象而说的词。

▷**자식**을 기르다. 养孩子.

　가난한 농민의 **자식**으로 태어나다.

　出生于穷农民家的孩子.

　그는 **자식**들에게 유산을 모두 물려주었다.

　他把遗产全部留给了孩子.

❷어린아이를 귀엽게 이르는 말.

　形容可爱的小孩.

▷그놈 **자식** 예쁘기도 하다. 那个小孩真可爱.

❸의존 남자를 욕할 때 '놈'보다 낮추어 이르는 말.

　骂男人的时候,'家伙'.

▷나쁜 **자식**. 坏家伙.

　어떤 **자식**이 그랬어? 哪个家伙干的?

아들.

▷没有**子息**。아들이 없다.

❷利息.

　이자.

한·중 공통의미
없음

한국어에서만의 의미(韓)	중국어에서만의 의미(中)
❶부모가 낳은 아이. 父母生的孩子.	❶<书> 子嗣(儿子).
❷어린아이를 귀엽게 이르는 말. 可爱的小孩.	아들
❸남자를 욕할 때 '놈'보다 낮추어 이르는 말.	❷利息.
骂男人的时候,'家伙'.	이자.

자신 (自身)★ [자신]

❶명 그 사람의 몸 또는 바로 그 사람을 이르는 말.
某人的身体或某个人.

▷**자신**의 노력. 自身的努力.

　자신을 돌보다. 照顾自己.

❷명 (사람을 가리키는 말 뒤에 쓰여)다름이 아니고 앞에서 가리킨 바로 그 사람임을 강조하여 이르는 말.

(用于指人的话之后)强调不是别的而就是前面提到的人.

▷너 **자신**을 알라. 你最了解你自己.

　나 **자신**도 그 사실을 믿을 수 없었다.

　我自己都无法相信那是真的.

自身丙 [zì shēn]

❶名 自己(强调非别人或别的事物).

　자기(남이나 다름이 아닌 것을 강조한다).

▷不顾自身安危. 자신의 안위를 고려하지 않다.

　社会发展有自身的规律.

　사회의 발전은 자신의 법칙이 있다.

한중 공통의미(中韓)
①그 사람의 몸 또는 바로 그 사람.(某人的身体或某个人)

②앞에서 가리킨 바로 그 사람임.(强调就是前面提到的人) 자신❷= 自身❶

(①의 의미는 <현한>에서 설명하지 않으나 용례의 번역을 보면 중국어에도 이런 뜻은 있다는 걸 충분히 알 수 있음.)

한국어에서만의 의미(韓)	중국어에서만의 의미(中)
없음	없음

자연 (自然)★ [자연] 명

❶사람의 힘이 더해지지 아니하고 세상에 스스로 존재하거나 우주에 저절로 이루어지는 모든 존재나 상태.

没有附加人力, 而自己存在于世界或自行形成于宇宙上的所有存在或状态.

▷**자연** 자원. 自然资源.

자연의 법칙. 自然的法则.

자연으로 돌아가다. 回到自然.

❷사람의 힘이 더해지지 아니하고 저절로 생겨난 산, 강, 바다, 식물, 동물 따위의 존재. 또는 그것들이 이루는 지리적·지질적 환경.

没有附加人力, 而自行形成的山、江、海、植物、动物 等存在或以这些构成的地理、地质环境.

▷**자연**이 주는 혜택. 自然给予给我们的恩惠.

자연과 더불어 살아가다. 与自然一起生活.

이 섬은 보기 드물게 아름다운 **자연**을 가지고 있어서 관광객이 많이 찾는다.

这个岛有着罕见的自然风景, 所以很多游客到这里观光.

❸(일부 명사 앞에 쓰여)사람의 힘이 더해지지 아니하고 스스로 존재하거나 저절로 이루어진다는 뜻을 나타내는 말.

(用于部分名词前)没有附加人力, 而自己存在于世界或自行形成的.

▷**자연** 건조. 自然干燥. **자연** 분해. 自然分解.

자연 증가. 自然增加.

❹사람의 의도적인 행위 없이 저절로.

没有任何有意的行为, 不由自主地.

▷불쌍한 생각에 **자연** 눈물이 흘렀다.

自然^乙 [zì rán]

❶名 自然界.

자연계.

▷大**自然**. 대자연.

自然资源. 천연 자원.

大**自然**披上了绿色新装.

대자연은 녹색의 새 옷을 입었다.

❷形 自由发展; 不经人力干预(区别于"人工、人造").

자유발전; 인력의 간섭을 받지 않은 것('인공, 인조'와 반대).

▷**自然**免疫. 자연면역.

听其**自然**. 될 대로 되라고 내버려 두다.

你先别问, 到时候**自然**明白.

우선 묻지 마라, 때가 되면 저절로 알게 된다.

❸副表示理所当然.

당연한 뜻을 표시한다.

▷只要认真学习, **自然**会取得好成绩.

열심히 공부하면 당연히 좋은 성적으로 얻을 수 있다.

那是**自然**的,您还用说吗?

그것은 당연한 일인데, 더 말할 필요가 있습니까?

❹连连接分句或句子, 表示语义黑白或追加说明.

구절을 연결하여, 말의 옳고 그름을 표시하거나 혹은 추가로 설명한다.

▷你应该虚心学习别人的优点, **自然**别人也要学习你的长处. 네가 타인의 장점을 (허심)겸손하게 배우면, 자연스레 타인도 너의 장점을 배울 것이다.

❺形 不刻意, 自然而然.

想想太可怜，眼泪**自然而然地**留下来了。

우리는 땅을 베개 하고 아무 장애가 없이 또 **자연하게** 이 여름밤의 달을 처음 만끽할 수가 있는 것이다.

我们把地面当成枕头，就这么**自然地**，没有任何阻碍地享受了这个夏天夜晚的月亮。

어색하지 않고 자연스럽다.

▷他是初次演出,但是演得很**自然**。

그는 초연임에도 불구하고 아주 자연스럽게 연기한다.

他说的汉语很**自然**。

그가 말하는 중국어는 아주 자연스럽다.

他**不自然**地笑了一笑。그는 **어색하게** 웃음 지었다.

한·중 공통의미	
①우주에 저절로 이루어지는 모든 존재나 상태.宇宙上的所有存在或状态. 자연❶+❷= 自然❶	
②사람의 힘이 더해지지 아니하고 <u>스스로</u> 존재하거나 저절로 이루어진다는 뜻. 没有附加人力，而自己存在于世界或自行形成的. 자연❸+❹= 自然❷	
한국어에서만의 의미(韓)	중국어에서만의 의미(中)
없음	❸副表示理所当然。당연한 뜻을 표시한다. ❹连连接分句或句子，表示语义黑白或追加说明。 구절을 연결하여, 말의 흑백을 표시하거나 혹은 추가로 설명한다. ❺ 形 不刻意，自然而然. 자연스럽다.

결합정보: 중국어의 '自然'은 그대로 관형사로 쓰일 수 있지만 한국어에서의 '자연'은 '적'과 결합해야만 관형사로 쓰일 수 있다. 中文的'自然'可以作为形容词使用，但韩语的'자연'只有和'적'结合，才能作为形容词来使用。

① <u>자연</u> 환경 (×)

　<u>자연적</u> 환경 (O) 自然环境

②겨울이 가고 봄이 오는 것은 <u>자연</u> 현상이다. (×)

　겨울이 가고 봄이 오는 것은 <u>자연적인</u> 현상이다. (O) 冬去春来是**自然**现象。

번역 과정 중의 비대칭 대응

▷**자연적인** 돌멩이. **天然的**石头。(자연적인 → 天然的)

　自然资源。천연 자원. (自然 → 천연)

　공해는 환경 파괴의 **자연적인** 결과이다. 污染是环境迫害的**必然**结果。(자연적인 → **必然**)

자원 (資源)★★ [자원] 명   **资源**² [zī yuán] 名

❶인간 생활 및 경제 생산에 이용되는 원료로서의 광물, 산림, 수산물 따위를 통틀어 이르는 말.

　被用在人类生活及经济生产上的矿物、山林、水产物等总称。

❶生产资料或生活资料的天然来源。

　생산자료 혹은 생활품의 원천.

▷地下**资源**。지하자원.

　水力**资源**。수력자원.

▷**자원**이 풍부하다. 资源丰富。

자원이 빈약하다. 资源缺少。

자원이 부족한 나라에서는 효율적으로 **자원**을 활
용해야 한다. 资源缺少的国家要有效利用资源。

❷인간 생활 및 경제 생산에 이용되는 노동력이나
기술 따위를 통틀어 이르는 말.

被用在人类生活及经济生产上的劳动力或技术
总称。

▷청소년은 우리나라의 중요한 **자원**이다.

青少年是我国的重要资源。

한·중 공통의미
자원 = **资源**

자유 (自由)★ [자유] 명 | 自由ᶻ [zì yóu]

❶외부적인 구속이나 무엇에 얽매이지 아니하고 자
기 마음대로 할 수 있는 상태.

没有被外部拘束或被捆绑，能做自己想做的事
情的状态。

▷**자유**를 누리다. 享受自由。

자유의 몸이 되다. 成为自由之身。

개인의 **자유**가 보장되다. 保障个人的自由。

나에게도 말할 **자유**가 있다. 我也有说话的自由。

❷『법률』법률의 범위 안에서 남에게 구속되지 아
니하고 자기 마음대로 하는 행위.

『法律』 法律的范围内不被别人拘束，随心所欲
地行动。

❶形 不受拘束；不受限制。

구속받지 않다; 제한 받지 않다.

▷**自由**自在。 자유자재.

自由参加。 자유로이 참가하다.

自由发表意见。 자유로이 의견을 발표하다.

❷名在法律规定的范围内，随自己意志活动的权利。

법률에 규정된 범위 내에서 자신의 의지에 따라
활동하는 권리.

▷人身**自由**。 신체의 **자유**.

自由平等。 자유와 평등.

한·중 공통의미	
①**자유**❶+❷= **自由**❷	
한국어에서만의 의미(韓)	중국어에서만의 의미(中)
없음	❶形 不受拘束；不受限制。 구속받지 않다; 제한 받지 않다.

자체 (自體)★★★ [자체] 명 | Ø

❶(다른 명사나 '그' 뒤에 쓰여)바로 그 본래의 바탕. | ❶本身ᵇⁱⁿᵍ [běn shēn]

(用在别的名词或'那'后面)原来本 身的根底。

▷그가 무사히 돌아왔다는 것은 그 **자체**가 기적이다.
他能安然无恙地回来，这本身就是奇迹。

일에 몰두해 있는 모습 **자체**가 얼마나 아름다운가?
集中工作的模样，这本身是多么美丽啊?

❷(주로 명사 앞에 쓰이거나 '자체의' 꼴로 쓰여)다른 것을 제외한 사물 본래의 몸체.
(主要用在名词前，或用做'本身的')不包括其他东西的事物的自身。

▷**자체** 점검. 自身检验。

자체의 무게 때문에 무너지고 말았다.
因**自己**的体重而跌倒。

자체적 노력. **自身的**努力。

▷它**本身**也近似无味。그것 자체도 거의 밍밍하다.
劳动**本身**就附带着快乐。노동 그 자체는 즐거움을 지니고 있다.

❷自己^甲 [zì jǐ], 自身^丙 [zì shēn]

▷它**自己**能够生存。그 자체로도 생존할 수 있다.
学校有**自己**的医务室。
학교에는 자체 의무실이 있다.
辩证法是研究对象的本质和**自身**规律的科学。
변증법은 대상의 본질과 그 자체의 법칙을 연구하는 과학이다.

작가 (作家)★★ [작까] 명   作家^乙 [zuò jiā] 名

❶문학 작품, 사진, 그림, 조각 따위의 예술품을 창작하는 사람.
创作文学作品、照片、图片、雕刻等艺术品的人。

▷**작가** 지망생. 想当作家的人。
시나리오 **작가**. 剧本作家。
이 소설에는 **작가**의 사상과 감정이 잘 나타나 있다.
这本小书体现了作家的思想和情感。

❶从事文学创作有成就的人。
문학 창작에 종사하면서 성과가 있는 사람.

▷他是一位很有才华的**作家**。
그는 재능이 매우 뛰어난 작가다.

한·중 공통의미

작가 = 作家

작년 (昨年)★ [장년] 명   Ø

❶지난해. 이해의 바로 앞의 해.
去年。本年的前一年。

▷조카는 **작년** 이맘때에 비해 키가 부쩍 컸다.

去年^甲 [qù nián]

▷**去年**此时。작년 이맘 때.
他已经在**去年**六月离职了。

侄子跟**去年**这会比长高了不少。

올여름은 **작년** 여름보다 덥다.

今年夏天比**去年**夏天更热。

그는 이미 작년 6월에 사직하였다.

한·중 공통의미

없음

한국어 한자어의 '昨年'는 중국어에서는 이런 단어가 존재하지 않음. 같은 의미로써 쓰고 있는 단어는 '**去年** [qù nián]'이란 단어가 있음. (中文中不存在韩国语中的'昨年'一词，所以与之相对应含义的中文词汇为'**去年** [qù nián].)

작업 (作業)★★ [자겁] 명+동 [작업만 [자검-]] 作业[甲] [zuò yè]

❶일을 함. 또는 그 일.

做事情或做的这件事情。

▷**작업** 시간. 作业时间.

그들의 **작업**은 오후 늦게까지 계속되었다.

他们的作业持续到了下午很晚为止。

사람이 직접 할 수 없는 복잡한 일을 컴퓨터를 이용해 손쉽게 **작업**할 수 있다.

用计算机就能方便做一些人不能亲自完成的复杂事情。

❷일정한 목적과 계획 아래 하는 일.

一定的目的或计划为前提的事情。

▷규범의 수정·보완 **작업**을 벌이다.

进行规范的修整和完善工作。

이 사전은 그들이 수년간의 **작업** 끝에 이루어 낸 노작이다. 这本词典是他们经过数年的工作才完成的力作。

❸『군사』 근무나 훈련 이외에 진지 구축, 막사나 도로 보수 따위의 임시로 하는 일.

『军事』除了工作或训练外，临时进行的修建阵地、搭棚子、维修道路等事情。

❶ 名 教师给学生布置的功课；部队给士兵布置的训练性的军事活动；生产单位给工人或工作人员布置的生产活动。

교사가 학생에게 부여한 과제; 부대에서 병사에게 배치한 군사훈련활동; 생산회사에서 공인 혹은 근무자에게 배치한 생산 활동.

▷课外作业。숙제.

作业计划。작업계획.

❷ 动 从事这种军事活动或生产活动。

이러한 군사활동 혹은 생산활동에 종사하다.

▷带电**作业**。전기 작업.

队伍开到野外去**作业**。

팀을 야외로 이끌고 가서 작업을 하다.

한·중 공통의미

작업❶+❸= 作业❶+❷

한국어에서만의 의미(韓)	중국어에서만의 의미(中)
❷일정한 목적과 계획 아래 하는 일. 一定的目的或计划为前提的事情.	教师给学生布置的功课。숙제(과제).

작용 (作用)★★ [자공] 명 + 동

❶어떠한 현상을 일으키거나 영향을 미침.
形成的某种现象或影响.
▷예술의 사회적 **작용**. 艺术的社会作用.
술이 우리의 심신에 가져오는 **작용**은 꽤 미묘한
것이다.
酒对我们身心的作用是挺微妙的.
이번 사건에는 두 집안 간의 경쟁심이 **작용되어**
있다.
这事件是两家之间的竞争心理在起作用.
개인적인 친분의 여부가 후보 선택에 **작용해서는**
안 된다.
个人交情不能影响到选择候选人的事情上面.
❷『물리』 어떠한 물리적 원인이나 대상이 다른 대
상이나 원인에 기여함. 또는 그런 현상.
『物理』 某种物理原因或对象为其他对象或原因
贡献, 以及这种现象.
▷**작용**과 반**작용**. 作用和反作用.

作用乙 [zuò yòng]

❶ 动 对事物产生影响.
사물에 대해 형성한 영향.
▷外界的事物**作用**于我们的感觉器官, 在我们的
头脑中形成形象. 외계의 사물이 우리의 감각기
관에 작용하여 우리의 두뇌에서 형상을 형성한다.
❷ 名 对事物产生某种影响的活动.
사물에 대해 어떤(의) 영향을 형성한 활동.
▷同化作用. 동화**작용**.
❸ 名 对事物产生的影响; 效果; 效用.
사물에 대해 형성한 영향; 효과; 효용.
▷副**作用**. 반작용.
积极**作用**. 적극적 역할.

한·중 공통의미

작용 = 作用

번역 과정 중의 비대칭 대응
▷개인적인 친분의 여부가 후보 선택에 **작용해서는** 안 된다.
个人交情不能**影响**到选择候选人的事情上面. (**작용하다 → 影响**)
积极**作用**. 적극적 **역할**. (**作用 → 역할**)

작품 (作品)★★ [작품] 명

❶만든 물품.
制作的物品.
❷예술 창작 활동으로 얻어지는 제작물.
艺术创作活动的制作物.
▷문학 작품. 文学作品. 미술 작품. 美术作品.
작품을 발표하다. 发布作品.
❸꾸며서 만든 일을 비유적으로 이르는 말.
比喻完成的事情.
▷이번 사건은 하나에서 열까지 그가 혼자 계획하

作品乙 [zuò pǐn] 名

❶指文学艺术方面的成品.
문학예술 분야의 완성품을 뜻함.
▷绘画作品. 회화 작품.
诗词作品. 시사 작품.

고 실행한 그의 단독 작품이었다. 这件事情自始
至终都是他独自计划并实施的，是他一个人的
作品。

한·중 공통의미
①만든 물품. 制作的物品.
②예술 제작물. 艺术创作活动的制作物. 작품❷= 作品❶
③만든 일을 비유적으로 이르는 말. 比喻完成的事情. (①,③의 의미는 <현한>에서 설명하지 않으나 용례의 번역을 보면 중국어에도 이런 뜻은 있음.)

한국에서만의 의미	중국어에서만의 의미
없음	없음

잔 (盞)★	盏[丙] [zhǎn]
❶차나 커피 따위의 음료를 따라 마시는 데 쓰는 작은 그릇. 손잡이와 받침이 있다.	❶小杯子。
倒茶或咖啡等饮料时用的小容器。带有把手和拖盘。	작은 컵.
▷잔에 우유를 따라 마시다. 倒杯牛奶喝。	▷酒盏。 술잔.
그는 커피가 든 잔을 들어 한 모금 마시고는 조용히 받침 위에 놓았다. 他拿起咖啡杯，喝了一口静静地放回了拖盘上面。	❷量用于灯。
❷술잔.	전등에 사용.
酒杯。	▷一盏电灯。 하나의 전등.
▷잔을 돌리다. 推杯换盏。	
잔을 들다. 举杯。	
나는 그녀가 내민 잔을 받아 단숨에 마셨다.	
我拿过来她递给我的酒杯，一口气喝了下去。	
❸(수량을 나타내는 말 뒤에 쓰여)음료나 술을 '❶'이나 '❷'에 담아 그 분량을 세는 단위. (用在数词后)饮料或酒倒在'❶'或'❷'里，计算其分量的单位。	
▷우유 한 잔. 一杯牛奶。	
커피 두 잔. 两杯咖啡。	
술 석 잔. 三杯酒。	

한·중 공통의미
잔❶= 盏❶

한국어에서만의 의미(韓)	중국어에서만의 의미(中)
❷술잔.	❷量用于灯。

酒杯。 ❸음료나 술을 세는 단위. 计算饮料或酒分量的单位。	전등에 사용

장관(長官)★★ [장·관] 명   长官☆ [zhǎng guān] 名

❶『법률』국무를 나누어 맡아 처리하는 행정 각 부의 우두머리. 『法律』分担国务的各行政部门的首脑，部长。 ▷행정 안전부 **장관**. 行政安全部**部长**。 ❷예전에, 한 관아의 으뜸 벼슬을 이르던 말. 以前，一个官衙中的最高官职。	❶指行政单位或军队的高级官吏。 행정단위 혹은 군대의 고급 관료를 가리킨다.

한·중 공통의미
없음

한국어에서만의 의미(韓)	중국어에서만의 의미(中)
❶국무를 나누어 맡아 처리하는 행정 각 부의 우두머리. 分担国务的各行政部门的首脑，部长。 ❷예전에, 한 관아의 으뜸 벼슬을 이르던 말. 以前，一个官衙中的最高官职。	❶指行政单位或军队的高级官吏。 행정단위 혹은 군대의 고급 관료를 가리킨다.

장면(場面)★★ [장면] 명   场面丙 [chǎng miàn] 名

❶어떤 장소에서 겉으로 드러난 면이나 벌어진 광경.
在某场所呈现出来的情形或光景。
▷추억 속의 한 **장면**. 回忆中的某个场面。
  부자 상봉의 감격적인 **장면**.
  父子相逢的感人场面。
  길 가던 행인이 이 **장면**을 목격하고 경찰에 신고했다.
  当时路过的行人看到了这一场面并报了警。
❷영화, 연극, 문학 작품 따위의 한 정경(情景). 같은 인물이 동일한 공간 안에서 벌이는 사건의 광경을 이른다.
在电影、戏剧、文学作品中，人物在同一个空间里表现某个事件的情景。
	❶戏剧、影视剧中由布景、音乐和登场人物组合成的景况。
	희극, 드라마에서 배경, 음악과 등장인물로 구성된 경황.
	❷叙事性文学作品中，由人物在一定场合相互发生关系而构成的生活场景。
	서사성 문학작품에서 인물이 일정한 장소에서 상호 관계가 발생하여 구성된 생활모습.
	❸指戏曲演出时伴奏的人员和乐器，分文武两种，管乐和弦乐是文场面，锣鼓是武场面。
	희곡연출을 할 때 반주하는 사람과 악기. 문무 두 가지로 나뉘고, 관악과 현악은 문장면, 징과 북은 무장면이다。

▷섬세한 **장면** 묘사. 细腻的场面描写。

　영화의 첫 **장면**은 푸른 바다를 배경으로 시작한다. 电影的第一个场面是以蔚蓝色的大海为背景的。

❹泛指一定场合下的情景。

　일정한 장소 하의 상황을 두루 가리킨다.

▷**场面**壮观。 장면이 장대하다.

　热烈的**场面**。 열렬한 장면.

❺表面的排场。 겉치레.

▷摆**场面**(讲排场)。 겉치레를 따지다(체면을 따지다).

　撑**场面**。 억지로 체면을 유지하다.

한·중 공통의미
①어떤 장소에서 겉으로 드러난 면이나 벌어진 광경. 在某场所呈现出来的情形或光景。 　**장면❶**= **场面❹** ②영화, 연극, 문학 작품 따위의 한 정경(情景). 在电影、戏剧、文学作品中的情景。 　**장면❷**= **场面❶+❷+❸**

한국어에서만의 의미(韓)	중국어에서만의 의미(中)
없음	❺表面的排场。 겉치레

장치 (裝置)★★★ [장치] 명+동　　装置丙 [zhuāng zhi]

❶어떤 목적에 따라 기능하도록 기계, 도구 따위를 그 장소에 장착함. 또는 그 기계, 도구, 설비. 根据不同的目的，把相应功能的机械、工具等安装在某个场所。或指机械、工具、设备。

▷폭탄 **장치**. 炸弹装置。

　진동 **장치**를 개발하다. 开发振动装置。

　자동차에 **장치**된 오디오에 문제가 생겼다. 汽车上安装的组合音响出问题了。

　차량에 도난 방지기를 **장치**하다. 车辆安装了防盗装置。

❷어떤 일을 원만하게 수행하기 위하여 설정한 조직 구조나 규칙 따위를 비유적으로 이르는 말. 比喻为了某事能够圆满执行而设定的组织机构或规则等。

▷원만한 기술 이전을 위한 제도적 장치 마련이 시급하다. 为了圆满地转让技术，目前急需制定出制度性的**机制**。

❶动 安装。

　설치하다.

▷降温设备已经**装置**好了。

　냉각설비를 장치하였다.

❷名 机器、食品或其他设备中，构造较复杂并具有某种独立功用的部件。

　기계, 식품 혹은 기타 설비 중 구조가 비교적 복합하고 어떤 독립 기능을 가진 부품을 말한다.

▷自动化**装置**。 자동화 장치.

한·중 공통의미
장치❶= **装置❶+❷**

한국어에서만의 의미(韓)	중국어에서만의 의미(中)
❷어떤 일을 원만하게 수행하기 위하여 설정한 조직 구조나 규칙 따위를 비유적으로 이르는 말. 比喻为了某事能够圆满执行而设定的组织机构或规则等。	없음

재료 (材料)★ [재료] 명

❶물건을 만드는 데 들어가는 감.
制作物品时所用的东西。

▷음식 **재료**. 食材。
건축 **재료**. 建筑材料。
재료가 부족하여 공장에서 물건을 만들지 못하고 있다.
由于材料不足，导致工厂目前无法进行生产。

❷어떤 일을 하기 위한 거리.
为了做某事而用的东西。

▷강의 **재료**. 讲义资料。
그 실험을 하려면 많은 **재료**가 필요하다.
考试需要很多资料。

材料乙 [cái liào] 名

❶可以直接制作成成品的东西；在制作等过程中消耗的东西。
직접 완성품으로 제작이 가능한 물건; 제조 따위의 과정에서 소비하는 물건.

▷建筑**材料**。건축재료。
做一套衣服，这点儿**材料**不够。
옷 한 벌을 만들려면 이 재료로는 부족하다.

❷写作、创作、研究等所依据的信息。
글을 창작하거나 연구하는데 있어서 의거하는 정보

▷他打算写一部小说，正在搜集**材料**。
그는 한편의 소설을 쓰려고 자료를 수집 중이다.
对**材料**进行全面的分析，以得出正确的结论。
자료에 대해 전면적인 분석을 진행하여 정확한 결론을 얻다.

❸可供参考的信息。
참고할만한 정보

▷人事**材料**。인적자원.

❹比喻适于做某种事情的人才。
어떤 일을 하는데 적합한 인재를 비유한다.

▷我五音不全，不是唱歌的**材料**。
나는 음치라 노래할 사람이 못 된다.

한·중 공통의미

재료❶= 材料❶

한국어에서만의 의미(韓)	중국어에서만의 의미(中)
❷어떤 일을 하기 위한 거리. 为了做某事而用的东西。	❷写作、创作、研究等所依据的信息。 글을 창작하거나 연구하는데 있어서 의거하는 정보 ❸可供参考的信息。참고할만한 정보 ❹比喻适于做某种事情的人才。 어떤 일을 하는데 적합한 인재를 비유한다.

재벌 (財閥)***★★★*** [제벌] 〔명〕

❶재계(財界)에서, 여러 개의 기업을 거느리며 막
강한 재력과 거대한 자본을 가지고 있는 자본가·
기업가의 무리.

　在財界中，领导多个企业，具有巨大的财力和
　资本的资本家·企业家群体。

▷**재벌** 총수. 富豪总数.

　우리나라는 **재벌** 위주의 경제 성장을 이루었다.
　韩国现实了以大集团为主的经济增长。

❷생산, 유통, 금융 따위의 다양한 업종의 기업들이
법적으로 독립되어 있으면서 특정 은행이나 기업을
중심으로 긴밀하게 관련되어 있는 기업 결합 형태.

　生产、流通、金融等多种行业的企业在法律上
　独立，以指定的银行和企业为中心的紧密相关
　的企业结合形态。

财阀☆ [cái fá] 〔名〕

❶指垄断资本家。
독점 자본가를 가리킨다.

한·중 공통의미	
없음	
한국어에서만의 의미(韓)	중국어에서만의 의미(中)
❶재계(財界)에서, 여러 개의 기업을 거느리며 막강한 재력과 거대한 자본을 가지고 있는 자본가·기업가의 무리. 在财界中，领导多个企业，具有巨大的财力和资本的资本家·企业家群体。 ❷생산, 유통, 금융 따위의 다양한 업종의 기업들이 법적으로 독립되어 있으면서 특정 은행이나 기업을 중심으로 긴밀하게 관련되어 있는 기업 결합 형태. 生产、流通、金融等多种行业的企业在法律上独立，以指定的银行和企业为中心的紧密相关的企业结合形态。	❶指垄断资本家。 독점 자본가를 가리킨다.

재산 (財産)***★★*** [재산] 〔명〕

❶재화와 자산을 통틀어 이르는 말. 개인, 단체, 국
가가 소유하는 토지, 가옥, 가구, 금전, 귀금속 따위
의 금전적 가치가 있는 것을 이른다.

　对财货与资产的统称。个人、团体、国家所有的

财产丙 [cái chǎn] 〔名〕

❶指拥有的财富，包括物质财富(金钱、物资、房
屋、土地等)和精神财富(专利、商标、著作权等)。
　가지고 있는 물질적 재부(금전, 물자, 주택, 토지
　따위)와 정신적 재부(특허, 상표, 저작권 따위).

土地、房屋、家具、金钱、贵金属等具有金钱价值物品。

▷재산을 몰수하다. 没收财产。

재산을 모으다. 累集财产。

노름으로 **재산**을 탕진하다. 因赌博而倾家荡产。

❷소중한 것을 비유적으로 이르는 말.

比喻珍贵的事物。

▷책은 인류 문화의 재산이다.

书籍是人类的文化**财产**。

사랑은 인류의 행복을 보장해 주는 **재산**이다.

爱是保障人类的幸福的财产。

▷国家**财产**。 국가적 재산.

私人**财产**。 개인적 재산.

한·중 공통의미

재산 = **财产**

전(前)* [전] | 前^甲 [qián]

❶몡 막연한 과거의 어느 때를 가리키는 말.

表示之前的某个时候。

▷그 사람을 **전**에 한 번 본 적이 있다.

那个人我之前曾见过一次。

그가 **전** 같으면 그렇게 행동하지 않았을 것이다.

他如果还像以前一样的话就不会那样做了。

❷(일부 명사나 '-기' 다음에 쓰여)'이전'의 뜻을 나타내는 말.

(用于部分名词或 '-기'之后)表示'之前'的意思。

▷사흘 **전**. 四天前。 조금 **전**. 刚才。

그 **전**에 일을 해치워야 되겠다.

之前的事情必须彻底了断一下了。

❸(이름이나 인칭 대명사 뒤에 쓰여) '께'의 뜻을 나타내는 말.

(用于出现名字的人称代词后) 表示'给'的意思。

▷부모님 **전** 상서(上書). 给父母上书

❹관 (직함이나 자격을 뜻하는 명사 앞에 쓰여)이전의 경력을 나타내는 말.

(用于表示职务或资格 的名词前)表示以前的经历。

▷**전** 방송국 아나운서. 前广播局主持人。

전 경찰청 형사과장. 前警察厅刑事科长。

❶名 正面部分,人或物正面朝的方向, 跟'后'相对)。

(장소) 앞, 사람이나 사물은 맞이하는 방향.

▷**前**门。 앞문, 정문.

村**前**村后。 마을 앞 마을 뒤.

❷往前走。 앞으로 나아가다.

▷勇往直**前**。 용감하게 앞으로 나아가다.

畏缩不**前** 위축되어 나아가지 못하다

❸名 次序靠近头里的位置。

(순서의) 앞.

▷**前**排。 앞의 자리.

从**前**往后数。 앞부터 뒤로 세다.

他的成绩在班里总是**前**三名。

그의 성적은 반에서 늘 세 명 안에 든다.

❹名 过去的时候, 较早的时间。

(시간) 전. 이전.

▷几年**前**。 몇 년 전. 解放**前**。 해방 전.

前无古人, 后无来者。

지금까지 그 누구도 해본 적이 없고 앞으로도 할 사람이 없다.

❺名 从前的(指改变了名称、身份)

전임.

❺ 관 (일부 명사 앞에 쓰여)'이전' 또는 '앞', '전반기' 따위의 뜻을 나타내는 말.
　(用于部分名 词前)表示'之前'、'前面'或前半期'的意思.
▷전 학기. 上一个学期. 전 시대. 上一个时代.

▷前政务院. 전 정무원.
　前所长. 전(임) 소장.
❻ 名 指某事物产生之前.
　어떤 사물이 생기기 이전.
▷前科学(科学产生之前)
　과학(이 생기기) 이전.
　前资本主义(资本主义产生之前).
　자본주의(가 생기기) 이전.
❼ 名 未来(用于展望).
　미래.
▷前程. 앞길. 前景. 전망.
　事情要往前看, 不要往后看.
　과거를 생각하지 말고 앞을 봐야지.
❽前线, 前方.
　전방(으로 내밀다).
▷支前. 전방을 지원하다.
❾ 名 姓.
　성(씨).

한·중 공통의미

①(일부 명사나 '-기' 다음에 쓰여)'이전'. (用于部分名词或 '-기'之后)表 '之前' **전❷= 前❹**
②(직함이나 자격을 뜻하는 명사 앞에 쓰여)이전의 경력을 나타내는 말.
　(用于表示职务或资格的名词前)表示以前的经历. **전❹= 前❺**

한국어에서만의 의미(韓)	중국어에서만의 의미(中)
❶ 명 막연한 과거의 어느 때를 가리키는 말. 表示之前的某个时候.	❷往前走. 앞으로 나아가다.
❸(이름이나 인칭 대명사 뒤에 쓰여) '께'의 뜻을 나타내는 말.(用于出现名字的人称代词后) 表示 '给'的意思.	❸ 名 次序靠近头里的位置. (순서의) 앞.
❺ 관 (일부 명사 앞에 쓰여)'이전' 또는 '앞', '전반기' 따위의 뜻을 나타내는 말. (用于部分名词前)表示'之前'、'前面'或'前半期'的意思.	❻ 名 指某事物产生之前. 어떤 사물이 생기기 이전.
	❼ 名 未来(用于展望). 미래
	❽前线, 前方 . 전방(으로 내밀다).
	❾ 名 姓. 성(씨).

전국 (全國)★★ [전ː국] 명 [전국만 [-궁-]]　　**全国**☆ [quán guó]

❶온 나라.
　全国.
▷전국 순회공연. 全国巡演.

❶整个国家.
　온 나라.
▷全国人民. 전 국민.

우리는 이번 여행에서 **전국**을 다 돌아볼 예정이다. 铁路公路遍布**全国**。

我们这次旅行打算把全国都游览一遍。 철도와 간선 도로가 전국에 퍼져 있다.

한·중 공통의미

전국 = 全国

번역 과정 중의 비대칭 대응

▷**全国**人民　전 국민 (**全国** → 전)

전국적인 행사 **全国性的**活动 (전국적인 → **全国性的**)

이 풀은 **전국**적으로 분포하므로 우리나라 어디에서나 볼 수 있다.

这种草分布在**全国各地**，所以在韩国到处都能看到它。(전국적으로 → **全国各地**)

전략 (戰略)★★★ [절:-] 명 [전략만 [절:량-]] **战略**丙 [zhàn lüè] 名

❶『군사』전쟁을 전반적으로 이끌어 가는 방법이나 책략.

全面地指导战争的方法或策略。

▷**전략**이 뛰어난 지략가. 优秀的战略思想家.

전봉준은 각오를 새로이 하고 공주성 공략에 대한 **전략** 협의에 임했다.

全琫准重新做好了准备，来面对公主城攻略的战略协议。

❷정치, 경제 따위의 사회적 활동을 하는 데 필요한 책략.

政治、经济等社会活动方面所需的策略。

▷판매 **전략**. 销售战略.

전략 상품. 战略商品.

❶指导战争全局的计划和策略。

전쟁의 전체 국면을 지도하는 계획과 전략.

▷**战略**部署. 전략배치.

战略防御. 전략방어.

❷泛指决定全局的策略。

전체 국면을 결정하는 책략을 두루 가리킨다.

▷革命**战略**. 혁명전략.

全球**战略**. 글로벌전략.

한·중 공통의미

전략 = 战略

결합정보: 중국어의 '战略'는 그대로 관형사로 쓰일 수 있지만 한국어에서의 '전략'은 '적'과 결합해야만 관형사로 쓰일 수 있다. 中文的'战略'可以作为形容词使用，但韩语的'전략'只有和'적'结合，才能作为形容词来使用。

① 전략 완충 지대 (×)

　전략적 완충 지대 (O) 战略缓冲地带

②전략 가치 (×)

　전략적 가치 (O) 战略价值

번역 과정 중의 비대칭 대응

▷**전략**적으로 유리한 고지를 점령하다. 占据**战略上**的有利位置。(전략적으로 → **战略上**)

전망 (展望)★★ [전ː-] 명 + 동   **展望** [zhǎn wàng] 动

❶넓고 먼 곳을 멀리 바라봄. 또는 멀리 내다보이는
경치.

  眺望广阔的远方. 或远望的景致.

▷**전망**이 좋다. 前景好.

  그는 산 정상에 올라 발밑의 풍경을 **전망**하였다.

  他登上了山顶, 望着脚下的风景.

❷앞날을 헤아려 내다봄. 또는 내다보이는 장래의
상황.

  估测未来的发展. 或预测将来的情况.

▷**전망**이 밝은 사업. 有前途的事业.

  전망이 어둡다. 前景暗淡.

  전쟁에서 승리할 아무런 **전망**도 보이지 않는다.

  根本就看不到从战争中获胜的希望.

  흉년이라 쌀값이 많이 오를 것으로 **전망**된다.

  因为是荒年, **估计**大米的价格会暴涨的.

  정부에서는 곧 경기가 회복될 것이라고 **전망했**다.

  政府预计经济很快就会恢复景气的.

❶往远处看.

  멀리 바라보다.

▷他爬上山顶, 向四周**展望**.

  그는 산꼭대기로 올라가 주변을 전망하였다.

❷对事物发展前途进行观察与预测.

  사물의 발전에 대해 관찰과 예측을 진행하다.

▷**展望**未来. 미래를 전망하다.

  展望世界局势. 세계 정세를 전망하다.

한·중 공통의미	
전망동 = 展望	
한국어에서만의 의미(韓)	중국어에서만의 의미(中)
전망명	없음

번역 과정 중의 비대칭 대응

▷그는 산 정상에 올라 발밑의 풍경을 **전망**하였다. 他登上了山顶, **望着**脚下的风景.

  (전망하다 → 望着)

  흉년이라 쌀값이 많이 오를 것으로 **전망**된다. 因为是荒年, **估计**大米的价格会暴涨的.

  (전망되다 → 估计)

  정부에서는 곧 경기가 회복될 것이라고 **전망했**다. 政府**预计**经济很快就会恢复景气的.

  (전망되다 → 预计)

  전망적 태도 前瞻的态度 (전망적 → 前瞻的)

  어려운 시대일수록 앞일에 대한 **전망**적인 시각이 필요하다.

  越是困难时期, 越需要**具有预判性**的试探. (전망적인 → 具有预判性的)

전문 (專門/顓門)★★ [전문] 명   **专门**ᶻ [zhuān mén]

❶어떤 분야에 상당한 지식과 경험을 가지고 오직   ❶副特地.

그 분야만 연구하거나 맡음. 또는 그 분야.

对某个领域具有相当丰富的知识和经验并且仍然只从事该领域的研究工作。或指该领域。

▷**전문** 경영인. 专业经营者。

　전문 분야. 专业领域。

　이 음식점에서는 불고기를 **전문**으로 한다.
　这家餐厅是**专门**做鱼的。

　여사는 이화 전문을 졸업하는 이듬해인 1939년에 내과를 **전문하**는 의사 강순구 씨와 결혼하여…
　女士于梨花专业学校毕业的第二年即1939年与内科专业医生姜顺久先生结婚…。

❷『교육』=전문학교
　『教育』=专科学校。

▷전 여사는 5녀 1남을 둔 목사님의 장녀로, 이화 여고를 거쳐서 이화 **전문** 문과에 진학하였다.
　全女士作为生有5女1子的牧师的长女，从梨花女高毕业后，考上了梨花专科学校的文科。

특별히. 일부러

▷我是**专门**来看望你的。
　너 보려고 일부러 온 것이다.

❷形专从事某一项事的。
　한 가지 일에만 종사하는 것.

▷**专门**人才。전문적 인재
　他是**专门**研究土壤学的。
　그는 전문적으로 토양학을 연구하고 있다.

❸副表示动作仅限于某个范围。
　한 동작이 어떤 범위에만 제한되는 것을 뜻한다.

▷这次会议**专门**讨论了资金问题。
　이번 회의는 전문적으로 자금문제를 토론하였다.

한·중 공통의미
①한 가지 일에만 종사하는 것. 专从事某一项事的. 전문❶= ❷

한국어에서만의 의미(韓)	중국어에서만의 의미(中)
❷『교육』=전문학교『教育』=专科学校。	❶副特地。특별히. 일부러 ❸副表示动作仅限于某个范围。 한 동작이 어떤 범위에만 제한되는 것을 뜻한다.

결합정보: 중국어의 '专门'는 그대로 관형사나 부사로 쓰일 수 있지만 한국어에서의 '부분'는 '적'과 결합해야만 관형사나 부사로 쓰일 수 있다. 中文的'专门'可以作为形容词和副词使用，但韩语的'부분'只有和'적'结合，才能作为形容词和副词来使用。

① 전문 인재 (×)

　전문적 인재 (O) **专门**人才

②그는 전문 토양학을 연구하고 있다. (×)

　그는 전문적으로 토양학을 연구하고 있다. (O) 他是**专门**研究土壤学的。

번역 과정 중의 비대칭 대응

▷**전문** 경영인 **专业**经营者 **전문** 분야 **专业**领域 (전문 → 专业)

전문-가 (專門家)★★　　专门家☆ [zhuān mén jiā] 名

❶어떤 분야를 연구하거나 그 일에 종사하여 그 분야에 상당한 지식과 경험을 가진 사람.

❶专家。
　전문가.

研究某领域或从事该领域的工作，并且具有相当丰富的该领域的知识和经验的人。

▷경제 **전문가**. 经济专家。

전문가를 초빙하다. 聘专家。

그는 컴퓨터에 관해서 **전문가** 못지않은 해박한 지식을 갖추고 있다.

他的计算机知识非常渊博，毫不亚于专家。

▷新请了一位**专家**,就要到厂里来。

새로 전문가 한 사람을 초빙했는데, 곧 공장으로 올 것이다.

这些设计是**专家**们各运匠心的成果。

이들 디자인은 전문가들이 저마다 머리를 짜낸 성과이다.

한·중 공통의미

전문-가 = 专(门)家

관련어휘

专家는 '**전문-가**'의 동의어로 중국어에서 '**专门家**'보다 더 많이 쓰이고 있다.

전자 (電子)★★ [전:자] 명

❶『물리』 음전하를 가지고 원자핵의 주위를 도는 소립자의 하나.

『物理』带有负电荷，运转在原子核周围的基本粒子之一。

电子丙 [diàn zǐ] 名

❶构成原子的粒子之一，质量极小，带负电，在原子中围绕原子核旋转。

원자의 입자 중 하나를 구성하고, 질량이 매우 작으며 음전기를 띠는 것. 원자에서 원자핵을 둘러싸고 회전한다.

한·중 공통의미

전자 = 电子

전쟁 (戰爭)★★ [전:-]

❶국가와 국가, 또는 교전(交戰) 단체 사이에 무력을 사용하여 싸움.

国与国之间或者交战团体之间的武力冲突。

▷**전쟁** 도발. 引发战争。

전쟁 영화. 战争电影。

전쟁을 일으키다. 挑起战争。

서로 이웃한 두 나라는 국경선 문제로 오랫동안 **전쟁**하고 있다.

彼此相邻的两个国家因为国境线的问题进行着长期的战争。

❷극심한 경쟁이나 혼란 또는 어떤 문제에 대한 아주 적극적인 대응을 비유적으로 이르는 말.

战争乙 [zhàn zhēng] 名

❶民族与民族之间、国家与国家之间、阶级与阶级之间或政治集团与政治集团之间的武装斗争。

민족과 민족사이, 나라와 나라사이, 계급과 계급 사이 혹은 정치그룹과 정치그룹 사이의 무장투쟁.

▷发动**战争**。전쟁을 일으키다.

战争的魔影时时威胁着这个国家。

전쟁의 위험은 시시 때때로 이 나라를 위협하고 있다.

比喻对于激烈的竞争或某种问题采取非常积极
的应对。

▷교통 **전쟁**. 在混乱的交通中挣扎。

입시 **전쟁**. 入学考试就像打仗一样。

정부는 범죄와의 **전쟁**을 선포했다.

政府向罪犯宣战。

한·중 공통의미
전쟁❶ = 战争❶

한국어에서만의 의미(韓)	중국어에서만의 의미(中)
❷극심한 경쟁이나 혼란 또는 어떤 문제에 대한 아주 적극적인 대응을 비유적으로 이르는 말. 比喻对于激烈的竞争或某种问题采取非常积极的应对。	없음

전체 (全體)★ [전체] 명 / 全体甲 [quán tí] 名

❶개개 또는 부분의 집합으로 구성된 것을 몰아서 하나의 대상으로 삼는 경우에 바로 그 대상.
　将原本是由每个或部分集合构成的事物都聚集起来，在形成一个对象的情况下，指该对象。
▷국가 **전체**. 整个国家。
　가뭄으로 마을 **전체**가 황폐해졌다.
　由于干旱，整个村庄变得一片荒芜。

❶各部分的总和；各个个体的总和。
　각 부분의 종합；각 개체의 총합.
▷**全体**会员。 전체 회원.
　看问题不但要看到部分，而且要看到**全体**。
　문제를 볼 때 부분을 고려할 뿐만 아니라 전체도 보아야 한다.

한·중 공통의미
전체 = 全体

번역 과정 중의 비대칭 대응

▷국가 **전체**. **整个**国家。
　가뭄으로 마을 **전체**가 황폐해졌다. 由于干旱，**整个**村庄变得一片荒芜。(전체 → 整个)
　글의 **전체적** 개요 文章的**总体**概要。(전체적 → 总体)
　그 사회의 **전체적** 구조를 파악하다 了解社会的**整体**结构。 (전체적 → 整体)
　그 조각은 **전체적으로** 균형이 잘 잡혀 있다. 那个雕刻**整体上**比较匀称。(전체적으로 → 整体上)

전통 (傳統)★★ [전통] 명 / 传统乙 [chuán tǒng]

❶어떤 집단이나 공동체에서, 지난 시대에 이미 이루어져 계통을 이루며 전하여 내려오는 사상·관습·행동 따위의 양식.

❶ 名 世代相传、具有特点的社会因素，如文化、道德、思想、制度等。
　세세대대 전해지면서 특징을 갖춘 사회요소 이

在某个集团或共同体中，继承上一个时代就已经形成的系统并传承下来的思想·习惯·行动等的样式。

▷**전통** 의상. 传统服装。

전통 놀이. 传统游戏。

전통을 이어 가다. 继承传统。

4천 년의 유구한 역사와 찬란한 문화와 독자한 **전통**으로 빚어진 3천만 겨레의 민족혼을….

4千年的悠久历史与灿烂的文化以及独特的传统所孕育的3千万同胞的民族魂…。

를 테면 문화, 도덕, 사상, 제도 따위를 말한다.

▷发扬艰苦朴素的优良**传统**。

간고하고 소박한 전통을 이어가야 한다.

❷ 形 世代相传或相沿已久并具有特点的。

세세대대 전해지거나 오랫동안 흘러내려오고 또한 특징이 있는 것.

▷**传统**剧目。 전통 레퍼토리.

❸ 形 守旧；保守。

구습을 지키다；보수적이다.

▷老人的思想比较**传统**。

노인의 사상은 비교적 전통적이다.

한·중 공통의미

전통 ❶= 传统❶+❷

한국어에서만의 의미(韓)	중국어에서만의 의미(中)
없음	❸ 形 守旧；保守。 구습을 지키다；보수적이다.

전화 (電話)★ [전ː-]

电话甲 [diàn huà] 名

❶전화기를 이용하여 말을 주고받음.

利用电话交谈。

▷**전화**를 걸다. 打电话。

전화를 끊다. 挂断电话。

조금 전에 선생님한테 **전화** 왔었어요.

刚才老师来电话了。

지금 바로 이 번호로 **전화**하세요.

现在就按这个号码打电话。

❷전화기.

电话机。

▷**전화** 고장. 电话故障。

집에 새로 **전화**를 놓다. 家里新安了电话。

❶利用电信号的传输使两地的人互相交谈的通信方式。

전신호의 전송을 이용하여 두 곳에 사람이 서로 이야기를 나누게 하는 통신방식.

❷电话机，主要由发话器、受话器和线路三部分组成。

전화기. (주요하게) 송화기, 수화기와 선로 3부분으로 구성된다.

❸用电话装置快递的话。

전화장치로 전달되는 말.

▷来过两次**电话**。 전화가 2번이나 왔다.

我没有接到他的**电话**。

그의 전화를 받지 못하였다.

한·중 공통의미

전화 = 电话

절차 (節次)★★ [절차] 명

∅

❶일을 치르는 데 거쳐야 하는 순서나 방법.

手续乙 [shǒu xù], **程序**丙 [chéngxù], **步骤**丙 [bù

办事所需经过的程序或方法。

▷수속 **절차**. 手续步骤。

법적 **절차**. 法律程序。

모든 **절차**가 순조롭게 진행되었다.

所有的手续都顺利地办完了。

zhòu]

▷代理申请手续比较复杂。

대리 신청 절차가 매우 복잡하다.

需要经过哪些合法**程序**?

어떤 적법한 절차를 밟아야 하는가?

干什么都得有**步骤**和重点。

무엇을 하든, 절차와 핵심이 있어야 한다.

한·중 공통의미

없음

한국어 한자어의 '節次'는 중국어에서는 이런 단어가 존재하지 않음. 같은 의미로써 쓰고 있는 단어는 '**手续** [shǒuxù], **程序** [chéngxù], **步骤** [bùzhòu]' 등이 있음. (中文中不存在韩国语中的'節次'一词, 所以与之相对应含义的中文词汇有'**手续** [shǒuxù], **程序** [chéngxù], **步骤** [bùzhòu]'等)

점 (點)★★ [점]

❶ 명 작고 둥글게 찍은 표

小圆点。

▷종이에 작은 **점**을 찍다. 在纸上点个小点。

그 그림엔 몇 개의 줄과 **점**이 있을 뿐이다.

那张纸上只有几条线和几个点 。

❷ 명 문장 부호로 쓰는 표 마침표, 쉼표, 가운뎃점 따위를 이른다.

句子符号的一种, 可用作句号、逗号和间隔号等。

▷한 문장을 다 쓰고 **점**을 찍어 마쳤다.

一个句子写完后点个点结尾。

❸ 명 사람의 살갗이나 짐승의 털 따위에 나타난, 다른 색깔의 작은 얼룩.

人的皮肤或者动物羽毛上等出现的不同颜色的斑点。

▷그는 이마에 큰 **점**이 하나 있다.

他的额头有一个大痣。

❹ 명 소수의 소수점을 이르는 말.

小数点。

▷그는 오른쪽 눈이 영 **점** 일이다.

他的右眼是零点一。

❺ 명 (관형사형 다음에 쓰여)여러 속성 가운데 어느 부분이나 요소

点 [甲] [diǎn]

❶ 名 (点儿)液体的小滴。

(액체의) 방울.

▷雨点儿. 빗방울. 掉点儿了. 빗방울이 떨어진다.

❷ 名 (点儿)小的痕迹。

작은 얼룩.

▷墨点儿. 잉크 얼룩.

❸ 名 (点儿)汉字的笔画, 形状是"、"。

한자(漢字)의 자획(字劃)의 하나인 점(、).

❹ 名 几何学上指没有大小(即没有长、宽、高)而只有位置, 不可分割的图形。如两直线的相交处、线段的两端都是点。

[수학] 모든 도형의 궁극적 구성 요소인 가장 단순한 도형으로서 위치만 있고 크기가 없는 것.

❺ 名 (点儿)小数点。

소수점(小數點).

▷432.5读作四三二点儿五或四百三十二点儿五。

432.5를 읽을 때 사백삼십이**점**오라고 한다.

❻ 量 (点儿)表示少量。

소량(少量)을 나타냄.

▷一点儿小事。 작은 일.

吃点儿东西再走。 무얼 조금 먹고 가.

❼ 量 用于事项。

(用于冠形词后)表示若干属性中的某一部分或要素。

▷좋은 **점**과 나쁜 **점**. 优点和缺点.

그는 어리지만 배울 **점**이 많은 사람이다.

他年纪虽小却有很多值得学习的地方。

잘못한 **점**이 있으면 지적해 주십시오.

如有做错的地方还请指出来。

❻ 명 『수학』 모든 도형의 궁극적 구성 요소인 가장 단순한 도형으로서 위치만 있고 크기가 없는 것.

数学上的'点', 是所有图形的构成要素, 最简单的图形, 只有位置而没有大小。

❼ 명 『음악』 =부점(附點). 음표나 쉼표의 오른쪽에 찍어서 원래 길이의 반만큼의 길이를 더한다는 것을 표시하는 점.

音乐上的符号, 点在音符右边的点, 表示原来长度的一半。

▷음표점. 音符点.

❽ 의 성적을 나타내는 단위.

表示成绩的单位。

▷백 **점**을 맞다. 得了100分.

❾ 의 그림, 옷 따위를 세는 단위.

表示画、衣服等物品的单位。

▷그림 한 **점**. 一幅画. 의류 열 **점**. 十件衣服.

❿ 의 (주로 수 관형사 '한' 뒤에 쓰여)아주 적은 양을 나타내는 말.

(用于冠形词"一"后)表示数量很少。

▷바람 한 **점** 없는 날씨. 一点风也没有的天气.

하늘에는 구름 한 **점** 없다. 天空没有一点云彩.

⓫ 의 잘라내거나 뜯어낸 고기 살점을 세는 단위.

已经切好或收拾好的肉块或肉片的单位。

▷생선회 두 **점**. 生鱼片两片.

나는 고기 한 **점** 먹지 못했다.

我一块肉也没能吃。

⓬ 의 떨어지는 물방울 따위를 세는 단위.

计算小水滴的单位。

▷빗방울이 한 **점** 두 **점** 떨어지기 시작했다.

雨一滴两滴得开始下了。

⓭ 의 예전에, 시각을 세던 단위. 괘종시계의 종 치는 횟수로 세었다.

사항(事項)에 쓰임.

▷两点意见。두 가지 의견.

❽ 名 一定的地点或程度的标志。

일정한 위치나 정도의 지표

▷起点. 기점. 终点. 종점. 冰点. 빙점.

沸点. 비등점. 据点. 거점.

❾ 事物的方面或部分。

사물의 방면이나 부분.

▷优点. 장점. 重点. 중점. 特点. 특점.

❿ 动 用笔加上点子。

점을 찍다.

▷点一个点儿. 점을 하나 찍다. 评点. 평점.

画龙点睛. 화룡점정.

⓫ 动 触到物体立即离开。

(가볍게) 스치다.

▷蜻蜓点水. 잠자리가 수면을 스치다.

⓬ 动 同 "踮"。抬起脚后跟用脚尖站着。

발끝으로 서다. 발돋움하다.

▷他人矮, 得踮(点)着脚才能看见.

그는 키가 작아서 발돋움해야만 볼 수 있다.

⓭ 动 (头或手)向下稍微动一动立刻恢复原位。

(손이나 머리)상하로 움직이다가 원래 모습으로 한다.

▷他点了点头. 그는 머리를 끄덕였다.

⓮ 动 使液体一滴滴地向下落。

액체를 한 방울씩 떨어뜨리다.

▷点卤 간수를 치다 点眼药 안약을 넣다

⓯ 动 点播.

점파(點播)하다.

▷点豆子. 콩을 점파하다.

点花生. 땅콩을 점파하다.

⓰ 动 一个个地查对。

일일이 대조하여 확인하다.

▷点名. 출석을 부르다. 点数. 숫자를 점검하다.

清点货品. 상품을 일일이 세어서 확인하다.

⓱ 动 在许多人或事物中指定。

여러 가지 사람이나 물건 중에서 지정하다.

▷点将. 지명하여 임무를 부여하다.

点菜. 주문하다.

古时计算时刻的单位，以敲钟的次数来计算。

▷벽시계가 다섯 **점** 치는 소리를 듣고 오산댁은 눈을 떴다.

听到墙上的钟敲了五下他睁开了眼睛。

⓮ 의 『운동』 바둑에서, 수가 낮은 사람이 더 놓는 돌이나 따낸 돌을 세는 단위.

围棋时计算棋子的单位。

▷석 **점** 놓고 두다. 放了三个棋子。

⓯ 의 『음악』 국악에서, 북편이나 채편 따위의 장구를 치는 횟수를 나타내는 단위.

韩国国乐上计算敲击鼓之类乐器次数的单位。

点节目。리퀘스트(request) 프로그램

⓲ 动 指点，启发。

가리키다. 지적하다.

▷他是聪明人，一点就明白了。

그는 총명한 사람이라, 귀띔하자 곧 알아차렸다.

⓳ 动 引着火。

불을 켜다.

▷点灯。전등을 켜다. 点火。불을 켜다.

他是火暴性子，一点就着。

그는 격하기 쉬운 성미여서 조금만 불을 붙여도 발끈한다.

⓴点缀。꾸미다.

점철(點綴)하다.

▷装点。꾸미다. 点景儿。점경(點景)하다.

㉑ 名 姓。

성(씨).

㉒ 名 铁制的响器，挂起来敲，用来报告时间或召集群众。

절 따위에서 달아 놓고 시간을 알리거나 사람들을 소집시킬 때 치는 금속판.

㉓ 量 旧时夜间计时用更点，一更分五点。

옛날, '更'의 5분의 1을 이르던 시간의 단위.

▷五更三点 새벽녘

㉔ 量 时间单位，一昼夜的二十四分之一。

시간을 세는 단위. 한 시간.

㉕ 名 规定的钟点。

규정된 시간.

▷误点。시간을 어기다. 到点了。시간이 다 됐다.

㉖点心。

가벼운 식사. 간식(間食)

▷茶点。다과(茶菓). 早点。간단한 아침식사.

한중 공통의미

①작고 둥글게 찍은 표(小圆点).

②소수점(小數點小数点). 점❹= 点❺

③여러 속성 가운데 어느 부분이나 요소(若干属性中的某一部分或要素). 점❺= 点❾

④『수학』 점 (数学上的'点'). 점❻= 点❹

⑤적은 양(数量少). 점❿= 点❻

⑥예전에 시각을 세던 단위(古时计算时刻的单位). 점⓭ = 点㉓

⑦일정한 위치나 정도의 지표(一定的地点或程度的标志).

(①의 의미는 <현한>에서 설명하지 않으나 용례의 번역을 보면 중국어에도 이런 뜻은 있음.

⑦의 의미는 <표준>에서 설명하지 않으나 용례의 번역을 보면 한국어에도 이런 뜻은 있음.)

한국에서만의 의미	중국어에서만의 의미
❷문장 부호로 쓰는 표. 句子符号的一种。	❶液体的小滴。 (액체의) 방울.
❸사람의 살갗이나 짐승의 털 따위에 나타난, 다른 색깔의 작은 얼룩. 人的皮肤或者动物羽毛上等出现的不同颜色的斑点。	❷小的痕迹。 작은 얼룩.
❼『음악』 =부점(附點).	❸汉字的笔画。 한자의 자획(字劃)의 하나인 점(丶).
❽성적을 나타내는 단위. 表示成绩的单位。	❼用于事项。 사항(事項)에 쓰임.
❾그림, 옷 따위를 세는 단위. 表示画、衣服等物品的单位。	❿用笔加上点子。 점을 찍다.
⓫잘라낸 고기 살점을 세는 단위. 已经切好肉块的单位。	⓫触到物体立即离开。 (가볍게) 스치다.
⓬떨어지는 물방울 따위를 세는 단위. 计算小水滴的单位。	⓬抬起脚后跟用脚尖站着。 발끝으로 서다.
⓮『운동』 바둑에서, 돌을 세는 단위. 围棋时计算棋子的单位。	⓭(头或手)向下稍微一动立刻恢复原位。 (손이나 머리)상하로 움직이다가 원래 모습으로 한다.
⓯『음악』 장구를 치는 횟수를 나타내는 단위. 计算敲击鼓之类乐器次数的单位。	⓮使液体一滴滴向下落액체를 한 방울씩 떨어뜨리다.
	⓯点播。 점파(點播)하다.
	⓰一个个地查对。 일일이 대조하여 확인하다.
	⓱在许多人或事物中指定。 지정하다.
	⓲指点, 启发。 가리키다. 지적하다.
	⓳引着火。 불을 켜다.
	⓴点缀。 꾸미다. 점철(點綴)하다.
	㉑姓。 성(씨).
	㉒铁制的响器。 금속판.
	㉔一昼夜的二十四分之一。 한 시간.
	㉕定的钟点。 규정된 시간.
	㉖点心。 가벼운 식사. 간식(間食)

정권 (政權)★★★ [정꿘] 명   **政权**^丙 [zhèng quán] 名

❶정치상의 권력. 또는 정치를 담당하는 권력. 政治上的权利。或者担当(执掌)政治的权利。

▷**정권** 교체. 政权交替。

  정권을 잡다. 掌握政权。

❶政治上的统治权力，是阶级专政的工具。

  정치에서의 정치권력. 계급독재정치의 도구를 말한다.

한·중 공통의미

정권 = 政权

정당 (政黨)★★ [정당] 명

❶『정치』 정치적인 주의나 주장이 같은 사람들이 정권을 잡고 정치적 이상을 실현하기 위하여 조직한 단체.
『政治』 具有相同的政治主义或主张的人为了掌握政权实现政治理想所组织的集团.
▷정당을 결성하다. 创立政党.
정당에 가입하다. 加入政党.

政党丙 [zhèng dǎng] 名

❶代表某个阶级、阶层或集团并为实现其利益而进行斗争的政治组织.
모 단계, 계층 혹은 집단을 대표하면서 이들의 이익을 실현하기 위해 투쟁을 진행하는 정치조직.

한·중 공통의미

정당 = 政党

정도 (程度)★ [정도] 명

❶사물의 성질이나 가치를 양부(良否), 우열 따위에서 본 분량이나 수준.
判断事物的性质或价值优劣时的分量或水准.
▷정도의 차이. 程度差异.
중학생이 풀 정도의 문제.
中学生水准能解答的问题.
❷알맞은 한도.
合适的限度.
▷정도를 넘는 호화 생활.
超越限度的奢华生活.
정도를 벗어나다. 超越限度.
❸(수량을 나타내는 말 뒤에 쓰여)그만큼 가량의 분량.
用于表数量的话后表示大致那样的量.
▷20리 정도의 거리. 20里左右的距离.
한 시간 정도의 시간. 1个小时左右的时间.

程度乙 [chéngdù] 名

❶文化、教育、知识、能力等方面的水平.
문화, 교육, 지식, 능력 따위의 수준.
▷文化程度. 일반지식 수준.
自动化程度. 자동화 수준.
❷事物变化达到的状况.
변화가 이르는 정도
▷天气虽冷，还没有达到上冻的程度.
날씨가 춥긴 해도 아직 얼음이 얼 정도에 이르지는 않았다.
他的肝病已经恶化到十分严重的程度.
그의 간장병은 무척 심한 정도에 악화됐다.

한중 공통의미

①수준(水平, 水准) 정도❶= 程度❶
②변화가 이르는 정도. 变化达到的状况. (②의 의미는 <표>에서 설명하지 않으나 용례의 번역을 보면 한국어에도 이런 뜻이 있다는 걸 알 수 있음.)

한국어에서만의 의미(韓)	중국어에서만의 의미(中)
❷알맞은 한도. 合适的限度. ❸그만큼 가량의 분량. 表示大致那样的量.	없음

정보 (情報)★★ [정보] 명

❶관찰이나 측정을 통하여 수집한 자료를 실제 문제에 도움이 될 수 있도록 정리한 지식. 또는 그 자료.
为了使所搜集的材料有助于解决实际问题而通过观察或测量来整理的知识，或该资料。
▷관광 **정보**. 观光信息。
생활 **정보**. 生活信息。
경찰이 출동했다는 **정보**가 들어왔다.
得知了警察出动的消息。
❷『군사』일차적으로 수집한 첩보를 분석·평가하여 얻은, 적의 실정에 관한 구체적인 소식이나 자료.
『军事』首先对所搜集的谍报进行分析·评价，从中获取的与敌人的情况有关的具体消息或资料。

情报[丙] [qíng bào] 名

❶关于某种情况的消息和报告，多带机密性质。
어떤 상황에 관한 소식과 보고 기밀성질을 가진다.
▷军事**情报**。군사 정보。
科学技术**情报**。과학기술 정보。

한·중 공통의미

정보 = 情报

번역 과정 중의 비대칭 대응
▷관광 **정보** 观光**信息**　생활 **정보** 生活**信息** (정보 → 信息)
경찰이 출동했다는 **정보**가 들어왔다. 得知了警察出动的**消息**。 (정보 → 消息)

정부 (政府)★★

❶입법, 사법, 행정의 삼권을 포함하는 통치 기구를 통틀어 이르는 말.
对包括立法、司法、行政 这三权在内的统治机关的统称。
❷행정부.
行政机关。
▷**정부** 각 부처. 政府各部门。
정부는 중소기업 육성 방안을 마련 중이다.
政府正在制定中小企业培养方案。

政府[甲] [zhèng fǔ]

❶国家权力机关的执行机关，即国家行政机关，例如我国的国务院(中央人民政府)和地方各级人民政府。
국가 권력을 행하는 행정적 기관.
▷中国**政府**。중국 정부。
政府机关工作人员。국가 공무원。

한·중 공통의미

정부❷= 政府❶

한국어에서만의 의미(韓)	중국어에서만의 의미(中)
❶입법, 사법, 행정의 삼권을 포함하는 통치 기구를 통틀어 이르는 말. 对包括立法、司法、行政 这三权在内的统治机关的统称。	없음

정신 (精神)★★ [정신] 명 | 精神^甲 [jīng shén] 名

정신 (精神)★★ [정신] 명

❶육체나 물질에 대립되는 영혼이나 마음.
与肉体或物质相对立的灵魂或心。
▷육체와 **정신**. 肉体与精神。
✽건전한 정신은 건전한 신체로부터 시작한다.
有健康的身体才有健康的精神。

❷사물을 느끼고 생각하며 판단하는 능력. 또는 그런 작용.
感受、思考、判断事物的能力。或指那样的作用。
▷맑은 **정신**. 神志清醒。
정신을 잃다. 失神。
정신을 집중하다. 集中精力。

❸마음의 자세나 태도. 内心的姿态。
▷봉사 **정신**. 奉献精神。
절약 **정신**. 节约精神。

❹(주로 일부 명사 뒤에 쓰여)사물의 근본적인 의의나 목적 또는 이념이나 사상.
(主要用于部分名词后)事物的根本意义或目的、理念或思想。
▷민주주의 **정신**. 民主主义精神。
3·1 운동의 **정신**. 3·1. 运动精神。

精神^甲 [jīng shén] 名

❶指人的意识、思维活动和一般心理状态。
사람의 의식, 사상활동과 일반 심리상태를 가리킨다.
▷**精神**面貌。 정신 면모
精神上的负担。 정신적인 부담.

❷宗旨；主要的意义。
종지; 주요한 의미.
▷领会文件的**精神**。 문서의 정신을 깨닫다.

❸[jīng·shen]表现出来的活力。
표현해내는 활력.
▷**精神**焕发。 생기가 넘치다.
振作**精神**。 기운을 내다.

❹[jīng·shen]活跃；有生气。
활발하다; 생기가 있다.
▷越干越**精神**。 하면 할수록 더 활기차다.
这孩子大大的眼睛，挺**精神**的。
이 아이의 큰 눈망울이 참 생기발랄하다.

❺[jīng·shen]英俊；相貌、身材好。
준수하다; 외모나 몸매가 좋음을 가리킨다.
▷瞧这小伙儿长得多**精神**！
이 젊은이 정말 준수하게 생겼네!

한·중 공통의미

①영혼이나 마음, 마음의 자세나 태도. 指人的意识、思维活动和心理状态。 정신❶+❸= 精神❶
②이념이나 사상. 理念或思想, 宗旨；主要的意义。 정신❹= 精神❷

한국어에서만의 의미(韓)	중국어에서만의 의미(中)
❷사물을 느끼고 생각하며 판단하는 능력. 또는 그런 작용. 感受、思考、判断事物的能力。或指那样的作用。	❸表现出来的活力。 표현해내는 활력 ❹活跃；有生气。 활발하다; 생기가 있다. ❺英俊；相貌、身材好。 준수하다

정책 (政策)★★ [정책] 명 [정책만 [정챙만]] | 政策^乙 [zhèng cè] 名

정책 (政策)★★ [정책] 명 [정책만 [정챙만]]

❶정치적 목적을 실현하기 위한 방책.
为了现实政治目的的方法与策略。
▷**정책**을 세우다. 制定政策。
기본 **정책**으로 삼다. 作为基本政策。

政策^乙 [zhèng cè] 名

❶国家或政党为实现一定历史时期的路线而制定的行动准则。
국가 혹은 정당이 일정한 역사시기의 노선을 실현하기 위해 제정한 행동준칙.
▷民族**政策**。 민족 정책.
按**政策**办事。 정책에 따라 일을 하다.

정책 = 政策

번역 과정 중의 비대칭 대응

▷정책적 배려 **政策上的**照顾 (정책적 → **政策上的**)

정책적 지원 **政策性的**支援 (정책적 → **政策性的**)

기초 과학을 **정책적으로** 육성하다. **依靠政策**来培养基础科学。(정책적으로 → **依靠政策**)

정치 (政治)★★ [정치] 명   政治^甲 [zhèng zhì] 名

❶나라를 다스리는 일. 국가의 권력을 획득하고 유지하며 행사하는 활동으로, 국민들이 인간다운 삶을 영위하게 하고 상호 간의 이해를 조정하며, 사회 질서를 바로잡는 따위의 역할을 한다.

拥有并维持国家权力, 具有保护国民的正常和谐生活, 维持社会秩序等作用。

▷정치 활동. 政治活动. 정치 감각. 政治觉悟.

❶政府政党社会团体和个人在内政及国际关系方面的活动。政治是经济的集中表现, 它产生于一定的经济基础,并为经济基础服务,同时极大的影响经济的发展。

정부, 정당, 사회단체, 개인 등이 내정이나 국제 관계 분야의 활동. 일정한 경제를 기초하여 경제에도 큰 영향을 미친다.

▷政治势力。정치 세력. 政治理念。정치 이념.

① **정치❶= 政治❶**(설명하는 시점이 다른데 용례를 보면 한중에서 똑같이 쓰이고 있음을 알 수 있다.)

제도 (制度)★★ [제:도] 명   制度^乙 [zhìdù] 名

❶관습이나 도덕, 법률 따위의 규범이나 사회 구조의 체계.

习惯或道德、法律等方面的规范或社会结构体系。

▷결혼 **제도**. 婚姻制度.

민주주의 **제도**. 民主主义制度.

제도를 개혁하다. 制度改革.

❶要求大家共同遵守的办事规程或行动准则。

모든 사람이 함께 준수하도록 요구하는 규정 혹은 행동원칙.

▷**工作制度**. 근무제. 财政**制度**. 재정 제도.

❷在一定历史条件下形成的政治、经济、文化等方面的体系。

일정한 역사조건 하에 형성된 정치, 경제, 문화 등 방면의 체계.

▷社会主义**制度**。 사회주의 제도

封建宗法**制度**。 봉건종법 제도

제도 = 制度

번역 과정 중의 비대칭 대응

▷**제도적** 장치를 마련하다 制定**制度性的**措施 (제도적 → **制度性的**)

실업자에 대한 **제도적** 지원이 필요하다. 需要对失业者提供**制度上的**支援. (제도적 → **制度上的**)

국민의 기본적 인권이 **제도적으로** 보장돼야 한다. 必须**从制度上**保障国民的基本人权。

(제도적으로 → 从制度上)

제목 (題目)★ 몡 [제목만 [-몽-]]

❶작품이나 강연, 보고 따위에서, 그것을 대표하거나 내용을 보이기 위하여 붙이는 이름.

　为了代表或让人了解作品、讲演、报告之类的内容而加的名字。

▷학위 논문 제목. 学位论文题目。

　영화 제목. 电影题目(电影名)。

　자세한 내용은 읽어 보지 않아 모르지만 제목만 보아도 어떤 내용의 책일지 짐작이 간다.

　因为没有看，所以不了解具体的内容，但是仅仅看题目也能猜到是哪种内容的书。

題目² [tí mù] 名

❶概况诗文或讲演内容的词句。

　시문 혹은 연설 내용을 개괄한 한 마디.

❷练习或考试时要求解答的问题。

　연습 혹은 시험을 볼 때 대답해야 할 문제.

▷考试题目。시험문제。

❸泛指主题或话题。

　주제 혹은 화제를 두루 가리킨다.

▷老同学碰到一块儿，聊这聊那，没个准题目

　동창들이 한데 모여 이것저것 이야기 나누었지 딱히 정확한 화제는 없었다.

한·중 공통의미

제목❶= 題目❶

한국어에서만의 의미(韓)	중국어에서만의 의미(中)
없음	❷练习或考试时要求解答的问题.　연습 혹은 시험을 볼 때 해답해야 할 문제　❸泛指主题或话题.　주제 혹은 화제

제일 (第一)★ [제:-]

❶여럿 가운데서 첫째가는 것.

　在众多之中排在最前面的。

▷**제일**의 목표. 第一目标。

　감기에 걸렸을 때는 쉬는 게 **제일**이다.

　感冒的时候好好休息是最重要的。

　돈만 있으면 **제일**이냐? 金钱至上吗?

❷여럿 가운데 가장. 众多之中最...的。

▷세상에서 **제일** 무서운 이야기.

　世界上最可怕的故事。

　나는 과일 중에 사과를 **제일** 좋아한다.

　在水果中，我最喜欢的是苹果。

第一 [dì yī] 数

❶排在最前面的。

　가장 앞의 것.

▷他考了**第一**名。그는 시험에서 1등을 하였다.

❷指最重要。

　가장 중요한 것

▷百年大计，质量**第一**。

　백년대계는 품질이 제일이다.

한·중 공통의미

제일❶= 第一 ❶+❷

한국어에서만의 의미(韓)	중국어에서만의 의미(中)
❷여럿 가운데 가장.众多之中最...的	없음

번역 과정 중의 비대칭 대응

▷他考了**第一名**。 그는 시험에서 **1등**을 하였다. (第一名 → 1등)

제품 (製品)★★ [제:-] 명+동

❶원료를 써서 물건을 만듦. 또는 그렇게 만들어 낸 물품.

　使用原料制作物品。或者所制作出来的物品。

▷유리 **제품**. 玻璃制品. 가죽 **제품**. 皮革制品.

　그 상점에는 싸고 좋은 **제품**이 많다.

　那家商店里有很多物美价廉的产品。

　제품한 나라의 이름이 박혀 있지가 않아서 말이다.

　说是因为没有打上生产国家的名称。

制品丁 [zhì pǐn] 名

❶制造成的物品。

　제조된 물품.

▷塑料**制品**。 플라스틱 제품.

　化学**制品**。 화학 제품.

한·중 공통의미

제품 = 制品

번역 과정 중의 비대칭 대응

▷그 상점에는 싸고 좋은 **제품**이 많다. 那家商店里有很多物美价廉的**产品**。 (제품 → 产品)

　제품한 나라의 이름이 박혀 있지가 않아서 말이다. 说是因为没有打上**生产**国家的名称。

　(제품한 → 生产)

조건 (條件)★★ [조껀]

❶어떤 일을 이루게 하거나 이루지 못하게 하기 위하여 갖추어야 할 상태나 요소.

　为了做成某事或防止做成某事所必须具备的状态或要素。

▷지리적 **조건**을 갖추다. 具备地理条件.

　농산물은 기후적 **조건**에 따라 생산량이 큰 영향을 받는다.

　农产品的生产量在很大程度上受气候条件的影响。

❷일정한 일을 결정하기에 앞서 내놓는 요구나 견해.

　在决定某事之前先提出的要求或意见。

▷결혼 **조건**. 结婚条件.

　조건을 달다. 定条件.

　나는 이익의 반을 가진다는 **조건** 아래 친구 사업

条件甲 [tiáo jiàn] 名

❶影响事物发生、存在或发展的因素。

　사물의 발생, 존재 혹은 발전에 영향 주는 요소

▷自然**条件**。 자연 조건.

　创造有利**条件**。 유리한 조건을 창조하다.

❷为某事而提出的要求或定出的标准。

　어떤 일을 위해 제출한 요구 혹은 정한 표준.

▷讲**条件**。 조건을 말해봐.

　他的**条件**太高, 我无法答应。

　그의 조건이 너무 높아 대답할 수 없다.

❸状况。

　상황

▷他身体**条件**很好.

　그의 신체적으로 매우 건강하다.

에 투자하기로 결정하였다.

我决定投资朋友的事业，条件是我要拿一半的利润。

这个工厂**条件**好，工人素质高，设备也先进。

이 공장은 좋아요. 공인들의 소질이 높으며, 설비도 매우 선진적이다.

<table>
<tr><td colspan="2" align="center">한·중 공통의미</td></tr>
<tr><td colspan="2">①어떤 일을 이루게 하거나 이루지 못하게 하기 위하여 갖추어야 할 상태나 요소.
为了做成某事或防止做成某事所必须具备的状态或要素. 조건❶= 条件❶
②일정한 일을 결정하기에 앞서 내놓는 요구나 견해.在决定某事之前先提出的要求或意见.
조건❷= 条件❷</td></tr>
<tr><td align="center">한국어에서만의 의미(韓)</td><td align="center">중국어에서만의 의미(中)</td></tr>
<tr><td>없음</td><td>❸状况。 상황</td></tr>
</table>

조사 (調査)★★ [조사] 명+동

❶사물의 내용을 명확히 알기 위하여 자세히 살펴보거나 찾아봄.

为了明确地了解事物的内容而仔细地观察或查找。

▷**조사** 결과를 발표하다. 公布调查结果.

경찰은 범인의 주변 인물을 중심으로 배후 **조사**를 진행해 나갔다.

警察以犯人周围的人为中心，进行了背后调查。

올해 물 소비량은 작년보다 10% 증가한 것으로 **조사되**었다.

据调查，今年水的消费量比去年增加了10%。

사고 원인을 **조사하**다. 调查事故原因.

调查ᶻ [diào chá] 动

❶为了了解情况进行考察。

상황을 이해하기 위해 고찰하다.

▷**调查**事实真相. 진상을 조사하다.

事情还没有**调查**清楚，不能忙着处理。

아직 정확한 조사결과 나오지 않았으니 급히 처리해서는 안 된다.

<table>
<tr><td colspan="2" align="center">한·중 공통의미</td></tr>
<tr><td colspan="2">조사 = 调查</td></tr>
</table>

조정 (調整)★★ [조정] 명+동

❶어떤 기준이나 실정에 맞게 정돈함.

符合某种标准或情况的整顿。

▷시내버스 노선의 **조정**. 市内公交线路的调整.

회사의 구조 **조정**으로 많은 부서가 재편되었다.

由于公司的结构调查，很多部门都重组了。

기차 운행 시간이 **조정되**다.

火车运行时间调整了。

출근 시간을 아침 7시로 **조정했**다.

调整ᶻ [tiáo zhěng] 动

❶改变原有的情况，使适应客观环境和要求。

기존의 상황을 바꿔 객관적 환경이나 요구에 적응되도록 하다.

▷**调整**物价. 물가를 조정하다.

调整作息时间. 휴식시간을 조정하다.

上班时间调整到了早上7点。

한·중 공통의미

조정 = 调整

조직 (組織)★★★ [조직] [조직만 [-징-]] 组织^甲 [zǔ zhī]

① 짜서 이루거나 얽어서 만듦.
联系在一起或捆在一起。

② 특정한 목적을 달성하기 위하여 여러 개체나 요소를 모아서 체계 있는 집단을 이룸. 또는 그 집단.
为了达到特定的目的，由很多个体或要素聚在一起，形成有体系的集团。或指该集团。
▷ **조직** 사업. 集团事业.
머지않아 회사 내 **조직**을 개편할 계획이다.
计划在不久的将来进行公司内部组织的重组。
이 모임은 사회 각층의 인사들로 **조직되**어 있다.
该聚会是由社会各阶层人士组成。
학생들이 자발적으로 독서회를 **조직하**였다.
学生们自发地组织了读书会。

③ 날실과 씨실로 짠 천의 짜임새.
用经线与纬线织出来的布的组织。
▷ 삼베는 **조직**이 성기다. 麻布的组织很松散。
이 옷감은 **조직**이 치밀하다.
这块布料的组织很致密。

④ 『생물』 동일한 기능과 구조를 가진 세포의 집단.
具有同样的功能与结构的细胞集团。

① [动] 安排分散的人或事物使具有一定的系统性或整体性。
분산된 사람 혹은 사물을 안배하여 일정한 계통성과 전체성을 갖추도록 하다.
▷ 组织人力。인력을 조직하다.
这篇文章组织得很好。
이 문장은 매우 잘 조직되었다.

② [名] 系统；配合关系。
계통; 배합관계
▷ 组织严密。조직이 엄밀하다.

③ [名] 纺织品经纬纱线的结构。
방직품 밀도의 구조
▷ 平纹**组织**。평직 조직.

④ [名] 机体中构成器官的单位，是由许多形态和功能相同的细胞按一定的方式结合而成的。
생물체 중 기관을 구성하는 단위로서 많은 형태와 기능이 동일한 세포를 일정한 방식으로 결합하여 형성시킨 것.

⑤ [名] 按照一定的宗旨和系统建立起来的集体。
일정한 종지와 계통에 따라 수립한 단체.
▷ 党团组织。정당조직.
向组织汇报工作。조직에 업무를 보고하다.

한·중 공통의미

조직 = 组织

번역 과정 중의 비대칭 대응
▷ 조직 사업 **集团**事业 (조직 → **集团**)
이 모임은 사회 각층의 인사들로 **조직되**어 있다. 该聚会是由社会各阶层人士**组成**。
(조직되다 → **组成**)
조직적 범행 **有组织的**犯罪 조직적인 활동 **有组织的**活动 (조직적(인) → **有组织的**) 독립운동을 조직적
으로 전개해 나가다. **有组织地**将独立运动开展下去。
(조직적으로 → **有组织地**)

조치 (措置)*** [조치] 명+동   Ø

❶벌어지는 사태를 잘 살펴서 필요한 대책을 세워
행함. 또는 그 대책.

　认真了解所发生的事件，制定必要的对策。或
　指该对策。

▷구속 **조치**. 拘留措施.

　조치를 강구하다. 寻找措施.

　법적 **조치**를 취하다. 采取法律措施.

　이봉관은 완쾌한 환자 두 사람과 내가 원대로 돌
　아갈 수 있도록 **조치해** 주었다.

　李丰关为了两名痊愈的患者和我能回到原队而
　采取了措施。

措施ᶻ [cuò shī]

▷采取积极**措施**。

　적극적인 조치를 취하다.

　采取切实有效的**措施**。

　유효적절한 조치를 취하다.

한·중 공통의미

없음

한국어 한자어의 '措置'는 중국어에서는 이런 단어가 존재하지 않음. 같은 의미로써 쓰고 있는 단어는
措施 [cuòshī] 등이 있음. (中文中不存在韩国语中的'措置'一词，所以与之相对应含义的中文词汇有**措施**
[cuòshī]等)

존재 (存在)** [존재] 명+동   **存在**ᶻ [cún zài]

❶현실에 실제로 있음. 또는 그런 대상.

　在现实中实际有的。或那样的对象。

▷신의 **존재**를 부인하다. 否定神的存在。

　인간은 사회적인 **존재**이다.

　人类是社会性的存在。

　지구에는 수많은 생명체가 **존재한다**.

　在地球上存在着数以万计的生命体。

❷다른 사람의 주목을 끌 만한 두드러진 품위나 처
지. 또는 그런 대상.

　能够吸引别人注意力的突出的品位或地位。或
　者那样的对象。

▷악명 높은 **존재**. 臭名昭著的人。

　그는 우리 고장에서 무시하지 못할 **존재**가 되었다.

　他成了我们故乡不可忽视的人物。

❸『철학』 의식으로부터 독립하여 외계(外界)에 객
관적으로 실재함.

❶ 动 事物持续地占据着时间和空间；实际上
有，还没有消失。

　사물이 지속적으로 시간과 공간을 점거하다；실
　제로 있고, 아직 소실되지 않은 것.

▷双方观点**存在**着明显分歧。

　쌍방의 관점에는 뚜렷한 불일치가 존재한다.

　事情已解决，不**存在**任何问题。

　일이 이미 해결되었으니 어떤 문제도 존재하지
　않는다.

❷ 名 哲学上指不依赖人的意识并不以人意识为
转移的客观世界，即物质。

　철학적으로 사람에 의거하지 않는 의식, 사람의
　의식에 의해 전이되지 않는 객관세계, 즉 물질을
　말한다.

▷**存在**决定意识，不是意识决定**存在**。

　존재가 의식을 결정하지, 의식이 존재를 결정하

『哲学』 从意识上开始独立，客观地存在于外界
的真实存在。

❹『철학』 형이상학적 의미로, 현상 변화의 기반이
되는 근원적인 실재.
　『哲学』 从形而上学的意义上而言，是指作为现
象变化的基础的、根源 性的真实存在。

❺『철학』 변증법적 유물론에서, 객관적인 물질의
세계를 이르는 말.
　『哲学』在辩证法的物论中，是指客观的物质世界。

는 것은 아니다.

한·중 공통의미	
①현실에 실제로 있음. 在现实中实际有的. 존재❶= 存在❶	
②『철학』 의 존재. 哲学上的存在. 존재❸+❹+❺= 存在❶	
한국어에서만의 의미(韓)	중국어에서만의 의미(中)
❷다른 사람의 주목을 끌 만한 두드러진 품위나 처지. 또는 그런 대상. 能够吸引别人注意力的突出的 品位或地位. 或者那样的对象.	없음

종교 (宗教)★★ [종교] 명　　　　宗教 [zōng jiào] 名

❶신이나 초자연적인 절대자 또는 힘에 대한 믿음
을 통하여 인간 생활의 고뇌를 해결하고 삶의 궁극
적인 의미를 추구하는 문화 체계.
　通过相信神或超越自然的无限制者以及力量来
解决人类的生活烦恼并追求人生积极意义的文
化体系.
▷종교를 믿다. 信教.

❶一种社会意识形态和文化历史现象，是对客观
世界的一种虚幻的反映。
　일종 사회의식형태와 문화역사현상으로서, 객관
세계에 대한 일종의 비현실적인 반영이다.

한·중 공통의미
종교 = 宗教

종류 (種類)★ [종·뉴]　　　　种类丙 [zhǒng lèi] 名

❶사물의 부문을 나누는 갈래.
　事物的部门的分类.
▷여러 종류의 책. 各种种类的书.
　학과들이 특성화되면서 교과의 종류가 많아졌다.
　随着专业的特色化，课程的种类也多了起来.
❷(수량을 나타내는 말 뒤에 쓰여)갈래의 수를 세는

❶根据事物本身的性质或特点而分成的门类。
　사물 자체의 성질 혹은 특징에 근거하여 나뉜 분류.
▷菊花的种类很多。
　국화의 종류는 매우 많다.

단위.

(用于数词后)表示计算种类的单位。

▷서너 **종류**. 三四种.

이 옷은 부드러운 흰색의 융과 면, 두 **종류**로 만
들었다.

这件衣服是由柔软的白色的绒和棉这两种面科
做成的。

한·중 공통의미

종류 = 种类

번역 과정 중의 비대칭 대응

▷서너 **종류** 三四**种** (종류 → 种)

이 옷은 부드러운 흰색의 융과 면, 두 **종류**로 만들었다.

这件衣服是由柔软的白色的绒和棉这两**种**面科做成的。 (종류 → **种**)

종합 (綜合)★ [종합] [종합만 [-함-]] | 综合ᶻ [zōng hé] 动

❶여러 가지를 한데 모아서 합함.

把各种事物聚集在一起。

종합 점수. 综合分数。

종합 진찰. 综合门诊。

종합된 결과를 확인해 봐야 알 것 같다.

只要确认了综合的结果才能知道。

아내가 더듬거리며 말하는 내용을 **종합**하면 그가
요즘 이상해지고 있다는 것이었다.

综合妻子结结巴巴地说出来的内容，她的意思
是说她老公最近有点儿奇怪。

❶把分析过的对象或现象的各个部分、各属性联
合成一个统一的整体(跟"分析"相对)。

분석한 대상 혹은 현상의 각 부분, 각 속성을 하나
의 통일된 전체로 연합시킨다('분석'과 상대된다)

❷不同各类、不同性质的事物组合在一起。

같지 않은 종류, 같지 않은 성질의 사물을 한데
조합하는 것.

▷**综合**治理。 종합 처리.

综合大学。 종합 대학.

한·중 공통의미

종합 = 综合

번역 과정 중의 비대칭 대응

▷**종합적** 연구 **综合性**研究 (종합적 → **综合性**)

종합적으로 살펴보다. **全方面的**观察。 (종합적으로 → **全方面的**)

죄 (罪)★★ [죄:/줴:] | 罪ᵇⁱⁿɡ [zuì]

❶양심이나 도리에 벗어난 행위.

做出有悖良心或道理的行为。

❶ 名 作恶或狂潮的行为。

나쁜 짓을 하거나 기세가 드높은 행위.

▷**죄**를 범하다. 犯罪.

죄를 저지르다. 惹祸.

죄를 짓다. 犯罪.

❷잘못이나 허물로 인하여 벌을 받을 만한 일.

由于错误或缺陷而导致受惩罚的事.

▷지각한 **죄**로 화장실 청소를 하고 가거라.

作为你迟到的惩罚, 你去把洗手间清扫完再走.

❸『법률』법률에 위반되어 처벌을 면하지 못하는 불법 행위.

『法律』违反法律, 不能免受处罚的不法行为.

▷**죄** 없는 사람을 끌고 가다.

把无罪的人拉走了.

도둑질한 **죄**로 그는 형을 살았다.

他因盗窃罪获刑了.

▷有**罪**. 죄가 있다.

罪大恶极. 죄악이 극도에 달하다.

❷过失；过错.

과실; 잘못.

▷归**罪**于人. 잘못을 남의 탓으로 돌리다.

❸ 名 苦难；痛苦.

고난; 고통.

▷受**罪**. 고통스럽다.

❹把罪过归到某人身上；责备.

죄를 타인에게 돌리다; 책망하다.

▷**罪**己(引咎自责). 자기를 책망하다.

(잘못을 스스로 인정하고 자책하다)

한·중 공통의미	
죄❶+❸= 罪❶	
한국어에서만의 의미(韓)	중국어에서만의 의미(中)
❷잘못이나 허물로 인하여 벌을 받을 만한 일. 由于错误或缺陷而导致受惩罚的事.	❷过失；过错. 과실; 잘못 ❸ 名 苦难；痛苦. 고난; 고통 ❹把罪过归到某人身上；责备. 죄를 타인에게 돌리다; 책망하다.

주민 (住民)★★ [주ː-]	Ø
❶일정한 지역에 살고 있는 사람. 正在某个地区生活的人. ▷아파트 **주민**. 小区居民. 학교 부근의 주민들. 学校附近的居民. **주민**들의 반대로 공사를 시작하지 못하고 있다. 由于居民们的反对, 工程无法开始进行.	**居民**^丙 [jū mín], **住户**☆ [zhù hù] ▷由于**居民**报案, 警车便出动了. 주민의 신고로 경찰이 출동했다. 这一段**住户**都注意清洁. 이 지역의 주민들은 모두 청결에 주의한다.

한·중 공통의미	
없음	
한국어 한자어의 '住民'는 중국어에서는 이런 단어가 존재하지 않음. 같은 의미로써 쓰고 있는 단어는 '**居民** [jūmín], **住户** [zhùhù]'이란 단어가 있음. (中文中不存在韩国语中的'住民'一词, 所以与之相对应含义的中文词汇为'**居民** [jūmín], **住户** [zhùhù]'.)	

주변 (周邊)★ [주변] 명   周边☆ [zhōubiān] 名

❶어떤 대상의 둘레.
  某种对象的周围.
▷**주변** 환경. 周边环境.
  학교 **주변**. 学校周边.
  생활 **주변**에서 늘 일어나는 일.
  生活周边经常发生的事.
❷전두리. 둥근 그릇의 아가리에 둘려 있는 전의 둘레.
  圆边儿. 圆形碗四周环绕着的圆边儿.

❶周围.
  주위.
▷**周边**地区. 주변 지역.
  周边国家. 주변 국가.

한·중 공통의미

주변❶= 周边❶

한국어에서만의 의미(韓)	중국어에서만의 의미(中)
❷전두리. 둥근 그릇의 아가리에 둘려 있는 전의 둘레. 圆边儿. 圆形碗四周环绕着的圆边儿.	없음

주요 (主要)★★ [주요] 명+형   主要甲 [zhǔ yào] 形

❶(일부 명사 앞에 쓰여)주되고 중요함.
  (用于部分名词前)为主的、重要的.
▷올해의 **주요** 사건. 今年的主要事件.
  그 백화점의 **주요** 고객은 주부이다.
  主妇们是那家百货公司的主要客源.
  이것들은 모두 제품 생산에 **주요한** 시설들이다.
  这些全部都是生产产品的主要设施.

❶有关事物中最重要的；起决定作用的.
  관련 사물 중 가장 중요한 것; 결정적인 작용을 하는 것.
▷**主要**原因. 주요 원인.
  主要人物. 주요 인물.

한·중 공통의미

주요 = 主要

주위 (周圍)★ [주위] 명   周围甲 [zhōu wéi] 名

❶어떤 곳의 바깥 둘레.
  某个地方外界的四周.
▷인공위성은 궤도를 따라 지구 **주위**를 돌고 있다.
  人造卫星正沿着轨道在地球周围旋转.
  이 저수지는 **주위**가 10리이다.
  该水库方圆10里.

❶环绕着中心的部分.
  중심을 둘러싼 부분.
▷**周围**地区. 주위 지역.
  关心**周围**的群众. 주위 대중을 보살피다.

❷어떤 사물이나 사람을 둘러싸고 있는 것 또는 그
환경.

包围着某种事物或人的东西。或指那样的环境。

▷주위 환경. 周围环境。

　주위가 조용한 집. 周围(四周)安静的房子。

　벌써 주위가 어두워졌다. 周围早就变暗了。

❸어떤 사람의 가까이에 있는 사람들.

在某人附近的人们。

▷주위의 시선을 의식하다.

　注意到周围人的视线。

　그녀는 주위의 권유로 무용을 배우기 시작했다.

　她在周围人的劝说下开始学习舞蹈。

❹『수학』 원의 바깥 둘레.

　『数学』 圆的周长。

한·중 공통의미	
주위❶+❷+❸= 周围❶	
한국어에서만의 의미(韓)	중국어에서만의 의미(中)
❹『수학』 원의 바깥 둘레.『数学』 圆的周长。	없음

주인 (主人)★ [주인] 명

❶대상이나 물건 따위를 소유한 사람.

　对象或事物之类的所有者。

▷책방 주인. 书房主人。

　주인 없는 땅. 没有主人的地。

　이 우산 주인 없습니까?

　这把雨伞是谁的?

❷집안이나 단체 따위를 책임감을 가지고 이끌어가
는 사람.

　在家庭或集体中具有责任感的领头人。

▷장차 나라의 주인이 될 어린이들.

　未来将成为国家主人的孩子们。

　우리 회사는 말단 사원들도 회사의 주인이라는
생각을 가지고 일한다.

　我们公司就连最底层的员工也是抱着自己是公
司主人的想法工作的。

❸'남편'을 간접적으로 이르는 말.

主人 乙 [zhǔ rén] 名

❶接待客人的(跟"客人"相对)。

　손님을 접대하는 사람('손님'과 상대적이다)

❷旧时聘用家庭教师、账房等的人；雇用仆人的人。

　옛날에 가정교사, 회계 등을 임용하는 사람; 하인
을 고용한 사람.

❸财物或权力的所有人。

　재물 혹은 권력의 소유자.

▷磨坊主人。 방앗간 주인.

对‘丈夫’的间接说法。

▷주인 양반은 뭘 하시는 분이시오?

你丈夫是做什么的啊?

❹손님을 맞아 상대하는 사람.

与客人的身份相对应的人。

▷손님이 **주인**과 겸상을 하다

客人和主人一起用餐。

그는 **주인**을 기다리는 방문객처럼 방 안을 서성

거렸다.

他像是等待主人的访客一样，在房间里踱来踱去。

❺고용 관계에서 고용하는 사람.

雇佣关系的雇主人。

▷직원은 월급이 적다고 **주인**에게 항의했다.

职员说工资太低，向雇主提出了抗议。

주인과 종업원이 사이가 좋다.

店主与营业员的关系很好。

한·중 공통의미
①대상이나 물건 따위를 소유한 사람. 对象或事物之类的所有者. 주인❶+❷= 主人❸
②손님을 맞아 상대하는 사람.与客人的身份相对应的人. 주인❹= 主人❶
③고용 관계에서 고용하는 사람. 雇佣关系中作为雇主的人. 주인❺= 主人❷

한국어에서만의 의미(韓)	중국어에서만의 의미(中)
❸‘남편’을 간접적으로 이르는 말. 对‘丈夫’的间接说法.	없음

주인-공 (主人公)★★ [주인공] 명

❶연극, 영화, 소설 따위에서 사건의 중심이 되는 인물.

戏剧、电影、小说中事件的中心人物。

▷어린이를 **주인공**으로 한 영화.

以儿童为主人公的电影。

그 배우는 첫 출연 작품에서 **주인공** 역을 맡게 되었다.

那个演员在首次出演的作品中当上了主角。

❷어떤 일에서 중심이 되거나 주도적인 역할을 하는 사람.

在某件事中成为中心或发挥主要作用的人。

主人公☆ [zhǔ réng gōng] 名

❶指文艺作品中的中心人物。

문예작품에서의 중심인물을 가리킨다.

▷역사의 **주인공**. 历史的弄潮儿。

청소년은 미래의 **주인공**이다.

青少年是未来的主人翁。

❸드러나지 아니한 관심의 대상.

不显露在外的关心的对象。

▷낙서의 **주인공**. 涂鸦的对象。

무덤의 **주인공**. 墓的主人。

최고 인기 여배우의 마음을 사로잡은 행운의 주
인공이 누구인지 세인들의 관심이 대단했다.

人们非常想知道到底是哪个幸运的人获得到了
最高人气演员的爱情。

한·중 공통의미	
주인·공❶= 主人公❶	
한국어에서만의 의미(韓)	중국어에서만의 의미(中)
❷중심이 되거나 주도적인 역할을 하는 사람. 在某件事中成为中心或发挥主要作用的人。 ❸드러나지 아니한 관심의 대상. 不显露在外的关心的对象。	없음

번역 과정 중의 비대칭 대응

▷그 배우는 첫 출연 작품에서 **주인공** 역을 맡게 되었다. 那个演员在首次出演的作品中当上了**主角**。

(주인공 → 主角)

주장 (主張)★★ [주장] 명+동　　　　　　　　　　**主张**ᶻ [zhǔ zhāng]

❶자기의 의견이나 주의를 굳게 내세움. 또는 그런
의견이나 주의.

内心坚持自己的意见或主义。或指那样的意见
或主义。

▷정당한 **주장**. 正当的主张。

그는 자신의 **주장**만을 고수하는 외골수이다.

他是个只坚持自己的主张的死板的人。

그것만이 유일하고 정당한 인식 방법이라고 **주장**
될 때는 오류와 무리가 따르지 않을 수 없다.

当主张只有那才是唯一正确的认识方法时，就
不可能不存在错误和勉强。

권리를 **주장**하기 전에 의무를 충실히 이행해야
한다.

❶ 动 对于如何行动持有某种见解。

어떻게 행동하는가에 대해 어떤 견해를 가지다.

▷他**主张**马上动身。

그는 바로 출발하자고 주장하였다.

❷ 名 对于如何行动所持有的见解。

어떻게 행동하는 가에 대해 지니는 견해.

▷这两种**主张**都有理由。

이 두 가지 주장은 모두 이유가 있다.

只有忠实地履行义务，才能**主张**权力。

❷주재(主宰). 어떤 일을 중심이 되어 맡아 처리함.

　主宰, 把某事作为核心来处理。

▷토론회를 **주재하다**. 主持讨论会。

한·중 공통의미
주장❶= 主张❶+❷

한국어에서만의 의미(韓)	중국어에서만의 의미(中)
❷주재(主宰). 어떤 일을 중심이 되어 맡아 처리함. 主宰, 把某事作为核心来处理。	없음

주제 (主題)★★ [주제] 명

❶대화나 연구 따위에서 중심이 되는 문제.

　成为对话或研究等的中心的问题。

▷논문의 **주제**. 论文的主题。

　대화의 **주제**. 对话的主题。

　오늘 강당에서는 '한국의 농업 정책'이라는 **주제**로 강연이 있다.

　在今天的课堂上有以'韩国的农业政策'为主题的演讲。

❷예술 작품에서 지은이가 나타내고자 하는 기본적인 사상.

　艺术作品中作者想要表达的基本思想。

▷자연의 아름다움을 **주제**로 한 그림.

　以自然之美为主题的画。

　그 연극은 심각한 **주제**를 해학적으로 표현했다.

　那部戏以灰谐的方式表现深刻的主题。

❸주된 제목.

　主要题目。

主题ᵀ [zhǔ tí] 名

❶文学、艺术作品中所表现的中心思想，是作品思想内容的核心。

　문학, 예술작품에서 표현하는 중심사상, 작품 사상내용의 핵심을 가리킨다.

❷泛指谈话、文件、会议等的主要内容。

　담화, 문서, 회의 따위의 주요내용을 두루 가리킨다.

▷年终分配成了人们议论的**主题**。

　연말분배는 사람들이 토론하는 주요 주제(로)가 되었다.

❸主标题。

　주요 제목

한·중 공통의미
주제 = 主題

주체 (主體)★★★ [주체] 명

❶어떤 단체나 물건의 주가 되는 부분.

　成为某个团体或事物的主要部分。

主体ᵀ [zhǔ tǐ] 名

❶事物的主要部分。

　사물의 주요부분.

▷국가의 **주체**는 국민이다. 国家的主体是人民.

❷사물의 작용이나 어떤 행동의 주가 되는 것.
事物的作用或某种行为的主要部分.

▷역사의 **주체**. 历史的主体.

가계는 중요한 경제 활동의 **주체** 가운데 하나이다.
家计是重要的经济活动主体之一.

❸『언어』 문장 내에서 술어의 동작을 하거나 상태
를 나타내는 대상.
『语言』在句子中作谓语或表现状态的对象.

❹『철학』 실재하는 객관에 대립하는, 의식하는 주관.
与实际存在的客体对立的意识主体.

❺『법률』 다른 쪽에 대하여 의사나 행위를 미치는 쪽.
对另一方做出意识或行为的一方.

❻주체사상.
主体思想.

▷"공산주의자의 궁극의 목표는 세계의 공산화에
있잖나. 그렇게 되면 조국이니 나라니 민족이니
독립이니 **주체**니 주권이니 하는 건전시대의 유물
이 되고 말 것 아닌가."

"共产主义者的终极目标不是世界的共产化嘛.
如果那样的话, 祖国啊、国家啊、民族啊、独立
啊、主体啊、主权啊, 不是都将成为整个时代的
遗物了嘛."

▷包括知识分子在内的工人阶级和广大农民是国
家的**主体**.

지식인층을 포함한 공인계급과 농민들은 국가의
주체이다.

❷哲学上指有认识和实践能力的人.

철학적으로 인식능력과 실천능력이 있는 사람.

❸法律上指依法享有权利和承担义务的自然人、
法人或国家.

법률에서 법에 의거하여 권리를 누리고 의무를
다하는 자연인, 법인 혹은 국가를 가리킨다.

한·중 공통의미	
①주가 되는 것. 主要部分 **주체❶+❷= 主体❶**	
②『철학』 실재하는 객관에 대립하는, 의식하는 주관.与实际存在的客体对立的意识主体. **주체❹= 主体❷**	
③『법률』 다른 쪽에 대하여 의사나 행위를 미치는 쪽.对另一方做出意识或行为的一方. **주체❺= 主体❸**	
한국어에서만의 의미(韓)	중국어에서만의 의미(中)
❸『언어』 문장 내에서 술어의 동작을 하거나 상태를 나타내는 대상.『语言』在句子中作谓语或表现状态的对象. ❻주체사상. 主体思想.	없음

주택 (住宅)★★ [주ː택] 명 [주택만 [주ː탱만]]　　住宅丙 [zhù zhái] 名

❶사람이 들어가 살 수 있게 지은 건물.
　所建的能住人的建筑.
▷목조 **주택**. 木建住宅.
　그 기업의 사장은 호화스러운 **주택**을 소유하고
　있다.
　那个企业的社长拥有豪华的住宅.
❷『건설』 단독 주택.
　单独住宅.
▷노인들이 살기엔 아파트보다 **주택**이 낫다.
　老人们觉得单独住宅比公寓舒服.
　나는 정원이 있는 아담한 **주택**에 살고 있다.
　我在庭院雅致的单独住宅中生活.

❶住房(多指规模较大的).
　주택(비교적 큰 규모)
▷**住宅**区. 주택 구역.
　居民**住宅**. 주민 주택.

한·중 공통의미

주택❶= 住宅❶

한국어에서만의 의미(韓)	중국어에서만의 의미(中)
❷『건설』=단독 주택.单独住宅.	없음

준비 (準備)★ [준ː비] 명＋동　　准备甲 [zhǔn bèi] 动

❶미리 마련하여 갖춤.
　提前置办或打算好.
▷완벽한 **준비**. 完善的准备.
　월동 **준비**를 서두르다. 抓紧做过冬的准备.
　그는 등산을 갈 **준비**를 차렸다.
　他做好了登山的准备.
　생일잔치가 착착 **준비되**고 있다.
　正一点一点地准备生日宴会.
　그는 시험을 철저하게 **준비하**였다.
　他彻底地做好了考试的准备.

❶预先安排或筹划.
　우선적으로 안배 혹은 기획하다.
▷精神**准备**. 정신적 준비.
　准备发言提纲. 발언요점을 준비하다.
　准备一个空箱子放书.
　책을 넣을 빈 박스 하나를 준비해 줘.
❷打算. …을/를 계획이다., …하려고 하다
▷春节我**准备**回家.
　설에 집에 갈 계획이다.

한·중 공통의미

준비❶= 准备❶

한국어에서만의 의미(韓)	중국어에서만의 의미(中)
없음	❷打算. …을/를 계획이다., …하려고 하다

중심 (中心)★ [중심]

❶ 명 사물의 한가운데.

事物的正中央。

▷ **중심**에 서다. 站在正中央。

중심을 벗어나다. 脱离了中心。

집은 기다란 장방형의 구조로서 넓은 마루를 중심에 두고 방들이 양쪽으로 날개처럼 길게 뻗어 있다.

房子是长长的长方形，以宽阔的地板为中心，各个房间像翅膀一样长长地伸向两侧。

❷ 명＋동 사물이나 행동에서 매우 중요하고 기본이 되는 부분.

事物或行动中重要的基本部分。

▷ **중심** 개념. 中心概念。

중심 내용. 中心内容。

서울은 우리나라 정치·경제·문화의 **중심**이다.

首尔是韩国的政治·经济·文化中心。

포항은 철강 산업이 **중심** 되는 곳이다.

浦项是钢铁产业的中心地区。

아이들은 난로를 **중심**하여 빙 둘러앉았다.

孩子们以暖炉为中心，围坐成一圈。

❸ 명 확고한 주관이나 줏대.

坚定的主见或主心骨。

▷ **중심**이 흔들리다. 动摇决心。

중심이 없다. 没有主见。

이럴수록 마음을 느긋하게 먹고 **중심**을 잃지 말아야 하네.

越是这样越得下定决心不能丢了主见才行啊。

中心乙 [zhōng xīn] 名

❶ 跟四周的距离相等的位置。

주변과 거리가 동일한 위치.

▷ 在草地的**中心**有一个八角亭子。

잔디 중심에 8각 정자가 한개 있다.

❷ 事物的主要部分。

사물의 주요부분

▷ **中心**问题。중심 문제.

抓住中心开展工作。

중심을 잡아 일을 처리하다.

❸ 在某一方面占重要地位的城市或地区。

한 방면에 중요한 지위를 차지하는 도시 혹은 지역.

▷ 政治**中心**。 정치적 중심.

文化**中心**。 문화적 중심.

❹ 设备、技术力量等比较完备的机构和单位(多做单位名称)。

설비, 기술력 따위가 비교적 보완된 기구와 단위 (단위의 명칭에 많이 사용된다)

▷ 研究**中心**。 연구 센터.

科技信息**中心**。 과학기술정보센터.

한·중 공통의미	
한국어에서만의 의미(韓)	중국어에서만의 의미(中)
❸확고한 주관이나 줏대. 坚定的主见或主心骨。	❹设备、技术力量等比较完备的机构和单位(多做单位名称)。 설비, 기술력 따위가 비교적 보완된 기구와 단위(단위의 명칭에 많이 사용된다)

결합정보: 중국어의 '中心'는 그대로 관형사로 쓰일 수 있지만 한국어에서의 '중심'는 '적'과 결합해야만 관형사로 쓰일 수 있다. 中文的'中心'可以作为形容词使用，但韩语的'중심'只有和'적'结合，才能作为形容词来使用。

① 중심 위치 (×)　　　　　　　②중심적 역할 (×)

　중심적 위치 (O)　中心位置　　　중심적 역할 (O) 中心作用

번역 과정 중의 비대칭 대응

▷중심적 존재 **核心**存在 (중심적 → **核心**)

중앙 (中央)[☆] [중앙] 명 　　　　　中央^乙 [zhōng yāng] 名

❶사방의 중심이 되는 한가운데.
　成为四周中心的正中间。
▷벽 **중앙**에 액자를 걸다. 墙中央挂着相框。
　사무실 **중앙**에 회의용 탁자를 놓았다.
　办公室中央摆放着会议桌。
❷양쪽 끝에서 같은 거리에 있는 지점.
　到两端距离相等的地点。
▷코트의 **중앙**. 球场的中央。
　공격수가 **중앙**을 돌파하다. 前锋突破中央。
❸중심이 되는 중요한 곳. 成为中心的重要地方。
▷**중앙** 도서관. 中央图书馆。
　중앙 본부. 中央总部。
❹지방에 상대하여 수도를 이르는 말.
　相对于地方的首都。
▷**중앙** 일간지. 中央日报。
　감독관이 **중앙**에서 지방으로 파견되었다.
　从中央派遣监督官到地方。

❶中心地方。
　중심 지역.
▷湖的中央有个亭子。
　호수의 **중앙**에 정자가 하나 있다.
❷特指国家政权或政治团体的最高领导机构(跟
"地方"相对。
　국가정권 혹은 정치단체의 최고지도 기구("지방"
　과 상대적이다)
▷党**中央**。 당 중앙(정부).
　中央政府。 중앙 정부.

한·중 공통의미	
중앙 = 中央❶	
한국어에서만의 의미(韓)	중국어에서만의 의미(中)
없음	❷特指国家政权或政治团体的最高领导机构(跟"地方"相对)。 국가정권 혹은 정치단체의 최고지도기구("지방"과 상대적이다)

지구 (地球)^{★★} [지구] 명　　　　　地球^乙

❶『천문』태양에서 셋째로 가까운 행성. 인류가 사
는 천체로, 달을 위성으로 가진다.
　『天文』距离太阳最近的第三颗行星，是生活着
　人类的天体，它的卫星是月亮。

❶太阳系八大行星之一，按离太阳由近而远的次序
计为第三颗，球形而略扁。周围有大气圈包围，表
面是陆地和海洋，由人类和动植物等生存。
　지구. 태양계의 8개 행성 중 하나로, 태양에서부
　터 3번째로 멀리 떨어진 약간 기울어진 구형. 대

기권으로 둘러싸여 있고, 표면은 대륙과 해양이
어서 인류와 동식물이 산다.

한·중 공통의미

지구 = 地球

번역 과정 중의 비대칭 대응

▷환경 보호는 이제 **지구적** 과제가 되었다. 目前, 环保已经成为了**全球性的**课题。

(지구적 → **全球性的**)

이 엄청난 일을 처리하기 위해서는 **지구적인** 시각을 가질 필요가 있다.

要想解决这样的大事, 必须要有**全球性的**眼光才行。 (지구적인 → **全球性的**)

지금 (只今)★ [지금]　　　　　　　　Ø

❶ 명 말하는 바로 이때.

现在。

▷**지금**부터 한 시간 동안만 놀자.

从现在开始, 只玩一个小时吧。

그런 중요한 일을 왜 **지금**에야 말을 하느냐.

那么重要的事, 怎么到现在才说呀。

❷ 부 말하는 바로 이때에.

这时, 此刻。

▷나는 **지금** 막 집에 도착했다.

我刚到家。

그는 **지금** 운동을 하고 있다.

他现在正在运动。

❶现在^甲 [xiàn zài], **如今**^乙 [rú jīn]

▷**现在**是国会闭会期间。

지금은 국회의 폐회 기간이다.

事到**如今**, 还没分晓。

일이 지금에 이르러서도 아직 결말이 안 났다.

❷现在^甲 [xiàn zài], **刚**^甲 [gāng]

▷**现在**市内住房很紧张。

지금 시내에는 주택이 부족하다.

他**刚**从乡下来。

그는 지금 시골에서 막 왔다.

한·중 공통의미

없음

한국어 한자어의 '只今'는 중국어에서는 이런 단어가 존재하지 않음. 같은 의미로써 쓰고 있는 단어는

'**现在** [xiàn zài], **如今** [rú jīn], **刚** [gāng] '이란 단어가 있음. (中文中不存在韩国语中的'只今'一词, 所以

与之相对应含义的中文词汇为'**现在** [xiàn zài], **如今** [rú jīn], **刚** [gāng] '.)

지도-자 (指導者)★★ [지도자] 명　　　　Ø

❶남을 가르쳐 이끄는 사람.

教导并指引他人的人。

▷최고 **지도자**. 最高领导。

그는 실력과 덕망을 모두 갖추고 있어서 우리 조

领导^甲 [lǐng dǎo], **领袖**^乙 [lǐng xiù],

领导人[☆] [lǐng dǎo rén]

▷**领导**是人民的勤务员。

지도자는 국민의 봉사자이다.

직의 **지도자**로 적합하다.

他德才兼备，适合做我们组织的领导人。

지도자적 역할. 领导的作用.

그 사람에게서는 **지도자**적인 면모를 엿볼 수 있다.

从那个人的身上能看到领袖的形象.

他成为韩国政界的**领袖**。

그는 한국 정치의 지도자가 되었다.

我们为外国**领导人**准备了盛大的招待会。

우리는 외국 지도자를 위한 성대한 연회석을 준비했다.

한·중 공통의미

없음

한국어 한자어의 '指導者'는 중국어에서는 이런 단어가 존재하지 않음. 같은 의미로써 쓰고 있는 단어는 '领导 [lǐng dǎo], 领袖 [lǐng xiù], 领导人 [lǐng dǎo rén]'이란 단어가 있음. (中文中不存在韩国语中的'指導者'一词，所以与之相对应含义的中文词汇为'领导 [lǐng dǎo], 领袖 [lǐng xiù], 领导人 [lǐng dǎo rén]'.)

지방 (地方)★ [지방] 명   地方^甲 [dì fāng] 名

❶어느 방면의 땅.

某处的土地.

낯선 **지방**으로 여행하다. 去陌生的地方旅行.

❷서울 이외의 지역.

首尔以外的地区.

지방 도시. 地方城市.

그는 **지방**에서 고등학교를 나왔다.

他是在地方上的高中.

❸중앙의 지도를 받는 아래 단위의 기구나 조직을 중앙에 상대하여 이르는 말.

相对于中央而言，接受中央领导的下级机构或组织.

❶1)某一区域；2)空间的一部分；3)部位.

어떤 구역; 공간의 일부분; 부위.

▷你是什么**地方**的人？ 어느 곳에서 왔니?

会场里人都坐满了，没有**地方**了.

회의 장소에 사람이 전부 차서 더 이상 자리가 없다.

我这个**地方**有点儿疼. 저 여기가 조금 아파요.

❷部分.

부분.

▷这话有对的地方，也有不对的地方.

이 말에는 맞는 부분이 있고 틀린 부분도 있다.

한·중 공통의미

지방 = 地方❶1)

한국어에서만의 의미(韓)	중국어에서만의 의미(中)
없음	❶2)空间的一部分；3)部位. 어떤 구역; 공간의 일부분; 부위 ❷部分。 부분

지배 (支配)★★★ [지배] 명+동   支配^丙 [zhī pèi] 动

❶어떤 사람이나 집단, 조직, 사물 등을 자기의 의사대로 복종하게 하여 다스림.

❶安排.

안배(하다). 배치(하다).

对某人或某种集团、组织、事物等进行治理，使其服从自己的想法。

▷지배 계층. 统治阶级.

이 독재 **지배**는 전 계층의 민중들에게 격한 분노를 일으켰다.

这种独裁统治激起了所有阶级群众的愤怒。

후진국이나 개발 도상국의 많은 나라가 독재자에게 **지배되고** 있는 것이 현실이다.

现实是许多落后国家及发展中国家正在被独裁者统治。

무력으로 약소민족을 **지배하다**.

依靠武力统治弱小民族。

❷외부의 요인이 사람의 생각이나 행동에 적극적으로 영향을 미침.

外部要因给人的思想和行动带来积极的影响。

▷사람은 환경의 **지배**를 받는다.

人会受到环境的影响。

인간의 행위는 인간의 의지에 **지배된다**.

人类的行为受到人类意志的支配。

기쁨도 반가움도 비애도 절통도 그의 마음을 **지배하지**를 못하였다.

无论是高兴还是开心，无论是悲伤还是痛苦，都无法影响他的决心。

▷合理**支配**时间。시간을 알맞게 안배하다.

支配劳动力。노동력을 배치하다.

❷对人或事物起引导和控制的作用。

사람 혹은 사물에 대해 지도와 통제 작용을 하다.

▷思想**支配**行动。

사상은 행동을 지배한다.

한·중 공통의미	
지배 = 支配	
한국어에서만의 의미(韓)	중국어에서만의 의미(中)
❶어떤 사람이나 집단, 조직, 사물 등을 자기의 의사대로 복종하게 하여 다스림. 对某人或某种集团、组织、事物等进行治理, 使其服从自己的想法。	❶安排。 안배(하다). 배치(하다).

번역 과정 중의 비대칭 대응

▷사람은 환경의 **지배**를 받는다. 人会受到环境的**影响**。 (지배 → 影响)

기쁨도 반가움도 비애도 절통도 그의 마음을 **지배하지**를 못하였다.

无论是高兴还是开心，无论是悲伤还是痛苦，都无法**影响**他的决心。 (지배하다 → 影响)

지배적 위치에 있는 사람들 占据**统治**地位的人们 (지배적 → 统治)

회장으로 있는 동안 그는 **지배적인** 태도로 일관했다. 在任会长期间，他一贯是**独断的**态度。

(지배적인 → 独断的)

국민 정신생활을 **지배적으로** 이끌어 나가는 원동력 **主导性地**引导国民精神生活的原动力

(지배적으로 → 主导性地)

요즘 들어 경제 개혁이 필요하다는 분위기가 **지배적**이다.

最近必须进行经济改革的气氛**占主导地位**。 (지배적 → 占主导地位)

지식 (知識)★★ [지식] 명 [지식만 [-싱-]]   知识^甲 [zhī shi] 名

❶어떤 대상에 대하여 배우거나 실천을 통하여 알게 된 명확한 인식이나 이해.

通过学习或实践来取得对某种对象的明确认识或理解。

▷**지식**을 쌓다. 积累知识.

지식을 얻다. 获得知识.

❷알고 있는 내용이나 사물.

所了解的内容或事物.

▷전문 **지식**. 专业知识. 기초 **지식**. 基础知识.

국정 각 분야에 대한 그의 해박한 **지식**은 이미 잘 알려져 있는 사실이다.

众所周知，他知识渊博，对国政各领域的知识都非常了解。

❶人们在社会实践中所获得的认识和经验的总和。

사람들이 사회실천에서 얻은 인식과 경험의 총합.

❷指学术、文化或学问。

학술, 문화 혹은 학문을 가리킨다.

▷有**知识**。 지식이 있다.

知识分子。 지식인.

한·중 공통의미

지식 = 知识

지원 (支援)★★ [지원] 명+동   支援^乙 [zhī yuán] 动

❶지지하여 도움.

支持并帮助.

▷**지원** 대책. 援助对策.

자금 **지원**. 资金支持.

지원을 아끼지 않다. 大力支持.

많은 기업체가 그 공연 단체를 **지원**하기로 약속하였다.

很多企业都承诺要赞助那个演出团。

❶用人力、物力、财力或其他实际行动去支持和援助。

인력, 물력, 재력 혹은 기타 실제행동으로 지지와 원조를 하다.

▷**支援**灾区。 재해 지역을 지원하다.

互相**支援**。 상호 지원하다.

한·중 공통의미

지원 = 支援

번역 과정 중의 비대칭 대응

▷**지원** 대책 **援助**对策 (지원 → 援助)

자금 **지원** 资金**支持** (지원 → 支持)

많은 기업체가 그 공연 단체를 **지원**하기로 약속하였다. 很多企业都承诺要**赞助**那个演出团。

(지원하다 → 赞助)

지위 (地位)★★ [지위] 명

❶개인의 사회적 신분에 따르는 1)위치나 2)자리.
符合个人的社会身份的位置或职位。
▷**지위** 향상. 提高地位.
지위를 차지하다. 有地位.
높은 **지위**에 오르다. 升职.
❷어떤 사물이 차지하는 자리나 위치.
某种事物所占据的位置.

地位ᶻ [dìwèi] 名

❶人、团体或国家在社会关系或国际关系中所处
的位置。
사람, 단체 혹은 국가가 사회관계 혹은 국제 관계
에서 처한 위치.
▷学术**地位**. 학술 지위.
国际**地位**. 국제 지위.
❷(人或物)所占的地方。
(사람 혹은 사물)이 차지하는 부분.

한·중 공통의미

①개인의 사회적 신분에 따르는 위치. 符合个人的社会身份的位置. 지위❶1) = 地位❷
②어떤 사물이 차지하는 자리나 위치. 某种事物所占据的位置. 지위❷= 地位❷

한국어에서만의 의미(韓)	중국어에서만의 의미(中)
❶2)개인의 사회적 신분에 따르는 자리. 符合个人的社会身份的职位.	없음

직업 (職業)★ [지겁] [직업만 [지검만]]

❶생계를 유지하기 위하여 자신의 적성과 능력에
따라 일정한 기간 동안 계속하여 종사하는 일.
为了维持生计，根据自身的性格和能力在一定
期间内持续地从事的工作。
▷**직업** 소개. 职业介绍.
그의 **직업**은 건축가이다. 他的职业是建筑师.

职业ᶻ [zhí yè]

❶名 个人在生活中所从事的作为主要生活来源
的工作。
개인이 생계를 유지하기 위하여 종사하는 일.
▷你的**职业**是什么?
너의 직업은 뭐냐?
❷形 专业的，非业余的。
전문적인, 프로다운,
▷**职业**剧团。프로 연극단.
职业运动员。프로 선수.

한·중 공통의미

직업❶= 职业❶

한국어에서만의 의미(韓)	중국어에서만의 의미(中)
없음	❷形 专业的，非业余的。전문적인, 프로적,

결합정보: 중국어의 '职业'는 그대로 관형사로 쓰일 수 있지만 한국어에서의 '직업'는 '적'와 결합해야만 관형사로 쓰일 수 있다. 中文的'职业'可以作为形容词使用，但韩语的'직업'只有和'적'结合，才能作为形容词来使用。

① 직업 호기심 (×)

　직업적 호기심 (O) 职业好奇心

② 그는 탐정이라는 직업 눈으로 모든 사물을 본다.(×)

　그는 탐정이라는 직업적인 눈으로 모든 사물을 본다.(O)他以侦探的职业眼光观察所有的事物。

직원 (職員)★ [지권]　　　　　　　　　　职员^丙 [zhíyuán] 名

❶일정한 직장에 근무하는 사람을 통틀어 이르는 말. 对在某些职场里工作的人的统称.

▷**직원**을 고용하다. 雇佣职员.

　그는 60여 명의 **직원**을 두고 있는 중소기업의 사장이다.

　他是一位拥有60多名员工的中小企业的社长。

❶机关、企业、学校、团体里担任行政或业务工作的人员。

▷他由**职员**晋升为经理。

　그는 직원에서 사장으로 올라섰다.

한·중 공통의미

직원 = 职员

직장 (職場)★ [직짱] 명　　　　　　　　职场[☆] [zhí chǎng] 名

❶사람들이 일정한 직업을 가지고 일하는 곳.

　具有一定职业的人工作的地方。

▷그는 아침 일찍 **직장**으로 출근했다.

　他早上很早就去上班了。

　남편은 **직장**에서 돌아올 시간이 넘었는데도 돌아오지 않았다.

　都已经超过了平时下班到家的时间了，可是丈夫却依然没有回来。

❷일자리.

　工作。

▷**직장**을 구하다. 求职.

　일이 너무 힘들어서 **직장**을 옮길 생각이다.

　工作实在太累了，打算换个工作。

❶工作任职的场所。

▷**职场**新人。직장의 신입사원.

한·중 공통의미

직장❶= 职场❶

한국어에서만의 의미(韓)	중국어에서만의 의미(中)
❷일자리 工作	없음

질문 (質問)★　　　　　质问[☆] [zhì wèn] 动

❶알고자 하는 바를 얻기 위해 물음.	❶依据事实问明是非，责问.
为了了解想知道的情况而提问.	사실대로 책문하다.
▷**질문**이 있으신 분은 발표가 끝난 후에 해 주시기	▷受到了上级的严厉**质问**.
바랍니다.	상부의 엄한 문책을 받았다.
如果有什么问题，请在发表结束后提出.	
선생님께 궁금한 점을 **질문**하였다.	
向老师请教了不懂的问题.	

한·중 공통의미
없음

한국어에서만의 의미(韓)	중국어에서만의 의미(中)
❶알고자 하는 바를 얻기 위해 물음.	❶依据事实问明是非，责问.
为了了解想知道的情况而提问.	사실대로 책문하다.

질서 (秩序)★★ [-써]　　　　　秩序^乙 [zhì xù] 名

❶혼란 없이 순조롭게 이루어지게 하는 사물의 순	❶有条理、不紊乱的情况.
서나 차례.	순서나 차례가 순조롭게 되어 있는 상황.
让事有条不紊、顺利地完成的顺序或次序.	▷**秩序**井然 질서가 정연하다.
▷**질서**가 문란하다. 秩序紊乱.	遵守会场**秩序**.
질서를 지키다. 遵守秩序.	회장 질서를 지키십시오
동물의 세계에도 엄격한 **질서**가 있다.	
动物的世界里也有着严格的秩序.	

한·중 공통의미
질서 = **秩序**

집단 (集團)★★ [집딴] 명　　　　　集团^丙 [jí tuán] 名

❶여럿이 모여 이룬 모임.	❶为了一定的目的阻止起来共同行动的团体.
一些人聚在一起形成的集合.	어떤 목적을 달성하기 위해 여럿이 모여 이룬 모임.
▷예술가 **집단**. 艺术家团体.	▷统治**集团**. 통치 집단.
집단 시위. 集体示威.	❷由若干同类企业联合起来而形成的经济实体.

집단으로 사표를 제출하다. 集体递交了辞呈。

집단적 행동. 集体行动。

그들은 유랑하면서 **집단적으로** 생활을 하고 있다.
他们一边流浪，一边过着集体生活。

여러 같은 업종의 기업이 모여 이룬 경제적 업체.

▷**集团**公司。그룹 회사.

报业**集团**。신문사 그룹.

한·중 공통의미	
집단❶= 集团❶	
한국어에서만의 의미(韓)	중국어에서만의 의미(中)
없음	❷由若干同类企业联合起来而形成的经济实体。 여러 같은 업종의 기업은 모여 이룬 경제적 업체.

번역 과정 중의 비대칭 대응

▷예술가 **집단** 艺术家**团体** (집단 → 团体)

　집단 시위 **集体**示威 (집단 → 集体)

　집단으로 사표를 제출하다 **集体**递交了辞呈 (집단으로 → 集体)

　집단적 행동 **集体**行动 (집단적 → 集体)

　그들은 유랑하면서 **집단적으로** 생활을 하고 있다. 他们一边流浪，一边过着集体生活。

　(집단적으로 → 集体)

차 (車)★ [차] 명　　　车甲 [chē]

❶바퀴가 굴러서 나아가게 되어 있는, 사람이나 짐을 실어 옮기는 기관. 자동차, 기차, 전차, 우차, 마차 따위를 통틀어 이른다.

　通过车轮滚动前进，运输人或行李的机关。是对火车、汽车、电车、牛车、马车等的统称。

▷**차**를 타다. 乘车。

　오는 길에 **차**가 고장이 나서 늦었습니다.

　来的路上车坏了，所以迟到了。

❷(수량을 나타내는 말 뒤에 쓰여)화물을 '❶'에 실어 그 분량을 세는 단위.

　(用于数词后)用 '❶' 计算所拉货物的分量的单位。

▷모래 세 **차**. 3车沙子。

　한 **차** 분량의 배추. 分量当相于一车的白菜。

❸『운동』'車' 자를 새긴 장기짝.

　『运动』'车' 字棋子。

▷**차**하고 마하고 바꾸다. 用车换马。

　차 장 받아라. 車将！

❹우리나라 성(姓)의 하나.

❶名 有轮子的路上交通工具。

　바퀴가 굴러서 나아가게 되어 있는 교통수단.

▷火**车**。기차. 汽**车**。자동차. 马**车**。마차.

　一辆**车**。차 한 대.

❷名 利用轮轴转动的机器。

　바퀴가 달린 기구.

▷纺**车**。물레.

　滑**车**。도르래. 활차.

　水**车**。수차.

❸名 指机器。

　기계. 기기(機器).

▷开**车**。기계를 작동하다.

　车间。작업 현장.

❹动 车削。

　선반으로 깎다.

▷**车**圆。선반으로 둥글게 깎다.

　车螺丝钉。나사를 깎다.

❺动 用水车取水。

韩国的姓氏之一。

수차로 물을 퍼 올리다.

▷把河里的水**车**到稻田里。

강물을 수차로 퍼 올려서 논에 끌어대다.

❻ 动 <方言> 转动(多指身体)。

방언, (몸을) 돌리다.

▷**车**过身来。몸을 돌리다.

❼ 名 姓。

성(씨)

❽ 名 [jū] 象棋棋子的一种。

장기(將棋)의 차(車).

한·중 공통의미

①바퀴가 굴러서 나아가게 되어 있는 교통수단. 有轮子的路上交通工具。 차❶= 车❶

②화물 분량을 세는 단위. 计算所拉货物的分量的单位。(예. 모래 세 차 3车沙子)

③象棋棋子的一种。 장기(將棋)의 차(車). 차❸= 车❽

④바퀴가 달린 기구. 利用轮轴转动的机器。 (예. 水车 수차)

⑤성(姓)의 하나. 姓。 차❹= 车❼

한국어에서만의 의미(韓)	중국어에서만의 의미(中)
없음	❸ 名 指机器。기계. 기기(機器).
	❹ 动 车削。선반으로 깎다.
	❺ 动 用水车取水。수차로 물을 퍼 올리다.
	❻ 动 <方言> 转动 (多指身体)。

차례 (次例)★　　　　　　Ø

❶순서 있게 구분하여 벌여 나가는 관계. 또는 그 구분에 따라 각각에게 돌아오는 기회.

有序地区分开来的关系。或按这种区分轮给每个人或事物的机会。

▷**차례**를 지키다. 按**顺序**。

차례대로 차에 오르다. 按**次序**上车。

제가 할 **차례**입니다. 轮到我了。

❷책이나 글 따위에서 벌여 적어 놓은 항목.

书或文章中列出的项目。

▷책 **차례**를 보면 그 책의 짜임을 알 수 있다. 从书的**目录**可以看出书的结构。

❸(수량을 나타내는 말 뒤에 쓰여)일이 일어나는 횟수를 세는 단위.

❶顺序T [shùn xu], 次序T [cì xù]

▷按**顺序**上场。

차례로 돌아가며 출연하다.

请大家不要挤, 按**次序**上车。

모두 서로 밀지 말고, 차례로 차를 타시오.

❷目录T [mù lù]

▷买书的时候先打开看看**目录**。

책을 사면 차례를 먼저 펼쳐본다.

❸次甲 [cì], 遍甲 [biàn], 阵乙 [zhèn], 趟乙 [tàng]

▷前后共处理了八**次**。

전부 합해서 여덟 차례 처리하다.

练了一**遍**拳法。

권법을 한 차례 연습하다.

(用于数词后)计算事情发生的次数。

▷그는 같은 말을 여러 **차례** 반복했다.

他把同样的话重复了很多**遍**。

소나기가 몇 **차례** 쏟아졌다.

阵雨下了好几**阵**。

今天下了好几**阵**雨。

오늘 비가 여러 차례 왔다.

下午到市场遛了一**趟**。

오후에 시장을 한 차례 다녀왔다.

한·중 공통의미

없음

한국어 한자어의 '次例'는 중국어에서는 이런 단어가 존재하지 않음. 같은 의미로써 쓰고 있는 단어는 '**顺序** [shùn xu], **次序** [cì xù], **目录** [mù lù], **次** [cì], **遍** [biàn], **阵** [zhèn], **趟** [tàng]' 등이 있음. (中文中不存在韩国语中的'次例'一词，所以与之相对应含义的中文词汇有'**顺序** [shùn xu], **次序** [cì xù], **目录** [mù lù], **次** [cì], **遍** [biàn], **阵** [zhèn], **趟** [tàng]'等)

차원 (次元)★★ [차원] 명   Ø

❶사물을 보거나 생각하는 처지. 또는 어떤 생각이나 의견 따위를 이루는 사상이나 학식의 수준.

观察或思考事物的处境。或形成某种想法或意见等的思想、学识的水平。

▷**차원**이 낮은 영화. **起点**低的电影。

국가 **차원**에서 조사할 문제이다.

应该从国家**层面**上调查的问题。

层面☆ [céng miàn], **角度**^丙 [jiǎo dù], **立场**^乙 [lìchǎng], **起点**^丁 [qǐ diǎn], **维(度)**☆ [wéi dù]

▷外交**层面**。외교적 차원.

民族的**角度**。민족적 차원.

他提出了**立场**不同的意见。

그는 차원이 다른 의견을 제시하였다.

起点低的谈话。차원이 낮은 이야기.

三**维**空间。3차원 공간.

한·중 공통의미

없음

한국어 한자어의 '次元'는 중국어에서는 이런 단어가 존재하지 않음. 같은 의미로써 쓰고 있는 단어는 '**层面** [céng miàn], **角度** [jiǎo dù], **立场** [lìchǎng], **起点** [qǐ diǎn], **维(度)** [wéidù] ' 등이 있음. (中文中不存在韩国语中的'次元'一词，所以与之相对应含义的中文词汇有'**层面** [céng miàn], **角度** [jiǎo dù], **立场** [lìchǎng], **起点** [qǐ diǎn], **维(度)** [wéidù] '等)

차이 (差異)★★ [차이] 명   差异^丁 [chā yì]

❶서로 같지 아니하고 다름. 또는 그런 정도나 상태.

彼此不同。或不同的程度、状态。

▷성격 **차이**. 性格差异。

그와 나는 견해 **차이**가 크다.

他和我的见解有很大不同。

❶差别，不相同的地方。

차이, 다른 점.

▷南北气候**差异**很大。

남과 북은 기후 상에 차이가 많다.

几个评委的打分有**差异**。

몇 명의 심사위원의 채점은 차이가 좀 있다.

차이 = 差异

참여 (參與)★★ [차며] 명+동 | **参与**^丁 [cān yù] 动

❶어떤 일에 끼어들어 관계함.
介入某事并与之相关。
▷홍보 부족인지 사람들의 **참여**가 너무 적었다.
可能是宣传不到位，参与的人很少。
단풍제에 **참여**하기 위해 찾아온 많은 사람들 틈
에 끼이고 싶은 것이었다.
很想参与到来参加枫叶节的人群中。

❶参加(事务的计划、讨论、处理)。
일의 계획, 토론, 처리에 끼어든다.
▷**参与**其事。일에 참여하다.
他曾**参**与这个计划的制定工作。
그는 이 계획을 작성하는 일에 참여했다.

참여 = 参与

책 (冊)★ [책] 명 [책만 [챙만]] | **册**^乙 [cè]

❶종이를 여러 장 묶어 맨 물건.
把很多张纸捆扎在一起。
▷친구들에게서 온 편지를 **책**으로 묶어 보관해두었다.
我把朋友们寄给我的信捆成册保管了。
❷일정한 목적, 내용, 체재에 맞추어 사상, 감정, 지
식 따위를 글이나 그림으로 표현하여 적거나 인쇄
하여 묶어 놓은 것.
通过符合一定目的、内容、体裁的文章或画来
表达思想、感情、知识等，并把它们写或印刷出
来，然后捆好的东西。
▷**책** 한 권. 一册书。
책을 읽다. 读书。
그는 책장에 **책**을 가지런히 꽂아 놓았다.
他把书整齐在了摆放在了书架上。
❸(수량을 나타내는 말 뒤에 쓰여)옛 서적이나 여러
장의 종이를 하나로 묶은 것을 세는 단위.
(用于数词后)计算古书籍或由很多张纸捆扎在一
起的东西的单位。

❶册子。
책자。
▷명 **册**。명부(名簿). 画**册**. 그림책, 화첩
纪念**册**. 기념첩(앨범).
❷量 用于书籍等。
책을 세는 단위。
▷这套书一共六**册**。
이 책은 모두 6권이다。
❸书面语, 帝王封爵的命令。
<문어> 봉작(封爵)하다。
▷**册**封。책봉하다。

▷≪목민심서≫는 48권 16**책**으로 되어 있다.

　≪牧民心书≫共分48卷16册。

❹(일부 명사 뒤에 붙어)'서적'임을 나타내는 말.

　(用于部分名词后)表示'书籍'。

▷국어**책**, 요리**책**, 해설**책**.

　语文书, 烹饪书, 说明书。

한·중 공통의미
①책자. 册子. **책❶**＝ **册❶**
②책을 세는 단위. 用于书籍等。　**책❸**＝ **册❷**
③<문어> 봉작(封爵)하다. 帝王封爵的命令。　(예. **册**封　**책**봉하다)

한국어에서만의 의미(韓)	중국어에서만의 의미(中)
❷책. 书.	없음
❹'서적'임을 나타내는 말. 表示'书籍'.	

책상 (冊床)★ [책쌍] 명　　　　　　Ø

❶앉아서 책을 읽거나 글을 쓰거나 사무를 보거나 할 때에 앞에 놓고 쓰는 상.

　坐着看书写字或办公时放在面前使用的桌子。

▷사무용 **책상**. 办公桌。

　책상 앞에만 붙어 있다고 공부가 잘되는 건 아니다.

　并不是一天到晚呆在书桌前就一定能学习好。

书桌☆ [shū zhuō], **桌子**甲 [zhuō zi]

▷整理**书桌**。

　책상을 정리하다.

　桌子上的书全淹湿了。

　책상의 책이 모두 젖었다.

한·중 공통의미
없음
한국어 한자어의 '冊床'는 중국어에서는 이런 단어가 존재하지 않음. 같은 의미로써 쓰고 있는 단어는 '**书桌** [shū zhuō], **桌子** [zhuō zi]' 등이 있음. (中文中不存在韩国语中的'冊床'一词，所以与之相对应含义的中文词汇有'**书桌** [shū zhuō], **桌子** [zhuō zi]'等)

책임 (責任)★★ [채김] 명　　　　　　责任乙 [zé rèn] 名

❶맡아서 해야 할 임무나 의무.

　必须完成的任务或应承担的义务。

▷연락 **책임**. 负责联络。

　책임 의식. 责任意识。

　우리는 교사로서 학생들을 지도하고 보호할 **책임**이 있다.

❶分内应做的事。

　맡아서 해야 할 일.

▷尽**责任**。 책임을 지다.

❷没有做好分内应做的事，因而应当承担的过失。

　어떤 일에 관련되어 그 결과에 대하여 지는 의무나 부담.

我们身为教师，具有指导并保护学生的责任。

❷어떤 일에 관련되어 그 결과에 대하여 지는 의무나 부담. 또는 그 결과로 받는 제재(制裁).

　　与某件事情有关，并且对该事情的结果承担义务，或者因该结果而受到制裁。

▷법적, 정치적, 도의적 **책임**.

　　法律的、政治的、道义上的责任。

　　이번 사태에 대한 **책임**. 对于本次事件的责任。

　　책임을 묻다. 问责。

　　나는 이 문제에 대해 아무 **책임**도 없다.

　　我对该问题没有任何责任。

▷**责任**人。책임자.

追求**责任**。책임을 추궁하다.

这事如果搞不好，你要负责任。

이 일이 만일 잘못되면 너는 **책임**을 져야 한다.

한·중 공통의미

책임 = 责任

처리 (處理)★★ [처:리] 명+동

❶사무나 사건 따위를 절차에 따라 정리하여 치르거나 마무리를 지음.

　　按程序对事务或事件等进行整理、办理和收尾。

▷행정 **처리**. 行政处理。

　　새 컴퓨터는 **처리** 속도가 빨랐다.

　　新计算机的处理速度很快。

　　이 사건은 일반 형사 사건처럼 **처리되**어서는 안된다.

　　该事件不能像普通的刑事案件那样处理。

　　그 일을 제게 맡겨 주시면 제가 적당히 **처리하겠**습니다.

　　如果把那件事交给我的话，我一定会进行妥善的处理。

❷일정한 결과를 얻기 위하여 화학적 또는 물리적 작용을 일으킴.

　　为了得到某种结果而使其产生化学或物理作用。

▷폐수 **처리** 시설을 설치하다. 安装废水处理设施

　　방수 약품으로 **처리된** 시계.

　　用防水药品处理过的手表。

　　천장을 물이 새지 않게 **처리했**습니다.

　　把天花板处理得不再漏水了。

处理ᶻ [chǔ lǐ] 动

❶安排事务，解决问题。

　　일을 안배하다. 문제를 해결하다.

▷**处理**日常事务。일상적인 일을 처리하다.

❷处治，惩办。

　　처벌하다. 징벌하다.

▷依法**处理**。법에 따라 처벌하다.

　　处理了几个带头闹事的人。

　　이번 사건에 앞장선 몇 명을 처벌했다.

❸指减价或变价出售。

　　내린 가격으로 혹은 시가(時價)로 처분하다.

▷**处理**品。재고품.

　　这些积压商品全部削价**处理**。

　　이런 재고품을 모두 내린 가격으로 팔겠다.

❹用特定的方法对产品进行加工，使产品需要所需要的性能。

　　특정한 방법을 사용해 공작(工作) 대상물이나 상품을 가공해서, 이들이 필요로 하는 성능을 갖도록 하다. 특별한 공정으로 처리하다.

▷热**处理**。열처리.

<table>
<tr><td colspan="2" align="center">한·중 공통의미</td></tr>
<tr><td colspan="2">①사무나 사건 따위를 절차에 따라 정리하여 치르거나 마무리를 지음.
按程序对事务或事件等进行整理、办理和收尾. 처리❶= 处理❶
②일정한 결과를 얻기 위하여 화학적 또는 물리적 작용을 일으킴.
为了得到某种结果而使其产生化学或物理作用. 처리❷= 处理❹</td></tr>
<tr><td align="center">한국어에서만의 의미(韓)</td><td align="center">중국어에서만의 의미(中)</td></tr>
<tr><td></td><td>❷处治，惩办. 처벌하다. 징벌하다.
❸指减价或变价出售.</td></tr>
</table>

철학 (哲學)*** [처락] 명 [철학만 [철항만]] **哲学**^乙 [zhé xué] 名

❶인간과 세계에 대한 근본 원리와 삶의 본질 따위를 연구하는 학문.
研究人类与世界的根本原理以及人生本质之类的学问.

❷자신의 경험에서 얻은 인생관, 세계관, 신조 따위를 이르는 말.
从自身的经验中所获得的人生观、世界观、信条等.

▷그는 언제나 최선을 다해야 한다는 **철학**을 가지고 살아간다.
他一直都以尽力而为作为自己的人生哲学.

생활의 예지, 이것이 곧 생활인의 귀중한 **철학**이다.
生活的智慧，这是宝贵的人生哲学.

❶关于世界观、价值观、方法论的学说.
인생관, 세계관, 방법론 등에 대한 학문.
▷儒学既是**哲学**又是宗教.
유학은 철학이자 종교이다.
人生**哲学**.
인생 철학.

한·중 공통의미

철학 = 哲学

청년 (靑年)* [청년] 명 **青年**^甲 [qīng nián] 名

❶신체적·정신적으로 한창 성장하거나 무르익은 시기에 있는 사람.
无论是身体上还是精神上都正处于成长期或成熟期的人.
▷**청년** 시절. 青年时期.
장래가 유망한 **청년**. 前途无量的青年.

❶人十五六岁到三十岁左右的阶段.
열대여섯 살부터 서른 살 전후의 단계
▷**青年**人. 청년.
青年时代. 청년 시절.
❷指上述年龄的人.
열다섯부터 서른 살까지인 사람

아버지는 생각하는 것이나 행동하는 것이 아직도 **청년**이다.
父亲的想法或行为都还像个青年人。

❷성년 남자.
成年男子。
▷내 방에 낯선 **청년** 두 명이 앉아 있었다.
我的房间里坐着两名陌生的青年。

▷新**青年**。 새로운 시대의 청년.
好**青年**。 좋은 청년.

한·중 공통의미

청년 = 青年

청-소년 (青少年)★ [청소년] 명

❶청년과 소년을 아울러 이르는 말.
对青年和少年的统称。
▷**청소년** 문제. 青少年问题.
근로 **청소년**. 青少年劳动者.
바쁜 기성세대는 **청소년**을 제대로 이해하지 못하고 있다.
老一代是无法彻底理解青少年的。

青少年 [qīng shào nián] 名

❶青年和少年，年轻的男女。
청년과 소년, 젊은 남녀.
▷电脑游戏将会影响**青少年**行为习惯。
컴퓨터 게임은 청소년의 행동 습관에 영향을 줄 수 있다.
青少年是我们的未来,是我们的希望。
청소년은 우리들의 미래요, 우리들의 희망이다.

한·중 공통의미

청-소년 = 青少年

체계 (體系)★★ [체계/체계] 명

❶일정한 원리에 따라서 낱낱의 부분이 짜임새 있게 조직되어 통일된 전체.
按照某种原理，将各个部分有结构地进行组织并统一的整体。
▷이론 **체계**. 理论体系.
교통 신호 **체계**. 交通信息**系统**.
우리 회사는 아래에서 위에까지 질서 있게 **체계**가 잡혀 있으므로 그는 자기 업무에만 충실하면 될 것입니다.
本公司制定了从下到上的有序体系，所以他只要把自己的本职工作做好就可以了。

体系 [tǐ xì] 名

❶若干有关事务或某些意识互相联系而构成的一个整体。
관련되는 일이나 의식 낱낱의 부분이 짜임새 있게 조직되어 통일된 전체.
▷防御**体系**。 방어 체계.
工业**体系**。 공업 체계.
思想**体系**。 사상 체계.
保持**体系**的完整性。
체계의 전체성을 지키다.

체계 = 体系

번역 과정 중의 비대칭 대응

▷교통 신호 **체계**. 交通信息**系统**。 (체계 → **系统**)

　체계적 분류. **系统**分类。 (체계적 → **系统**)

　체계적인 지식. **系统**知识。 (체계적인 → **系统**)

　필요한 자료를 수집하여 **체계적으로** 정리했다. 搜集了所需的资料并进行了**系统化的**整理。

　(체계적으로 → **系统化的**)

체제 (體制)★★★ [체제] 명　　　体制ᵀ [tǐ zhì] 名

❶체재(體裁). 생기거나 이루어진 틀. 또는 그런 됨됨이.

　体裁，产生或形成的框架。或那样的样式。

▷작품의 구성과 **체재**. 作品的结构和体裁。

　체재에 구애되지 않다. 不拘泥于体裁。

❷사회를 하나의 유기체로 볼 때에, 그 조직이나 양식, 또는 그 상태를 이르는 말.

　当把社会看成一个有机体时，该有机体的组织、样式或状态。

▷중앙 집권 **체제**. 中央集权体制。

　새로운 지도 **체제**가 들어서다.

　进入新的领导体制。

❸일정한 정치 원리에 바탕을 둔 국가 질서의 전체적 경향.

　以一定的政治原理为基础的国家秩序的整体倾向。

❶国家、国家机关、企业、事业单位等的组织制度。

　국가, 국가 기관, 기업, 비영리 기관 등의 조직 제도

▷经济**体制**。 경제 체제. 政治**体制**。 정치 체계.

　教育**体制**。 교육 체제. **体制**改革。 체제 개혁.

❷文体的格局，体裁。

　(시나 문장의) 체재(體裁).

▷五言诗的**体制**，在汉末就形成了。

　오언시의 체재는 한나라 때 있었다.

한·중 공통의미

체제 = 体制

초기 (初期)★★ [초기] 명　　　初期ᵇⁱⁿᵍ [chū qī] 名

❶해진 기간이나 일의 처음이 되는 때나 시기.

　开始后不久或事情刚开始的时候或时期。

▷**초기** 단계. 初期阶段。 **초기** 작품. 早期作品。

　암 같은 병도 **초기**에 발견하면 완치가

　가능하다.

❶开始的一段时期。

　처음이 되는 시기.

▷抗战**初期**。 항전 초기.

　这病的**初期**症状是厌食。

　이런 병의 초기 증상은 입맛이 없는 것이다.

癌这种病，初期就被发现的话，是有可能治愈的。

한·중 공통의미

초기 = 初期

번역 과정 중의 비대칭 대응

▷초기 작품 **早期**作品 (초기 → 早期)

최고 (最高)★ [최ː고/췌ː고] 명   **最高**☆ [zuì gāo]

❶가장 높음.

高度最高.

▷**최고** 속도. 最高速度.

　최고 점수. 最高分数.

　이번 달 수출이 월별 실적으로는 사상 **최고**를 기록했다.

　本月的出口创下了月销量业绩的最高记录.

❷으뜸인 것. 또는 으뜸이 될 만한 것.

头等的. 或者相当于头等的.

▷**최고** 미덕. 第一美德.

　최고 부자. 首富.

　그는 자기 분야에 대해서 국내 **최고**라고 자부한다.

　他自负地称自己在该领域里是国内**最好的**.

❶表示高度最高.

　가장 높음.

▷我们几个人中间, 小李**最高**.

　우리 몇 사람 중에서 이 군이 키가 제일 크다.

　此次联赛北京队夺冠呼声**最高**.

　이번 리그전은 베이징팀이 우승한다는 소리가 가장 높다.

　最高温度. 최고 온도.

한·중 공통의미
①가장 높음. 高度最高. (예. **最高**温度 최고 온도)

한국어에서만의 의미(韓)	중국어에서만의 의미(中)
❷으뜸인 것. 또는 으뜸이 될 만한 것. 头等的. 或者相当于头等的.	❶个子**最高** 키가 제일 크다. (예. 小李**最高** 이 군이 키가 제일 크다.)

문법 단위 사이의 불일치	
최고(最高) 명 단일어	最(최)高(고) 副+形 복합어

최근 (最近)★ [최ː-/췌ː-] 명   **最近**甲 [zuì jìn]

❶얼마 되지 않은 지나간 날부터 현재 또는 바로 직전까지의 기간.

从过去没多久的日子到现在或到目前为止的时间段.

▷**최근** 경제 동향. 最近的经济动向.

❶指说话前或后不久的日子.

　말하는 때의 전후와 얼마 되지 않은 시간.

▷**最近**我到上海去了一趟.

　최근에 나는 상하이에 다녀왔다.

　这个戏**最近**就要上演了.

최근에 우리 사회에는 범죄가 늘고 있다.   이 극은 일간 상연될 예정이다

最近韩国社会犯罪正在上升。

❷거리 따위가 가장 가까움.

距离等最相近的。

▷**최근** 거리. 最近距离。

한·중 공통의미

최근 = 最近

문법 단위 사이의 불일치

최근(最近)❷ 명   단일어   最(최)近(근) 副+形 복합어

최대 (最大)★★ [최:-/췌:-] 명   最大☆ [zuì dà]

❶수나 양, 정도 따위가 가장 큼.   ❶数或量最多。

数或量、程度等最多。   제일 크다.

▷**최대** 속도. 最高速度。   ▷尽**最大**努力。 최대의 노력을 다하다.

    지난 달의 무역 흑자가 사상 **최대**를 기록했다.   孩子成器是父母的**最大**安慰。

    上个月的贸易顺差创下了有史以来的**最高**记录。   자식이 쓸만한 사람이 되는 것은 부모의 가장 큰

                                           위안이다.

                                     最大的事件。가장 큰 행사.

한·중 공통의미

최대 = 最大

번역 과정 중의 비대칭 대응

▷**최대** 속도 **最高**速度 (최대 → **最高**)

    지난 달의 무역 흑자가 사상 **최대**를 기록했다. 上个月的贸易顺差创下了有史以来的**最高**记录。

    (최대 → **最高**)

    孩子成器是父母的**最大**安慰。자식이 쓸만한 사람이 되는 것은 부모의 **가장 큰** 위안이다.

    (**最大** → 가장 큰)

    最大的事件 **가장 큰** 행사 (**最大** → 가장 큰)

문법 단위 사이의 불일치

최대(最大) 명   단일어   最(최)大(대) 副+形   복합어

최초 (最初)★★ [최:-/췌:-] 명   最初甲 [zuì chū]

❶맨 처음.   ❶最早的时期，开始的时候。

最先。   맨 처음. 시작하는 때.

▷세계 **최초**. 世界之初。   ▷那里**最初**还是不毛之地。

최초의 발견. 最初的发现.

서양에서 **최초**로 번역된 우리 소설이 춘향전이었다.

最早在西方被翻译的韩国小说是《春香传》。

최초에는 거기가 불모의 땅이었다.

我**最初**认识他是在上中学的时候。

내가 최초로 그를 알게 된 것은 중학교 때였다.

한·중 공통의미

최초 = 最初

번역 과정 중의 비대칭 대응

▷세계 **최초** 世界**之初**(최초 → 之初)

서양에서 **최초**로 번역된 우리 소설이 춘향전 이었다.

最早在西方被翻译的韩国小说是《春香传》。(최초 → **最早**)

축구(蹴球)★ [축꾸] 명   Ø

❶『운동』주로 발로 공을 차서 상대편의 골에 공을 많이 넣는 것으로 승부를 겨루는 경기.

『运动 主要用脚踢球，踢进对方球门次数多的一方获胜.

▷**축구**선수를 모집하다. 征召足球队员.

足球^甲 [zú qiú]

▷**足球**队的主将.

축구 팀의 주장.

他爱好踢**足球**。

그는 축구를 즐긴다.

한·중 공통의미

없음

한국어 한자어의 '蹴球'는 중국어에서는 이런 단어가 존재하지 않음. 같은 의미로써 쓰고 있는 단어는 '足球 [zú qiú]' 이 있음. (中文中不存在韩国语中的'蹴球'一词，所以与之相对应含义的中文词汇有'足球 [zú qiú]')

출신(出身)★★ [출씬]   出身^丙 [chū shēn]

❶명 출생 당시 가정이 속하여 있던 사회적 신분.

出生时所属家庭的社会身份.

▷양반 **출신**. 两班出身.

부농 **출신**. 富农出身.

그는 노비 **출신**으로 태어났다.

她是奴婢出身.

❷명 어떤 지방이나 파벌, 학교, 직업 따위에서 규정되는 사회적인 신분이나 이력 관계.

任何地方或宗派、学校、职业等所规定的社会性身份或履历关系.

▷서울 **출신**. 出生于首尔.

❶动 个人早期的经历或家庭经济情况属于某阶层.

이전의 경력이나 가정의 경제 상황(은)이 어떤 계층에 속함.

▷**出身**于工人家庭.

노동자 가정 출신.

❷名 指个人个人早期的经历或家庭经济情况所决定的身份.

이전의 경력이나 가정의 경제 상황에 의해 결정되는 신분.

▷店员**出身**. 점원 출신.

工人家庭**出身**。노동자 가정 출신.

명문 대학 **출신**. 毕业于名门大学.

운동 감독을 하는 사람 중에서는 선수 **출신**이 꽤 많다.

在运动教练中, 有很多人都是运动员出身.

❸ 명 처음으로 벼슬길에 나섬. 第一次入仕.

▷나는 저보다 **출신**을 먼저 한 선배가 아닌가.

我难道不是比他先出仕的前辈吗?

❹ 명＋동 출세.

有出息, 出人头地.

▷**출세**가 빠르다. 很早就出人头地了.

"선고께서는 작은 벼슬을 하셨으나 내 위인이 우매하여 아직 **출신**하지 못한 학생이올시다.

先父曾做过小官司, 而我为人愚顿, 只是个尚不出息的学生而已.

한·중 공통의미	
출신❶+❷= 出身❶+❷	
한국어에서만의 의미(韓)	중국어에서만의 의미(中)
❸ 명 처음으로 벼슬길에 나섬. 第一次入仕. ❹ 명＋동 출세. 有出息, 出人头地.	없음

충격 (衝擊)★★ [충격] [충격만 [-경-]]

❶ 명＋동 물체에 급격히 가하여지는 힘.

对物体进行剧烈撞冲的力量.

▷**충격**이 크다. 冲击很大.

충격을 받다. 受到了冲击.

이 물건에 강한 **충격**을 주면 부서집니다.

如果对该物体进行强烈的冲击, 就会将其击碎.

❷ 명＋동 슬픈 일이나 뜻밖의 사건 따위로 마음에 받은 심한 자극이나 영향.

由于伤心的事情或意　外事件等使心灵受到严重的刺激或影响.

▷할아버지가 돌아가신 **충격**에서 벗어나지 못했다.

无法从爷爷去世的打击中恢复过来.

그가 정치계에서 은퇴한다는 발표는 사람들에게 **충격**을 주었다.

他宣布退出政界对人们的震动很大.

冲击丙 [chōng jī] 动

❶(水流等)撞击物体.

(흐르는 물 따위가) 세차게 부딪치다.

▷海浪冲击着石崖. 파도가 암벽에 부딪친다.

❷冲锋.

돌격하다.

▷向敌人阵地发起**冲击**. 적진으로 돌격하다.

冲击世界冠军. 세계 기록을 향하여 돌진하다.

❸比喻干扰或打击.

심각하게 영향을 주다.

▷在外来商品的**冲击**下, 当地的一些工厂停止了生产.

수입 상품의 영향으로 인해 현지(의) 많은 공장의 생산이 중단되었다.

봉근이는 항상 듣는 이 말이 지금같이 모욕적으로 자기를 **충격한** 것을 경험한 적이 없었다.
凤勤头一次觉得自己平时经常听到的这句话今天会如此侮辱地打击自己。

한·중 공통의미	
①물체에 급격히 가하여지는 힘. 对物体进行剧烈撞冲, 或撞冲的力量.　충격❶= 冲击❶	
한국어에서만의 의미(韓)	중국어에서만의 의미(中)
❷슬픈 일이나 뜻밖의 사건 따위로 마음에 받은 심한 자극이나 영향. 由于伤心的事情或意外事件等使心灵受到严重的刺激或影响。	❷冲锋。 충봉하다 ❸比喻干扰或打击。 심각하게 영향주다。

측면 (側面)★★ [츰면] 명

❶옆면.
　旁边的面.
▷**측면** 돌파. 侧面突破.
　측면 지원. 侧面支援.
　측면을 공격하다. 攻击侧面.
❷사물이나 현상의 한 부분. 또는 한쪽 면.
　事物或现象的一部分。或一侧的面.
▷긍정적 **측면**. 积极的方面.
　교육적 **측면**. 教育方面.
　그의 생각에는 또 다른 **측면**이 있었다.
　在他看来还有另一层意思.
❸『수학』 옆면.
　『数学』 侧面.

侧面[T] [cè miàn] 名

❶旁边的一面(跟"正面"相对).
　측면('정면'의 반대어).
▷从**侧面**打击敌人. 측면에서 적을 공격하다.
　小门在房子的**侧面**.
　작은 문이 집의 측면에 있다.
　从**侧面**了解. 다른 측면에서 이해하다.

한·중 공통의미	
①옆면 旁边的面 측면❶= 侧面❶	
②『수학』 옆면『数学』侧面	
한국어에서만의 의미(韓)	중국어에서만의 의미(中)
❷사물이나 현상의 한 부분. 또는 한쪽 면. 事物或现象的一部分。或一侧的面.	없음

층 (層)★ [층]

❶ 명 물체가 거듭 포개져 생긴 켜.
　物体反复折叠所产生的层.

层[甲] [céng]

❶重叠，重复。
　중첩, 중복.

▷서가에 쌓인 먼지의 **층**을 뚫고 흘러간 시간들의 저쪽….

穿过书架上堆积的尘灰层, 所逝去的时光….。

❷ 명 나이나, 재산이나 사물 따위가 서로 같지 아니하거나 수평을 이루지 못하여 나는 차이.

年龄、财产或事物等彼此不同或无法达到水平而产生的差异。

▷머리를 **층**이 지게 자르다. 把头发剪出层次.

아이들은 발 크기에 **층**이 많아서 장사들이 어른 신만큼 많이 가져오지 않으니까, 귀찮거든요.

孩子们的脚大小分太多号, 做买卖的人没法像大人的鞋那样拿全, 所以很麻烦。

❸ 명 위로 높이 포개어 짓는 건물에서, 같은 높이를 이루는 부분.

在高建筑中, 达到同样高度的部分。

▷**층**을 세다. 数层数.

그녀는 이 아파트에서 나와 같은 **층**에 살고 있는 이웃이다.

她是住在这个小区里和我同一楼层的邻居。

❹ 명 계층.

阶层。

▷생활한복은 특정 **층**에 관계없이 인기가 좋다.

改良韩服的人气很高, 受到了各阶层的喜爱。

젊은 **층**의 소비가 계속해서 증가하고 있다.

年轻阶层的消费正在持续增加。

❺ 명 (수량을 나타내는 말 뒤에 쓰여)위로 포개어 지은 건물에서, 같은 높이의 켜를 세는 단위.

(用于数词后)在高的建筑中, 计算高度相同的层的单位。

▷지상 10**층** 건물. 地上10层的建筑.

그 건물에는 지하 3**층**에 주차장이 있다.

那个建筑的地下3层有停车场。

❻ 접 (사람을 나타내는 명사 뒤에 붙어)'어떤 능력이나 수준이 비슷한 무리'의 뜻을 더하는 접미사.

(用于出现人的名词后)是强调'某种能力或水平相似的群体'的后缀。

▷고객**층**. 客户群. 노년**층**. 老年群体.

❼ 접 (퇴적물을 나타내는 명사 뒤에 붙어)'지층'

▷**层**峦叠嶂。

첩첩이 우뚝 솟은 산봉우리.

层出不穷。

차례차례로 나타나서 끝이 없다.

❷重叠事物的一个部分。

중첩한 사물의 일부

▷外**层**. 외층/겉면. 云**层**. 운층.

❸量 a)用于重叠、积累的东西。

중첩되거나 쌓여 있는 것에 사용함.

▷五**层**大楼。

5층 빌딩.

两**层**玻璃窗。

이중으로 된 유리창.

b)用于可以分项、分步的东西。

항목으로 나뉘는 사항·도리 따위에 쓰임.

▷去了一**层**顾虑。

한 가지 근심을 없앴다.

还得进一**层**想。

아직 더 깊이 생각해야 한다.

c)用于可以从物体表面揭开或抹去的东西。

물체의 표면으로부터 떼어 내거나, 지워 없앨 수 있는 물건 따위에 씀.

▷一**层**薄膜。 한 겹의 엷은 막.

擦掉一**层**灰. 석회를 한 겹 바르다.

❹ 名 姓。

성(씨).

의 뜻을 더하는 접미사.

(用于出现沉积物的名词之后)是强调'地层'的后缀.

▷석탄**층**. 煤炭层. 화강암**층**. 花岗岩层.

❽ 접 (일부 명사 뒤에 붙어)'켜켜이 쌓인 상태 또는 그중 한 겹'의 뜻을 더하는 접미사.

(用于部分名词后)是强调'层层积累的状态或其中的一层'的后缀.

▷구름**층**. 云层. 대기**층**. 大气层.

　이온**층**. 离子层. 오존**층**. 臭氧层.

한·중 공통의미
①물체가 거듭 포개져 생긴 켜. 物体反复折叠所产生的层. 층❶+❼+❽= 层❷+❸c)
②위로 높이 포개어 짓는 건물에서, 같은 높이를 이루는 부분. 在高建筑中, 达到同样高度的部分. 층❸+❺= 层❸a)

한국어에서만의 의미(韓)	중국어에서만의 의미(中)
❷ 명 나이나, 재산이나 사물 따위가 서로 같지 아니하거나 수평을 이루지 못하여 나는 차이.　年龄、财产或事物等彼此不同或无法达到水平而产生的差异.	**❶**重叠, 重复. 중첩, 중복. **❸**量 b)用于可以分项、分步的东西.　항목으로 나뉘는 사항·도리 따위에 쓰임 **❹** 名 姓. 성(씨).
❹ 명 계층, 阶层.	
❻ 접 (사람을 나타내는 명사 뒤에 붙어)'어떤 능력이나 수준이 비슷한 무리'의 뜻을 더하는 접미사. (用于出现人的名词后)是强调'某种能力或水平相似的群体'的后缀.	

치료 (治療)★ [치료] 명+동	**治疗**丙 [zhì liáo] 动
❶병이나 상처 따위를 잘 다스려 낫게 함.　治愈病或伤口之类. ▷종기 **치료**. 治疗脓疮. 　이 병은 **치료** 기간이 길기 때문에 예방이 중요하다.　由于该病的治疗时间长, 所以预防很重要. 　다리에 난 상처가 완전히 **치료되**었다.　腿上的伤口被完全治疗好了. 　상처를 **치료하다** 治疗伤口.	**❶**用药物、手术等消除疾病.　약이나 수술을 통해 병을 다스려 낫게 함. ▷长期**治疗**. 장기 **치료**. 　隔离**治疗**. 격리 **치료**. 　他的病必须住院**治疗**.　그의 병은 반드시 입원해서 **치료해야** 한다.
한·중 공통의미	
치료 = 治疗	

친구 (親舊)★ [친구] 명   Ø

❶가깝게 오래 사귄 사람. 亲近地长期交往的人。

▷**친구**를 사귀다. 交朋友。

   친구와 다투다. 与朋友吵架。

   그는 나의 둘도 없는 **친구**다.

   他是我唯一的朋友。

❷나이가 비슷하거나 아래인 사람을 낮추거나 친근하게 이르는 말.

   对年龄相仿或比自己小的人的亲近的称呼。

▷이 **친구** 많이 취했군. 这朋友醉得不轻啊。

   알고 봤더니 그 **친구** 재미있는 사람이더라고.

   我打听了一下，发现那朋友是个很有趣的人。

❶朋友^甲 [péng you]

▷到火车站给**朋友**送行。

   역까지 친구를 배웅하러 가다.

   他是我最信得过的朋友。

   그는 나의 가장 믿음직한 친구이다.

❷朋友^甲 [péng you]

▷这**朋友**醉得不轻啊。

   이 친구 많이 취했군.

한·중 공통의미

없음

한국어 한자어의 '親舊'는 중국어에서는 이런 단어가 존재하지 않음. 같은 의미로써 쓰고 있는 단어는 '**朋友** [péng you]' 이 있음. (中文中不存在韩国语中的'親舊'一词，所以与之相对应含义的中文词汇有'**朋友** [péng you]')

침대 (寢臺)★ [침·대] 명   Ø

❶사람이 누워 잘 수 있도록 만든 가구. 길쭉한 평상에 다리가 달려 있다.

   为了让人躺下睡觉而制作的家具。长长的平床有四条床腿。

▷**침대** 시트. 床单。

   침대 위에 눕다. 躺在床上。

   침대에서 일어나다. 从床上起来。

床^甲 [chuáng]

▷把孩子轻轻地放在**床**上。

   아이를 침대에 살살 놓다.

   把帽子往**床**上一扔。

   모자를 침대 위에 내던지다.

한·중 공통의미

없음

한국어 한자어의 '寢臺'는 중국어에서는 이런 단어가 존재하지 않음. 같은 의미로써 쓰고 있는 단어는 '**床** [chuáng]' 이 있음. (中文中不存在韩国语中的'寢臺'一词，所以与之相对应含义的中文词汇有'**床** [chuáng]')

태도 (態度)★ [태·도] 명   态度^甲 [tài du] 名

❶몸의 동작이나 몸을 가누는 모양새.   ❶人的举止、神情。

身体的动作或支撑着身体的样子。

▷상사 앞에서 그의 **태도**는 꽤 당당했다.
在上司面前，他的态度相当理直气壮。

그는 군인다운 **태도**로 부동자세를 취하면서 전화를 받았다. 他以军人般的态度，采取固定的姿势接听了电话。

❷어떤 일이나 상황 따위를 대하는 마음가짐. 또는 그 마음가짐이 드러난 자세.
对某种事情或情况等所做的思想准备。或者将这种思想准备表现出来的姿势。

▷학습 **태도**가 좋다. 学习态度好。

그는 미래에 대해 비관적인 **태도**를 가지고 있다.
他对未来抱有悲观的态度。

❸어떤 일이나 상황 따위에 대해 취하는 입장.
对于某种事情或情况等所持的立场。

▷어떠한 일이 있어도 우리는 기존의 **태도**를 유지할 것이다. 无论发生什么事，我们都会坚持之前的态度。

이 사건에 대해서 그가 어떤 **태도**를 취했는지 모르겠다. 对于该事件，不知道他会采取什么样的态度。

몸짓, 기색.

▷**态度**大方。 태도가 대범하다.

要**态度**(发怒或急躁)。 짜증내다.

❷对于事情的看法和采取的行动。
일에 대한 생각이나 취한 행동.

▷工作**态度**。 일하는 **태도**.

端正**态度**。 태도를 바르게 하다.

态度坚决。 태도가 단호하다.

태양 (太陽)★★ [태양] 명   太阳甲 [tài yáng] 名

❶『천문』 태양계의 중심이 되는 항성.
『天文』作为太阳系中心的恒星。

▷**태양** 광선. 太阳光。

눈부신 **태양**. 耀眼的太阳。

태양이 떠오르다. 太阳升起。

❷매우 소중하거나 희망을 주는 존재를 비유적으로 이르는 말.
比喻非常珍贵或能够带来希望的存在。

▷민족의 **태양**. 民族的希望。

그는 대한민국 축구계의 **태양**이다.

❶银河系的恒星之一，是太阳系的中心天体，是一个炙热的气体球。

은하계 항성중의 하나, 태양계의 중심이 되는 천체.

❷指太阳光。

태양의 빛.

▷今天**太阳**很好。 오늘은 햇살이 좋다.

❸指太阳穴。

(태양혈)의 준말.

他是韩国足球界的希望。

한·중 공통의미	
태양❶= 太阳❶	
한국어에서만의 의미(韓)	중국어에서만의 의미(中)
❷매우 소중하거나 희망을 주는 존재를 비유적으로 이르는 말. 比喻非常珍贵或能够带来希望的存在。	❷指太阳光。태양의 빛. ❸指太阳穴。(태양혈)의 준말.

토지 (土地)*** [토지] 명   **土地**^乙 [tǔ dì] 名

❶경지나 주거지 따위의 사람의 생활과 활동에 이용하는 땅.
  耕地或居住地等人们用于生活和活动的土地。
▷**토지**가 비옥하다. 土地肥沃。
  농민이 **토지**에 대한 집착이 강한 거야 당연한 것 아닙니까?
  农民对土地的热爱难道不是理所当然的吗？

❶田地。
  땅.
▷**土地**肥沃。토지가 비옥하다.
  土地改革。토지 개혁.
❷疆域。
  영토.
▷**土地**广阔，物产丰富。
  영토가 넓고 산물이 풍부하다.
❸迷信传说中掌管一个小地区的神。
  토지신.
▷土地庙。토지신 사당.

한·중 공통의미	
토지❶= 土地❶	
한국어에서만의 의미(韓)	중국어에서만의 의미(中)
없음	❷疆域。영토 ❸迷信传说中掌管一个小地区的神。토지신

통신 (通信)** [통신]   **通信**^丙 [tōng xìn] 动

❶ 명 소식을 전함.
  传达消息。
▷교통이 불편한 나라였다. 따라서 **통신**도 대단히 곤란하였다. 曾是个交通不便的国家，所以就连通讯也曾非常困难。
❷ 명＋동 우편이나 전신, 전화 따위로 정보나 의사를 전달함.

❶用书信互通消息，反映情况等。
  서신을 통해서 연락을 주고받음.
▷**通信**处。연락처.
  我们几年前曾**通**过**信**。
  우리는 몇 년 전에 서신 왕래가 있었다.
❷利用电波、光波等信号传送文字、图像等。
  전자파, 광파 등을 통해서 문자나 그림을 주고받

通过信件或电报、电话之类的来传达信息或意见。

▷이 지역은 통신 상태가 불량하다.

该地区的通信状态不良。

그는 요즘 컴퓨터 **통신**을 통해 많은 사람들과 **통신**하고 있다.

他最近通过计算机通信与很多人联系。

❸ 명 신문이나 잡지에 실을 기사의 자료를 보냄. 또는 그 자료.

发送报纸或杂志上刊登的资料。或指该资料。

▷몇 사람 편집이나 **통신** 정리를 거들어 줘야겠어.

得找人帮忙进行编辑和整理通讯稿件了。

는 일.

▷便利的通信和交通手段把偌大的地球变成一个世界村。편리한 **통신**과 교통수단이 이렇게 큰 지구를 하나의 지구촌으로 만들었다.

한·중 공통의미	
통신❷= 通信❶+❷	
한국어에서만의 의미(韓)	중국어에서만의 의미(中)
❶소식을 전함. 传达消息. ❸신문이나 잡지에 실을 기사의 자료를 보냄. 또는 그 자료. 发送报纸或杂志上刊登的资料. 或指该资料.	없음

통일 (統一)★★ [통·일] 명 + 동

❶나누어진 것들을 합쳐서 하나의 조직·체계 아래로 모이게 함.

把分出去的东西合在一起，聚在一个组织·体系下。

▷**통일** 전쟁. 统一战争.

남북은 반드시 **통일**이 되어야 한다.

南北必须得统一。

우리나라가 **통일되는** 날 가장 기뻐할 이는 아마도 이산가족일 것이다. 等到韩国统一那天，最高兴的人估计就是离散家属了。

명나라는 중국을 **통일**하고 난징에 수도를 정했다.

明朝统一了中国并定都南京。

❷여러 요소를 서로 같거나 일치되게 맞춤.

使各种要素彼此相同或相一致。

▷의견의 **통일**. 意见的统一.

统一ᵘ [tǒng yī]

❶ 动 部分联成整体，分歧归于一致。

부분을 하나로, 불일치를 일치로 함.

▷**统一**体。통일체.

统一祖国。조국을 통일하다.

大家的意见渐渐**统一**了。

사람의 의견이 통일되고 있다.

❷ 形 一致的，整体的，单一的。

일치한. 단일한. 통일적인.

▷**统一**的意见。통일된 의견.

统一调配。(통일적?)으로 배분하다.

军队中自上而下的**统一**指挥。

군대에서 아래로 전달되는 통일된 지휘 체계.

내일 무대에 설 때는 복장을 위아래 모두 흰색으로 **통일해야** 합니다. 明天站在舞台上的时候，服装必须上下都统一穿白色。

❸(주로 '정신'과 함께 쓰여)여러 가지 잡념을 버리고 마음을 한곳으로 모음.

(主要与'精神'一起使用)抛除各种杂念，统一思想。

▷정신의 **통일**. 精神的统一。

한·중 공통의미

통일 = 统一

번역 과정 중의 비대칭 대응

▷정치, 경제, 문화의 **통일적** 발전 政治、经济、文化的**一体化**发展 (통일적 → 一体化)

　통일적 결론을 내리지 못하고 있다. 还没有达成**一致的**结论 (통일적 → 一致的)

투자 (投資)★★ [투자] 명 + 동 | 投资ᵀ [tóu zī]

❶이익을 얻기 위하여 어떤 일이나 사업에 자본을 대거나 시간이나 정성을 쏟음.

为了获得利润，把资本投入到某件事情或事业中并投入时间和精力。

▷교육 **투자**. 教育投资。

　부동산 **투자**. 房地产投资。

　그는 새로운 사업에 **투자할** 생각은 전혀 없었다. 他完全没有投资新事业的打算。

❷『경제』이익을 얻기 위하여 주권, 채권 따위를 구입하는 데 자금을 돌리는 일.

『经济』为了获得利润，通过购买股权、债券等来赚取资金的行为。

▷그는 주식에 **투자하여** 많은 돈을 벌었다. 他**投资**股票赚了很多钱。

❶ 动 为达到一定目的而投入资金。

　일정한 목적을 위해 돈을 쓴다.

▷**投资**办学。투자해서 학교를 설립하다.

　投资建厂。투자해서 공장을 설립하다.

　投资100万元。100만 원을 투자하다.

❷名为达到一定目的而投入的资金。

　일정한 목적을 위해 쓴 돈.

▷智力**投资**。지력 투자.

　一大笔**投资**。큰 돈.

한·중 공통의미

투자 = 投资

투쟁 (鬪爭)★★★ [투쟁] 명 | 斗争ᶻ [dòu zhēng] 动

❶어떤 대상을 이기거나 극복하기 위한 싸움.

❶矛盾的双方互相冲突，一方力求战胜另一方。

为了赢或克服某种对象而打架。

▷선과 악의 **투쟁**. 善与恶的斗争。

그는 맹수와 **투쟁**을 벌였다.

他与猛兽进行了一场搏斗。

인류 문명사는 인간이 자연과 **투쟁**해 온 역사이다. 人类文明史就是人类与自然做斗争的历史。

❷사회 운동, 노동 운동 따위에서 무엇인가를 쟁취하고자 견해가 다른 사람이나 집단 간에 싸우는 일.

在社会运动或劳动运动等活动中，为了争取某种事物或权利，持有不同意见的人或集团之间打的行为。

▷독립 **투쟁**. 独立斗争。

정치적 **투쟁**. 政治斗争。

우리는 우리의 권리를 찾기 위하여 끝까지 **투쟁**할 것이다. 为了找回我们的权利，我们将**斗争**到底。

모순이 되는 쌍방이 서로 충돌하여, 상대방을 이기고 싶어 한다.

▷阶级**斗争**。계급 투쟁。

思想**斗争**。사상 투쟁。

跟歪风邪气做坚决的**斗争**。

좋지 않은 풍조에 대해 명확하게 투쟁을 벌이다。

❷群众用说理、揭发、控诉等方式打击敌对分子或坏人。

민중이 도리를 설명하기, 적발, 규탄 대회 등의 형식으로 적이나 악당을 공격하는 일。

▷斗争会。악당을 폭로·규탄하는 군중 대회。

❸努力奋斗。

분투·노력하다。

▷为祖国的繁荣昌盛而**斗争**。

조국의 번영을 위해 분투노력하다。

한·중 공통의미	
투쟁❶+❷= 斗争❶	
한국어에서만의 의미(韓)	중국어에서만의 의미(中)
없음	❷群众用说理、揭发、控诉等方式打击敌对分子或坏人。민중은 도리를 설명하기, 적발, 규탄 대회 등의 형식으로 적이나 악당을 공격하는 일. ❸努力奋斗。분투·노력하다。

번역 과정 중의 비대칭 대응

▷그는 맹수와 **투쟁**을 벌였다. 他与猛兽进行了一场**搏斗**。 (투쟁 → **搏斗**)

특별 (特別)★ [특뼐] 명＋형＋부 | **特別**甲 [tè bié]

❶(주로 일부 명사 앞에 쓰여)보통과 구별되게 다름.

(主要用于部分名词前)表示与普通的不同。

▷**특별** 기획. 特殊计划。

특별 대우. 特殊待遇。

철수는 영이에게 **특별한** 관심을 갖고 있었다.

哲洙曾对英子**特别**关心。

특별히 어디가 아픈 건 아니지만 기운이 없다.

❶形 与众不同，不普通。

유다르다. 보통이 아니다.

▷**特别**的式样。특별한 양식。

他的脾气很**特别**。그의 성미는 아주 별나다。

❷副 格外。

특히, 유달리。

▷今天**特别**热。오늘은 특히 덥다。

这个节目**特别**吸引观众。

虽然没有特别疼的地方，但就是没有力气。

이 프로그램은 유달리 관중을 끈다.

❸副 特地。

특별히. 일부러.

▷散会的时候，厂长**特别**把他留下来。

회의가 끝났을 때 공장장은 특별히 그를 남게 하다.

❹副 尤其。

他喜欢郊游，**特别**是骑自行车郊游。

그는 소풍을 좋아한다. 특히 자전거로 가는 소풍을 좋아한다.

특별 = 特别

결합정보: 중국어의 '特别'은 그대로 관형사나 부사로 쓰일 수 있지만 한국어에서의 '특별'은 경우에 따라서 각각'하다'와 '히' 결합해야만 관형사와 부사로 쓰일 수 있다. 中文的'特别'可以作为形容词和副词使用，但韩语的'특별'有时只有和'하다'或 '히'结合，才能作为形容词和副词来使用。

① **특별** 관심 (×)

특별한 관심 (O) 秘密内容

② **특별** 어디가 아픈 건 아니지만 기운이 없다. (×)

특별히 어디가 아픈 건 아니지만 기운이 없다. (O) 虽然没有特别疼的地方，但就是没有力气。

특성 (特性)★★ [특썽] 명   **特性** [tè xìng] 名

❶일정한 사물에만 있는 특수한 성질.

只有某些事物才具有的特殊性质。

▷**특성**을 살리다. 发挥特长。

특성을 지니다. 具有特性。

우리 민족의 **특성**은 끈기라고 했는데, 그것이 정말이라는 것을 오늘 알았어요. 我们的民族特性是坚韧，我到现在才知道的确是如此。

❶某人或某事物所特有的性质。

사람이나 사물의 특수한 성질.

▷民族**特性**。 민족 특성.

특성 = 特性

번역 과정 중의 비대칭 대응

▷**특성**을 살리다 发挥**特长** (특성 → **特长**)

특징 (特徵)★★ [특찡] 명   **特征**丙 [tè zhēng] 名

❶다른 것에 비하여 특별히 눈에 뜨이는 점.
与其它事物相比，特别醒目的点(或方面)。
▷특징을 보이다. 展现特征.
특징이 드러나다. 特征明显.
존댓말의 발달은 우리말의 두드러진 **특징**이다.
敬语发达是韩语的明显特征.

❶可以作为人或事物特点的征象、标志等.
사람이나 사물의 특별히 눈에 뜨이는 점.
▷艺术**特征**. 예술적 특징.
这个人的相貌有什么**特征**?
그 사람은 무슨 얼굴 특징이 있나요?

한·중 공통의미

특징 = **特征**

번역 과정 중의 비대칭 대응
▷**특징적** 차이 **明显的**差异 (특징적 → 明显的)
그 계획에 관한 **특징적** 사항들을 정리해 주시오. 把与那个计划有关的**特征性**的事项整理出来.
(특징적 → 特征性的)
시조(時調)는 우리의 정서를 **특징적**으로 보여 주는 시 형식 가운데 하나이다.
时调是**代表性**的表达我们民族情绪的一种诗的形式. (특징적으로 → 代表性的)
이 그림은 파격적인 구성과 원색의 색채가 매우 특징적이다.
这幅画其打破常规的结构和鲜明的色彩都非常**有特点**. (특징적이다 → 有特点)

판단 (判斷)★★ [판단] 명＋동

判断ᶻ [pàn duàn] 动

❶사물을 인식하여 논리나 기준 등에 따라 판정을 내림.
认识事物并按逻辑或标准等做出判定.
▷상황 **판단**. 形势判断.
판단 기준. 判断标准.
이번 사건은 아무래도 누군가의 공작으로 **판단된**다. 判断这次事件应该有幕后黑手.
현실을 정확하게 **판단하**는 냉철한 이성이 필요하다. 需要能够对实现做出正确判断的冷静而透彻的理性.

❶思维的基本形式之一，肯定或否定某种事物的存在，或指明它是否具有某种属性的过程.
논리학에서의 판단.
❷断定.
판정(하다).
▷**判断**力. 판단력.
英明的**判断**. 현명한 판단.
下**判断**. 판단을 내리다.
❸(书)判决(案件).
재판(하다).

한·중 공통의미

판단❶= 判断❶+❷

한국어에서만의 의미(韓)	중국어에서만의 의미(中)
없음	❸(书)判决(案件)。재판(하다).

판매 (販賣)★★ [판매] 명＋동

贩卖ᵀ [fàn mài] 动

❶상품 따위를 팖.

卖商品之类的。

▷**판매** 가격. 销售价格。

세일 기간에는 여러 물품이 염가로 소비자에게 **판매된**다. 打折期间, 各种商品都被低价**卖**给了消费者。

도매상들에게 **판매할** 물건을 따로 정리하다. 要**卖**给批发商们的商品另行整理。

❶(商人)买进货物再卖出以获取利润。

구입하여 팔다.

▷**贩卖**干鲜水果。과일을 팔다.

한·중 공통의미

없음

한국어의 '**판매**(販賣)'은 단지 '팔다'의 뜻인데, 중국어의 '**贩卖**'는 '구입하여 팔다'의 뜻이다.

한국어에서만의 의미(韓)	중국어에서만의 의미(中)
❶상품 따위를 팖. 卖商品之类的。	❶(商人)买进货物再卖出以获取利润。 구입하여 팔다.

관련어휘

중국어 단어 중의 '**销售**'나 '**卖**' 는 '**판매**(販賣)'의 대역어로 하는 게 더 낯다.

평가 (評價)★★ [평·까] 명+동   评价[丙] [píng jià]

❶물건값을 헤아려 매김. 또는 그 값.

判断并确定物品的价值。或指物品的价格。

▷그 화가의 유작들의 값이 낮게 **평가되**었다. 那位画家遗作的价格都被**估价**估低了。

부동산 중개업자는 내가 소유한 부동산 가액을 3억으로 **평가하**였다. 房产中介给我的房子评**估价**3亿韩元。

❷사물의 가치나 수준 따위를 평함. 또는 그 가치나 수준. 评价事物的价值或水平等。或指价值或水平。

▷**평가**를 내리다. 做出评价。

평가를 받다. 接受评价。

그의 소설은 평론가들에게 높이 **평가된**다. 他的小说获得了评论家们的高度评价。

그는 이번 사업의 결과를 매우 좋게 **평가하**였다. 他对本次项目的结果给出了非常高的评价。

❶动 评定价值高低。

가치를 헤아려 매김.

▷**评价**文学作品。문학 작품의 가치를 평가하다.

❷名 评定的价值。

정한 가치

▷观众给与这部电影很高的**评价**。

관중은 이 영화를 높이 평가했다.

한·중 공통의미

①사물의 가치나 수준 따위를 평함. 또는 그 가치나 수준.

评价事物的价值或水平等。或指价值或水平。**평가❷= 评价❶+❷**

한국어에서만의 의미(韓)	중국어에서만의 의미(中)
❶물건 값을 헤아려 매김. 또는 그 값. 判断并确定物品的价值。或指物品的价格。	없음

평균 (平均)★★ [평균] 명+동   平均² [píng jūn]

❶여러 사물의 질이나 양 따위를 통일적으로 고르게 한 것.
把各种事物的质和量等进行统一的分配。

▷**평균** 성적. **平均**成绩.

이 학교는 대학 진학률이 전국 **평균**보다 높다.
这所学校的大学升学率高于全国**平均**水平。

그는 모든 화석 자료들을 **평균**하여 고대 생물들의 모습을 추정하였다. 他**综合**了所有的化石资料，推测出了古代生物们的样貌。

❶ 动 把总数按份均匀计算。
여러 수의 중간값을 계산하다.

▷**平均**寿命。평균 수명.

月**平均**最高气温。월평균 최고 기온.

❷ 形 没有轻重或多少的分别。
균등히 하다. 고르게 하다.

▷**平均**发展。균등히 발전하다.

平均分摊。균등히 분담하다.

한·중 공통의미

평균❶= 平均❶

한국어에서만의 의미(韓)	중국어에서만의 의미(中)
없음	❷ 形 没有轻重或多少的分别。 균등히 하다. 고르게 하다.

번역 과정 중의 비대칭 대응

▷그는 모든 화석 자료들을 **평균**하여 고대 생물들의 모습을 추정하였다.

他**综合**了所有的化石资料，推测出了古代生物们的样貌。 (평균하다 → **综合**)

요즘 아이들은 **평균적으로** 키가 큰 편이다. 最近孩子们**普遍**个头儿偏高。(평균적으로 → **普遍**)

평소 (平素)★ [평소] 명   平素☆ [píng sù] 名

❶평상시.
平时。

▷그는 **평소**보다 옷차림에 꽤 신경을 쓴 듯했다.
他今天的衣着好像比**平时**多花了些心思。

평소 같았으면 끝까지 자리를 지키는 게 내 버릇이었으나 나는 더 이상 앉아 있을 수가 없었다.
平时我的习惯是一直在坐到最后，但是我当时却实在坐不住了。

❶平时，素日。
평일, 평상시.

▷他这个人**平素**不爱说话。
그는 평소에 말이 별로 없다.

张师傅**平素**对自己要求很严。
장 선생은 평소에도 스스로에게 엄격하다.

평소 = 平素

관련어휘

'**平时**'는 '**평소**'의 동의어로 중국어에서 '**平素**'보다 더 많이 쓰고 있다.

평화 (平和)★★ [평화] 명 + 형

❶ 평온하고 화목함.

平稳和睦。

▷ 가정의 평화를 깨뜨리다. 打破了家庭的和睦。

  평화하고 조용한 빛이 그린 듯이 깃든 듯하였다.

  柔和而安静的光如画般地倾洒下来。

❷ 전쟁, 분쟁 또는 일체의 갈등이 없이 평온함. 또는 그런 상태.

  没有战争、纠纷或任何矛盾的平和。或平和的状态。

▷ 인류의 **평화**를 갈망하다. 渴望人类的和平。

  폭력적인 수단을 사용해서는 **평화**를 이룰 수 없다. 取暴力的手段是无法实现和平的。

  그는 아들에게 **평화한** 시대와…부모들의 따뜻한 사랑을 마음껏 베풀어 주고 싶었다.

  他想把**和平**年代与…父母温暖的爱全都给儿子。

平和☆ [píng hé]

❶ 形 性情或言行温和。

  성격이나 언행이 온화하다.

▷ 语气**平和**。말투가 부드럽다.

  态度**平和**。태도가 평화롭다.

❷ 形 药物作用温和, 不剧烈。

  약성이 순하다. 부드럽다.

▷ 药性**平和**。약이 독하지 않다.

❸ 形 平静, 安宁。

▷ 气氛**平和**。분위기가 잔잔하다.

❹ 动 <方言>纷扰停息。

  <방언>분쟁 등이 멈추다.

▷ 这场争端终于**平和**下来。

  이 분쟁이 드디어 멈췄다.

없음

관련어휘

중국어 단어 '**和平**'는 한국어 '**평화❷**'의 대역어로 볼 수 있다.

和平ᶻ [hé píng] 名 指没有战争的状态。 전쟁이 없는 상태.

▷ 人类的**和平** 인류의 **평화**

  保卫世界**和平** 세계 **평화**를 보위하다

폭 (幅)★★★ [폭] [폭만 [퐁-]]

❶ 명 넓이.

  宽度。

▷ **폭**이 좁다. 宽度窄。

  이 길은 **폭**이 2미터가량 된다.

幅ᶻ [fú]

❶ 名 布帛、呢绒等的宽度。

  옷감이나 종이 따위의 폭.

▷ 单**幅**。단폭.

  双**幅**。쌍폭.

这条路的宽是2米左右。

❷ 명 자체 안에 포괄하는 범위.
自身内部所包括的范围。

▷그 사람은 행동의 **폭**이 넓다.
那个人的活动范围很广。

❸ 명 하나로 연결하려고 같은 길이로 나누어 놓은 종이, 널, 천 따위의 조각.
为了连在一起而准备的长度相等的纸、板、布之类的碎块。

▷치마의 **폭**을 마르다. 裁做裙子的布。

❹ 접 (수량을 나타내는 말 뒤에 쓰여)하나로 연결하려고 같은 길이로 나누어 놓은 종이, 널, 천 따위의 조각 또는 그림, 족자 따위를 세는 단위.
(用于数词后)为了连在一起而准备的长度相等的纸、板、布之类的碎块或计算画、画轴等的单位。

▷열두 **폭** 치마. 做12幅裙子的布。
한 **폭**의 동양화. 一幅东洋画。

宽**幅**的白布。넓은 폭의 흰 천.

❷泛指宽度。
넓이.

▷**幅**度。폭.
幅员。땅의 넓이.
振**幅**。진폭.

❸量 用于布帛、呢绒、图画等。
포목·종이·그림 따위를 세는 단위.

▷一**幅**画。한 폭의 그림.
用两**幅**布做一个床单。
천 두 폭으로 침대 시트 한 장을 만들다.

한·중 공통의미

①넓이. 宽度 폭❶= 幅❷
②옷감이나 종이 따위의 폭. 布帛、呢绒等的宽度. (예. 宽**幅**的白布 넓은 **폭**의 흰 천)
③포목·종이·그림 따위를 세는 단위.用于布帛、呢绒、图画等. 폭❹= 幅❸

한국어에서만의 의미(韓)	중국어에서만의 의미(中)
❷ 명 자체 안에 포괄하는 범위. 自身内部所包括的范围。 ❸ 명 하나로 연결하려고 같은 길이로 나누어 놓은 종이, 널, 천 따위의 조각. 为了连在一起而准备的长度相等的纸、板、布之类的碎块。	없음

문법 단위 사이의 불일치

폭(幅)❶ 명 단일어	幅(폭) 형태소

폭력 (暴力)★★ [퐁녁] 명 [폭력만 [퐁녕-]]   **暴力**[T] [bàolì] 名

❶남을 거칠고 사납게 제압할 때에 쓰는, 주먹이나 발 또는 몽둥이 따위의 수단이나 힘. 넓은 뜻으로는 무기로 억누르는 힘을 이르기도 한다.
鲁莽粗暴地压制他人时所使用的拳脚或棍棒等

❶强制的力量, 武力。
강제하는 침이나 무력.

▷**暴力**行为。폭력 행위。
家庭**暴力**。가정 폭력。

手段或力量。广义是指靠武力形成压制力量。

▷**폭력** 행위. 暴力行为.

　폭력을 쓰다. 使用暴力.

　폭력은 다른 폭력을 부르고 그러다가 보면 끝없이 줄을 잇는 피 흘리는 국민들의 모습이 생생하게 떠올라⋯. 我的眼前浮现着以暴制暴导致国民接连不断地流血的形象⋯.

❷特制国家的强制力量.

　특히 국가적 강제력.

▷军队、警察、法庭对于敌对阶级是一种**暴力**.

　군대, 경찰, 법정은 악인들에게는 하나의 폭력이다.

<table>
<tr><td colspan="2" align="center">한·중 공통의미</td></tr>
<tr><td colspan="2">폭력❶= 暴力❶</td></tr>
<tr><td align="center">한국어에서만의 의미(韓)</td><td align="center">중국어에서만의 의미(中)</td></tr>
<tr><td>없음</td><td>❷特制国家的强制力量. 특히 국가적 강제력.</td></tr>
</table>

표정(表情)★★ [표정] 명+동

表情丙 [biǎo qíng]

❶마음속에 품은 감정이나 정서 따위의 심리 상태가 겉으로 드러남. 또는 그런 모습.
将内心所包含的感情或情绪等心理状态显露在外。或指那样的形象。

▷밝은 **표정**. 明朗的表情.

　표정을 살피다. 观察表情.

　그는 불만스러운 **표정**을 감추고 어색하게 웃었다.
他为了掩饰不满的表情，尴尬地笑了。

　조리 있는 말에 이따금 유머를 섞어서 흐르듯이 나오는 입과 말의 곡절을 따라서 **표정**하는 눈을 번갈아 보고 있던 왕한은⋯.
王涵说话很有条理，偶尔还带着幽默，他的眼睛根据话的内容，表现出不同的表情⋯。

❶ 动 从面部或姿态的变化上表达内心的思想感情。

　얼굴이나 자세의 변화를 통해서 마음속에 품은 감정을 표하다.

▷**表情**达意. 기분이나 감정을 나타내다.

　这个演员善于**表情**.

　이 배우는 감정을 나타내는데 뛰어나다.

❷ 名 表现在面部或姿态上的思想感情。

　얼굴이나 자세에 드러난 감정.

▷**表情**严肃. 표정이 진지하다.

　脸上流露出兴奋的**表情**.

　얼굴에는 흥분된 표정이 드러났다.

<table>
<tr><td colspan="2" align="center">한·중 공통의미</td></tr>
<tr><td colspan="2">표정 명 = 表情 名</td></tr>
<tr><td align="center">한국어에서만의 의미(韓)</td><td align="center">중국어에서만의 의미(中)</td></tr>
<tr><td>❶ 동 마음속에 품은 감정이나 정서 따위의 심리 상태가 겉으로 드러남. 将内心所包含的感情或情绪等心理状态显露在外.</td><td>❶ 动 从面部或姿态的变化上表达内心的思想感情。 얼굴이나 자세의 변화를 통해서 마음속에 품은 감정을 표하다.</td></tr>
</table>

표현(表現)★★ [표현]

❶생각이나 느낌 따위를 언어나 몸짓 따위의 형상으로 드러내어 나타냄.
通过语言或肢体形象等来表达想法或感觉等。
▷예술적 **표현**. 艺术表现。
그 학생은 선생님에 대한 감사의 **표현**으로 자그마한 선물을 드렸다. 那名学生为了表达对老师的感情，献上了小小的礼物。
자신이 성실하지 못하다는 식으로 **표현되**는 것을 좋아할 사람은 아무도 없다. 任何人都不喜欢自己表现的像不诚实的人。
그는 자신의 의사를 분명하게 **표현할** 줄 안다.
他不知道应该如何明确地**表达**自己的意思。
❷눈앞에 나타나 보이는 사물의 이러저러한 모양과 상태.
展现在眼前的事物的各种模样和状态。
▷선율 **표현**의 방식이 다양하다.
表现旋律的方式多种多样。
젊은이의 예기를 **표현했**다.
表现了青年人的锐气。

表现^甲 [biǎo xiàn] 动

❶表示出来。
나타내다.
▷他的优点**表现**在许多方面。
그의 장점은 많은 면에서 드러(내)나고 있다.
他在工作中**表现**的很好。
그는 일하는 자세가 매우 좋다.
❷故意显示自己(含贬义)。
자신을 과시하다.
▷此人一贯爱**表现**，好出风头。
이 사람은 언제나 자신을 과시하고, 내세우기를 좋아한다.

한·중 공통의미	
표현❶+❷= 表现❶	
한국어에서만의 의미(韓)	중국어에서만의 의미(中)
없음	❷故意显示自己(含贬义)。자신을 과시하다.

번역 과정 중의 비대칭 대응
▷그 학생은 선생님에 대한 감사의 **표현**으로 자그마한 선물을 드렸다. 那名学生为了**表达**对老师的感情，献上了小小的礼物。(표현 → 表达)
그는 자신의 의사를 분명하게 **표현할** 줄 안다. 他不知道应该如何明确地**表达**自己的意思。(**표현하다** → 表达)

피부(皮膚)★★ [피부] 명

❶『동물』 척추동물의 몸을 싸고 있는 조직.
『动物』包裹着脊椎动物身体的组织。
▷**피부**에 종기가 생기다. 皮肤上长了脓疮。
아기는 **피부**가 부드럽다. 孩子的皮肤嫩。

皮肤^乙 [pí fū] 名

❶身体表面包在肌肉外部的组织。
몸의 겉을 싸고 있는 조직.
▷婴儿的**皮肤**很细嫩。
갓난아기의 피부는 매우 보드랍고 곱다.

피부 = 皮肤

피해 (被害)★★ [피:해] 명   被害☆ [bèihài]

❶생명이나 신체, 재산, 명예 따위에 손해를 입음.
또는 그 손해.
生命或身体、财产、名誉等受到损害。或指这种
损害。
▷**피해**를 당하다. 受害.
피해를 입다. 受到损害.
이것이 전면적 전쟁이라면 쌍방 간 어느 한쪽은
분명 엄청난 **피해**를 보게 될 것이었다.
如果这是全面战争的话，那么双方中肯定有一方
会遭受巨大的损失。

❶被杀害。
살해되다.
▷他知道了家人**被害**的事情。
그는 가족이 살해된 것을 알았다.

없음
한국어의 '**피해**'는 '손해를 입음. 또는 그 손해'를 뜻하는데 중국어의 '**被害**'는 단지 '살해되다'의 뜻이다.
문법 단위 사이의 불일치

피해(被害) 명   단일어   **被害** 동사구

필요 (必要)★ 명+형   必要乙 [bì yào] 形

❶반드시 요구되는 바가 있음.
不可缺少的。
▷**필요** 물품. **必需**物品。
어떻게든 전반적인 사정과 북쪽의 동정을 정확하
게 알아야 할 **필요**가 생겼다. 无论如何，都有**必
要**准确地了解整体情况和北边的动静。
지금 네게 **필요한** 것은 무엇보다도 휴식이다.
你现在最**需要**的是休息。

❶不可缺少，非这样不行。
반드시 있어야 함.
▷没有**必要**再讨论了。다시 토론할 **필요**가 없다.
为了集体的利益，**必要**时可以牺牲个人的利益。
집단의 이익을 위해 필요 시 개인적 이익을 포기
해야 한다.

필요 = 必要
번역 과정 중의 비대칭 대응
▷**필요** 물품. **必需**物品。(**필요** → **必需**)
지금 네게 **필요한** 것은 무엇보다도 휴식이다. 你现在最**需要**的是休息。(**필요하다** → **需要**)

학교 (學校)★ [학꾜] 명

❶『교육』일정한 목적·교과 과정·설비·제도 및
법규에 의하여 교사가 계속적으로 학생에게 교육
을 실시하는 기관.
『教育』 按照一定的目的·教学课程·设备·制
度及法规，让教师持续地对学生进行教育的机
关。
▷학교에 다니다. 上学。
아이를 학교에 보내다. 把孩子送到学校。

学校^甲 [xué xiào] 名

❶专门进行教育的机构。
전문적으로 교육을 실시하는 기관.
▷学校为学生营造一个好环境。
학교는 학생들을 위해 분위기를 잘 만들어야 한다.

한·중 공통의미

학교 = 学校

학년 (學年)★ [항년] 명

❶일 년간의 학습 과정의 단위.
一年内的学习课程的单位。
▷학년 말. 学年末。
❷수업하는 과목의 정도에 따라 일 년을 단위로 구
분한 학교 교육의 단계.
根据上课科目的程度，以一年为单位划分的学
校教育的阶段。
▷이 학년. 二年级。
육 학년이 되다. 到了六年级。
그 아이는 나보다 한 학년 아래이다.
那个孩子比我矮一级。

学年^丙 [xué nián] 名

❶学校规定的学习年度。
학교에서 설치한 학습 과정의 단위.
▷一个学年分上下两个学期。
한 학년은 1,2학기의 두 학기로 나뉜다.

한·중 공통의미

①일 년간의 학습 과정의 단위. 一年内的学习课程的单位。 학년❶= 学年❶

한국어에서만의 의미(韓)	중국어에서만의 의미(中)
❷수업하는 과목의 정도에 따라 일 년을 단위로 구분한 학교 교육의 단계. 年级	없음

학문 (學問)★★ [항문] 명

❶어떤 분야를 체계적으로 배워서 익힘. 또는 그런
지식.
对某个领域进行系统的学习。或指所学的知识。

学问^乙 [xué wen] 名

❶正确反映客观事物的系统知识。
객관적인 사물을 정확하게 반영하는 체계적인 지식.
▷这是一门深奥的学问。

▷**학문**이 깊다. 学问深。

　한때 학자가 되려고 **학문**에 열중한 적이 있었다.

　我曾经想成为学者而热衷于做学问。

　대학은 **학문**을 하는 곳이다.

　大学是做学问的地方。

　이것은 깊은 학문이다.

❷知识，学识。

　지식, 학식.

▷有**学问**。학식이 있다.

　学问很大。학문이 깊고 넓다.

한·중 공통의미

학문 = 学问

번역 과정 중의 비대칭 대응

▷그는 여러 방면에 걸쳐 많은 **학문적** 성과를 남겼다.

　他在诸多方面留下了很多**学术性**的成果。(학문적 → **学术性的**)

　학문적인 태도. **做学问的**态度。(학문적인 → **做学问的**)

　그 주장은 아직 **학문적으로** 검증되지 않았다. 那个主张还没有通过**学术性的**验证。

　(학문적으로 → **学术性的**)

학생 (學生)★ [학쌩] 명 　　学生^甲 [xué sheng] 名

❶학예를 배우는 사람.

　学习学问和技艺的人.

▷그의 도장에는 태권도를 배우려는 **학생**들로 항상
　만원이다. 在他的道场里，想学跆拳道的学生总
　是爆满。

❷학교에 다니면서 공부하는 사람.

　在学校学习的人.

▷**학생** 시절. 学生时代.

　3학년 **학생**. 3年级学生.

　학생 신분에서 벗어나는 짓은 하지 마라.

　不要做不符合学生身份的事.

❸생전에 벼슬을 하지 아니하고 죽은 사람의 명정,
　신주, 지방 따위에 쓰는 존칭.

　生前不做官的人，死后在其明旌、牌位等地方用
　的尊称.

▷현고 **학생** 부군 신위. 先父学生府君神位.

❶在学校读书的人.

　학교에서 공부하는 사람.

▷学习是**学生**们的首要任务。

　학습은 학생들의 첫 번째 임무이다.

❷向老师或前辈学习的人.

　선생이나 선배한테서 배우는 사람.

한·중 공통의미

①배우는 사람. 学习的人. **학생❶** = **学生❷**

②학교에 다니면서 공부하는 사람. 在学校学习的人. **학생❷** = **学生❶**

한국어에서만의 의미(韓)	중국어에서만의 의미(中)
❸생전에 벼슬을 하지 아니하고 죽은 사람의 명정, 　신주, 지방 따위에 쓰는 존칭.	없음

生前不做官的人，死后在其明旌、牌位等地方用的尊称。

학습 (學習)★★ [학씁] [학습만 [학씀만]]

❶배워서 익힘.
学到并熟悉。
▷외국어 **학습**. 外语学习。
학습 능력. 学习能力。
인간의 사회적 행동의 대부분은 후천적으로 **학습**된 것이라고 한다. 人类的社会行为大部分都是后天学习的结果。
국어의 역사에 대해 **학습했다**.
学习国语的历史。

学习^甲 [xué xí] 动

❶从阅读、听讲、研究、实践中获得知识或技能。
▷**学习**文化。문화 지식을 학습하다.
学习先进经验。선진적 경험을 학습하다.
❷效法。
따라서 하다, 모방하다.
▷要向模范**学习**。모범을 따라 배워야 한다.

한·중 공통의미

학습 = 学习❶

한국어에서만의 의미(韓)	중국어에서만의 의미(中)
없음	❷效法。 따라서 하다, 모방하다.

학자 (學者)★★ [학짜]

❶학문에 능통한 사람. 또는 학문을 연구하는 사람.
通晓学问的人, 或研究学问的人。
▷권위 있는 **학자**. 权威学者。
그는 물리학 분야에서 세계적으로 이름 있는 **학자**이다. 他是物理领域的世界知名学者。

学者^丙 [xué zhě] 名

❶在学术上有一定成就的人。
학문을 연구하는 데 뛰어난 성과를 거둔 사람.
▷青年**学者**. 청년 학자.
访问**学者**. 방문 학자.
他是一位受人尊崇的**学者**。
그는 사람들의 존경을 받는 학자이다.

한·중 공통의미

학자 = 学者

한 (限)★★ [한]

❶ 명 (주로 '없다', '있다'와 함께 쓰여)시간, 공간, 수량, 정도 따위의 끝을 나타내는 말.
(主要与 '没有'、'有'一起使用)表示时间、空间、数量、程度等的尽头。

限^丁 [xiàn]

❶指定的范围、限度。
주어진 범위나 한도.
▷界**限**. 한계.
期**限**. 기한.

▷사람의 욕망은 **한**이 없다. 人的欲望是无限的.

　기다리고 참는 데에도 **한**이 있다.

　等待和忍耐也是有限度的.

❷ 명 ('-기(가) 한이 없다' 구성으로 쓰여)앞에 쓰인 형용사의 정도가 매우 심함을 나타내는 말.

　(使用'-기(가) 한이 없다'的结构)表示程度深.

▷우승을 놓쳐서 억울하기가 **한**이 없다.

　未能夺冠, 委屈得不得了.

❸ 명 ('-는 한이 있더라도' 또는 '-는 한이 있어도' 구성으로 쓰여)어떤 일을 위하여 희생하거나 무릅써야 할 극단적 상황을 나타내는 말.

　(使用 '即使…也'或'就算…也'的结构)表示为了某事而牺牲或不顾极端的情况.

▷비록 사표를 쓰는 **한**이 있더라도 이 명령만은 따를 수 없다.

　即使提交辞呈, 也不能服从这项命令.

　집을 파는 **한**이 있어도 학업은 계속하겠다.

　就算是把房子卖了, 也得继续上学.

❹ 명 (주로 '-는 한' 구성으로 쓰여)조건의 뜻을 나타내는 말.

　(使用'只要…的话'结构)表示条件.

▷특별한 변수가 없는 **한** 회담은 예정대로 진행될 것이다. 只要没有特殊变化的话, 会谈将按计划进行.

❺ 동 어떤 조건, 범위에 제한되거나 국한되다.

　受到某种条件、范围的限制或局限.

▷무료입장은 장애인에 **한한다**.

　免费入场仅**限于**残疾人.

　우편 접수는 마감일 안에 도착한 서류에 **한한다**.

　邮件接收仅**限于**截止日之前到达的文件.

权**限**。 권한.

以年底为**限**。 연말을 기한으로 삼다.

❷ 动 指定范围, 不许超过.

　넘지 않도록 범위를 정하다.

▷**限**购。 제한 구입.

　限速。 주행속도를 제한하다.

　限期完工。 기일 내에 완성해야 한다.

　人数不**限**。 사람 수에는 제한이 없다.

❸(书)门槛.

　문지방. 문턱.

▷门**限** 户**限**。 문지방.

한·중 공통의미
①주어진 범위나 한도. 指定的范围、限度. **한❶**= **限❶**
②어떤 조건, 범위에 제한되거나 국한되다. 受到某种条件、范围的限制或局限. **한❺**= **限❷**

한국어에서만의 의미(韓)	중국어에서만의 의미(中)
❷앞에 쓰인 형용사의 정도가 매우 심함. 表示程度深.	❸(书)门槛. 문지방. 문턱.
❸어떤 일을 위하여 희생하거나 무릅써야 할 극단적 상황.	

为了某事而牺牲或不顾极端的情况。
❹조건의 뜻을 나타내는 말. 表示条件。

한계 (限界)★★ [한·계/한·게] 명

❶사물이나 능력, 책임 따위가 실제 작용할 수 있는
범위. 또는 그런 범위를 나타내는 선.
事物或能力、责任等能够发挥实际作用的范
围。或体现出这种范围的线。
▷한계를 극복하다. 克服极限.
한계를 정하다. 划定界限.
거대한 조직 사회 안에서 개인의 힘이란 한계가
있기 마련이다. 在巨大的组织社会中，个人的力
量是有限的。

界限[jiè xiàn] 名

❶不同事物的分界。
다른 사물들 간의 경계.
▷划清界限。경계가 분명하다.
界限分明。경계를 분명히 긋다.
❷尽头处，限度。
끝, 한도.
▷殖民主义者的野心是没有界限的。
식민주의자의 야심은 끝이 없다.

한·중 공통의미	
①끝, 한도. 尽头处，限度. **한계❶= 界限❷**	
한국어에서만의 의미(韓)	중국어에서만의 의미(中)
없음	❶不同事物的分界。다른 사물들 간의 경계.

해방 (解放)★★ [해:-]

❶구속이나 억압, 부담 따위에서 벗어나게 함.
摆脱拘束或压迫、负担等。
▷내일이면 학기말 시험에서 해방이다!
到了明天就从期末考试中解放啦!
그는 15년간의 감옥 생활에서 해방되어 자유를
찾았다. 他从15年的监狱生活中解放出来，获得
了自由。
노예를 해방하다. 解放奴隶.
❷『역사』1945년 8월 15일에 우리나라가 일본 제
국주의의 강점에서 벗어난 일.
『历史』 194年8月15日，韩国摆脱了日本帝国主
义的占领。
▷일본의 항복으로 우리는 해방을 맞았다. 随着日
本的投降，我们迎来了解放。
일제로부터 해방되다. 从日本帝国主义的统治下
解放。

解放[jiě fàng] 动

❶解除束缚，得到自由或发展。
속박에서 벗어나(고) 자유롭게 되다.
▷解放思想 사상을 해방하다(?)
(낡은 전통이나 관습의 구속으로부터)
解放生产力。생산력의 발전을 촉진시키다.
❷推翻反动统治，特指我国1949年推翻国民党的
统治。
중국 1949년에 국민당의 반동 통치를 전복하는
일.
▷解放前。해방 전에.
解放那年我才15岁。해방되던 때 나는 겨우 15살
이었다.

해방❶= 解放❶

한국어에서만의 의미(韓)	중국어에서만의 의미(中)
❷『역사』1945년 8월 15일에 우리나라가 일본 제국주의의 강점에서 벗어난 일. 『历史』1945年8月15日，韩国摆脱了日本帝国主义的占领。	❷推翻反动统治，特指我国1949年推翻国民党的统治。 중국 1949년에 국민당의 반동 통치를 전복하는 일.

해외 (海外)★ [해ː외/해ː웨] 명 　　　　海外ᵀ [hǎi wài] 名

❶바다의 밖. 海的外边。	❶国外。 국외.
❷바다 밖의 다른 나라. 海的外边的国家。	▷销行**海外**。 해외에서 잘 팔리다.
▷**해외** 동포. 海外同胞。 **해외** 유학. 海外留学。	**海外**市场。 해외 시장.
멀리 **해외**에 나가 있는 사람일수록 더욱 살뜰하게 우리 것을 예찬한다. 越是在海外生活的人，越称赞我们自己的东西。	由**海外**返回本国。 해외에서 본국으로 되돌아오다

한·중 공통의미

①바다 밖의 다른 나라. 海的外边的国家。 해외❷= 海外❶

한국어에서만의 의미(韓)	중국어에서만의 의미(中)
❶바다의 밖.海的外边	없음

행동 (行動)★ [행동] 명＋동 　　　　行动ᶻ [xíng dòng]

❶몸을 움직여 동작을 하거나 어떤 일을 함. 动弹身体，做某种行为或某种事情。	❶动 行走，走动。 걷다, 움직이다.
▷**행동** 양식. 行动模式。 **행동** 범위. 行动范围。	▷腿受了伤，**行动**不便。 다리를 다쳐서 걷기가 불편하다.
그는 계획을 **행동**으로 옮겼다. 他把计划落实于行动上。	❷动 指为实现某种意图而具体的进行活动。 어떤 목적을 위하여 행동하다.
그는 언제나 말과 **행동**이 일치한다. 他一直都是言行一致。	▷**行动**纲领。 행동 강령.
그런 일일수록 침착하게 **행동해**야 실수가 없다. 越是这种事，越要谨慎行动。	军事**行动**。 군사 행동.
	❸名 行为，举动。 행위, 거동.
	▷**行动**可疑。 거동이 수상하다.

한·중 공통의미

행동❶= 行动❶+❷

한국어에서만의 의미(韓)	중국어에서만의 의미(中)
없음	❸ 名 行为，举动。행위, 거동.

번역 과정 중의 비대칭 대응

▷행동적 측면. **实际行动**层面。(행동적 → **实际行动**)

그는 성미가 쾌활하고 **행동적이다**. 他性格开朗**好动**。(행동적이다 → **好动**)

행사 (行事)★ [행사] 명

❶어떤 일을 시행함. 또는 그 일.
实行某种事或实行的这件事。
▷경축 **행사**. 庆祝活动。
행사를 개최하다. 举办活动。
비가 오면 **행사**를 취소합니다.
下雨活动就会取消。
❷'성교'를 비유적으로 이르는 말.
比喻'性交'。
▷나이가 좀 들고 숙성한 신랑이라면, 대개 첫날밤
의 **행사**를 일일이 묻는 것이었다.
稍微上了年纪且成熟的新郎一般都会细问新婚
初夜的房事。

行事☆ [xíng shi]

❶ 名 行为。
행위。
▷言谈**行事**。말과 행동。
❷ 动 办事、做事。
일을 보다, 일을 처리하다
▷**行事**谨慎。조심스럽게 일을 하다..
看人脸色**行事**。남의 안색을 보고 일을 처리하다.

한·중 공통의미	
없음	

한국어에서만의 의미(韓)	중국어에서만의 의미(中)
❶어떤 일을 시행함. 또는 그 일. 实行某种事或实行的这件事。 ❷'성교'를 비유적으로 이르는 말. 比喻'性交'。	❶行为。행위。 ❷ 动 办事、做事。 일을 보다, 일을 처리하다

행위 (行爲)★★ [행위] 명

❶사람이 의지를 가지고 하는 짓.
人带着意志所做的事。
▷폭력 **행위**. 暴力行为。
영웅적 **행위**. 英雄行为。
그는 자신이 한 **행위**에 책임을 졌다.
他对他自己所做的行为负了责任。

行为丙 [xíng wéi] 名

❶受思想支配而表现出来的活动。
의지를 가지고 하는 일。
▷**行为**不端。행동이 신중하지 못하다。
不法**行为**。불법 행위。

행위 = 行为

행정 (行政)★★ [행정] 명

❶정치나 사무를 행함.

实行政治或实务。

▷행정 경험. 行政经验。

행정을 맡다. 负责行政。

行政丙 [xíng zhèng]

❶ 动 行使国家权力。

국가 권력을 통해서 (기관·기업·단체 따위의) 관리·운영함.

▷行政单位。 행정 기관. 行政机构。 행정 기구.

严格依法行政。 법에 의해서 권력을 써야 한다.

❷ 名 指机关、企业、团体等内部的管理工作。

기관·기업·단체 따위의 내부적 관리 업무.

▷行政人员。 사무직원. 行政费用。 업무 관리비.

一位副科长管科研，另一位管行政。

한 명의 부(副)과장은 연구 업무를 맡고 다른 한 명의 부(副)과장은 행정 업무를 맡는다.

행정 = 行政

결합정보: 중국어의 '行政'은 그대로 관형사로 쓰일 수 있지만 한국어에서의 '행정'은 '적'과 결합해야만 관형사로 쓰일 수 있다. 中文的'行政'可以作为形容词使用，但韩语的'행정'只有和'적'结合，才能作为形容词来使用。

① 행정 조치 (×)

　행정적 조치 (O) 行政措施

②그는 행정 능력이 부족하다.(×)

　그는 행정적 능력이 부족하다.(O) 他缺乏行政能力。

혁명 (革命)★★★ [형명] 명+동

❶헌법의 범위를 벗어나 국가 기초, 사회 제도, 경제 제도, 조직 따위를 근본적으로 고치는 일.

脱离宪法的范围，从根本上整治国家基础、社会制度、经济制度、组织等的事情。

▷혁명 세력. 革命势力。

혁명 시대. 革命时代。

혁명이 일어나다. 爆发革命。

공산당은 폭력으로 혁명할 것이 아니라 노동자를

革命乙 [gé mìng]

❶ 动 被压迫阶级用暴力夺取政权，摧毁旧的腐朽的社会制度，建立新的进步的社会制度。

피지배 계급은 폭력을 사용해 이전의 왕통을 뒤집고, 기존 제도를 근본적으로 고침.

▷革命到底。 끝까지 혁명하겠다.

❷ 形 具有革命意识的。

혁명적이다.

▷工人阶级是最革命的阶级。 노동자 계급은 가장

조직하면 될 거고… 共产党不需要用暴力进行革命，只要组织一下劳动者就可以…
철저하게 생활을 **혁명할** 작정이니까.
打算彻底改变一下生活。

❷이전의 왕통을 뒤집고 다른 왕통이 대신하여 통치하는 일.
推翻以前的王统，由其他王统代替统治。

❸이전의 관습이나 제도, 방식 따위를 단번에 깨뜨리고 질적으로 새로운 것을 급격하게 세우는 일.
打破以前的习惯、制度、方式等，急速建立质量上的革新。

▷근대의 과학적, 기술적 **혁명**과 더불어 인간은 자연을 정복하고, 지배하고, 이용하는 자유를 누리게 되었다. 随着近代的科学技术革命，人类开始享受征服、支配、利用自然的自由。

혁명 의식을 지닌 계급이다.

❸ 动 根本改革。
근본적인 개혁.

▷思想**革命**。사상의 변혁.
技术**革命**。기술 혁명.
产业**革命**。산업 혁명.

한·중 공통의미
①혁명❶+❷= 革命❶
②근본적인 개혁. 根本改革. 혁명❸= 革命❸

한국어에서만의 의미(韓)	중국어에서만의 의미(中)
없음	❷ 形 具有革命意识的。혁명적이다.

번역 과정 중의 비대칭 대응
▷**혁명적** 계급 의식. **革命性的**阶级意识。(혁명적 → 革命性的)
　혁명적인 내용. **革新性的**内容。(혁명적인 →革新性的)

현대 (現代)★★ [현ː대] 명

❶지금의 시대.
现在的时代。

▷**현대** 문명. 现代文明。 **현대** 여성. 现代女性。
그 병은 **현대** 의학으로도 고칠 수 없는 불치병이다. 那个病是用现代医学无法治疗的不治之病。
근대에서 **현대**로 넘어오는 과도기.
从近代跨到现代的过渡期。
도시화는 **현대**를 판단하는 기준의 하나이다.
都市化是判断现代的一个标准。

现代甲 [xiàn dài]

❶ 名 现在这个时代。在我国的历史分期上多指五四运动到现在的时期。
지금의 시대. 중국의 역사 구분에는 대체로 5·4운동 이후 현재까지의 시기를 가리킴.
▷**现代**交通工具。현대 교통수단.
❷ 形 合乎现代潮流的，时尚。
현대 사회적 추세에 맞는, 최신 유행의.
▷装修风格**现代**简约。요즘 유행하는 인테리어스타일은 미니멀리즘이다.

한·중 공통의미
①지금의 시대. 现在的时代。 현대❶= 现代❶

한국어에서만의 의미(韓)	중국어에서만의 의미(中)
없음	❷ 形 合乎现代潮流的，时尚。 현대 사회적 추세에 맞고, 최신 유행의.

번역 과정 중의 비대칭 대응

▷현대적 기업 **现代化**企业 (현대적 → **现代化**)

현상 (現象)★★ [현·상] 명

❶인간이 지각할 수 있는, 사물의 모양과 상태.
人类能知觉得到的事物的模样和状态。

▷열대야 **현상**. 热带夜现象.

핵가족화 **현상**. 核心家庭化现象.

피부 노화 **현상**. 皮肤老化现象.

现象ᶻ [xiàn xiàng] 名

❶ 名 事物在发展、变化中所表现的外部形态和联系。

사물의 발전·변화 과정에서 나타난 모양과 상태.

▷社会**现象**. 사회 현상.

自然**现象**. 자연 현상.

看问题不能只看表面**现象**，要看本质.

일을 판단하는 데 겉으로 보이는 것만 보지 말고 본질을 살펴야 한다.

한·중 공통의미
현상 = 现象

현실 (現實)★★ [현·실] 명

❶현재 실제로 존재하는 사실이나 상태.
目前实际存在的事实或状态。

▷분단 **현실**. 分裂的现实.

어려운 농촌 **현실**. 贫困的农村现实.

그는 **현실**에 만족한다. 他满足于现实.

现实ᶻ [xiàn shí] 名

❶ 名 客观存在的事物。실제로 존재하는 것.

▷考虑问题，不能脱离**现实**. 문제를 고려하는 데 있어서, 현실을 벗어날 수 없다.

❷ 形 合于客观情况.

현실적이다.

▷这个计划不**现实**. 이 계획은 현실적이지 않다.

▷这是一个比较**现实**的办法.

이것은 보다 현실적인 방법이다.

한·중 공통의미	
①현재 실제로 존재하는 사실이나 상태. 目前实际存在的事实或状态. **현실❶**= **现实❶**	
한국어에서만의 의미(韓)	중국어에서만의 의미(中)
없음	❷ 形 合于客观情况。현실적이다.

현장 (現場)★★ [현·장] 명

❶사물이 현재 있는 곳.

现场ᵀ [xiàn chǎng] 名

❶发生案件、事故或自然灾害的场所及该场所发

事物目前所在的地方。

▷절이 있는 **현장**으로 답사를 떠났다.

去考察了寺庙所在的地方。

❷일이 생긴 그 자리.

事情发生的那个位置。

▷사건 현장. 事件现场.

사고 현장을 수사하다. 搜查事故现场.

❸일을 실제 진행하거나 작업하는 그곳.

实际进行工作的地方。

▷건설 **현장**. 建设现场.

생산 **현장**. 生产现场.

사장은 가끔 **현장**으로 와서 근로자를 격려한다.

社长偶尔来现场鼓励员工们。

生案件、事故或自然灾害时的状况。

사전, 사고나 자연 재해가 일어난 장소 그 장소의 상태.

▷保护**现场**, 以便取证. 현장을 보존하여 조사하는 데 편리하게 해야 한다.

火灾**现场**,一片火海. 화재 현장은 온통 불바다이다.

❷直接进行生产、演出、比赛、试验等的场所。

직접 생산, 공연, 시합 등이 진행되는 장소.

▷**现场**参观. 현지 참관.

会议**现场**. 회의 현장.

现场直播. 생중계.

한·중 공통의미

①일이 생긴 그 자리. 事情发生的那个位置。 **현장❷**= **现场❶**

②일을 실제 진행하거나 작업하는 그곳. 实际进行工作的地方。 **현장❸**= **现场❷**

한국어에서만의 의미(韓)	중국어에서만의 의미(中)
❶사물이 현재 있는 곳. 事物目前所在的地方。	없음

번역 과정 중의 비대칭 대응

▷**现场**直播. 생중계.

현재 (現在)★ [현ː재] 명+부

❶지금의 시간.

目前的时间。

▷**현재**와 미래. 现在和未来.

현재의 주소. 现在的地址.

현재 점수 상황은 동점이어서 결과를 예측하기 힘들다. 现在是平局, 很难预测结局.

현재 우리 사회는 가치관의 혼란을 겪고 있다. 现在我们的社会正面临着价值观的混乱.

❷(때를 나타내는 말 다음에 쓰여)기준으로 삼은 그 시점.

(用于出现时间的词后面)作为基准的那个时间。

▷공산군의 손해가 10일 **현재**로 137만 명에 달한다고 미국방성이 발표했다.

美国五角大楼称共产党的死亡人数截止到现在的10日已达137万人。

现在 [xiàn zài] 名

❶这个时候,指说话的时候,有时包括说话前后或长或短的一段时间(区别于"过去、将来")。

말을 하고 있는 때를 가리킴. 때로는 말하고 있는 때의 앞뒤의 약간의 긴 시간을 포함하는 경우도 있다. ('过去' '将来'와는 구별됨)

▷他**现在**的情况怎么样?

그는 현재의 상황은 어떠한가?

现在他当了厂长了. 지금 그는 공장장이 되었다.

그 회사는 지난해 말 **현재** 총자산액이 2억 달러에 이르렀다. 截止到去年的这个时候那家公司的总资产就达到了2亿美金。

한·중 공통의미	
①지금의 시간. 目前的时间. **현재❶** = **现在❶**	

한국어에서만의 의미(韓)	중국어에서만의 의미(中)
❷(때를 나타내는 말 다음에 쓰여)기준으로 삼은 그 시점. (用于出现时间的词后面)作为基准的那个时间.	없음

협상 (協商)★★★ [협쌍] 명 + 동   协商ᵀ [xié shāng] 动

❶어떤 목적에 부합되는 결정을 하기 위하여 여럿이 서로 의논함.
为了做出符合某种目的的决定，几个人进行议论。
▷임금 **협상**. 租金协商。
이 주일의 정치적 관심사는 야권 통합을 위한 **협상**이다. 这周的政治要点主要是为统合在野党而需要进行的协商。
노조는 한 달여간의 파업 끝에 회사 측과 임금 인상 문제를 다시 **협상**하기로 했다.
工会在进行一个多月的罢工后，决定与公司重新协商加薪问题。

❶共同商量以便取得一致的意见。
일치된 의견을 갖도록 같이 의논함.
▷友好**协商**。 우호적으로 협의하다.
有问题可以**协商**解决。
문제가 생겼을 때 협상의 방법으로 해결하다.

한·중 공통의미
협상 = 协商

형 (兄)★ [형] 명   兄ᵀ [xiōng] 名

❶같은 부모에게서 태어난 사이이거나 일가친척 가운데 항렬이 같은 남자들 사이에서 손윗사람을 이르거나 부르는 말. 주로 남자 형제 사이에 많이 쓴다.
同一父母所生的孩子之间或在一家亲戚中辈分相同的男子之间称呼长辈时候用。一般用在兄弟之间。
▷**형**은 자상하고 애정이 깊었으며 언제나 너그러웠다.
哥哥非常细心也有爱心，而且一直都非常宽容。

❶哥哥。
형, 오빠.
▷父**兄**。 부형. 胞**兄**。 친형, 친 오빠.
❷亲戚中同辈而年纪比自己大的男子。
친척 중에 동년배나 연장자에 대한 호칭.
▷表**兄**。 사촌 형, 사촌 오빠.
❸对男性朋友的尊称。
(남자들의) 같은 또래에 대한 존칭.

나와 **형**은 눈이 아버지를 쏙 빼닮았다. 我和哥哥 的眼睛随了父亲。

❷남남끼리의 사이에서 나이가 적은 남자가 나이가 많은 남자를 이르거나 부르는 말.

　用在男男之间年龄小的人叫年龄大的人的时 候。

▷그는 김 선생 큰아들하고 **형** 아우 하면서 지내는 사이이다. 他与金老师的大儿子是称兄道弟的关 系。

❸(성 또는 성명 아래에 쓰여)나이가 비슷한 동료나 아랫사람의 성 뒤에 붙여 상대방을 조금 높여 이르 거나 부르는 말. 주로 남자들 사이에서 쓴다.

(用在姓或姓名后)用在年龄相若的同事或后辈的姓 后面，稍微尊称对方。一般用在男男之间。

▷이 **형**, 한 가지 부탁이 있는데 들어주겠소? 李兄，能否帮我一个忙？

　대강 말은 되어 있으니 박 **형** 혼자서 가는 게 좋 을 거요. 已经大体商定好了，朴兄还是自己去为 好。

▷仁**兄**。 인형, 귀형.

한·중 공통의미
① 형 哥哥。 형❶= 兄❶+❷
② (남자들의) 같은 또래에 대한 존칭. 对男性朋友的尊称。 형❸= 兄❸

한국어에서만의 의미(韓)	중국어에서만의 의미(中)
❷남남끼리의 사이에서 나이가 적은 남자가 나이가 많은 남자를 이르거나 부르는 말. 　用在男男之间年龄小的人叫年龄大的人的时 候。	없음

형사 (刑事)*** [형사] 명

❶형법의 적용을 받는 사건.适用刑法的事件。

❷범죄의 수사 및 범인의 체포를 직무로 하는 사복 (私服) 경찰관을 통틀어 이르는 말.

　指犯罪调查及逮捕犯人为职务的私服警察。

▷**형사** 기동대. 刑事小分队。

　늦은 아침결에 철은 두 명의 **형사**에게 연행되어 갔다. 早上哲被两名刑事抓走了。

刑事ᵀ [xíng shi] 形

❶有关刑法的。 형법과 관련되는 것.

▷**刑事**犯罪。 형사 범죄.

　刑事案件。 형사 사건.

　刑事法庭。 형사 법정.

형사❶= 刑事❶

한국어에서만의 의미(韓)	중국어에서만의 의미(中)
❷범죄의 수사 및 범인의 체포를 직무로 하는 사복 (私服) 경찰관을 통틀어 이르는 말. 指犯罪调查及逮捕犯人为职务的私服警察。	없음

형성 (形成)★★ [형성] 명+동 | 形成² [xíng chéng] 动

❶어떤 형상을 이룸. 构成一种形象.

▷고대 국가의 **형성**. 古代国家的形成.

　도시가 **형성되다**. 形成都市.

　청소년기는 인격을 **형성하는** 데에 매우 중요한 시기다. 青春期是形成人格的重要时期.

❶通过发展变化而成为居于某种特点的事物，或者出现某种情形或局面.

　어떤 사물이나 기풍·국면 등이 형성되거나 이루어지다.

▷对于性格的**形成**起着极大的作用.

　성격의 형성에 지대한 역할을 하다.

　形成鲜明的对比. 선명한 대비를 이루다

　巨大的变迁是通过渐进的过程**形成**的.

　거대한 변화는 점진적인 과정을 통해 이루어진다.

형성 = 形成

번역 과정 중의 비대칭 대응

▷巨大的变迁是通过渐进的过程**形成**的.

　거대한 변화는 점진적인 과정을 통해 **이루어진다.**(形成 → 이루어지다)

형식 (形式)★★ 명 [형식만 [-싱-]] | 形式² [xíng shì] 名

❶사물이 외부로 나타나 보이는 모양. 事物从外部呈现出的模样.

▷**형식**을 갖추다. 做好形式.

　이번 행사는 **형식**에 신경을 많이 쓴 듯했지만 내용이 별로 없었다. 这次的活动看着像在形式上注重了很多, 可是缺乏内涵.

❷일을 할 때의 일정한 절차나 양식 또는 한 무리의 사물을 특징짓는 데에 공통적으로 갖춘 모양. 做事情时的某种顺序或模式, 及规定某一群体事物的特征时所具备的共同模样.

▷비문 **형식**. 碑文形式.

❶事物的形状、结构等.

　사물의 모양이나 구조.

▷组织**形式**. 조직 형태.

　艺术**形式**. 예술 형식.

　内容和**形式**的统一.

　내용과 형식상의 일치.

자유로운 **형식**으로 표현된 글.

以自由的**形式**来表达的句子。

<table>
<tr><td colspan="2" align="center">한·중 공통의미</td></tr>
</table>

형식 = 形式

번역 과정 중의 비대칭 대응

▷**형식**적 절차. **形式上**的流程。(형식적 → 形式上的)

두 사람 사이에는 깊이 있는 내용은 없이 **형식**적인 대화만 오갔다.

两个人之间只有**形式上**的对话，没有任何有深度的内容。(형식적인 → 形式上的)

검문은 **형식**적으로 진행되고 있었다. 只是**形式上**进行着检查。(형식적으로 → 形式上)

형태 (形態)★★ [형태] 명   形态丙 [xíng tài] 名

❶사물의 생김새나 모양.事物的长相或样子。
▷산의 **형태**. 山的形态。
　일자 **형태**의 부엌. 一字形的厨房。
　이 옷은 소매가 나비 날개 **형태**로 되어 있다.
　这件衣服的袖子是蝴蝶翅膀的样子。
❷어떠한 구조나 전체를 이루고 있는 구성체가 일정하게 갖추고 있는 모양.
　构成某种结构或整体的一个结构体所具备的一种模样。
▷시조의 **형태**. 时调的形态。
　이 나라 가족의 **형태**는 대부분이 대가족 **형태**이다. 这个国家的家庭形态大部分是大家族形态。

❶事物的形状或表现。
　사물의 형태나 표현으로서의 형태.
▷意识**形态**。 의식 형태, 이데올로기.
　观念**形态**。 관념 형태.
❷生物体外部的形状。 생물의 형태.
❸词的内部变化形式，包括构词形式和词形变化的形式。
　단어(單語)의 어형(語形) 변화 형식.
▷**形态**论。 형태론(품사론).

<table>
<tr><td colspan="2" align="center">한·중 공통의미</td></tr>
</table>

①사물의 생김새나 모양.事物的长相或样子。 **형태❶+❷= 形态❶**
②词的内部变化形式，包括构词形式和词形变化的形式。 단어(單語)의 어형(語形) 변화 형식.

한국어에서만의 의미(韓)	중국어에서만의 의미(中)
없음	❷生物体外部的形状。 생물의 형태.

번역 과정 중의 비대칭 대응

▷**형태**적 차이. **形态方面**的差异。(형태적 → 形态方面的)

이번에 출토된 유물은 지난번 것과 **형태**적으로 유사하다.

这次出土的遗物与上次的**在形态上**很相似。(형태적으로 → 在形态上)

호흡 (呼吸)★★ 명+동 [호흡만 [-흠-]]   呼吸乙 [hū xī]

❶숨을 쉼. 또는 그 숨.

❶动 生物体与外界进行气体交换。

吸气吐气。或指气。

▷**호흡** 조절. 调整呼吸。

아내의 몸은 싸늘했으며 **호흡**마저도 끊겨 있는 것 같았다. 妻子的身体已经冰冷, 连呼吸也没有了。

신선한 공기를 **호흡**하다. 呼吸新鲜空气。

❷함께 일을 하는 사람들과 조화를 이룸. 또는 그 조화.

与一起工作的人形成协调。或形成的这种协调。

▷서민인 관객과 얼마나 **호흡**을 함께하느냐는 바로 그 연희에 민중 의식이 있느냐 없느냐를 의미하는 거 아닌가. 与观众互动的融洽意味着那个宴会是否具有民众意识。

우리 신문은 언제나 독자 여러분과 함께 **호흡**하는 신문이 되겠습니다. 我们的新闻会成为和读者们永远同呼吸共命运的新闻。

❸『생물』 생물이 외계에서 산소를 흡수하고 이산화탄소를 몸 밖으로 내보냄. 또는 그런 과정. 외호흡과 내호흡으로 나눈다.

『生物』 生物在外界吸入氧气, 将二氧化碳吐出体外。或这种过程。分为内呼吸和外呼吸。

생물체가 숨을 쉬는 동작.

▷**呼吸**新鲜空气。

신선한 공기를 호흡하다(먹다).

呼吸紧促。호흡이 급박하다.

❷(书)一呼一吸, 指极短的时间。

호흡하는 순간, 짧은 시간.

▷成败在**呼吸**之间。성패가 순간에 달려 있다.

한·중 공통의미
호흡❶+❸= 呼吸❶

한국어에서만의 의미(韓)	중국어에서만의 의미(中)
❷함께 일을 하는 사람들과 조화를 이룸. 또는 그 조화. 与一起工作的人形成协调。或形成的这种协调。	❷(书)一呼一吸, 指极短的时间。 호흡하는 순간, 짧은 시간.

화면 (畫面)★★ [화:면] 명

❶그림 따위를 그린 면.

画了画的面。

▷이 작품의 **화면**은 색상이 좀 어두운 편이다.

这个作品的色彩有点偏暗。

❷텔레비전이나 컴퓨터 따위에서 그림이나 영상이 나타나는 면.

电视或电脑屏幕显示出来的图片或影像的面。

▷**화면**이 선명하다. 画面清晰。

画面ᵀ [huà miàn] 名

❶画幕、银幕、屏幕等上面呈现的现象。

텔레비전이나 컴퓨터 따위에서 그림이나 영상이 나타나는 면.

▷电视**画面**清晰。텔레비전 화면이 또렷하다.

새로 산 텔레비전은 화면 색상이 매우 뚜렷하다.

新买的电视画面色彩非常清晰。

❸필름, 인화지 따위에 촬영된 영상이나 사상(寫像).

拍摄到胶卷、相片纸上的影像或写像。

한·중 공통의미	
화면❷+❸= 画面❶	
한국어에서만의 의미(韓)	중국어에서만의 의미(中)
❶그림 따위를 그린 면. 画了画的面。	없음

환경 (環境)★★ [환경] 명   **环境**² [huán jìng] 名

❶생물에게 직접·간접으로 영향을 주는 자연적 조건이나 사회적 상황.

给予生物直接或间接影响的自然条件或社会状况。

교육 환경5). 教育环境。

환경이 나쁘다. 环境差。

환경을 보호하다. 保护环境。

❷생활하는 주위의 상태.

生活居住场所周围的状态。

환경을 가꾸다. 营造环境。

환경을 깨끗이 정리하다. 彻底整理周围环境。

❶周围的地方。

生活하는 주위.

环境优美。 환경이 아름답다.

环境卫生。 환경 위생.

❷周围的情况和条件。

주변의 상황.

客观环境。 객관적 환경.

工作环境。 일하는 환경

한중 공통의미(中韓)	
①자연적 조건이나 사회적 상황(情况和条件) 환경❶= 环境❷	
②생활하는 주위의 상태(周围的地方)환경❷= 环境❶	
한국어에서만의 의미(韓)	중국어에서만의 의미(中)
없음	없음

결합정보: 중국어의 '环境'은 명사를 직접 수식하는 용법이 있지만 한국어의 '환경'은 '환경 문제, 환경 개선' 등 명사를 직접 수식하는 용법이 있으나 '요인, 차이' 등 일부 명사를 수식할 때 제한을 받으며 '적'과 결합해야만 관형사로 쓰일 수 있다. 中文的'环境'可以可以直接用来修饰名词，但韩语的'环境'不能直接和'요인, 차이'等词连用，只有和'적'结合，才能作为形容词来使用。

①지리적 요인과 환경 요인이 있다. (×)

  지리적 요인과 환경적 요인이 있다.(O) 环境因素

②그곳은 우리나라와 환경 차이가 심하다(×)

  그곳은 우리나라와 환경적 차이가 심하다(O) 环境差异

환자 (患者)★ [환·자] 명

❶병들거나 다쳐서 치료를 받아야 할 사람.
  生病或受伤需要治疗的人.
▷**환자**를 보살피다. 照顾病人.
  환자를 치료하다. 治疗病人.

患者ᵀ [huàn zhě] 名

❶患某种疾病的人. 어떤 병에 든 사람.
▷肺结核**患者**. 폐결핵 환자.

한·중 공통의미

환자 = **患者**

관련어휘

중국어 단어 '**病人**'는 한국어 '**환자**'의 대역어로 하는 게 더 적당하다. '**患者**'이라는 단어가 현대 중국어에서 단지 문어에서만 쓰임.

활동 (活動)★★ [활똥] 명+동

❶몸을 움직여 행동함.
  动弹身体, 行动.
▷다리를 다쳐서 **활동**이 어렵다.
  腿受了伤, 很难活动.
  병사들은 달이 밝아 밤에 **활동**할 수가 없었다. 因月色明亮, 士兵们无法行动.
❷어떤 일의 성과를 거두기 위하여 힘씀.
  为了完成某件事而努力.
▷정치 **활동**. 政治活动.
  사건 발생 이래로 소관 경찰서는 밤낮을 가리지 않고 **활동**한 결과 작일 밤에 이르러 의주통 방면에서 피의자 두 명을 체포하였고….
  案件发生后, 所管警察局昼夜不分地活动, 昨晚终于在义周通附近抓捕了两名嫌疑犯…

活动ᵾ [huó dòng]

❶ 动 肢体动弹, 运动.
  몸을 움직이거나 운동함.
▷坐久了应该站起来**活动活动**.
  오랫동안 앉아 있었으면 일어서서 몸을 움직여야 한다.
  出去散散步, **活动**一下筋骨.
  밖에 나가 산책하며 근육을 좀 움직이다.
❷ 动 为某种目的而行动.
  (어떤 목적을 위해) 행동하다.
▷这一带常有游击队**活动**.
  이 일대는 늘 유격대가 활동한다.
❸ 动 动摇, 不稳定.
  요동하다. 놀다. 흔들리다.
▷这个桌子直**活动**.
  이 탁자는 계속 흔들거린다.
  门牙**活动**了. 앞니가 흔들거린다.
❹ 形 灵活, 不固定.
  고정되지 않다. 이동이나 분해가 가능하다.
▷**活动**模型. 이동 모형.
  活动房屋. 이동 가능한 방.
❺ 名 未到达某种目的而采取的行动.
  어떤 목적을 달성하기 위한 행동.

---

5)표제어로의 한중 한자어는 용례에서 모두 굵은 글씨로 표기한다.

▷野外**活动**。야외 활동.

文娱**活动**。문화 오락 활동.

体育**活动**。체육 활동.

❻ 动 指钻营、说情、行贿。

사정하다. 뇌물을 쓰다. 빌붙다.

▷他为逃避纳税四处**活动**。그는 납세를 피하려고 사방으로 손을 쓰고 있다.

한·중 공통의미
①몸을 움직여 행동함. 动弹身体, 行动. **활동❶**= **活动❶**
②어떤 일의 성과를 거두기 위하여 힘씀. 为了完成某件事而努力. **활동❷**= **活动❷+❺**

한국어에서만의 의미(韓)	중국어에서만의 의미(中)
없음	❸动摇, 不稳定。요동하다. 놀다. 흔들리다.
	❹灵活, 不固定。고정되지 않다.
	❺指钻营、说情、行贿。사정하다. 뇌물을 쓰다.

번역 과정 중의 비대칭 대응

▷병사들은 달이 밝아 밤에 **활동**할 수가 없었다. 月色明亮，士兵们无法**行动**。(활동하다 → **行动**)

활동적 인물. 很活跃的人。(활동적 → **很活跃的**)

활동적인 복장. **活动方便的**服装。(활동적인 → **活动方便的**)

회담 (會談)★★ [회:-/훼:-] 명+동   会谈ᶜ [huì tán] 动

❶어떤 문제를 가지고 거기에 관련된 사람들이 한 자리에 모여서 토의함. 또는 그 토의.

某种问题的相关人员聚在一起对这种问题进行讨论。或进行讨论的这种会议。

▷**회담**을 개최하다. 举办会谈。

비공식 **회담**을 열다. 举办非公开会谈。

우리 측 대표는 북한 대표와 이산가족 문제를 놓고 **회담**했다. 我方代表与北朝鲜代表就着离散家族问题进行了会谈。

❶双方或多方共同商谈。

쌍방이나 여러 사람이나 단체가 같이 만나서 토의함.

▷两国**会谈**。양국 회담.

한·중 공통의미
회담 = 会谈

회사 (會社)★ [회:사/훼:사] 명   ∅

❶상행위 또는 그 밖의 영리 행위를 목적으로 하는   公司ᶜ [gōng sī]

사단 법인. 주식회사, 유한 회사, 합자 회사, 합명
회사의 네 가지가 있다.

经商或以其他营利行为为目的的社团法人。分为
股份公司、有限公司、合资公司、合名公司等四
种。

▷제조 **회사**. 制造公司。

  회사에 출근하다. 在公司上班。

  회장은 **회사**의 경영을 큰아들에게 일임했다.

  会长将公司的经营权全权委托给了大儿子。

▷他是我们**公司**的法人代表。

  그는 우리 회사의 법인 대표이다.

  公司里备置三十架桌椅。

  회사에서 30개의 책상과 의자를 주문했다.

한·중 공통의미

없음

한국어 한자어의 '회사'는 중국어에서는 이런 단어가 존재하지 않음. 같은 의미로써 쓰고 있는 단어는
公司 (공사)란 단어가 있음. (中文中不存在韩国语中的'会社'一词，所以与之相对应含义的中文词汇为公
司)

어원정보:

한←일 會社 일본어 'かいしゃ'의 한자 표기 '會社'가 우리말 한자음으로 음독된 말이다.

희망 (希望)★ [희망] 명 | 希望甲 [xī wàng]

❶ 명 앞일에 대하여 기대를 가지고 바람.

  对于未来的一种期待。

▷간절한 **희망**. 恳切的希望。

  희망 사항. 希望事项。

  지혜롭고 아름다운 아내를 얻는 것은 나의 가장
큰 **희망** 사항이야. 娶一位智慧且漂亮的妻子是我
最大的愿望。

  동 희망하다 [희망하다]

▷진학을 **희망하다**. 希望升学。

  열렬히 **희망하다**. 热烈希望。

  나는 시험에 꼭 합격했으면 하고 **희망**했다.

  希望我这次考试一定通过。

❶ 动 心里想着达到某种目的或出现某种情况。

  마음속에 어떤 목적이나 어떤 상황을 바란다.

▷他从小就**希望**做一名医生。

  그는 어렸을 때부터 의사가 되길 희망하였다.

❷ 名 希望达到的某种目的或出现的某种情况;
愿望。

  희망, 원망.

▷这个**希望**不难实现。

  이 희망을 실현시키기 어렵지 않다.

❸ 名 希望所寄托的对象。

  희망의 대상

▷青少年是我们的未来，是我们的**希望**。

  청소년은 우리의 미래요, 우리의 희망이다.

한·중 공통의미

희망❶+❷= 希望❷

한국에서만의 의미	중국어에서만의 의미
없음	❸ 名 希望所寄托的对象。희망의 대상

찾아보기

ㄱ

가격(價格) ································ 3

가능-성(可能性) ····················· 3

가정(家庭) ··························· 3

가족(家族) ··························· 4

가치(價値) ··························· 4

각(各) ······························ 5

각종(各種) ··························· 6

간(間) ······························ 6

갈등(葛藤) ··························· 7

감각(感覺) ··························· 7

감독(監督) ··························· 8

감정(感情) ··························· 9

강(江) ····························· 10

개념(概念) ·························· 10

개발(開發) ·························· 10

개방(開放) ·························· 11

개선(改善) ·························· 12

개인(個人) ·························· 12

개혁(改革) ·························· 13

거래(去來) ·························· 14

거리(距離) ·························· 15

건강(健康) ·························· 16

건물(建物) ·························· 16

건설(建設) ·························· 17

검찰(檢察) ·························· 17

검사(檢査) ·························· 18

견해(見解) ·························· 18

결과(結果) ·························· 19

결국(結局) ·························· 19

결론(結論) ·························· 20

결정(決定) ·························· 20

결혼(結婚) ·························· 21

경기(競技) ·························· 21

경영(經營) ·························· 22

경우(境遇) ·························· 23

경쟁(競爭) ·························· 23

경제(經濟) ·························· 24

경찰(警察) ·························· 25

경향(傾向) ·························· 26

경험(經驗) ·························· 26

계급(階級) ·························· 27

계기(契機) ·························· 27

계획(計劃/計畫) ···················· 28

고객(顧客) ·························· 28

고대(古代) ·························· 28

고등학교(高等學校) ················· 29

고통(苦痛) ·························· 29

고향(故鄕) ·························· 30

공간(空間) ·························· 30

공기(空氣) ·························· 31

공동(共同) ·························· 31

공부(工夫) ·························· 32

공사(工事) ···················· 33

공업(工業) ···················· 33

공연(公演) ···················· 33

공장(工場) ···················· 34

공동체(共同體) ·············· 34

과거(過去) ···················· 35

과정(過程) ···················· 36

과제(課題) ···················· 36

과학(科學) ···················· 37

관계(關係) ···················· 38

관계자(關係者) ·············· 39

관련(關聯/關連) ············ 39

관리(管理) ···················· 40

관심(關心) ···················· 41

관점(觀點) ···················· 42

관하다 (關--) ················ 42

광고(廣告) ···················· 42

교사(敎師) ···················· 43

교수(敎授) ···················· 43

교실(敎室) ···················· 44

교육(敎育) ···················· 44

교통(交通) ···················· 45

교회(敎會) ···················· 46

구성(構成) ···················· 47

구조 (構造) ·················· 47

국가(國家) ···················· 48

국내(國內) ···················· 49

국민(國民) ···················· 49

국제(國際) ···················· 49

국회(國會) ···················· 50

군(軍) ·························· 51

권력(勸力) ···················· 51

권리(權利) ···················· 52

규모(規模) ···················· 52

근거(根據) ···················· 53

근처(近處) ···················· 54

금융(金融) ···················· 54

급(級) ·························· 54

기(氣) ·························· 56

기계(機械) ···················· 57

기관(機關) ···················· 59

기구(機構) ···················· 59

기능(機能) ···················· 60

기록(記錄) ···················· 61

기반(基盤) ···················· 62

기본(基本) ···················· 62

기분(氣分) ···················· 63

기사(記事) ···················· 63

기술(技術) ···················· 64

기억(記憶) ···················· 64

기업(企業) ···················· 65

기자(記者) ···················· 65

기존(旣存) ···················· 66

기준(基準) ···················· 66

기초(基礎) ···················· 66

기회(機會) ···················· 67

ㄴ

남녀(男女) ···················· 67

남성(男性) ···················· 68

남자(男子) ···················· 68

남편(男便) ···················· 69

내년(來年) ················· 69

내부(內部) ················· 69

내용(內容) ················· 70

내일(來日) ················· 71

노동(勞動) ················· 72

노동-자(勞動者) ············· 72

노력(努力) ················· 73

노인(老人) ················· 73

노조(勞組) ················· 74

논리(論理) ················· 74

논의(論議) ················· 75

농민(農民) ················· 75

농업(農業) ················· 75

능력(能力) ················· 76

ㄷ

단계(段階) ················· 76

단위(單位) ················· 76

단체(團體) ················· 77

당(黨) ···················· 78

당국(當局) ················· 79

당시(當時) ················· 79

당장(當場) ················· 79

대답(對答) ················· 80

대부분(大部分) ·············· 81

대상(對象) ················· 81

대신(代身) ················· 82

대중(大衆) ················· 82

대책(對策) ················· 83

대통령(大統領) ·············· 83

대표(代表) ················· 83

대하다(對--) ··············· 84

대학(大學) ················· 85

대형(大型) ················· 85

대화(對話) ················· 85

대회(大會) ················· 86

도로(道路) ················· 86

도시(都市) ················· 87

독자(讀者) ················· 87

동물(動物) ················· 87

동시(同時) ················· 88

ㅁ

만약(萬若) ················· 89

매체(媒體) ················· 89

면(面) ···················· 89

명(名) ···················· 91

모양(模樣) ················· 93

목적(目的) ················· 95

목표(目標) ················· 95

무대(舞臺) ················· 96

무역(貿易) ················· 96

문(門) ···················· 97

문명(文明) ················· 99

문장(文章) ················· 100

문제(問題) ················· 100

문제점(問題點) ·············· 101

문학(文學) ················· 102

문화(文化) ················· 102

물가(物價) ················· 103

물론(勿論) ················· 104

물질(物質) ················· 104

미(美) ·· 105

미래(未來) ··· 106

미소(微笑) ··· 107

미술(美術) ··· 107

민족(民族) ··· 108

민주-주의(民主主義) ························· 108

민중(民衆) ··· 109

ㅂ

박사(博士) ··· 109

반(半) ·· 110

반(班) ·· 111

반응(反應) ··· 112

반대(反對) ··· 113

반면(反面) ··· 113

발전(發展) ··· 114

발표(發表) ··· 115

방(房) ·· 115

방법(方法) ··· 116

방송(放送) ··· 117

방식(方式) ··· 117

방안(方案) ··· 118

방침(方針) ··· 118

방향(方向) ··· 118

배(倍) ·· 119

배경(背景) ··· 119

범죄(犯罪) ··· 120

법(法) ·· 121

법칙(法則) ··· 123

벽(壁) ·· 123

변화(變化) ··· 124

병(病) ·· 124

병원(病院) ··· 125

보도(報道) ··· 126

보통(普通) ··· 127

보호(保護) ··· 127

부담(負擔) ··· 128

부모(父母) ··· 128

부문(部門) ··· 129

부부(夫婦) ··· 129

부분(部分) ··· 129

부인(夫人) ··· 130

분(分) ·· 131

분석(分析) ··· 133

분야(分野) ··· 133

분위기(雰圍氣) ·································· 133

불교(佛敎) ··· 134

불구하다(不拘--) ······························· 135

불법(不法) ··· 135

비밀(祕密) ··· 136

비용(費用) ··· 136

비판(批判) ··· 137

비하다(比--) ··· 137

비행-기 (飛行機) ································· 138

ㅅ

사건(事件) ··· 138

사고(事故) ··· 139

사례(事例) ··· 139

사무-실(事務室) ································· 140

사물(事物) ··· 140

사상(思想) ··· 140

사실(事實) ································ 141

사업(事業) ································ 142

사용(使用) ································ 143

사장(社長) ································ 143

사정(事情) ································ 144

사진(寫眞) ································ 144

사태(事態) ································ 145

사항(事項) ································ 145

사회(社會) ································ 146

산(山) ····································· 146

산업(産業) ································ 147

상대(相對) ································ 148

상대-방(相對方) ······················· 149

상태(狀態) ································ 149

상품(商品) ································ 149

상호(相互) ································ 150

상황(狀況) ································ 150

색(色) ····································· 151

생명(生命) ································ 152

생산(生産) ································ 153

서양(西洋) ································ 153

선거(選擧) ································ 154

선배(先輩) ································ 154

선생(先生) ································ 155

선수(選手) ································ 156

선(線) ····································· 157

선택(選擇) ································ 158

설명(說明) ································ 159

성(性) ····································· 159

성격(性格) ································ 160

성과(成果) ································ 161

성장(成長) ································ 161

세계(世界) ································ 162

세기(世紀) ································ 163

세대(世代) ································ 164

세력(勢力) ································ 165

세상(世上) ································ 165

세월(歲月) ································ 167

소년(少年) ································ 167

소녀(少女) ································ 167

소비-자(消費者) ······················· 168

소설(小說) ································ 168

소식(消息) ································ 168

소재(素材) ································ 169

속도(速度) ································ 170

수(數) ····································· 170

수단(手段) ································ 171

수사(搜査) ································ 172

수업(授業) ································ 173

수입(輸入) ································ 173

수준(水準) ································ 174

수출(輸出) ································ 174

순간(瞬間) ································ 175

시(詩) ····································· 176

시각(視角) ································ 176

시간(時間) ································ 177

시계(時計) ································ 178

시기(時期) ································ 178

시기(時機) ································ 179

시대(時代) ································ 179

시민(市民) ································ 180

시선(視線) ································ 180

시설(施設) ································ 181
시인(詩人) ································ 181
시작(始作) ································ 182
시장(市場) ································ 182
시절(時節) ································ 183
시험(試驗) ································ 184
식사(食事) ································ 185
신(神) ······································ 185
신경(神經) ································ 187
신문(新聞) ································ 187
신체(身體) ································ 188
실천(實踐) ································ 188
실험(實驗) ································ 189

ㅇ

안정(安定) ································ 190
약속(約束) ································ 190
양(量) ······································ 191
언론(言論) ································ 192
언어(言語) ································ 193
업무(業務) ································ 193
업체(業體) ································ 193
여부(與否) ································ 194
여성(女性) ································ 195
여인(女人) ································ 195
여행(旅行) ································ 195
역사(歷史) ································ 196
역시(亦是) ································ 197
연구(研究) ································ 198
연극(演劇) ································ 198
영어(英語) ································ 199

영역(領域) ································ 199
영향(影響) ································ 199
영화(映畫) ································ 200
예(例) ······································ 200
예산(豫算) ································ 201
예술(藝術) ································ 202
예정(豫定) ································ 203
오전(午前) ································ 203
오후(午後) ································ 204
왕(王) ······································ 204
외국(外國) ································ 206
요구(要求) ································ 206
요소(要素) ································ 207
요인(要因) ································ 207
우선(于先) ································ 208
우주(宇宙) ································ 208
운영(運營) ································ 208
원리(原理) ································ 209
원인(原因) ································ 210
원칙(原則) ································ 210
위기(危機) ································ 211
위원(委員) ································ 211
위원-장(委員長) ···················· 211
위원-회(委員會) ···················· 212
위치(位置) ································ 212
위하다(爲--) ·························· 213
은행(銀行) ································ 214
음식(飮食) ································ 214
음악(音樂) ································ 215
의견(意見) ································ 215
의미(意味) ································ 216

의사(醫師) ································· 217

의식(意識) ································· 217

의원(議員) ································· 218

의지(意志) ································· 218

의하다 (依--) ····························· 219

이념(理念) ································· 219

이론(理論) ································· 219

이외(以外) ································· 220

이유(理由) ································· 221

이익(利益) ································· 221

이전(以前) ································· 222

이해(理解) ································· 222

이후(以後) ································· 223

인간(人間) ································· 224

인구(人口) ································· 225

인기(人氣) ································· 225

인류(人類) ································· 226

인물(人物) ································· 226

인사(人事) ································· 227

인생(人生) ································· 229

인식(認識) ································· 230

일(日) ····································· 231

일반(一般) ································· 232

일부(一部) ································· 233

임금(賃金) ································· 233

입시(入試) ································· 234

입장(立場) ································· 234

ㅈ

자금(資金) ································· 234

자기(自己) ································· 235

자녀(子女) ································· 236

자동-차(自動車) ··························· 236

자료(資料) ································· 236

자본(資本) ································· 237

자본-주의(資本主義) ······················ 238

자세(姿勢) ································· 238

자식(子息) ································· 238

자신(自身) ································· 239

자연(自然) ································· 240

자원(資源) ································· 241

자유(自由) ································· 242

자체(自體) ································· 242

작가(作家) ································· 243

작년(昨年) ································· 243

작업(作業) ································· 244

작용(作用) ································· 245

작품(作品) ································· 245

잔(盞) ····································· 246

장관(長官) ································· 247

장면(場面) ································· 247

장치(裝置) ································· 248

재료(材料) ································· 249

재벌(財閥) ································· 250

재산(財産) ································· 250

전(前) ····································· 251

전국(全國) ································· 252

전략(戰略) ································· 253

전망(展望) ································· 254

전문(專門/顓門) ··························· 254

전문-가(專門家) ··························· 255

전자(電子) ································· 256

전쟁(戰爭) …………………… 256

전체(全體) …………………… 257

전통(傳統) …………………… 257

전화(電話) …………………… 258

절차(節次) …………………… 258

점(點) …………………… 259

정권(政權) …………………… 262

정당(政黨) …………………… 263

정도(程度) …………………… 263

정보(情報) …………………… 264

정부(政府) …………………… 264

정신(精神) …………………… 265

정책(政策) …………………… 265

정치(政治) …………………… 266

제도(制度) …………………… 266

제목(題目) …………………… 267

제일(第一) …………………… 267

제품(製品) …………………… 268

조건(條件) …………………… 268

조사(調査) …………………… 269

조정(調整) …………………… 269

조직(組織) …………………… 270

조치(措置) …………………… 271

존재(存在) …………………… 271

종교(宗敎) …………………… 272

종류(種類) …………………… 272

종합(綜合) …………………… 273

죄(罪) …………………… 273

주민(住民) …………………… 274

주변(周邊) …………………… 275

주요(主要) …………………… 275

주위(周圍) …………………… 275

주인(主人) …………………… 276

주인-공(主人公) …………………… 277

주장(主張) …………………… 278

주제(主題) …………………… 279

주체(主體) …………………… 279

주택(住宅) …………………… 281

준비(準備) …………………… 281

중심(中心) …………………… 282

중앙(中央) …………………… 283

지구(地球) …………………… 283

지금(只今) …………………… 284

지도-자(指導者) …………………… 284

지방(地方) …………………… 285

지배(支配) …………………… 285

지식(知識) …………………… 287

지원(支援) …………………… 287

지위(地位) …………………… 288

직업(職業) …………………… 288

직원(職員) …………………… 289

직장(職場) …………………… 289

질문(質問) …………………… 290

질서(秩序) …………………… 290

집단(集團) …………………… 290

ㅊ

차(車) …………………… 291

차례(次例) …………………… 292

차원(次元) …………………… 293

차이(差異) …………………… 293

참여(參與) …………………… 294

책(冊) ················· 294

책상(冊床) ············· 295

책임(責任) ············· 295

처리(處理) ············· 296

철학(哲學) ············· 297

청년(靑年) ············· 297

청-소년(靑少年) ········ 298

체계(體系) ············· 298

체제(體制) ············· 299

초기(初期) ············· 299

최고(最高) ············· 300

최근(最近) ············· 300

최대(最大) ············· 301

최초(最初) ············· 301

축구(蹴球) ············· 302

출신(出身) ············· 302

충격(衝擊) ············· 303

측면(側面) ············· 304

층(層) ················· 304

치료(治療) ············· 306

친구(親舊) ············· 307

침대(寢臺) ············· 307

특별(特別) ············· 312

특성(特性) ············· 313

특징(特徵) ············· 313

ㅍ

판단(判斷) ············· 314

판매(販賣) ············· 314

평가(評價) ············· 315

평균(平均) ············· 316

평소(平素) ············· 316

평화(平和) ············· 317

폭(幅) ················· 317

폭력(暴力) ············· 318

표정(表情) ············· 319

표현(表現) ············· 320

피부(皮膚) ············· 320

피해(被害) ············· 321

필요(必要) ············· 321

ㅌ

태도(態度) ············· 307

태양(太陽) ············· 308

토지(土地) ············· 309

통신(通信) ············· 309

통일(統一) ············· 310

투자(投資) ············· 311

투쟁(鬪爭) ············· 311

ㅎ

학교(學校) ············· 322

학년(學年) ············· 322

학문(學問) ············· 322

학생(學生) ············· 323

학습(學習) ············· 324

학자(學者) ············· 324

한(限) ················· 324

한계(限界) ············· 326

해방(解放) ············· 326

해외(海外) ············· 327

행동(行動) ············· 327

행사(行事) ································ 328

행위(行爲) ································ 328

행정(行政) ································ 329

혁명(革命) ································ 329

현대(現代) ································ 330

현상(現象) ································ 331

현실(現實) ································ 331

현장(現場) ································ 331

현재(現在) ································ 332

협상(協商) ································ 333

형(兄) ······································ 333

형사(刑事) ································ 334

형성(形成) ································ 335

형식(形式) ································ 335

형태(形態) ································ 336

호흡(呼吸) ································ 336

화면(畵面) ································ 337

환경(環境) ································ 338

환자(患者) ································ 339

활동(活動) ································ 339

회담(會談) ································ 340

회사(會社) ································ 340

희망(希望) ································ 341

한중 한자어 뜻풀이釋义 사전
中韩汉字词释义比较词典

1판1쇄 발행 2018년 9월 20일

지 은 이   고초(高超) · 한정한(韓政翰)
펴 낸 이   김 진 수
펴 낸 곳   **한국문화사**
등   록   1991년 11월 9일 제2-1276호
주   소   서울특별시 성동구 광나루로 130 서울숲 IT캐슬 1310호
전   화   02-464-7708
팩   스   02-499-0846
이 메 일   hkm7708@hanmail.net
홈페이지   www.hankookmunhwasa.co.kr

ISBN 978-89-6817-664-7 93700

이 도서의 국립중앙도서관 출판예정도서목록(CIP)은 서지정보유통지원시스템
홈페이지(http://seoji.nl.go.kr)와 국가자료공동목록시스템(http://www.nl.go.kr/kolisnet)에서
이용하실 수 있습니다.(CIP제어번호: CIP2018028946)